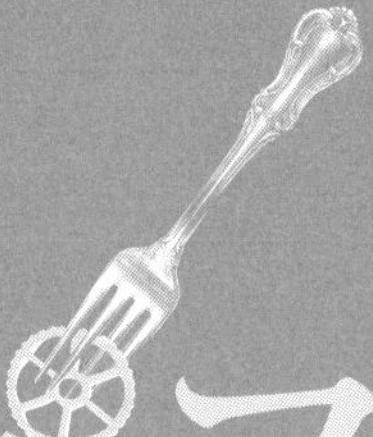

パスタの歴史

シルヴァーノ・セルヴェンティ　フランソワーズ・サバン
飯塚 茂雄　小矢島 聡 監修　清水由貴子 訳

La pasta. Storia e cultura di un cibo universale

Silvano Serventi　Françoise Sabban

目次

序文

アンティパスト

豪華な食事であれ、慎ましい食事であれ
汝はいかなる身分の、いかなる人々にも愛される
宮廷料理では、より優美で繊細でありながら
家庭料理では、世界中の人にこのうえない喜びを与える
冬であろうと夏であろうと、汝ほどの食べ物は存在せず
さらに上品かつ洗練された姿を見せんと
たえずチーズという衣をまとっている

（17世紀、F・ド・ルメント）

「パスタの世界は、まさに大衆そのもの」——作家ジュゼッペ・プレッツォリーニは魅力あふれる著書『マッケローニと仲間たち』（一九五七）でこう指摘している。彼の語るパスタの世界は、イタリア風パスタが普及した範囲に限られているが、パスタという文明をもつ他の国々、たとえば早くから小麦食品の文明が開化した中国や、それを輸入した日本、韓国、東南アジア諸国にも、この言葉は当てはまる。

日常の献立ですっかりお馴染みのパスタには、味の組み合わせが無限にある。シンプルで誰もが好み、しかも手

早く調理できるため、世界中どこでも人気の家庭料理だ。各国で出版されているパスタのレシピ集では、手のこんだもの、洗練されたものなど、無数のメニューが紹介されている。どれも安い材料でつくれるものだが、なかには祝祭用の特別料理もある。オリーブ油とパセリ、みじん切りのニンニクがあれば、それだけでじゅうぶんおいしいが、そこに小さじ一杯の魚醤《ぎょしょう》とレモン汁を加え、さいの目切りのニンジンと、薄切りのキュウリを三枚もあしらえば、またたく間にヴェトナム風ヴェルミチェッリ（細長いパスタ）が完成する。一方で、パスタは高級料理の食材にもなり、イヴニングドレスをまとったラヴィオリやカンネローニは、偉大な料理人たちの手で多彩な郷土料理のメニューに加えられた。パスタの世界で特筆すべきことは、何といっても創造力を発揮できること。ときには素人の料理人や家庭の主婦のつくった料理が、高級料理よりも美食家の舌を魅了することさえある。乾燥パスタや生パスタ、硬質小麦のセモリナ粉や軟質小麦粉のパスタ、卵のパスタや塩と水だけで練ったパスタ、そしてイタリア風のパスタから中国風のパスタまで、味はじつに多彩で、きちんとした茹で方さえマスターすれば、調理する際に形が崩れて失敗することもない。パスタがここまで普及したのは、何よりもその特質によるといえよう。手軽に調理でき、どんな料理にも合う。他の食材との組み合わせも自由。イタリアからの文化に影響を受けた欧米諸国では、一般に乾燥パスタ、つまり工業生産による硬質小麦のパスタに濃厚なソースをからめたものが好まれる。それに対してアジアでは、軟質小麦のパスタを新鮮な野菜、肉、魚介類とともに煮込んで食べることが多い。こうした食べ方を列挙すればきりがないが、とにかくパスタ料理には、各国独自の調理法があり、それはアジアの極東地域から西洋諸国に至るまで千差万別である。

アジアやヨーロッパでは、多少の差はあれ、ほとんどの国がパスタの伝統を受け継いでいる。中央アジアや東南アジアを除いても、ドイツ、イラン、ギリシャ、ロシア、トルコ、ポーランドなど、さまざまな国でこの世界的な食材の歴史的変遷をたどることができる。だが、最初に乾燥パスタのレシピが考案されたのは、おそらく地中海西部地域や中東と思われる。そしてイタリアと中国は、世界の二大美食文化ともいうべき伝統を育んだ、いわば「選ばれた地」なのだ。

本書では、そうしたパスタの歴史をひもとくことを目的としているが、残念ながら、このふたつの文化の結びつきを検証するには至らなかった。中央アジアから西は中国と国境を接する地域まで、さらにはトルコからヨーロッパの玄関に至るまでの中間地帯については、その変動の歴史について触れていない。だが、東欧やトルコ、アラブ・ペルシャといった文化圏の言語には、パスタに関する語彙が多く残されている。そうした言葉は複雑な経路をたどり、いまとなっては追跡するのが難しいものの、たしかにパスタが世界各地へ伝播したことを明示している。

人類と技術の歴史の幕開けとともにあるパスタの歩みは、多くがいまだに謎に包まれている。パンやスパゲッティのもととなる小麦の練り粉は、いわば変幻自在に加工できる。そのため、人類は自然環境において見つけ出せなかった人工の食料をつくり出すことができた。

こうした特徴は、中国人の心をもとらえた。西洋の紀元が始まる数世紀前に、中国人は小麦粉と出合い、やがて無限の可能性を理解した。つまり、小麦粉を水で練ると粘土のようになる性質を発見したわけだが、じつは最初から、そうとは知らずにその特性を利用していたのだ。彼らは長年、小麦粉を原料とした独特の食べ物をつくってきたが、まさにそこから「生パスタ」の文化が発展した――麺類や饅頭である。古代よりさまざまな食材――特に穀物の粉や澱粉――の物理的、化学的特性に着目し、中国人はじつに多くの種類の食品を生み出した。それと同時に、軟質小麦粉のもつ可能性を追求し、やがて澱粉やグルテンの利用法を見出す。粘着性ともいう弾力をもつグルテンの特性を食品に応用したのは、おそらく偶然の産物だと思われるが、西洋では18世紀初めまで、グルテンは澱粉を精製する際の残滓にすぎなかった。中国人は調理法や発酵作用によってグルテンを加工し、その結果、肉のような触感や風味の食材をつくりあげた。それは菜食主義者の食卓を潤し、仏教文化が栄えた時代や、美食文化が花開いた時代にも重要な役割を果たす。中国の麺類は基本的に手づくりで、その伝統は家庭や職人によって受け継がれてきた。したがって、工業製品化されることも、複雑な製造工程を経ることもなかった。軟質小麦粉でつくる麺類は、保存のきかない生物《なまもの》で、麺職人はしばしば公衆の面前で名人技を披露して、麺の新鮮さをアピールする。そういう意味では、客の要望に応じて名人技を見せるピザ職人に似ているかもしれない。歴史をさかのぼれば、麺類は中国北部に起源をもつが、王族や文人に広く愛され、あらゆる風土に順応して全土へと広まった。今日では至るところで消費され、日常生活には欠かせない存在となっているが、発祥の地はいまでも北部地方と考えられている。実際、北部の調理法や麺の形、食材の組み合わせなどは、他の地方にない独特のものである。

中国でも今日、大都市には近代化の波が押し寄せ、中国はアジア一の即席麺の生産国になっている。これまで麺類が工業生産されたことは一度もなかったにもかかわらず、代用品ともいうべき即席麺の生産になぜ成功したのか、その理由はいまもって不明である。だが、最後に熱湯を加えるというのは、まさに長い歴史をもつ生パスタづくりの名残りといえよう。いわば、パスタづくりの長く複雑な工程が、このひとつの作業に集約されているのだ。本物の調理法を真似たことで生まれた発明品といっても過言ではない。

昔から硬質小麦を栽培してきたイタリア人は、この小麦粉の特性について、知らないことは何ひとつなかった。にもかかわらず、パスタの歴史の幕開けは、食品として認められるまでの長い道のりを示している。実際、パスタは長いあいだ気高く神聖な食物パンの陰に隠れ、世俗的なポレンタ（トウモロコシ粉を練りあげたもの）と調理法を分かち合わなければならなかった。イタリアの史書には、中世以前にパスタの存在は記されていないが、これはおそらくそうした事情と無関係ではないだろう。だが、ギリシャ・ラテン語にはパスタに関連する語彙がたしかに存在し、パレスチナでは5世紀にパスタが消費されていたという記録も発見されている。日常生活の所作ひとつに至るまで、神の掟に従うユダヤ人社会において、パスタは切っても切れないものだった。そのため、11世紀頃には、ユダヤ人の多いフランス北部でヴェルミチェッリがつくられている。「ヴェルミチェッリ」という言葉からもわかるように、このパスタの原産国は間違いなくイタリアである。パスタが独自の食品として認められてからは、かぎりなく広まったことになる。12世紀以降、地中海沿岸地域では乾燥パスタの商取引が行なわれ、それとともにパスタ料理に腕をふるう料理人のおかげで、国王や貴族、高位聖職者などの食卓にものぼるようになった。こうしてパスタは上流社会の人々の舌を魅了し、シンプルなものから詰め物をしたものまで、特に生パスタの美食文化は百花繚乱の時代を迎える。

一方、乾燥パスタについていえば、上流階級のお抱え料理人が研究を重ねて「パスタシュッタ（ソースであえるパスタ）」を考案し、組み合わせるソースによって触感や風味が引き立てられる料理として、フルコースのプリモピアット（第一の皿）に仕立てあげた。当時は「よく煮込んだ」やわらかいパスタが好まれ、茹でる時間はいまよりもかなり長かった。パスタよりも先に庶民の食生活に定着したチーズは、ときにシナモンとともに、パスタ料理と相性のよい食材として必要不可欠な存在となる。それぞれの家庭でパスタがつくられる一方で、シチリアやサルデーニャ、そしてイタリアの沿岸地方では、他の地域に先駆けて、手工業による製造、すなわち長期保存が可能な乾燥パスタの商業生産が開始された。こうして生産量が増えると、とりわけナポリ一帯でパスタの消費が下層民のあいだに広まり、18世紀にはナポリ市民の主食となる。それだけでなく、パスタは町のシンボルとして人々の愛郷心をかき立て、その結果、さらに消費が促された。ナポリの人々は、パスタをただ消費するだけでなく、その味をイタリア全土に伝え広めた。そして、ナポリ風の茹で時間の短い歯ごたえのあるパスタが好まれるようになったというわけだ。「アル・デンテ」のパスタが、ナポリで食習慣となったのちに、北イタリアへと広まった事実は、19世紀以降に主流となる南イタリアのパスタ料理が決定的な勝利を収めたことを意味する。パスタが他のものとは逆に下層民から上流社会へと広まり、あらゆる身分の人々に食されるようになったことも、別の意味で勝利といえるだろう。

中国と同じく、イタリアでもパスタは単に食欲を満たすだけではなく、人々の食卓に欠かせない食品となった。古代から受け継がれた多くの食べ物と同じく、蓄積されてきた人類の知恵と技の賜物であると同時に、長い時間をかけて築きあげられた食文化なのである。したがって、パスタの歴史を、ひと口で語りきることはできない。パスタが日常品になるまでの経緯、食品として特別な地位を占めるようになった理由、消費者の社会的階層が多岐にわたる事実などを考慮しなければならないからだ。その一方で、職人の手づくりから工業生産に至るまでの、技術の発展をたどることも必要だろう。そうした過程や、各時代の生産様式についても本書では触れていく。

今日、パスタは年間を通じてトン単位で生産され、いつでもどこでも手に入る大衆的な食品になった。いまやその市場は際限なく拡大し、生産と消費が法律によって規制されつつあるほどだ。とはいうものの、料理の分野においては、いまなお開拓や工夫の余地が残されており、世界中で同じ食べ方をすることはない。未来派の詩人マリネッティは、古い世界に見切りをつけ、ひたすら未来のもたらす可能性を信じていたが、「パスタはもう食べ飽きた」という彼の愚かなモットーは、もはや撤回せざるをえない時代が到来したのである。長い歴史で数々の発展段階を経た末に、人類はようやくパスタにたどり着いた。そして小麦に関する知識を蓄え、自分のものとし、生パスタをつくる傍ら、まったく異なる乾燥パスタの文明を発展させてきた。その礎《いしずえ》となったのは、気候風土に適した硬質小麦であり、それはやがて高度に専門化された工業をも生み出すこととなる。

プロローグ

はじめに小麦ありき

もし小麦がなければ、パスタどころか、パンもタルトも、他のどんな種類の菓子も存在しなかっただろう。そして、パスタはさまざまな穀物を原料にして、形も自由につくることができるが、あらゆる食用植物のなかでも、小麦ほどパスタづくりに適したものはない。実際、小麦を挽くと粉状になり、適量の水を混ぜ合わせれば、どんなふうにも成型できる生地ができあがる。これは小麦に含まれたグルテンの働きによるもので、人類はこの特性を利用して新たな食品を生み出しただけでなく、さらに驚くほどの創造力を発揮してきた。

1―地中海の穀物の帝王

ラテン語の「トゥリティクム *Triticum*」は、一般に「小麦」と称される植物種全体を指しているが、じつに多種多様の植物を含み、地域ごとに歴史的背景があるため、小麦について説明するのにふさわしい言葉ではない。小麦のもつ独自の特徴は、人間が野生種を栽培し、選別と交配を繰り返して、望むとおりに改良を重ねた成果でもある。

人類の農耕は紀元前一万年頃、パレスチナ東部からイラン高原の突出部あたりまで広がる肥沃な半月地帯で始まった。同じ頃、大麦や小麦などの穀物、エンドウ豆、エジプト豆、レンズ豆、ソラ豆などマメ科植物の栽培も確認されている。遺伝学の研究によれば、今日栽培されている小麦は、トルコ東南部国境地帯の山地に自生していた野生種を原種としている。この品種が、農耕の発展とともに、西はヨーロッパ、東はアジアに至るまで少しずつ広がった(1)。他の穀物と同じく小麦も人間の手で栽培され、消費されてきたのだ。その意味では、フランスの歴史学者フェルナン・ブローデルが考えたように、「トゥリティクム（コムギ属）」が地中海沿岸の「穀物の文明」を築きあげたといえよう。

古代小麦の代表的な品種として、一粒小麦（*Triticum monococcum* Linneo）、二粒小麦（*Triticum turgidum* L. *dicoccum*）、スペルト小麦（*Triticum aestivum* L. *spelta*）が挙げられるが、このうちどれが最初に栽培されたのかはわからない(2)。だが、人類は当初、小麦の穂を焼いて、何も調理せずにそのまま粒を食べていた。一般に「穎《ほさき》のある小麦」と呼ばれる古代小麦は、「裸麦」と同じく何層もの皮殻《ひかく》に覆われ、粒は収穫時にも脱穀できない苞頴《ほうえい》に包まれている。そのため、このアーモンド形の粒を食べるには、分厚い皮を火で焼いて取り除く方法が最も手っ取り早かったのだ。ところが、先史時代の研究者たちによると、それからほどなく、古代小麦を粗く挽き、練って、熱い鉄板で焼いて、硬くてきめが粗いパンのようなものがつくられはじめた。そうした食べ物が、スイスのトゥワンをはじめ、紀元前四千～前三千年頃の遺跡で発見されている(3)。

この事実から、小麦粉を練った生地は粥と同じ時代、あるいはそれよりも以前に考案されたことが明らかであり、紀元前にはすでに小麦の基本的なふたつの調理法が確立されていた。すなわち、水を加えて練ったものを焼く方法と、粒のまま、あるいは粉に挽いてから、茹でて粥にする方法である。

時代が進み、古代ギリシャやローマでも、当時栽培されていた小麦の品種名や、粒を利用したさまざまな食べ物、料理に関する豊富な語彙から、このふたつの調理法は示されている。現存する資料から用語をすべて特定するのは難しいが、たとえばローマの「アリカ *alica*」は、ある程度粗く挽いた小麦の粉を指す。博物学者の大プリニウスによると、これはスペルト小麦の粉で[4]、以前よりラティウム人の主食と考えられていた「プルス *plus*」というポレンタの一種に用いられていた。粉を挽いてつくる「ファリナ *farina*」は、粗さに応じて白さが異なり、粥やパン、フォカッチャなどに使われた。そして「アミルム *amylum*」[5]はギリシャで製法が発見された澱粉を意味し、高級な菓子に加工されたり、ローマの美食家アピキウスのレシピを編纂した5世紀の料理書によれば、ソースをつくるのにも利用されている[6]。

紀元前5世紀の終わり頃からは、次第に裸麦《はだかむぎ》が多く用いられるようになってきた。これは加工が容易で、しかも練り粉に適した小麦粉ができる。一方で「穎《ほさき》のある小麦」は、もっぱらポレンタをつくるのに使われた[7]。一番の理由は、この時代に地中海沿岸で回転式の粉挽き機が普及しはじめたことだろう[8]。

やがて、小麦の品種は二種にしぼられるようになる。ひとつは、ローマ人が「シリゴ *siligo*」と呼んでいた *Triticum æstivum* L. *æstivum*。これは現在の軟質小麦で、パンづくりに最適な上質の小麦粉をつくることができる。そしてもうひとつが、やはりローマ人が「トゥリティクム」と呼んでいた *Triticum* (*turgidum*) L. *durum*。こちらは今日、パスタに使われている硬質小麦で、紀元1世紀に北アフリカやシチリアからイタリア本土にもたらされた[9]。当時の人々は、この二種類の小麦を容易に見分けることができた。硬質小麦が日照時間の長い乾燥した気候で育つのに対して、軟質小麦はイタリア北部・中部の湿潤な気候に適していることを知っていたのだ[10]。

その結果、それまでパンづくりに欠かせなかった古代種のスペルト小麦（ラテン語でファル *far*）は栽培地を失った。前述のアピキウスの料理書でも軟質小麦粉と硬質小麦粉の記述があるが、それぞれの特徴を最大限に生かした料理が紹介されている[11]。

こうしてみると、パスタを「発明」する条件——材料と技術——はすでにそろっていた。それを使いこなすのに多大な努力が必要だったとしても、上質の軟質小麦粉やセモリナ粉（硬質小麦の粗挽き粉）を活用する条件は整っていたのだ。だが、古代遺跡の洞窟でパスタの湯切りの道具が発見されたと信じているのは、いまのところ考古学者だけである[12]。残念ながら、古代にはわれわれが考えるようなパスタの概念は存在しなかった。その証拠に、アピキウスのレシピを丹念に調べても、パスタの「パ」の字も見当たらない[13]。

2　中国の小麦――遅れて始まった栽培

ヨーロッパ人は有利な状況にあったにもかかわらず、食用パスタの発明では中国人に後れを取った。中国における穀物の栽培事情は、およそパスタの生産には向いていなかったものの、彼らはいち早く小麦を活用しはじめる。

中国の「パスタ」は、基本的に米や「ムンゴ *mungo*」と呼ばれるインゲン豆の粉を原料とし、これにしばしば大豆粉《だいずこ》も加える。輝くように白い米粉でつくったタリアテッレや、マメ科植物の澱粉でつくった透きとおるようなヴェルミチェッリは、西洋風中華レストランの数少ないメニューだが、中国の料理術の集大成ともいえる。しかし実際には、地中海沿岸地域と同じく、中国でもパスタの歴史は小麦から始まった。もっとも、小麦以外の穀物を使った麺類が誕生するのは、それよりずっと後世になり、中国と地中海沿岸地域に共通するのは、この点だけである。漢王朝（紀元前二〇六～紀元二二〇）と古代ローマ帝国は、シルクロードを介して間接的な結びつきはあったものの、穀物に関する食文化はまったく対照的だ。古代ローマでは、中国は〝シナーエ〟もしくは〝チーナ〟と呼ばれる遠い神秘的な国で、人々が木に登って絹糸を集めていると信じられていたが、哲人セネカでさえ、競うように贅沢な絹織物をまとっていた貴族たちに否定的ではなかった[14]。一方の中国では、少なくとも最富裕層の人々は、紀元３世紀以降の文献に登場する「牢丸《ラオワン》」という詰め物パスタに食欲を掻き立てられていた。同じ頃、ユーラシア大陸の反対側の人々はラヴィオリの存在さえ知らなかったというのにだ。繰り返すが、地中海沿岸に比べて、中国は小麦粉と水を混ぜるパスタづくりに適した環境ではなかった。

なぜなら、粟《あわ》の二大品種である「パニクム *Panicum*」と「セタリア *Setaria*」は、いずれも中国北部が原産で、先史時代から古代にかけて広く栽培され、民衆の食生活には欠かせないものだった。それに対して、小麦は外来植物として扱われ、ほとんど知られていなかった。最古の資料では、大麦と小麦は区別されておらず、どちらも同じ穀物の「麦《マイ》」と記されている。黄河の中・下流域は中国文明の発祥の地といわれるが、この地に小麦が順化した形跡をたどることは難しい。一九八五年、民乐《ミンレ》地方の新石器時代の遺跡で *Triticum aestivum* 種が発見され、小麦が紀元前三〇〇〇年頃に甘粛省北西部の辺境地域で栽培されていたことが明らかになった。だが、この小麦がいつ頃中国の主要都市に伝わったのかは、いまだ推論の域を出ずにいる[15]。最初の記録は、紀元前一三〇〇年までさかのぼり、甲骨文字で書かれた神託の言葉に小麦が登場するが、はっきりと解読できず、常食とされていたかどうかはわからない。ただこうした発見や記録が、中国で軟質の裸麦が栽培されていたことを示す最古の足跡であることは間違いない。では、外来の小麦が、すでに古代には栽培され、選別、交配、試行が繰り返されてきたのはなぜか。粟のような中国原産の穀物と比べれば、たしかに小麦は新たに伝播した新種の穀物である。一方で、小麦は西方から伝わってくる途上で粟類と交雑し、その品種が西洋に広く普及した。

新たな穀物を順化させるのは容易でない、小麦が古代中国の農業に組みこまれ、食糧として用いられるメリットは何ひとつなかった。しかし、紀元前2世紀の初めには、小麦は誰もが知るところとなり、前漢の武帝の忠実なる助言者董仲舒《とうちゅうじょ》は、首都長安に栽培を奨励する法令を公布するよう進言している[16]。肝心の農民は、いまだ小麦の栽培方法や利用法を知らず、進んで布告に従う者はいなかった。同じ頃、范聖旨《はんせいし》の著した農業書には、「麦」をうまく収穫するための種まきの方法や時期がくわしく説明されている(17)。この情報は決して無駄ではないものの、大麦や小麦の生育周期は中国北部の気候では一致しなかった。発芽を促すには多少の湿気が必要であるものの、中国大陸では最も乾燥した秋か冬に種まきをしなければならなかった。逆に、春から初夏にかけて種をまく粟類は、種まきを急ぐ必要がなく、この時期には湿気もじゅうぶんにあるため、地域による気候の違いにも順応することができた(18)。このように、小麦の種まきは通常と異なり、ときには灌漑も必要だったが、ちょうど粟の貯蔵がなくなる時期に黄金色の穂が実り、収穫期を迎えるという、いわば見返りもあった。

だが、楽観するのは早い。生態と気候条件が合わなかっただけでなく、粟類に使用していた農具も小麦には不向きだったのだ。裸麦は、かならずしも粟のように皮をむく必要はなかったが、そのかわり粒を包む果皮の一部を取り除かなければならない。果皮は粒に密着している何層もの総皮から成るためだ。古代中国には、穀物を加工するための農機具はひとつしかなかった――粟や米の外皮をむくための杵《きね》と臼《うす》である。紀元前三〇〇〇年頃には、小麦や大麦が黄河中流域に広く普及するが、そうした農機具は利用できず、最初の頃は、おそらく臼で大まかに皮を取り除いてから粉々に砕いていたものと思われる。これは骨の折れる作業で、利用できる機具も限られていたために、一度の処理量もわずかにとどまった。人々は結局、小麦も粟と同様に粥にして食べていたと思われる。このことは小麦に関する数少ない資料に記されているが(19)、当時、小麦の料理は取り立てて重視されていなかった。たしかに小麦は高級食材だったが、生産の難しさから、農民の栽培意欲は乏しかったにちがいない。

紀元前5～前4世紀にかけて、早く、大量に製粉できる回転式の粉挽き機が登場すると(20)、同時代の地中海沿岸地域がそうだったように、状況は急激に変化する(21)。すなわち、西暦紀元をまたぐ数世紀のあいだに、中国の農民たちは大きな発見をした。小麦粉と水を混ぜると、驚くほどの弾力が生まれることに気づいたのだ。「粟公《あわこう》」という名で、実りの神として崇められていた粟に比べると、それまでの小麦への評価はかなり低く、長所については何ひとつ知られていなかったのだが。

小麦を粒のまま食べていた中国人は、こうして麺類や饅頭を食べるようになった。だが、発酵パスタと無発酵パスタ、煮込んだポレンタと焼いたフォカッチャやパンといったふうに、食品について考える際に比較を前提としてきた西洋諸国とは違って、中国人は「練った小麦粉」の幅広い概念をつくりあげていく。練り粉を用いたあらゆる料理だけでなく、このように弾力性のある素材を使う「習慣」にも同じ名称をつけたのだ。こうして、10世紀以上ものあいだ、「餅《ピン》」という言葉は、小麦を練ってつくった料理だけでなく、見かけが似ている他の穀物食品や、この素材を一定の形（たいていは丸くて平たい形）に仕立てる技術も指すこととなった(22)。

ふたつのパスタ文明を対比させていくと、発展の道のりはかならずしも一本ではなく、状況に応じた要因で決まることがわかる。ふたつの文明は、対照的な条件のもと——中国には不利で、地中海沿岸地域には好都合な環境のもと——でさまざまな発想に導かれ、独自の歴史的変遷を経て、パスタ文化を育んできた。その歴史においては、中国はイタリアの何歩も先を行っていたが、硬質小麦の存在は知らないまま、生パスタの文明を受け継いできた。それは職人の手による文化であり、他の穀物で代用して、さまざまな食品をも生み出してきた。一方、イタリアでは、長い歴史の間に数々の発展段階を経て、ようやくパスタへとたどり着いた。そして小麦に関する知識を蓄え、自分のものとし、生パスタをつくる傍ら、まったく異なる乾燥パスタの文明を発展させてきた。その礎《いしずえ》になったのは、気候風土に適した硬質小麦であり、それはやがて高度に専門化された工業をも生み出すこととなる。

◎　パスタの定義に関して

ひと口に「食用パスタ」といっても、人間の手で加工した小麦粉、セモリナ粉、あるいはクスクスのように粒状を用いた料理から、アルザス地方の「シュペッツレ（卵入りの生地を熱湯に削り落として茹でたもの）」や、ほとんど液状で、沸騰したスープに入れてようやく固形となる中国の料理まで、じつにさまざまなものが含まれる。そのため、本書で記述するにあたっては、一定の基準を設けた。ここでは次のように定義することとする。

「食用パスタ」とは、軟質小麦粉もしくは硬質小麦のセモリナ粉に、水またはその他の液状物質を混ぜたものに対して、家庭、職人、もしくは工場レベルで、一連の作業を加えたものを指す。作業には、材料を混ぜる、捏ねる、生地を切り分ける、成型する、乾燥させて保存するといった工程が含まれる。こうして乾燥保存したパスタは、沸騰した湯で茹でてから食べる*。

*食用パスタの法的な規定については、一九六七年四月七日付の法令第五八〇号「穀物、穀物粉、パン、食用パスタの製造販売に関する規則」および『官報第一八九号　一九六七年七月二九日発行』を参照のこと。

小麦について

硬質小麦　Grano duro（硬い）
デュラム小麦とも呼び、粗挽き状態をセモリナと呼んでいる。パスタに用いられる。

軟質小麦　Grano tenero（柔らかい）
普通の調理に使われる小麦粉で、日本ではタンパク含有量などの差によって、強力粉・中力粉・薄力粉に分類される。パン、うどん、お好み焼き、餃子の皮、ケーキ作りなどに用いられる。

第一章
パスタの誕生

「パスタ」は材料もつくり方もきわめて単純だが、はるか昔から存在していたわけではない。新石器時代の遺跡から原型が発掘されたパンとは異なり、パスタそのものの痕跡はどこにも残されておらず、起源についてはいまだに議論がなされている。どういうわけか、穀物の調理法に関する古代ヨーロッパの歴史にもいっさい登場しないため、各地でさまざまな伝承が語り継がれてきた。一方で、このテーマに関心をもつ一部の研究者のあいだでは、比較的根拠のある仮説が立てられている。古代ギリシャ人やローマ人は、現代の食卓には欠かせないこの食物について知らず、そこでパスタは遠方から伝来したという説が唱えられた。起源は中国とも中近東ともみなされるが、いずれにせよ、イタリア人に直接伝えたのはアラブ人だといわれている。アラブの遊牧民にとって保存しやすい食料の確保は不可欠であり、いわば必要に迫られて考案したのだという。しかし実際には、この問題はもっと複雑で、単に物品や人の移動を追跡するだけでは説明がつかないのである。

1　伝説をさかのぼる

食用パスタに関する記述が登場するのは、中世終盤にイタリア語での最初の料理書が編集されて以降のことである。そのため、イタリアにおけるパスタの起源については、諸説が入り乱れるが、ジュゼッペ・プレッツォリーニは(1)、マルコ・ポーロがイタリアへのパスタ伝来に無関係だったことを一九五〇年代に実証している。彼をはじめとする多くの名高い先人たちに敬意を表し、いま一度、紹介しておこう。かの偉大な旅行者がヴェネツィアに帰り着いたのは一二九五年のことだが、それよりもはるか以前から、カリアリ（サルデーニャの州都）の人々のあいだで「オブラ・デ・パスタ」と呼びならわされていた食用パスタが、地中海を拠点にさかんに取引されていた。つまり、この地域では複数の民族で、パスタは昔からダイエット食として重宝されていたことになる――ただし、最後の「ダイエット食」のくだりは、『マカロニ・ジャーナル』（アメリカの製造業者が加入する全米マカロニ生産者協会の機関誌）の商魂たくましい編集者が豊かな想像力にまかせて生み出した、まことしやかな作り話にすぎないことはいい添えておきたい(2)。

同様に、誰かひとり「考案者」がいて、魔法の円筒からまたたく間にヴェルミチェッリやマッケローニ、ラザーニャ、ラヴィオリなどを取り出してみせたというのも、夢物語のたぐいだ。また、ピエトロ・アレティーノ（16世紀の詩人・作家）の友人で独創的な天才オルテンシオ・ランドは、著書『食べ物および飲み物の考案者一覧』で、パスタを考案したのは「婦女たち」だと述べている。発明の分野において、女性の功績は忘れられがちだが、この記述をうのみにしてランドに感謝するのは早計というものだろう。実際、きわめて残念なことに、ロンバルディア地方の農婦リビスタがラヴィオリを考えたという説も、「ラザーニャ、ラザニュオーレ（細いラザーニャ）、他のピンツォケーリ（ソバ粉の平打ちパスタ）」の誕生が、ランドのいう「もうひとりの偉大な考案者」メルッツァ・コマスカによる幸運な思いつきによるものだったとする説も、およそ事実とはいいがたい。もちろん、メルッツァが胸膜炎で命を落としたのち(3)、生前の功績を称えて盛大な葬儀が執り行なわれたという後日談も含めてだ。したがって、残念ながら「誰がスパゲッティを考案したのか？」という問いに答えられる者はいない。皮肉まじりのこの疑問は、歴史学者ロベルト・ロペスが、アメリカ人の学者仲間になかば強要されて[4]、マルコ・ポーロ寓話への反証として書いた解説文の題にもなっている。とにかく、たとえ食用パスタが真に人類の知恵の結晶だったとしても、リビスタ、メルッツァ、マルコ・ポーロがいっさい関与していなかったことだけは明らかだ。

ただし、仮にこのすばらしい「考案」に多少なりとも貢献した人物が誰ひとり見つからなかったとしても、パスタの起源を何が何でもヨーロッパの外に求めなくてもいいのではないだろうか。結局、ロベルト・ロペスがマルコ・ポーロを「中国からパスタを持ち帰った英雄」という肩書のプレッシャーから解放してやったこと自体は、あながち間違いではなかった。麺類は、中国人のあらゆる創意がひとつの食品として具現化されたものである。ロペスは、想像力を働かせることもなく、中国人をアラブ人に置き換えてすませてしまった一部の学者たちにも追随することはない。実際、遊牧の民には保存食の調達が不可欠と考えて、アラブ人が硬質小麦のセモリナ粉を使った乾燥パスタを「考案」し[5]、その後イタリアにもちこんだという仮説を打ち立て、パスタの新たな伝播として認めた学者たちもいた。しかし遊牧民や牧羊民の穀物消費傾向に関する研究によれば、移動中に手に入る穀物は、全粒または煎った小麦粉に限られる。これらは食用パスタに比べて格段に持ち運びが容易で、かつ利用しやすい食材であり、連日テントで食事をとる彼らは、フォカッチャやパンの扱いやすさに基本的に満足しているという[6]。「容易」という概念は一般に相対的なので、たとえばヨルダンのベドウィン族がつくる大きな乾パン風薄っぺらいパンが[7]、「容易」につくれるとはいい難い。ことに日々変わる環境でパンづくりを行なうことを考えると、むしろ専門的な能力の証しといっていいだろう。文化的な基準はそれぞれの社会によって異なり、一見、制約となりそうな要素が、実際にはかならずしもそうでないこともままある。

しかし、たとえパスタ考案の祖がアラブ人でなかったとしても、後述するように、ある種の食用パスタが伝播していくなかで、アラブ人が一定の役割を果たしていたのは確かにちがいない。パスタの伝播は中世初期に端を発するが、それは同時にアラブの人々が西方に進出していった時代でもあった。いずれにしても、食用パスタをつくるためには、小麦粉もしくは上質のセモリナ粉が必要で、そのためには小麦を定期的に栽培し、粉挽機を所有することが前提となる。したがって、定住生活へ移行する前のアラブ人は、つねに耕作民と関わりながら生活していたか、あるいは携帯できる小さな挽き臼、またはかなり大きな粉挽機を駆使し、労働力の大半を製粉作業に充てることができたにちがいない。パスタを生み出すに至った遊牧生活の苦労については、興味深いテーマではあるが、ここでは取りあげないでおく。

むしろ、すぐれた麦の耕作者であり、収穫物の洗練された消費者としても知られる古代ギリシャ人やローマ人がパスタを「考案」しなかったという事実こそ、ある意味、非常に驚くべきことであり、考察に値するのではなかろうか。このふたつの民族は、中世や近代西洋の文化に対して、本当に何の遺産も残さなかったのか。古代ギリシャ・ローマ時代にパスタが存在しなかった理由は、はたしてどちらの民族に起因するのだろうか。

2―パスタの矛盾

あってしかるべきものがそこにない場合、その理由を問うのはいささか無粋だが――たいてい同じ原因と結果が予想されるため――古典古代にパスタが存在しなかった事実に、われわれは無関心ではいられない。理由を知ることは、時の経過とともに「パスタ」の概念が形成されていく過程を理解することにほかならない。まず、経済的な観点から考えると、古代ギリシャやローマではパンや粥が日々の糧であり、とくにパスタを必要としていなかったことで合理的な説明がつく。それにしても、当時のギリシャ人やローマ人が、最も安上がりの穀物粥という調理法を選んだのはなぜだろうか。実際には、日常生活での食料調達だけが問題ではなく、単に必要だから、あるいは食べたいからというだけで食品を選ぶことはできなかった。ほとんどのローマ市民は、きわめて粗末な食事で満足していたが(8)、貴族だけは例外で、彼らはむしろ過食気味だった。その大食漢ぶりは、当時の道徳主義者に強く非難されていたほどで、経済的な制約が理由でないとしたら、食物に関する序列意識が理由にちがいないと決めつけるのはやめ、別の理由を求める必要があるだろう。たしかに経済的な合理性と同じく、思想や時代の象徴といった問題も重要だが、それよりも、当時の穀物料理における食物の分類や種類について、くわしく見てみることが先決だ。そのためには、現代の分類法からは少し距離を置きたい。その大半は、われわれがごく自然に身につけたユダヤ・キリスト教的な伝統を通して、ギリシャ・ローマ世界から受け継がれたものであるにしてもだ。

この問題は、しばしば穀物栽培と密接な食物史において論じられる。ポーランドの有名な植物学者アダム・マウリツィオは、一九六二年に発表した植物由来の食物史に関する論文で、まさにこの問題を体系化しようと試みた。穀物食品の歴史を粒から粉への一方通行の道のりと見なし、調理の分野では、小麦粉の使用を人類の技術的な「進歩」ととらえたのだ。マウリツィオによれば、長い進歩が行き着いた先は発酵パンで、その過程で、粥から無発酵のフォカッチャを経てパンに至るといった穀物食品の変化をともなう(9)。いわば発酵パン至上主義は、古典古代の名残りを見せつつも、ユダヤ・キリスト教文化の浸透した社会において、われわれの思想や信念に深く根を下ろしている。

つまり、ポレンタをはじめとする穀物粥は、穀物の加工食品の先駆であり、進歩から取り残されていった。こうした食物の価値観はギリシャ・ローマ世界に起源をもち、そこでは穀物粥とパンは同等とは見なされていなかった。試行錯誤の末に生み出された穀物粥に対して、パンはつねに高貴な食べ物だった。次第に変化する食習慣において、結果的にパンが勝利を収めたものの、穀物粥が完全に廃れたわけではなく、貧民や農民にとってはあいかわらず主食だった(10)。やがてパンは民衆の憧れる「理想」の食物に祭りあげられ、食品の価格や社会階層にまで影響を与えた(11)。このように地中海沿岸地域では、古代から中世にかけて、穀物を原料とする以下ふたつの基本的な食物が存在し、それをつくる技術が食品を分類する際の基準となった。

① パン、フォカッチャなど、小麦粉を原料とする食品で、粉を練ってから（天火、窯、鉄板、焼き網、灰などで）焼いたもの。

② （各種穀物による）粥で、材料（粉や全粒または砕いた粒）に水を加えて煮込んだもの。

この基準に照らすと、パスタはいわば「矛盾した」食品となる。どちらにも属していながら、どちらにも当てはまらないからだ。たとえば、粉を練るのは（無発酵）パンと同じだが、穀物粥のように茹でてから食べる。ふたつの相反する方法でつくられるパスタは、ユダヤ・キリスト教的な伝統によって徐々に神聖化され、長く受け継がれてきた(12)。

3 パスタにまつわる言葉や仮説

14〜15世紀になると、さまざまなパスタの名前が文献に登場するようになる。最近の研究で一七種類が特定され、なかには今日でも耳にする名前もある。中世の料理書には、ラザーニャ、ニョッキ、ラヴィオリ、マッケローニ、ヴェルミチェッリなど多くのレシピが載っているが、その著者たちは誰ひとりとして、これらが同じ種類の食物であるとは考えていない(13)。中世の料理人や料理書の読者たちは、まるで、モリエールの『町人貴族』に登場するジュルダン氏のようにパスタを食べ——つまり、それらの料理をパスタとは知らず、あえてパスタという総称でくくる必要さえ感じなかった。

古代末期から14〜15世紀にかけて編集された料理書では、それぞれの文化圏に応じて、現在と同じ意味をもつ言葉、あるいは反対の意味をもつ言葉が登場する。では、中世につくられたパスタの系図をたどりながら、こうした言葉と古代の食べ物を結びつけることはできるだろうか。それを試みたのが、エミリオ・セレーニである。彼は料理書のなかのふたつの言葉にヒントを得た――すなわち、当時すでにパスタの種類を明らかに示した「ラザーニャ」と「トゥリ（トゥリア）」である[14]。これに関しては、のちにブルーノ・ラリューも深く掘り下げているが、セレーニは自身の論文で仮説を打ち立てている。それによれば、「ラザーニャ」と呼ばれる薄い生パスタは、ギリシャの影響を受けたローマの「ラガーナ *lagana*」に由来している。それに対して、糸状の乾燥パスタは、今日ではロングパスタもあればショートパスタもあり、製法もさまざまだが、もとはアラブ世界からもたらされ、地中海沿岸の全域に広まったというものだ。アラビア語の「イトゥリア *itriya*」が俗語化された「トゥリ *tri*（トゥリア *tria*）」は、おそらくギリシャ語の「イトゥリオン *itrion*」から派生していると思われる。この言葉は、紀元2世紀のギリシャの医者であり哲学者のガレノスの書『*De alimentorum facultatibus*（食物の力について）』にも登場する。一方、ラリューの説では、ラザーニャやラヴィオリといった生パスタと乾燥パスタをはっきり区別しており、乾燥パスタの普及は、イスラム化したシチリアに端を発し、ナポリからジェノヴァへとティレニア海を北上したと考えた。そして、輝かしいアラブ文明の影響下にあったイベリア半島では、すでにそれ以前に乾燥パスタが普及していたと述べている。結局のところ、生パスタも乾燥パスタも、穀物を原料とする食品として認められたのは14〜15世紀のことだった[15]。よくいわれるように、パスタがアラブ人によってイタリア南部に伝わったという図式が、こうして少しずつできあがっていく。だが、これはあくまで糸状のパスタに限った話である。それらは通常、小麦粉ではなく硬質小麦のセモリナ粉を原料とし、保存するために乾燥させて、商品として取引された。

そもそも、この説を最初に提唱したのは、フランスの歴史・社会学者マキシム・ロダンソンだが(16)、はたしてその二番煎じともいうべきセレーニやラリューの考えを受け入れてもいいものだろうか。それについては、これから検証していくが、まずは関連資料を読み解いて、宗教上の掟や製造技術など、これまでとは異なる視点も取入れて分析する必要がある。おそらく、そうした点がパスタが市民権を得て普及するための条件ではないだろうか。

まずはパスタについて、ギリシャ・ローマの古典世界と中世文化を結びつける絆が存在するかどうかを確かめてみよう。

4―古代の遺産

ギリシャ語の「ラガノン *laganon*」(薄いパン)とイタリア語の「ラザーニャ *lasagne*」が、ともにラテン語の「ラガヌム *laganum*」を起源とすることは容易に想像がつき、このふたつがおそらく同じようなものを指していることもわかる。だが、「イトゥリオン」や「トゥリ(トゥリア)」については、事はそれほど単純ではない。アラビア語の「イトゥリア」を介さずには、ギリシャ語の「イトゥリオン」とラテン語の「トゥリア」の関係を見出すことが難しいだけでなく、ギリシャ語の言葉そのものが何を示しているのか、はっきりしないからだ。

そのかわり、薄いパスタを意味する「ラガヌム」は、ラテン語の古典文献にもたびたび登場する(17)。「ラガヌム」とラザーニャは明らかに関連しているように見えるが、実際には、基本となる材料だけでなく、おそらく形も異なっている。古代ローマの詩人ホラティウスによれば、紀元前1世紀には「ラガヌム」は日常の食べ物だったという。また、ローマ時代のギリシャ系作家アテナイオスは、その著書『食通大全』で「ラガヌム」のレシピを記している(18)。彼はギリシャ語の「ラガノン」とラテン語の「ラガヌム」との関連を見出し、紀元1世紀ギリシャのティアナ出身作家クリシッポ『パン焼き職人の技術』からレシピを引用した[19]。紀元2世紀に活躍したアテナイオスのレシピでは、「ラガヌム」は小麦粉とつぶしたレタスの汁を混ぜ合わせた生地に、香辛料で香りをつけ、たっぷりの油で揚げた薄いパスタである。

この調理法は、われわれが考えるパスタの定義には当てはまらない。だが、手作業で生地を捏ねて、それを薄く引きのばすという点では、今日のラザーニャに近い。のちの5世紀初めのアピキウスの料理書では、「ラガーナ」という料理が紹介されている。これは詰め物の具に肉を入れ、窯で焼いた薄いパスタのことだが、まさに今日の「ラザーニェ・アル・フォルノ（オーブンで焼いたラザーニャ）」を連想させる一方で、「パテ・アン・クルート（ミートパイ）」の原型であるとも考えられる。いずれにしても、窯で焼く前に熱湯で茹でることはなく、「ラガヌム」と同じく、現代のパスタに分類することはできないだろう。煮込まずに窯あるいは直火で焼く方法は、パスタやパンに典型的な古代からの伝統である。しかし、たとえ「ラガヌム」がこうした料理法で作られていたとしても、すでに紀元1世紀のチェルソの医学体系では、飲み物（*sorbitio*）、粥類（*pulticula*）、大麦の濃い煎じ薬（*ptisana*）、粘着性のある食べ物（*glutinosa*）などと並んで[20]、「胃にやさしい食品」に分類されている。これらはみな、煮る、茹でるなど、水分を加えて調理するもので、口の中で溶けるのが特徴だ。

「ラガーナ」という言葉は、キリスト教の教父たち（9世紀迄の神学者、教理や戒律などの基本書を執筆）によっても繰り返し引用されている。たとえば、聖ヒエロニムス（三三一～四二〇頃）は『ウルガータ聖書』（ラテン語訳聖書）で、ユダヤ人が儀式で用いる奉納物に「ラガノム *laganom*」という訳語をあてている。聖書に登場する「ラガーナ」は、酵母菌を加えずに小麦粉のみでつくられるため、焼きあがってから、儀式のために油を塗った[21]。一見、無発酵パンに似ており、窯やフライパン、あるいは聖書にあるように網にのせたり[22]、ときに灰をかぶせて焼いたりするという点も[23]、パンや他の小麦粉食品と共通しているが、まだ「パスタ」からは程遠いものだった。

6〜7世紀になると、じつに興味深い定義がなされる。セヴィリアの神学者イシドーロの『百科辞典』に、「ラガヌム」とは「薄くて平たいパンで、茹でてから油で揚げたもの」と明記されている(24)。ユダヤ・キリスト教の注釈法を受け継ぐ彼は、当時の状況を踏まえながら、この定義によって古代文化と中世文化の結びつきを明らかにした。つまり、古代から中世への道筋を示している。パンという言葉が「小麦粉を練ったもの」を意味するとしたら、これは茹でてから調理する薄いパスタのことである。これで、今日われわれが舌鼓を打っているラザーニャの歴史的な歩みが見えてきた。実際、茹でたパスタをさらに加熱しても単に油を塗るだけでも、たいした違いはない。イシドーロの「ラガヌム」は、材料が無発酵パンと同じでも、製法はまったく異なっている。だが、ふたたびラザーニャの名が文献に登場するのは、13世紀後半になってからのことだった。

次に、「トゥリ」もしくは「トゥリア」について見てみよう。ガレヌスの書では「イトゥリオン」と呼ばれ、ラテン語には「イトゥリア *itria*」と訳されているが、一般には「小麦粉と水を混ぜて練ったもの」という意味である。そこには「ラガーナ」も含まれ、さまざまなバリエーションもある(25)。しかし実際には、アラビア語の語源もギリシャ語であるにしても、ギリシャ語の「イトゥリオン」までさかのぼることはなく、ほぼ同時代のアラビア語「イトゥリア」の発音を真似て、中世の文書で用いられていたと考えられる。一方、紀元5世紀の編纂とされる『エルサレム・タルムード（モーセの口伝律法）』に、茹でたパスタを示すギリシャ・ラテン語の「イトゥリム *itrim*」が登場するため、「イトゥリオン」という言葉は、西暦紀元の初期から地中海東部の沿岸に広まっていた可能性もある(26)。いずれにしても、9世紀に活躍した医師イエス・バール・アリの編纂したシリア語辞典では、シリア語の「*itriya*」にあたる項目に、「セモリナ粉を原料として、茹でる前に乾燥させる糸状のパスタ」と記されている(27)。

対する西洋のキリスト教世界では、「トゥリ（トゥリア）」という言葉が文書に登場するのはずっとのちのことである。

例外は、ギリシャ文化の影響を受けたイタリアの一部の地域で、シリアの医師がギリシャ語の文献をシリア語に翻訳したために、医学用語の分野でそれらの言葉が用いられた。いずれにしても、「イトゥリア」が何を意味し、どのようにして「トゥリ」に変化したのかははっきりせず、西洋の医師たちもそれを解明するのに長い時間を費やした。彼らは栄養面に対する不安から、形状よりも、むしろその特質に関心を示した。薬の処方を判断する際に重要なのは、無発酵パンと同じく酵母菌を加えずにつくる「練り粉」が、どんな形であれ消化に悪くないか、消化を促すために砂糖のような佐薬が必要かどうかということだった。ところが、医学書に「日常的に口にする食物」と書かれていても、実際にどんなものなのかはわからない。12世紀末になって、ようやくアウィケンナ（11世紀に活躍したペルシャ出身のアラブ人学者、別名イブン・シーナー）の『医学規範』がクレモナのジェラルドの手で翻訳され、さらに13世紀末〜14世紀初めにかけて、ジェノヴァのキリスト教徒の医師シモーネが、著書『*Clavis Sanationis*（治療の鍵）』で、「トゥリ」について「長い糸状の無発酵パスタ」と記したことで、ようやく「トゥリ（トゥリア）」の正体がわかった。しかし同じころ、西洋の料理書では、糸状のパスタを示すイタリア語の「ヴェルミチェッリ」が使われるようになる。そのため、「トゥリ（トゥリア）」という言葉は医学書に限られ、料理の世界ではほとんど用いられなかった(28)。一三三八年、エミーリア地方の医師バルナバ・ダ・レッジョが、栄養学書で「トゥリ」の意味をくわしく説明している。これによって、同じ食物が地方ごとに異なる名称で呼ばれていることが明らかになった。たとえば、アンコーナでは「トゥリア」、トスカーナでは「ヴェルミチェッリ」、レッジョ・エミーリアでは「フェルメンティーニ」、マントヴァでは「パンカルデッレ」となっている(29)。さらに、アンコーナでは「トゥリア」が土地の方言に溶けこんで使われていたことがわかった。アラブ文明が波及する以前の中世で、この地方がギリシャの影響を受けていたことを考えると、この言葉の起源はアラビア語ではなく、むしろギリシャ語から派生した可能性もある。

要約すると、西暦紀元の初期から6〜7世紀にかけて、ギリシャ・ローマ文化に染まった地中海東部や西部の地

域に、ギリシャ語を起源とするふたつのラテン語が広まり、そこから派生した言葉が、のちの中世末期の料理書や医学書に登場することになる。地中海の東側では、『エルサレム・タルムード』に出てくる「イトゥリム」や、アラビア語、そしてバール・アリによればシリア語とされる「イトゥリア」が使用され、一方の西側では、キリスト教会の教父たちの影響で「ラガーナ」という言葉が用いられたというわけだ。

だが、これらが二種類のパスタを指していることは間違いないものの、このふたつの関連を見出すのは難しく、こうした穀物食品が地中海沿岸に広まるまでにはかなりの時間を要する。すでに述べたように、ギリシャ・ローマ世界では、ユダヤ・キリスト教世界と同じく、パスタ文化を「考察」するのは、ある意味では不可能に近いかもしれない。それを可能にするには、小麦粉と水を捏ねてつくるパスタの性質（ユダヤ・キリスト教世界では中世半ばまで議論の的となった）を分析する必要があるからだ。長いあいだパスタが食品として認められなかったのは、そこに驚くべき秘密が隠されているからではないのだろうか。それが過大な期待であることはじゅうぶん承知のうえで、考えてみたい。

5—パスタの聖域

セヴィリアの神学者イシドーロや、その先駆者たちの考察に対しては、例によってさまざまな注釈がつけられ、その過程で「ラザーニャ」は注釈者の舌よりも心を虜にした。こうして、「ラガヌム」と「ラガーナ」をめぐって、教父たちのあいだで聖体拝領に用いられる「パン」に関する議論が巻き起こる。すなわち、キリストの魂を含むとされる発酵パンを擁護する地中海東部と、無発酵パン（聖体）を主張する古代ローマ人の対立である。コリント人への第一の手紙で、使徒パウロは信者にむかってこう語っている。「古いパン種《だね》をきれいに取り除きなさい。あなたがたはパン種の入っていない者なのです……だから、古いパン種や悪意と邪悪のパン種を用いないで、パン種の入っていない、純粋で真実のパンで過越祭《すぎこしのまつり》を祝おうではありませんか（日本聖書協会『聖書 新共同訳』より）」(30)。こうした神学論争から具体的な状況を理解するのは難しい。というのも、ここでは食物は単なる象徴にすぎないからだ。すなわち、パン種（酵母）がキリストの魂を表わし、無酵母は純粋を、油は神の恩寵の塗油を表わしている。ときには、日常の何げない物事が観念的な思索の鍵となることがある。イシドーロの場合がいい例であろう。

儀式に用いるパンの性質に関心を抱いたのは、何もキリスト教の神学者だけではない。ユダヤ人も、はるか以前からヘブライ語の旧約聖書を理解すべく、驚くほどの注釈を試みていた。それは中世以後も続けられ、小麦粉や、それを練ったものでつくる奉納物についても注釈がつけられた。ユダヤ人研究機関の主導で行なわれた『モーセ五書』の仏語訳(31)、とりわけ聖ヒエロニムスが「ラガーナ」と呼んだ「無酵母パン」に関する一節では、ヒエロニムスの視点が正しいことが示されている。この場合のパンは、小麦粉を原料とする無酵母の丸くて薄いパンで、あとから油を塗ったものである。ところが、シャンパーニュ地方のトロワ出身の有名なユダヤ系神学者ラシー（一〇四〇～一一〇五）の注釈では、「油を塗った丸形の薄いパン」が「湯通しされていた」ことが明らかになった(32)。聖書が書かれた時代に、パンがどのように調理されていたかは、それから一千年以上も後世の注釈書では決して知ることができない。それでも、フランス北部のひとりのユダヤ人にとっては、小麦粉を手で捏ねて、それを茹でることが当たり前の調理法であり、すでに11世紀にはその方法が普及していたということだ。一方、西洋のキリスト教世界では、こうした手がかりは何ひとつ見当たらず、このユダヤ人社会の習慣を求めるには時代をさかのぼる必要がある。『エルサレム・タルムード』の「ハーラ *hallah*（安息日に食べる卵入りのパン）」に関する書物では、ユダヤ教の律法である「トーラー」に従って、パンをつくる前に練り粉の一部を取り分け、それを聖職者に供与することが義務づけられている。

では、茹でるパスタも「ハーラ」に含まれるのだろうか。ここでは、発酵パンであれ、無発酵パンであれ、焼く前に一部をハーラとして取り分けるのは明らかだが、他の材料（牛乳や蜂蜜）を加えたパン、あるいは湯通しする場合にどうするかについては、『タルムード』の注釈はかならずしも一致していない。そのため仏語訳では[33]、後半部分のラテン語の「イトゥリウム *itrium*」を、タリアテッレを意味する「ヌイユ *nouille*」という言葉に訳している。この後半部分は「ゲマーラー *Gemara*」と呼ばれ、紀元3〜4世紀にかけて、ユダヤ教の口伝律法《ミシュナ》について、パレスチナのヘブライ学院で行なわれた討論をまとめたものである。これらはのちにヘブライ語、ラテン語、ギリシャ語も交えて、西アラム語に書き換えられている[34]。宗教上の規範と義務が衝突する場合の判定法ともいうべきその討論集では、ある女性が律法学者《ラビ》に対して、「イトゥリウム」のための練り粉の残りを使ってパンをつくることは許されるか、またその場合には、パンを焼く前に一部を取り分ける必要があるのかどうかを尋ねている。だが、「ハーラであるかどうかは、窯で焼かれていることが前提となり、鍋もしくは鉢で調理した食べ物は除かれる」[35]という戒律からもわかるように、イトゥリウムはかならずしも「ハーラ」であるとは限らなかった。むしろ鍋で調理する、つまり茹でてつくるものであり、窯や網で焼くものではないと考えられる[36]。

いずれにしても、これは信仰上の論争で、部外者が口を出す問題ではないが、そこから学ぶ点は多い。まず、地中海東部地域に、ギリシャ・ラテン語を起源とする言葉で表わされるパスタが人々の普段の生活に存在していたことがわかる。また、どんな形か定かではないが、すでに紀元3世紀、すなわち、アラブ勢力に征服される以前には普及していたことになる。次に学ぶべきは、ユダヤの伝統で、パスタに対する宗教的、象徴的な意味に疑問を抱くこと自体に意味があるという点だ。旧約聖書にもあるとおり、焼いて油を塗った薄い丸形のパンは、神に供される奉納物として用いられた。それと同じく、律法の権威とユダヤの伝統を認める『タルムード』は、粉を練って焼いたパンを神聖化する規定や、それが「ハーラ」として取り分ける唯一の基準となることも明記している。言い換えれば、そうした練り粉だけが、聖職者に供される価値のあるものだったわけだ[37]。『タルムード』の編集責任者のひとり、ラビのヨハナン・バール・ナッパハ（一八五〜二七九）は、そのための条件を提示している。つまり、「どのような練り粉であれ、直接火を通したものはハーラであり（たとえばパン）、それは地上のパンをつくる人が祝福を受ける祝別の儀式のためのものであり、過越祭の無酵母パンとして用いられる」[38]。これに従えば、茹でたり煮込んだりしたものは聖域から排除される。ただし、日常生活から取り除かれるのではなく、典礼によって定められた義務に利用できないだけだ。こうしたことがわかるのも、『タルムード』が日常生活を正しく導くために、事細かに助言を与えてくれるおかげだ。

同様に、キリスト教の教父が、焼いた練り粉に関心を示したとしても、ちっとも不思議ではない。もっともパンをつくる練り粉は、ユダヤ人と同様に神聖視していたものの、彼らは思索を広げ、聖体の秘蹟であるパンをキリストの肉体と見なし、日々の糧のパンを酵母という形で魂の拠り所とするなど、だんだんと極端さを帯びてくる[39]。この論争は、何世紀ものあいだキリスト教徒の信仰に波風を立てることとなった。キリスト教徒にとって、小麦粉を原料とする食物は二種類に分かれる——かたや前述の発酵パンと無発酵パン、かたや練り粉を用いた穀物粥である。このふたつの存在が、西洋におけるパスタの出現を遅らせ、食物の分類に大きな影響を与えた。

6―パスタの基本形

発酵パンと無発酵パンの区別は、直接的には新たに注釈を加えられたユダヤ人の分類学に起因し、キリスト教の典礼によって具体化された。そして、現代の「科学的」な分類にも無条件に含まれ、当然のようにキリスト教の概念に深く根を下ろしている。だが、こうした根本的な対立は、発酵であれ無発酵であれ、練り粉のもつ無限の可能性を否定しているも同然だ。

もうひと組の対立概念は、一般的な意味のパン類（粉を練ってつくる食物で、それを食べることが神の恵みであり、いわば十字架の印であると考えるほど神聖化されたもの）と、穀物の全粒もしくは砕いた粒でつくり、まさしく世俗的だと考えられていた穀物粥《ポレンタ》である。このように明確な境界線は、粉を捏ねてつくったパスタの価値を高める。すなわち、酵母の働きによって神聖なるものが宿ると考え、パスタが未加工の穀物粒のように細かくもなる世俗的な食材だということを忘れさせるのだ。そのうえ、練り粉は小麦の加工という長く複雑な過程を経て得られる貴重な小麦粉でできている。したがって、練り粉を細かくすることは、神聖化された材料を世俗の世界に引き戻してしまう。

ギリシャ・ラテン語の最古の文献にもあるように、パスタの形は、本来のイメージに大きな影響を与えたともいえる。穀物粥とパンを両極とする論理では、練り粉の形態が多少なりとも粥に似ている場合は別にして、煮たり茹でたりしてパスタに水分を加えることは考えられない。スープに入れるのは、今日われわれがパスティーネ（小型パスタ）や短いヴェルミチェッリと呼んでいるような、穀物粒に似た細かいパスタだけで、古代ギリシャやローマの人々にとって、それより大きなものを煮込むことは想像がつかなかった。

パスタの形は製法によって決まる。そして、すべての形は基本的に二種類の製法に由来する――薄いパスタをつくる方法と、糸状のパスタをつくる方法である。薄いパスタは、手や麺棒で薄くのばした生地からさまざまなバリエーションが生まれる。一方、糸状のパスタは、小分けした生地を手と指で転がしながらつくる。このふたつの基本が、数多くのパスタに応用された。薄いパスタの製法からは、ラザーニャをはじめ、同じ種類のパスタが生み出される。そしてヴェルミチェッリには、糸状に引きのばす技法から生まれた多くの仲間が存在する。この技法は小型パスタの製法にも応用され、できあがったものは穀物粥に用いる粒状パスタに分類された。

つまり、ユダヤ人にとって「イトゥリム」は穀物粥だった。これは、おそらく見た目が無発酵パンとは似ても似つかないからだろう。逆にキリスト教徒は、パスタについて「考える」際に、穀物粒のように小さなものでつくる世俗的なポレンタと、イシドーロが薄いパンと考えていた「ラガヌム」を同類と見なすことができなかった。ただし、「ラガヌム」が四角形や紐状、リボン状など決まった形に切られたときだけ、「どんなものにも利用できる薄いパスタ」という曖昧さから解放され、それぞれのパスタ本来の名称にふさわしいものになった。イギリスなど、イタリア語圏以外の文献を見るとわかるように、ゆっくり変化した「ラガヌム」の概念の跡が、初期のイタリアの料理書にどんな形で残されているのか、それを明らかにするのは、じつに興味深い。

7―ラザーニャ――平打ちパスタの原型

西洋で最初にラザーニャの名称が登場したのは、14世紀初めの『料理の書』だが、そこには議論の余地がある。「ラザーニャ」という言葉は、茹でてからチーズで味つけするパスタを指しているかと思えば、おそらく窯で焼くタルトの材料となる生地を意味することもある。唯一共通するのは、その形だ――レシピの説明によれば、指三本の幅（四～五センチ）の四角形である[40]。食物の種類よりも、むしろ一般的な形を指す「ラザーニャ」という言葉は、14～15世紀にかけてイタリアのレシピに定着する[41]。例を挙げると、「ラザーニェ・デ・ペッレ・デ・カポーニ」という料理は、去勢雄鶏の皮を「ラザーニャのように」切ってつくるスープだ[42]。一方で、ラザーニャはイタリア以外の国にも足跡を残している。14～15世紀のイギリスでは、「ロシンス *loscyns*」「ロセンス *losens*」あるいは「ロシニス *losyngys*」と呼ばれ、菱形のパスタを使ったさまざまな料理名も表わした。たとえば、「紙のように薄い」チーズ

のパスタ、「手のひら大の菱形の薄い生地」をベニエのように油で揚げたもの、菱形のパスタやアーモンドのパスタでつくった菓子などである(43)。

ひとつの名前で、これほどいろいろな料理を表わすにもかかわらず、その語義は多くの場合、菱形の薄いパスタという意味で用いられる。この矛盾を、いったいどう説明すればいいのか。「ラザーニャ」がラテン語の「ラガヌム」から派生していることはすでに述べたが、この言葉の意味「薄片」にヒントがある。古代ローマの詩人ホラティウス(紀元前六五〜前八)によれば、「ラガヌム」は揚げ物に用いる薄いパスタ生地を指す。前述のイギリスのレシピでは、菓子だけがその定義を受け継いでいる。英語の「ロセンス」は仏語の「ロザンジュ *losange*」(菱形の意味)に似ていて、その幾何模様を連想させる。ちなみに、イタリア語の「ラザーニャ」にはその意味はない。イスラム研究者のマキシム・ロダンソンは、この仏語のもつ神秘的な語源に興味を抱き、アラビア語の「*lawsinag*」と関係があることを突きとめた。これはアーモンドを使った菓子の一種で、中世のアラビアの料理書でしばしば紹介されている(44)。ロダンソンは、さらにさかのぼって、紋章学との関わりを考慮しながら「ロザンジュ」の料理にまつわる意味を探し出そうとした(45)。しかし実際には、彼の考えとは裏腹に、アラビア語の「*lawsinag*」を根拠とするなら、形体的な概念——つまり紋章学における意味が優先する。つまり、今日でも大きなパイ皿で焼く菓子のほとんどがそうであるように、「*lawsinag*」は菱形に切り分けられるのだ。この場合、名前が与えられる前は、その物のもつ性質よりも形が重要となる。紋章学においても然りだ。すべての定義が、菱形に切るパスタを用いた食物に関するという事実から、料理書も編集したスイスの作家アリス・ヴォレンヴァイダーが示唆したように(46)、のちに「*lawsinag*」とラザーニャの出合いが実現したことも、まったくありえない話ではない。やがて、菱形と薄い生地というふたつの特徴を示す英語の「ロセンス」などが生まれる。さらに17世紀初めには、フランスの『*Trésor de santé*(健康の宝)』という書に「ロサン *losans*」という料理が登場する。これは、同書に引用された他の料理と同じく、「菱形に切って乾燥させた」

パスタを用いてつくられる[47]。このことから察するに、ギリシャ・ラテン語の「ラガーナ」と同様に、アラビア語の「*lawsinag*」から派生した仏語の「ロザンジュ」の場合、その時代に流行していた料理や、外国から伝わった料理の用語に語源が隠されているのではないだろうか。実際、イギリス人の耳には、イタリア語の「ラザーニャ」は、おそらくアラビア語の「*lawsinag*」と同じくらいエキゾチックな響きに聞こえたにちがいない。

だが、時代の変遷とともに、「ラガヌム」から受け継がれたラザーニャのさまざまな意味は少しずつ薄れていく。そして15世紀以降の料理書では、ラザーニャは現在と同様に、茹でて食べるパスタの意味で使われるようになる。一方、パスタ生地だけでつくる「ベニエ」は、もはやラザーニャではなく、「フリッテッレ（ドーナツのような揚げ菓子）」と呼ばれるようになった[48]。

いずれにしても、長い道のりを歩んできた平打ちのパスタ生地から、さまざまな種類のパスタがつくられた。菱形に限らず、いろいろな形に切り分けて、スープに入れたり、粉チーズであえたり、あるいは野菜のピューレや細かく切ったものを包むのにも用いられた。これを応用したのが、「ラガーナ」の流れを汲む現在のラザーニャで、ひき肉をはさんで、パイのような薄い生地が何層にも重なった料理である。この種の料理は、もとは大人数で分けるために大きくつくられていたが、それを小さくすることが中世のいわば技術革新だった。それが詰め物パスタで、ひと口サイズの小さなタルト（トルテ）という意味で「トルテッリ」と呼ばれた。14世紀には、このトルテッリやラヴィオリ[49]は、かならずしもスープで煮込んでいたわけではなく、窯などで焼く大きなタルトを真似て、しばしば鍋で揚げられていた。ちなみに、「ラヴィオリ」の語源も明らかではない[50]。当時の料理書では、ラヴィオリもトルテッリも「ベニエ」に分類されていることもあれば[51]、茹でて食べる詰め物パスタとして紹介されていることもあった。

名料理人マルティーノの手稿によれば、15世紀以降、ラヴィオリはれっきとした詰め物パスタとなり、もはや揚げられることはなくなった。したがって、トルテッリと混同されることもなくなったわけだ。こうして、15世紀のイタリアは、クルミや栗（ときには半個分）の大きさほどのラヴィオリを恭《うやうや》しくスープで煮込む「ラヴィオリ陛下」の時代となる[52]。その薄い生地は、このうえなく繊細で破れやすく、ときには目に見えないほど薄くしたり、かわりに小麦粉のベールをまとったりすることもあった。なかには「衣のない」裸の状態で、今日のニョッキのような「指一本分の長さ」[53]の棒状となることもあったらしい。このように、ラヴィオリはパスタ生地の皮とは切っても切れない関係で、皮で包まない場合にも、レシピでは皮のことに触れているほどだった。実際、決してそれほど薄くない皮は、やはり皮の材料となるもので代用されている――この場合、冗談とも受けとれるが、小麦粉だ。何しろ、小麦粉の皮の代役を小麦粉が務めるのだから。ここまで極端だと、パスタ生地、すなわち、母なるラザーニャがもはや存在しないため、言葉の定義そのものが失われてしまう。ただでさえ、腹をすかせた人間が口に詰めこんだり、かと思えば究極の芸術として料理人のインスピレーションを刺激する存在なのだ。

ところが、ラザーニャはその原型が別の料理で生かされていた。14世紀初めのレシピにある「クロセーティ」[54]と、14世紀末の「ロンジェーティ」もしくは「ロンジーテ」である[55]。「ロンジェーティ」については、「薄片に切り分ける」以外、くわしいことはわからないが、「クロセーティ」は詳細が残されている――小さく切り分けた生地を親指の爪ほどの大きさに薄くのばし、指を押し当てたように中央を窪ませたパスタだ。こうして、ラザーニャは「クロセーティ」のように菱形以外の形に切られ、15世紀になって、ついに今日のパスタの基本形が誕生する。その幅は、細糸のようなものから、帯やリボン状までさまざまだった。パスタの生地を麺棒で根気よくのばし、丸めてから一定の幅に切り分ける。これは、「ローマ風マッケローニ」というパスタをつくるために、マルティーノが編み出した技法である。「ローマ風マッケローニ」とは「小指の幅に切った」細長いパスタで[56]、針ほどに細く[57]、「トゥリーティ」または「フォルメンティーニ」とも呼ばれる[58]。「ジェノヴァ風マッケローニ」や「本場のタリアリーニ」にも似ている。また、この時代には、それまでふたつの意味で使われていた「マッケローニ」という言葉が、はじめて料理書に登場した。14世紀にボッカチオの詩で謳われた理想郷にあるという夢のマッケローニが、ついに姿を現わした。すりおろしたパルミジャーノの山から転がり落ちる、あのマッケローニである[59]。料理に関する文献は、別の角度から現実の世界をのぞかせてくれる。マルティーノの手稿では、マッケローニという言葉は二種類のパスタを示していた。ひとつは、薄くのばした生地を、ある程度の幅に切ったリボン状の「平型」のパスタ。もうひとつは「丸型」のパスタで、生地に鉄串を通して穴を開け、小さく丸める。この方法でつくられたのが「シチリア風マッケローニ」である。シチリアが12世紀以降、乾燥パスタの商取引の中心地であったことは知られているとおりだ。12世紀のイスラムの地理学者イドリーシー（一一〇〇〜六五）が「イトゥリア」という言葉で引用している乾燥パスタを、おそらくマルティーノは「マッケローニ」と呼んだにちがいない。「マッケローニ」という言葉は、すでに14世紀には一般に知られ、詩人のティフィ・オダージが語るように[60]、おろし金の裏側で小さく切った生地を転がして成型するニョッキの一種を指すこともあった。ボッカチオのいうマッケローニもまさにそれだったが、彼の時代には、トスカーナのオステリアで、糸状のマッケローニを味わうこともできた。いずれにしても、美食家のノッド・ダンドレア――トスカーナの小説家、フランコ・サケッティの物語の主人公――がやってみせたように、「持ちあげて巻きつけるために」フォークで食べなければならないほど長いマッケローニもあった。ダンドレアはひと皿のマッケローニをふたりで分けようとしたが、相手には口をつけさせないほどの勢いで、飲みこむように食べていた。マッケローニがどんどんなくなっていくのを見て、ひと口も食べられないのを恐れた相手は、それならいっそ犬にくれてやれと皿の中身をぶちまけた……[61]（付録「パスタにまつわる言葉」を参照）。

14世紀に登場した「マッケローニ」にさまざまな意味があったのは、のちのマルティーノのレシピを見てもわかるとおり、平打ちのパスタが食材として限界に達していたことを示している。つまり、もはやパスタ料理は平打ちパスタに限らないということだ。作業台の上で生地を転がして細くのばし、小分けしたものを手や指で成型するといった技法も登場し、やがて「ヴェルミチェッリ」という総称で呼ばれるパスタの基本形ができあがる。

だが、たとえ14世紀初めのイタリアには、「マッケローニ」や「ヴェルミチェッリ」という言葉さえ存在しなかったとしても、15世紀以降、多くの料理書を見てもわかるように、このふたつの技法はパスタづくりに欠かせないものとなり、おそらく同時に用いられることもあった。薄くのばした生地を糸や針金のように切るという点からも、ジェノヴァ風マッケローニは、まさしくこうした技術的な融合から生まれたといえるだろう。

8―ヴェルミチェッリの仲間

生地を薄くのばしたラザーニャが古代からつくられていたのに対して、ヴェルミチェッリのような糸状のパスタは遅れてイタリアに登場した。この事実から、食物史の研究者のあいだでは、糸状のパスタは地中海沿岸が原産ではなく、本書の冒頭で紹介したように、アラブから伝わってきたという仮説が立てられた。この問題については、もう少しくわしく考えてみる必要があるだろう。

ギリシャ語の「イトゥリオン」と、中世の医学書に登場する「トゥリ（トゥリア）」の関連性についてはすでに説明した。だが、中世の初期には混同して使われ、意味も曖昧だったこれらの言葉が、じつはパスタを指しているということは、13～14世紀にかけて、キリスト教徒の医師がアラビア語やギリシャ語の文献を翻訳するまでわからなかった。実際、たとえば14世紀の『舌鼓を打つ五七のレシピ』[62]という料理書では、「ヴェルミチェッリのトゥリア」というレシピが載っているが、これはまさに「トゥリア」が「ヴェルミチェッリ」の意味で使われている例である。だが、こうした料理書では、平打ちパスタに比べて、「ヴェルミチェッリ」や「トゥリア」はほとんど見当たらない。つまり、それらはまだ広く普及していなかったのだろう。

それに対して、アラブ・アンダルシア地方や中東地域では、おそらく13世紀よりも以前から「イトゥリア」が広まり、名称こそさまざまだが、とりわけ地中海の東部では日常の食物となっていた。バール・アリのシリア語辞典にもあるように、この地域の人々は、すでに9世紀から「イトゥリア」という食物を知っていた。『エルサレム・タルムード』にも、3〜5世紀にかけてパレスチナに広まっていた「イトゥリウム」が登場する。数世紀のちに、はじめて「イトゥリア」という言葉を用いた料理書は[63]、いずれもアラブ・アンダルシアか中近東文化圏のものだった。こうした料理書には糸状のパスタのレシピも載っていたが、図入りのレシピを見ても、手で生地を転がしてつくるのか、タリアテッレのように薄くのばした生地を切り分けるのかはわからない。長年にわたってそうした文献の研究をしているバーナード・ローゼンバーガーは、「イトゥリア」という言葉のあとに、つねに別の語が添えられていることに注目し、さらなる仮説を立てた。その言葉とは、彼がヴェルミチェッリと同じと見なしている「フィダウス *fidaws*」で、小分けにした生地を手で転がして粒状にするパスタを指す。また、アラブの文献には、まれに「*mhammis*」や「*sa'iriyya*」という単語も登場する。前者は胡椒粒の大きさの小型パスタで、後者は「フィダウス」と同じく、穀物粒よりもやや細長いパスタのことだ。さらに「フィダウス」という言葉からは、ヴェルミチェッリの現代名の「フィデオス *fideos*」が派生し、のちにイベリア半島の境界線を越えて広く普及する。

ローゼンバーガーの指摘によると、もうひとつ、「リスタ *rista*」という言葉も「イトゥリア」と同じ種類のパスタを指し、バグダッドで発見された13世紀の料理書で用いられている。実際、11世紀の偉大な医学者アウィケンナは、「イトゥリア」の栄養学的な特質を説明しながら、自国では同じ食物を「*reshta*」と呼ぶことを明らかにした。彼がはるか遠くイランのコラーサンで生まれたことを考えると、専門家が指摘するように、「*reshta*」という言葉はペルシャ語の「リスタ」から派生した可能性もある。では、名前の異なるふたつのパスタが同じものであると証明できるのだろうか？　ローゼンバーガーによれば、「リスタ」は、今日に至るまでもっぱら中近東諸国で使用され、一方、アフリカ北東部のマグレブやスペインでは「イトゥリア」が普及していた。だが、どうやらそう単純に割り切れる問題でもないようだ。アルジェリアは、地理的には「イトゥリア」の言語圏であるにもかかわらず、アラビア語でも、ユダヤ方言のアラビア語でも[64]、ある種のタリアテッレを現在も「*reshta*」と呼んでいるからだ。

13～14世紀にかけて、アラブ・アンダルシア地方では、糸状の小型パスタを示す同じような言葉が多く存在したが、それぞれの名称は、民族の集団移動や移住にともなって伝播したものだと考えることもできる。その場合、道筋をたどることは難しい。ローゼンバーガーは、スペインではそうした言葉が地方によって変化する点に注目した。たとえば、標準スペイン語のカスティリア語では、いわゆる「ヴェルミチェッリ」を「アラトゥリア *alatria*」と「フィデオス」という二種類の語で表わし、隣接する地方でもそれぞれに応じて使いわけている。「フィデオス」は、語源が不明確なアラビア語の「フィダウス」[65]から派生したと考えられるが、最近の研究によれば、14～15世紀にかけて、サルデーニャのカリアリから、おもにバルセロナ、マジョルカ島、ヴァレンシア、そしてジェノヴァ、ナポリ、ピサなどのイタリア諸都市にも大量に輸出されたパスタを指していたようだ。つまり、当時の「フィデオス」という言葉は、パスタ全般を意味していた可能性もある[66]。だが、この研究を行なったラウラ・ガロピーニによると、サルデーニャの税関の記録簿には、「マッケローニ」や「アラトゥリア（アラビア語のイトゥリアが訛ったもの）」という言葉も記されていた。つまり、14世紀の終わりのカリアリでは、これら三種類の乾燥パスタが取引されていたということになる[67]。さらに、14世紀初めの有名なカタロニア語の料理書では、ふたつのレシピに「アラトゥリア」という言葉が用いられている[68]。また、「ヴェルミチェッリ」と同じ種類のパスタを意味する言葉は各国語にあるが、その原型は「フィデオス」であることは間違いない。たとえば、リグーリアでは「フィデッリ *fidelli*」、16世紀末のプロヴァンスでは「フィデオス」、サヴォイアでは今日でも「フィディオ *fidiaux*」、「フィデ *fides*」という言葉が使われている[69]。

料理書がほのめかしているように、はたしてスペインでは、「ヴェルミチェッリ」に似たパスタがイタリアより一世紀も前に知られていたのだろうか？　この分野の文献から得られる情報に限れば、答えはイエスだ。ところが地理学者のイドリーシーは、すでに12世紀には、シチリアがいわゆる「イトゥリア」の輸出の中心地であったと記している。そのパスタは、おそらく輸送用に乾燥させた「ヴェルミチェッリ」か、それと同類のパスタだったにちがいない（第二章参照）。

だが、さらに興味深い事実がある。当時、ヴェルミチェッリはすでにフランス北部に定住していたユダヤ人のあいだにも広まっていたことだ。ユダヤ人の食物にまつわる言葉を研究するモルデカイ・コソヴァーによれば[70]、東欧系ユダヤ人やフランス人の社会ではヴェルミチェッリに関心を示す者もいたが、「ハーラ」、つまり生地の一部を取り分けるという規律に従うべきかどうかで意見が分かれた。その点については、西暦紀元の初期に、すでにパレスチナ人が議論している[71]。ラシーが注釈を補完した『バビロニア・タルムード』の注釈集で、コソヴァーは「*triges*」と「*vermishelsh*」というふたつの言葉に目をとめた。それぞれ「トゥリ」「ヴェルミチェッリ」と同種のパスタと考えられるが、とりわけ前者には「小麦を押しつぶしてつくった食べ物」[72]という意味がある。また、12世紀には、ラシーのドイツ人の弟子が、明確な理由もないまま「*vermishelsh*」が神聖視される食品に属することを注釈集に書き加えた[73]。この問題をめぐる議論は、『タルムード』が編纂されてから、決して途切れることなく、19世紀に至るまで続くことになる。

パスタに関する用語は、それを使う人の出身地まで示すこともある。実際、「*vermishelsh*（綴りには諸説あり）」はドイツ系ユダヤ人が話す西イディッシュ語に属しているが、次第に「*lokshen*」という言葉が優勢になって使われなくなった。「*lokshen*」の起源は、おそらくペルシャ語で、その後ウクライナ語にも転訛したと考えられるが[74]、このことから、このヘブライ語の話し手のルーツは中近東だとわかるだろう[75]。いずれにしても、このふたつの言葉が同じ意味であることは、一九三〇年代にパリのユダヤ人学校で歌われていた童謡で明らかになった。「*Les lokshen ça s'appelle / Des vermicelles / Pour danser la Scottish / Gefillte fish*（ロクシェン、名前はなあに　ヴァーミセルのスコットランド踊りには　魚団子の煮込み）」[76]。

コソヴァーによるイディッシュ語への転写では、地中海世界より二世紀ほど先駆けて、「トゥリア」（イディッシュ語では *trijes*）とヴェルミチェッリ（*vermishelsh / vrimzlish*）の原型を確認できる。「ヴェルミチェッリ」という言葉は、そのいわば専門用語である「トゥリア」とともに、すでに12世紀にはヘブライ語、仏語、独語に存在していた。しかし現在に至るまで、その食物のイタリア語名を示した文献は見つかっておらず、中世末期のさまざまな料理書に登場する以前に、なぜこの「小型パスタ」がイタリアから急速にヨーロッパ中に広まったのかは不明である[77]。しかも、同じころにおそらく地中海西部にまで普及していた。ヨーロッパ北部への伝播にユダヤ人が関わっていたかどうかは、15世紀のモロッコで書かれたアラビア語の文献も参照する必要がある。それによると、モロッコ北部のフェズでは、ユダヤ人がパスタ商を営み、「フィダウス」や「*sa'iriyya*」など、ヴェルミチェッリに似た糸状の小型パスタも売っていたという[78]。残念ながら、このユダヤ人たちがいつ頃から商売を始めたのかはわからない。4～5世紀にかけて、聖ヒエロニムスは、キリスト教会が地方のユダヤ教勢力に脅かされるのではないかと懸念を抱いていたが、マグレブにユダヤ人社会が形成されるのは、アラブ人の征服よりもはるかに以前のことである[79]。彼らがハーラの規律について、いわば兄弟である東欧系ユダヤ人と同じ不安を抱いていなかったという証拠はない。さらに、ヴェルミチェッリと同類のパスタが、長いあいだユダヤ人の特別な料理だった可能性もある。つまりは、世界中に散らばったユダヤ系移民は、そもそも「ヴェルミチェッリ」の形をしたパスタを知っていて、それぞれの文化の包容力に応じて、言語レベルで自分たちの社会に取り入れようとしたのではないだろうか。

ヴェルミチェッリは、はるか昔にイタリアで、正確にはシチリアでその存在が確認されている。イタリア料理に関する初期の文献では、ごくわずかながら、「トゥリア」という言葉でヴェルミチェッリを示している例もある。この言葉は、もとはギリシャ語から派生したアラビア語の「イトゥリア」から転訛したものだが、実際には、「ヴェルミチェッリ」という言葉と同じく、ほとんど記録に残っていない。イタリア人は「ヴェルミチェッリ」と聞いただけで、その製法や形、味がありありと思い浮かぶのだから、わざわざ外来の「トゥリア」を用いる必要などなかったとも考えられる。地理学者イドリーシーは、アラビア語の「イトゥリア」を用いてシチリアの状況を説明しているが、彼にとってはアラビア語が母国語だからだ。だが、まだ疑問も残っている。「フィダウス」「フィデオス」「アラトゥリア」といった言葉は、すでに13世紀からアラブ・アンダルシアの料理書でしばしば用いられていた。では、14世紀初めに書かれたイタリアの初期の料理書に、ヴェルミチェッリがほとんど登場しないのは、いったいどういう理由なのか。

9―乾燥パスタと生パスタ

イタリアの初期の料理書では、ラザーニャから生まれたパスタの種類は豊富なのに対して、ヴェルミチェッリの種類は乏しい。この際立ったアンバランスは、それぞれに受け継がれてきた伝統を正確に反映している。すなわち、「ラガーナ」を起源とするラザーニャは重要な位置を占めているが、「トゥリ」、つまりヴェルミチェッリは、ラテン語の「イトゥリウム」との関連を認めることが難しく、ギリシャ語の「イトゥリオン」とのつながりも仮説の域を出ない。どちらも資料による裏づけがほとんどないのが現状だ。

いずれにしても、イタリアの料理書でヴェルミチェッリの登場が遅れたのは、歴史や伝統からだけでは説明がつかない。イタリアではヴェルミチェッリの特徴がわからないものの、アラブ・アンダルシアの料理書では、それが「イトゥリア」「フィダウス」「*sa'iriyya*」などと呼ばれ、糸状か粒状の小型パスタで、できあがったら乾燥させて、インスタントパスタとして用いられていたという事実に疑問の余地はない。これを裏づけているのは、14世紀の地中海の交易路に関する報告書だが(80)、12世紀のアラブ人地理学者イドリーシーが、シチリアのトレッビアを地中海沿岸で取引されている「イトゥリア」の生産拠点として繰り返し指摘していることからも想像ができるだろう。ローゼンバーガーが研究したアラビア語の料理書では、「イトゥリア」は人々の主食であり、「手に入らない」場合には家庭で、「セモリナ粉（*smida*）または小麦粉（*daqiq*）に水と少量の塩を加えて捏ねてつくること」と指示している(81)。また、同じ料理書には「フィダウス」のレシピもあり、硬めの生地を手で転がして、穀物の粒の大きさにしてから天日で乾燥させてつくるとあり(82)。

このようにラザーニャとは異なり、ヴェルミチェッリはすぐに食べられるインスタント食品にするために、原則として生パスタを乾燥させて消費期限を延ばし、長いあいだ保存できるように加工された。輸送中にも品質を落とさず、長期間にわたって取引することができるのは、じゅうぶんに乾燥させた製品だけだった。こうして、ヴェルミチェッリはいわばブランド品として、少しずつ人々の食生活に溶けこんだ。乾燥食品、保存食品として認められたヴェルミチェッリは、イタリアの料理書でも紹介され、そのつくり方がくわしく図解されているが、どれも天日で乾燥がなされている。かの巨匠マルティーノも、とりわけ八月につくった乾燥パスタは二〜三年保存できると言い切っているほどだ(83)。そしてレシピの最後には、かならずこう記されている――「いつでも調理したいときに」。これは、ヴェルミチェッリが必要なときにすぐに調理できるよう、あらかじめ乾燥させてあるという意味だ。しかしマルティーノは、ラザーニャやあらゆる「パスタ料理（トリータやフェルメンティーナなど）」をつくるのに慣れており、ヴェルミチェッリは店で買わずに、宮廷料理人のプライドから自分の手でつくっていた。つまり、15世紀以前の文献にヴェルミチェッリがほとんど登場しないのは、そうした自給自足の習慣が理由とも考えられる。その一方で、貴族社会や宮廷で広まっていた料理書では、料理人よりも上品で洗練された方法が図入りで説明されていた。したがって、とてもひとりではつくれない料理を除けば、すでに加工された食品は用いられていなかったのだ。同じことがヴェルミチェッリにもいえる。

乾燥パスタのヴェルミチェッリは、アラブ・アンダルシアの文化ではラグーの材料と見なされ、他の材料と合わせて料理をつくるのに使われた。イタリアでも同じで、ヴェルミチェッリはスープに入れる食材だった。14世紀のレシピでは、砂糖を加えたアーモンドミルクで煮込んだり、サフランで色づけする方法も紹介され[84]、「黄色い濃厚な状態に仕上がる」と記されている[85]。こうした料理はポレンタより洗練され、口当たりもやさしく、とりわけ病人向けにつくられた。

とくに遠方の地域へ輸出される場合、すでに中世から乾燥パスタと生パスタを区別する必要があったものの、料理においては、この二種類のパスタは対立するものではない。すでに述べたように、料理人は、保存したものを使うことは自由でも、基本的に自分たちで食べる分のヴェルミチェッリをその都度つくる。すなわち、製品として大量に生産することも、単に家庭で食べる分だけつくることも可能なのだ。さらに、乾燥パスタは硬質小麦のセモリナ粉の存在を抜きには語れず、セモリナ粉でつくったパスタは、乾燥させると強度が増す。アラブ・アンダルシアの世界では、料理書からもわかるように、セモリナ粉と小麦粉を区別することはない。一方、イタリアの料理書では、小麦粉はヴェルミチェッリの基本材料であり、セモリナ粉は穀物粥に使われた。

乾燥パスタと生パスタの区別は、時代とともに進化する調理法に関わり、やがてイタリアやスペインでは、その調理法がさまざまな伝統にとって代わることになる。

10―両伝統のたゆまぬ発展

パスタの起源について、これまで言語と技術に目を向けてきたが、ここで視点を変えてみよう。地中海の中部地域、つまりイタリア本土やシチリアが平打ちパスタの伝統を受け継いできたことは確かだが、この地域では、小分けした生地を手でヴェルミチェッリの形にする技術も、かなり早い時期に取り入れられた。その根拠として、アラビア語の「イトゥリア」から派生して、ギリシャ語の「イトゥリオン」を真似た「トゥリア」という言葉よりも、「ヴェルミチェッリ（ラテン語で *vermiculi*）」のほうが、ここではるかに多く使われている。たとえヴェルミチェッリの原産地でないにしても、イタリアはそれをつくることを「文化的」なレベルで受け入れた。一方、フランスやドイツでは、11～12世紀にかけて『タルムード』の注釈集で「*vermishelsh*」の特性について何度も言及されているが、これは西暦紀元の初期の『エルサレム・タルムード』の引用を繰り返しているにすぎない。

パスタと、イタリアにおけるその誕生の苦難をめぐる伝説を要約すれば、チャールズ・ペリー(86)が示唆しているように、すでに西暦紀元の初期には、糸状やリボン状のパスタがローマ帝国の東部で「イトゥリウム」という名の料理として広まっていた。そして、その調理法が、中世のユダヤ文化が開化した交易の一大拠点、シチリアに伝播し、パレスチナやプロヴァンス、ライン地方との文化交流を通じてさらに普及したと考えるのが妥当だろう(87)。こうした経路を通じて、ヴェルミチェッリの製法は、イタリア南部やシチリアで受け継がれていたラザーニャの文明と出合う。平打ちの生パスタと、通常は乾燥させる糸状の細いパスタの出合いによって、イタリアで徐々にパスタの伝統が磨きあげられ、やがて驚くほど豊かなパスタ文明が築かれるのだ。実際、パスタをつくる二通りの技法（生パスタと乾燥パスタ）が切磋琢磨して、おそらく世界に類を見ない多種多様なパスタ文化が生まれることになる。

そうした出合いは、アラブ人が地中海に到来する以前に生まれた可能性も否めない。だが、パスタの仲介や普及において、アラブ人がきわめて重要な役割を果たし、中近東を征服したときにはすでに存在していた食物、つまり糸状のパスタの伝統を彼らがスペインにまで広めたことは疑いない。そうしたパスタが「フィダウス」をつくっていたユダヤ人と出合った可能性はあるのだろうか。あるとすれば、当時のアラブ・アンダルシアの料理書に、同種のパスタを示す「フィダウス」や「イトゥリア」という言葉が登場することにも説明がつくのではないか。ちなみにラザーニャについては、その技術がヨーロッパ北部を通ってイギリスにたどり着くまで、イタリアの国境を越えることはなかった。

とてもひと口では語りきれないパスタの歴史は、今日なお対照的なイタリアとスペインの伝統の相違をも物語っている。それぞれ地中海の中部と西部に礎を置くふたつのパスタ文明は、まったく異なる用途、味、調理法を確立した。中世から受け継ぐ独自の伝統を重んじるスペインでは、米のかわりにスープやラグーに入れる補助的な食材として、小型パスタが重宝されている。それに対して、まさしくパスタの美食文化が発展したイタリアでは、可能なかぎり、ありとあらゆる種類のパスタが創作されている。そして昔もいまも、イタリアのパスタは、すぐれた品質により高く評価されているのだ。

◎ 北アフリカとスペインの糸状パスタ、粒状パスタ

スペインはタパスをはじめ、魚料理、比類なき創作力から生み出される米料理など、独特の風味のある料理で有名だが、パスタについては、その名声は時代の壁を越えることができなかった。しかし13世紀の料理書をひもとくと、料理においてパスタの果たす役割を紹介した記述もある。さまざまな専門家が指摘しているように、ふつうパスタは、豆類や米とともに濃厚なスープや肉汁で煮込み、具だくさんの料理として食卓にのぼる(88)。スペインで用いら

れるパスタは、スープ料理の具と考えられており、ある意味では、ポレンタのように「ブロード（ブィヨン）で煮込む穀物粒」と同じ位置づけである。

実際、穀物の粒の形を真似たパスタのレシピもあり、それによって、スペインや北アフリカではパスタが肉や野菜とともに調理される「補助的」な食材にすぎないことが裏づけられる。だが、これらの国では人間の手で再現された、いわば「模倣食品」は、料理の主要な材料となる穀物そのものよりも価値があった。こうした社会では、パスタづくりは「穀物粒」の生産と同一視され、クスクスを含めてパスタはすべてひとくくりにされた。そのなかでも、粒の小さい順にクスクス、ヴェルミチェッリ、さらに大粒の「*mhammis*」と分かれている。

こうした傾向は調理法にも見られる。北アフリカでは、クスクスに加工された穀物はスープにとろみをつけるが、実際にはスープとは別に調理され、あとからスープや肉をかけて食べる。同様に、アルジェリアでは「*reshta*」という細かい生パスタがあり、クスクスのように蒸してから味つけをする。

このようにパスタは穀物粒として扱われ、一部の地域で「フィデオ *fideo*」と呼ばれる小型ヴェルミチェッリを用いる「パエリア・フィデリア」がつくられるように、米と同じ方法で調理されることも少なくない。したがって、詰め物パスタがまったく見当たらなくても不思議ではない。詰め物をするには、薄くのばしたパスタ生地を切って、さらに具を包まなければならないからだ。

◎ イタリアのパスタシュッタ（ソースであえるパスタ）

一方、イタリアでは多種多様なパスタ文化が発展した。「パスティーナ（小型パスタ）」や「スープ用パスタ」はヴェルミチェッリを起源とし、ブロードやアーモンドミルクで煮込んでスペイン風の粥をつくるのには欠かせない。しかしイタリアといえば、何と言っても「パスタシュッタ」である。

中世イギリスの料理書には、「*lozens*」もしくは「*macrows*」(89と呼ばれるレシピが紹介されており、(おそらくイタリアから伝わった)パスタ料理が当時の大英帝国の貴族社会で流行していたことを示している。ヨーロッパでは、唯一中世からイタリアでパスタ料理が発展したが、パスタ自体がすぐれた食材として、さまざまな料理にインスピレーションを与えた成果によるものだ。

したがって、パスタは単にブロードで煮込むものでもなければ、スープの具やパンなどの付け合わせにもとどまらなかった。むしろ、それ自体が完全食品であり、口に入れたときの硬さ、あるいは逆にやわらかさ、形によって異なる特徴、その存在と風味を引き立てる他の素材との相性などで評価される。パスタのプリマドンナとしての役割は、今日のイタリア料理のメニューにも象徴され、「プリモ」と呼ばれるコース料理のプリモピアット(第一の皿)を任されている。他の国々では、野菜などと同じく付け合わせにすぎないのに対して、イタリアではすでにパスタが食品、あるいは料理のジャンルとして分類され、単独でも食卓にのぼっていたために、メニューの一品目にもなったわけである。

調理法としては、「スープ用パスタ」と対立する「パスタシュッタ」は、イタリア人の味覚が時代とともに少しずつ変化してきた結果ともいえる。ラザーニャの伝統は、その無限の可能性についてすでに説明したとおり、詰め物パスタの洗練された技法をとりわけ開花させたが、中世以前から、平打ちパスタは単なる素材ではなく、美食の観点からも熱いまなざしを注がれていた。料理と同じく、パスタづくりにおいても、原料、生地、限りない形を引き出す柔軟性に対する関心があったからこそ、イタリア人は創造力を発揮してきた。そういう意味では、中国人と同じかもしれない。

ラザーニャのさまざまな可能性から始まったとはいえ、パスタの発展は無限の広がりを秘めていた。そうした可能性のひとつに、小分けにしたパスタ生地を手のひらで転がす技法があった。昔ながらの生地をのばす方法を応用したものだが、これによって、15世紀にはきわめて多彩な形のパスタが生み出される――クロセーティ、フォルメンティーニ、マッケローニ、クインクイネッリ、ラヴィオリ、トルテッリ、ヴェルミチェッリなどだ(90)。シチリア風マッケローニ（鉄串で穴を開けた藁の切れはしのようなパスタ）のレシピは、名料理人マルティーノの手稿に記されている。この手の込んだパスタは、ある意味ではパスタの製法の長い歴史における出発点ともいえる。これ以降、パスタの世界は、ひたすら種類を増やすことを目的に、つねに新たなアイディアを生み出しながら発展しつづける。その途上で迎える技術革新は、第三章で見ていくように、生産量を増やして供給を安定させようとする強い意志のもとに実現した。パスタづくりは、消費が拡大するにつれて専門的な職業へと姿を変え、硬質小麦のセモリナ粉を原料として、パスタシュッタをつくるための「乾燥パスタ」の概念を確立しながら、技術的、文化的、そして美食の世界遺産を築きあげるのである。こうして、イタリアは世界ではじめて食用パスタの工業化を実現するに至った。

11 ― 「パスタ料理」の誕生

繰り返しになるが、中世では、少なくとも当時の料理書を見るかぎり、パスタはまだ料理や食品の独自の品目としては扱われていなかった。14世紀初めのレシピ集には、いくつかの名前が登場するが、パスタそのもののレシピは見当たらず、今日使われている「パスタ」のように、さまざまな形を総称する呼び方でもなかった。これから詳説するが、当時は「パスタ」という言葉さえ用いられていなかった。パスタを含む食品類を示す表現はあったものの、中世に登場するパスタは、現在のように、レストランのメニューの一品目ではなかったのだ。

16世紀になると、「パスタ」という言葉は、パスタ自体を主役にした料理、あるいは材料のひとつとして用いる料理を示すようになった。たとえば、一五七〇年に出版された、有名な料理人バルトロメオ・スカッピの『料理術』では、「パスタづくり」という表現が用いられ、少しあとのトンマーゾ・ガルツォーニ（16世紀の文学者）による『全世界の職業の普遍的な広場』には、「パスタ食品」という言葉が登場する。スカッピの著書の第五巻『パスタの本』には、パイ、パイ生地、タルト、各種ピザが含まれ、さらにタルト菓子、ベニエ（ドーナツのような揚げ菓子）、フィアドーネ（チーズを使ったコルシカのタルト）、マジパン、チャルダ（ウエハースに似た丸形の菓子）なども現われる(91。一方、トンマーゾ・ガルツォーニが名を挙げているのは、「ポレンタ、ニョッキ、マッケローニ、ラザーニャ、タリアテッレ、ヴェルミチェッリ、平打ちパスタ、マンテガーテ、トルテレッティ、リトルテッリ、トルフォーリ、皮あり／皮なしのラヴィオリ、カスコーゼ、カサテッレ、モルセッリ、ドイツ風パスタ、ステッレ、グアンティ、トルテ、レティチェッレ、〝偽パスタ〟、マリコンダ、パスタデッレ、パステレッティ、フリテッレ……」ときりがない(92。今日でも、イタリア語の「パスタ」という言葉にはさまざまな意味があるが、このふたりによるパスタの分類は、現在とは多少異なる。とはいえ、パスタというひとつのグループを認知していたことは明らかだ。それぞれの本に名の挙がった食物は、小麦粉と他の材料を混ぜ合わせた生地（パスタ）でつくるが、当時、すでにギリシャ語の「*pàste*」という言葉にも同じ意味があった。このように材料の性質にもとづいた分類では、調理法は問わない。しかし現在では、料理としても食品としても、茹でることが「パスタ」の定義の基準となっている。

　たとえ茹でたパスタを用いた料理の分類が定められていなくても、小麦粉を原料とする練り粉からできる食物が、独立した分類に値する特質をもっていることは明らかだった。16世紀のパスタに対する認識も、現在の認識からそれほどかけ離れてはいない。実際、マルティーノのレシピには、今日のパスタにかなり近いものもある。そして、すべてのレシピを紹介したあとに、「これらのパスタ料理は、ミルクで煮る場合を除いて、サフランで黄色に染める必要がある」とつけ加えられている(93。マルティーノは「ラヴィオリ、マッケローニ、タリアテッレ、トリーティ、フォルメンティーニ、ヴェルミチェッリ」の名を挙げ、これらが同じ種類に分類されるべきものであることをほのめかした。

実のところ、最初にパスタを食品の一ジャンルと見なしたのは医師だった。おそらく健康を維持したり、病気を治療したりするための「薬品」として、ダイエットに利用されたと考えられる(94)。ダイエットとは、バランスよく栄養を摂取して健康を取り戻す方法で、13世紀に紹介されて、人々のあいだに一気に広まった。これは、食品の特徴（熱くて乾燥したもの、熱くて水分を含んだもの、冷たくて乾燥したもの、冷たくて水分を含んだものなど）に応じて、すべての食品を分類することを基本にしており、食べる人の体格や体質に合わせて食べるものを決める。前述したが、13世紀末〜14世紀初めにかけて、医師たちはギリシャ語やアラビア語から翻訳された文献を参照して、「トゥリ」という言葉が「無発酵の細い糸状のパスタ」であることを知っていた。また、15世紀初頭の医学辞典には、ラテン語の「*ferculis de pasta*（パスタ料理）」も記載されていた。その後、イタリア語にも「*manzare de pasta*（パスタ食品）」といった表現が生まれ、「パスタ」は、とりわけチーズで味つけをして食べたり、「粘着性質」をもったりすることで知られるラザーニャやマッケローニを指すようになった(95)。やがて、15世紀に活躍した医師のミケーレ・サヴォナローラは、「無発酵のパスタでつくられた」という「ラザニョーレとメヌデッリ」について、熱量が乏しく、長く胃にとどまるために鼓腸（胃腸にガスがたまること）や消化不良を引き起こすとして非難している。そして、これらの「粘着性」を阻止するために、砂糖とともに食べるよう勧めた(96)。実際、パスタの物理的な評価や判断によって、ひとつの仮説が立てられたほどである――無発酵で、そのために消化の悪い生地と、その結果できあがった「冷たくて水分を含んだ」食物は粘着性を帯び、体に害を与える。それに対して、焼いて調理する食べ物は熱量の不足を補う効果がある、という仮説だ。

このように、料理人とは異なり、医師はみずからの職務を実践するために、パスタの効能を客観的に理解する必要に迫られた。そして、それぞれの特性を見出してパスタの定義に貢献した。一方で、商取引の必要に駆られたカリアリの商人たちは、14世紀には、「アラトゥリア」や「マッケローニ」と呼ばれるパスタを含む商品を総称して「オブラ・デ・パスタ（パスタ製品）」と呼んでいた。

名料理人マルティーノのように、パスタを料理や食品の種類と見なすことによって、料理書には、やがて今日のように「パスタ」の項目にパスタ料理のレシピが並ぶようになる。いずれにしても、第八章で解説するように、パスタが正式にメニューの品目となるまでには、さらに数世紀を待たなければならない。これは、のちに地中海沿岸地域で発展するパスタ産業の功績でもある。

第二章

先駆者の時代

シンプルな材料にもかかわらず、美食家をも唸らせるパスタは、急速に普及し、大小さまざまな商取引の対象として、大量かつ継続的に生産され始める。そもそもパスタづくりは、地道に積みあげられた職人技の成果だが、一方で生産力は工業レベルにまで達し、やがて互いに競い合い、補い合うふたつの道に分かれていく——硬質小麦を原料とする保存のきく乾燥パスタと、軟質小麦粉による生パスタだ。工業化の先駆けともいうべき乾燥パスタの製造は、長いあいだイタリアの独壇場となった。その起源は、12世紀頃の南部にさかのぼり、とりわけシチリアは、パスタ製造の一大生産拠点へと成長する。対する生パスタはイタリア全土に広まり、各地方で、それぞれの伝統を受け継いで発展する。生パスタをつくる職人は、一般に「ラザニャーリ」（ラザーニャ製造業者）と呼ばれ、おもにイタリアの北部・中部で盛んになる生パスタの商取引に早くから携わった。これらの地域には、現在でも多くの生パスタのメーカーが拠点を置き、西欧の大都市への進出の足がかりとしている。

1——シチリア——乾燥パスタ発祥の地

中世のパスタ製造についてはほとんどわかっていないのが実情だが、わずかに、シチリアで乾燥パスタの生産が始まったという記述が残されている。アラブの地理学者イドリーシーは、パスタの製造について次のように述べ、シチリア島を海上交易の重要拠点に挙げている。「テルミニの西にトラビアという地域があるが、そこは魅力的な滞在地である。というのも、水が豊富で決して枯れることがなく、多くの水車を動かすことができるからだ。トラビアは平地で広大な農地があり、いたるところでパスタを製造し、カラブリアをはじめ、他のイスラム教およびキリスト教諸国へ輸出している。そのため、トラビアからは大量の船荷が運ばれている」(1)。この短い描写は、あちこちで引用されるほど有名だが、その内容だけでなく、そこに暗示されていることも興味深い。実際、イドリーシーのこの記念碑的な作品のなかで、パスタの製造に関するくだりはこの部分だけだが、仮に彼がその鋭い観察眼を光らせて、イギリスから北アフリカのマグレブ、フランス、中近東諸国をひととおり旅していれば、当然、他の生産地についても報告し、当時の状況について、より正確な意見を述べていたにちがいない。実際には、シチリアにパスタの製造を伝えたのがアラブ人だったとしても、シチリア人はすぐに師を追い越して、何世紀ものあいだ、他を寄せつけないほどの生産技術を発展させた。

じつのところ、シチリアで早くからパスタの生産が発展したことは驚くにはあたらない。というのも、シチリアには条件がすべてそろっていたからだ。ここは、長いあいだ穀倉地帯として知られ、中世では、プーリアとともに地中海世界において、広くは西洋キリスト教世界において硬質小麦の一大産地だった。イドリーシーが称えてやまない豊かさは、すでにプリニウスの心をもとらえ、「きわめて多数の島民の飢えを満たすだけでなく、他国民にまでたえず供給できるほど豊饒な小麦の産地」と絶賛している(2)。当時の農学者たちと同じく、プリニウスは軟質小麦（*Triticum Siligo Columella*）よりも硬質小麦（*Triticum Robus Columella*）を好み、ローマ帝国で栽培されていた小麦のなかで、シチリア産の小麦が最高だと考えていた(3)。したがって、シチリアが一大生産地だったイドリーシーの時代には、パスタの製造は大土地所有者の特権であり、おそらく彼らは製粉に利用する水車も所有していた。つまり、シチリアのパスタ製造者は、小麦の栽培から原料の小麦粉への加工、製品の製造まで、すべてを支配する権利をもっていたというわけだ。彼らは潤沢な資産を運用し、それを活かす商才に長けていた。だが、シチリアが商取引の中心地となったのは、それだけが理由ではない。キリスト教世界とイスラム教世界との境界線上に位置するという地理的な条件も有利に働いた。当時のヨーロッパでは、ライ麦や大麦といった粗末な穀物が食べられていたが、シチリア人に限っては、都市部でも田舎でも小麦を食べる民族だった。人類学者のモーリス・エマールとアンリ・ブレスクは、中世から近代のシチリアの消費生活に関する研究論文で次のように記している。「シチリアの農民は故郷を離れ、栽培者というよりは日雇い労働者として、地方都市を除けば、何千もの民を抱える大規模なボルゴ（都市の城壁外の新開地）で暮らす。彼らはいわば都市の消費者である」(4)。農民たちは都市の住民と同じく、パンだけでなく、ときにはパスタなど高価な食品を買っていたため、ヨーロッパの大半の農民に比べて洗練され、他では見られない需要を生み出していた。実際、パスタの商取引は、高度に都市化された社会環境という条件があって、はじめて発展することができる。したがって、12〜14世紀にかけて、イタリアがパスタの商取引の恩恵を受けたのは、まったく偶然ではない。

このように、シチリアでは他よりも早く、しかも広い範囲でパスタの消費が広まっていた。そのため、一三七一年から「セモリナ粉のマッカルーニと同じ原料のラザーニ」に対して統制価格が導入された。すなわち、最高価格をそれぞれ一ロートロ（古代シチリアの重量単位）当たり二〇デナーロと三〇デナーロに定めた。だが、そうした価格の統制は、何よりも生活必需品の値段に影響を与えた。また、同じ資料にはパスタが二種類に分類されていたことも記されているが――「*axutta*（乾燥パスタ）」と「*bagnata*（生パスタ）」(5)――それぞれの価格は定められていない。同時に、原料の価格差のせいでセモリナ粉と小麦粉のパスタの価格が大きく異なり、硬質小麦粉の取引価格が高騰していたことも明らかになっている。

9～11世紀頃の文献によると、シチリアがパスタの生産拠点となる一二世紀前までは、アマルフィ海岸地域が生産の中心であり、同時に製粉業も盛んだった。その粉挽き場は、パスタを製造する建物の一階にあったという(6)。そうしたパスタづくりの作業場が、最初に粉挽き場の建設された時代にまでさかのぼるかどうかは不明だが、18世紀以降、ナポリ近郊のトッレ・アヌンツィアータやグラニャーノがパスタ産業で名を馳せるはるか以前に、アマルフィ沿岸が乾燥パスタの生産地として知られていたのは確かである。

2―サルデーニャ、その他の生産地

13～14世紀にかけて、シチリアの唯一の競争相手といえば、地中海に浮かぶもうひとつの大きな島、サルデーニャだった。もちろん、それ以外のイタリアの大都市でもパスタは生産されていたが、産業としてじゅうぶんに発展していなかった。たとえば、ピサでは13世紀末からヴェルミチェッリの製造と販売が行なわれていたが、パン職人がパスタの製造を兼ね、職人組合が設立されるほど専門的な仕事ではなかった。一二八四年二月に交わされた若い見習いとパン職人との徒弟契約では、見習いは「パンの窯焼き作業と、ヴェルミチェッリの製造および加工」を手伝うことが義務づけられている(7)。だが、ヴェルミチェッリが乾燥パスタかどうかは明記されていない。顧客はおそらく地元民で、長期保存のための乾燥は必要なかったと思われる。とはいえ、ピサが地中海貿易の担い手のひとつであったことを考えれば、商船の船乗りに供給するためにも、小規模ながら乾燥パスタの製造が行なわれていたとしてもおかしくない。実際、乾燥パスタは乾パンとともに船乗りの食料となることもあった。

一二九五年には、ナポリにマッケローニの製造業者が存在し、のちにシチリア王カルロ一世となるシャルル・ダンジューの一族と取引を行なっていた(8)。イタリア最大の王国の首都ナポリは、そのわずか数世紀後には押しも押されもせぬ乾燥パスタの一大生産地となるが、これはナポリ湾やアマルフィ沿岸の生産拠点を支配下に収めていたためである。

一方、ジェノヴァの場合は、少しばかり状況は複雑だ。類いまれな海運力と財力を誇ったジェノヴァ共和国は、12世紀頃からパスタの商取引を手がけるようになった。ところが不思議なことに、中世の文献では、パスタの生産活動についてとくに言及されていない。ジェノヴァ大学のニーロ・カルヴィーニ教授を中心とする調査では、「ラザニャーリ」（ラザーニャ製造業者）の存在を突きとめるにとどまっている。たとえば、一三一六年と一三九二年の公正証書には、それぞれ「ラザーニャを製造するマリア・ボルゴーニョ家」と、ジェノヴァのプリオーネ地区で活動していた「ラザーニャ製造業者グアルティエロ」が記録されている(9)。だが、彼らが当時、他の「ラザニャーリ」のように生パスタだけを製造していたのかどうかは定かではない。一二七九年、かのジェノヴァの「ほら吹き兵士」、ポンツィオ・バストーネの死に際して作成された財産目録には、「マッカローニを満載した船樽」が記載されているが、これはジェノヴァが他の地域で生産されたパスタの交易地であった可能性も示している。実際、それらのマッカローニがジェノヴァ産だという証拠はない。ところが、ナポリ・アンジュー朝の宮廷社会の影響を受けた初期の料理書を信頼するならば、問題はさらに複雑になる。というのも、すでに14世紀初めに、リグーリアの州都ジェノヴァはパスタ文化で有名だったと記されているからだ。この料理書では、ジェノヴァの「トゥリア」のレシピが紹介されているが(10)、いかにも地元の市場ですぐ手に入るといわんばかりに、パスタのつくり方は明記されていない。場合に応じて「トゥリ」「トゥリア」「マッカローニ」と呼ばれていたジェノヴァ名産のパスタやタリエリーニ（細いタリアテッレ）は、あたかもこの地域で普及し、評判を得ていたかのように、のちにイタリア北部や中部で書かれた料理書でも紹介されている(11)。当時、ジェノヴァの乾燥パスタ製造業者は「フィデラーリ」(フィデッリ製造業者)と呼ばれていたが、16世紀以前に都市部で「トゥリ」の製造所の足跡をたどることはできない。このことからも、おそらくパスタの生産拠点はリグーリア沿岸の他の地域に置かれ、シチリアやサルデーニャで購入したパスタにジェノヴァの名前をつけてから、地中海全域に輸出していたのではないだろうか。実際、当時のほとんどの交易商品は、それを扱う港や都市の名で知られていた。ボルドーやポルト産ワイン、アゾラ海の港タガンログの小麦などがよい例だ。タガンログではウクライナ産の小麦の取引が行なわれ、その小麦は、19世紀にはイタリアやフランスのパスタ製造業者によって輸入されていた。

プーリアは、15世紀初めになってようやく乾燥パスタの生産で知られるようになったが、それ以前から、プーリアにはすでにじゅうぶんな生産設備が整っていた。一四四二～四三年にかけて、モルフェッタ大学の帳簿にはヴェルミチェッリ関連の経費が記録されている。そして一四七二年の国王令によって、モルフェッタのパスタ製造業者は、プーリアのポルトラーノから免税を取りつけている。その対象となるのは、「ヴェルミチェッリやその類の製品を現地で製造し、ヴェネツィアやその他の地域へ向けて船で出荷するパスタ製造業者」だった。それ以前には、都市部にこうした課税が適用されることは決してなかったため、支払った税金の払い戻しを要求して、業者たちは訴えを起こした(12)。同じころ、バーリの小都市ビシェリエの法律では、「ビシェリエの城壁内でヴェルミチェッリをつくり、加工し、販売提供を行なう者は、いっさい税を支払う義務はない」と定められている(13)。こうした政策は、都市がパスタの生産を奨励する意思を示すもので、商業の振興を目的とする国王の顧問官の政策と一致した。

だが、シチリアの本当のライバルは、硬質小麦の産地として知られ、地中海の交易路におけるもうひとつの重要拠点であるサルデーニャだった。サルデーニャの場合も、製造業者が活動していた地域を特定することはできないが、14世紀には多くの業者が存在していたことを示す根拠はそろっている。一三五一～九七年まで、そして一四二七〜二九年までのカリアリ税関（*Aduanas sardas*）の記録簿には、地中海のあちこちの港に向けたパスタの輸出が記されている(14)。書類上は単なる輸出品にすぎないが、それは少なくとも、パスタがサルデーニャでつくられていたという明白な証拠である。ちなみに、そのパスタは「フィデウス」「マカロン」「オブラ・デ・パスタ」という三種類の異なる名前で記入されている。カタロニア語の影響を受けたこの言葉が、どのような形のパスタを意味するのかはわからないが（サルデーニャは一三二六年にアラゴン王国の支配下に入った）、中世の料理書を信じれば、サルデーニャの税関吏たちはタリエリーニのような糸状のパスタか、もしくはシチリア風に中が空洞になったマッケローニを、「マカロン」という言葉で示していたようだ。一方、「フィデウス」という言葉は、ジェノヴァを中心とするリグーリア沿岸地域で使われていた「フィデッリ」や「フィデリーニ」、そして、この地域で乾燥パスタ製造業者の組合につけられた名である「フィデラーリ」を思い起こさせる。すでに述べたとおり、「フィデウス」はアラビア語の「フィダウス」を起源とする。その他カスティリア語では「フィデオス *fideos*」、プロヴァンス語では「フィドウ *fidaux*」もしくは「フィデイ *fideis*」、サルデーニャ語では「フィンデオス *findeos*」、現代ギリシャ語では「フィデス *fides*」といった表現が見られるが、イタリア語とカタロニア語では同じパスタを指しているわけではない。たとえば、15世紀の有名な『商業指南』の著者ペゴロッティによれば、「フィデウス」は「ヴェルミチェッリすなわち、トゥリアに似たパスタであるとのことだが、同時代にスペイン語で書かれた商取引の手引書では、むしろタリアテッレのように薄い帯状のパスタに近いような気がする(15)。それから約一〇〇年後、セバスティアン・コヴァルビアスは『カスティリア語（スペイン語）宝典』において、「フィデウス」（フィデオス）はマッケローニと同種で、「紐か細い縄の形で、縄のように編んである」(16)と解説しており、それから推測するとヴェルミチェッリ説が有力だ。また、「オブラ・デ・パスタ」については、明らかにラテン語の「*ferculis de pasta*」という表現と関係がある。これは、15世紀中頃から、医師がパスタ全般を指すのに用いた言葉で、すでに説明したとおり、その後の料理書では「*lavori di pasta*（パスタ製品）」

や「*mangiar di pasta*（パスタ食品）」という表現も使われるようになる。「オブラ・デ・パスタ」というのは、カリアリの税関吏が何種類かのパスタを含む取引商品を記入する際に用いた言葉で、まさにパスタ全般を指しているが、場合によっては穀物を原料とする別の食品も含まれていたかもしれない。一三五一年一〇月には、サルデーニャのユダヤ人がもちこんだ二種類の積荷に関する記載がある。ひとつは一一カンターラ（四五七キログラム）の「オブラ・デ・パスタ、内訳はフィドウ、マカロン、アラトゥリア、ビスキュイテル」で、もうひとつは一三カンターラ（五四〇キログラム）の「オブラ・デ・パスタ、すなわち、マカローニ、フィデウス、セーモラ」となっている(17)。これを見ると、「オブラ・デ・パスタ」という言葉が、サルデーニャの輸出品のなかでも重要な乾燥パスタ類を示していたことがわかる。

イタリア以外で乾燥パスタの製造が発展していたのは、おそらくフランスのプロヴァンスだけだ。一三九七年には、アヴィニョンの税関がプロヴァンス南部に普及していた「メヌデ *menudez*」というパスタに物品税を課した。このパスタをすでに生産していたグラースでは、一四二八年に、一リッブラ（約三〇〇グラム）当たり八デナーロ以上で販売した場合に五ソルドの罰金を科すことが定められている(18)。「メヌデ」という名称からは、15世紀前半に、バルナバ・ダ・レッジョがヴェネツィアの特産品として紹介した「ミヌテッリ」も連想させるが、17世紀初めに出版された『*Trésor de santé*（健康の宝）』では、プロヴァンスの「ロサン」「クローゼ」「ヴァーミソー」「マカロン」「フィディオ」などとともに取りあげられている。これらのパスタは、それぞれイタリアのクロセーティ、ヴェルミチェッリ、マッケローニ、フィデリーニ（フィデウス）に当たると思われる(19)。一三九七年にアヴィニョンで制定された物品税では、「小麦粉」の項目に「フィデイのセモリナ粉」、すなわち、「フィデイをつくるためのセモリナ粉」が含まれていた(20)。つまり、この教皇都市では硬質小麦のセモリナ粉のパスタがつくられていたことを意味する。

不思議なことに、スペイン人やカタロニア人は乾燥パスタの商取引に積極的だったにもかかわらず、イベリア半島におけるパスタの生産拠点は特定できない。参考となる資料が限られていることもあるが、プロヴァンスと同じく、製造業者は存在したものの、それほど生産が普及していなかった可能性もある。それは、アラゴン王国が中世のパスタの二大生産地、すなわち、サルデーニャとシチリアを支配していたからにほかならない――シチリアは一二八二年、歴史上「シチリアの晩祷」として知られるフランス支配に対する反乱後に、アラゴン王国に征服された。

北アフリカのマグレブでも、小規模ながらパスタが生産されていたことを裏づける資料がある。一三四五年二月二〇日、ピエトロ・ダラゴーナ四世はマジョルカ島の総督に書簡を送り、イスラム商人から没収した船荷を返却するよう要求している。その船荷には一五キロのパスタ（マカロヌム *macharonum*）が含まれていた。イスラム商人はトレムセン王国（現アルジェリア）の港、フナヤンで船荷を積みこみ、アルメニアへ運ぶつもりだったが、途中でバレアーレス諸島へ航路を変更させられた[21]。バーナード・ローゼンバーガーにいわせれば、船積みされた港がかならずしもパスタの生産地であったとは限らない。だが、グラナダのイスラム帝国の勢力下で、南から北、つまりマグレブからアンダルシア地方へ船荷が運ばれていたという事実は、地中海西部のアラブ世界にパスタの供給地があったことを示唆している。したがって、そこでパスタが生産されていたとしても不思議ではない。

3―貿易の発展

マグレブとアンダルシアという地中海の両岸を結ぶ交易は、どちらもイスラムの勢力下にあったため、ある程度は限られていてもしかたない。それにしても、わずか一五キログラムのマッケローニとは、何ともお粗末な量の積荷である。いずれにせよ、中世のマグレブにパスタ製造所があったとしても、生産が盛んになるのは、この時代でもなければ、ましてやシチリアのパスタ生産が発展する以前でもないだろう。イドリーシーが興味を抱いたのは、もっぱらシチリアから広まったパスタの取引であり、当時シチリアが交易の中心地となっていたのは、地中海全域で最も重要な拠点だったという証拠でもある。イドリーシーは交易の相手として、イタリア南部や「イスラム教諸国」を挙げており、そこには前述のマグレブやアンダルシア地方も含まれている。だが、同じころから、パスタはジェノヴァ方面にも輸出されるようになる。公証人ジョヴァンニ・スクリーバが一一五七〜六〇年にかけて作成した契約書を見ると、リグーリアのジェノヴァ共和国とシチリアの交易活動の時期がわかる。ジェノヴァはイタリア北部で生産された多くの製品を輸出し、おもに小麦と食用パスタを含む食品類を輸入していた(22)。前述のように、ジェノヴァの「ほら吹き兵士」、ポンツィオ・バストーネの死後に作成された財産目録に「マッカローニを満載した船樽」が記されていたが、マッカローニが樽に詰められて輸入されていたのかもしれない。また、サン・ジョルジュ銀行の「関税記録簿」には、一四九七〜一五三五年までの記録が残されているが、シチリアとの交易関係が定期的に続き、おもに小麦製品（小麦粉、セモリナ粉、食用パスタ、乾パンなど、のちの「小麦加工業界」の製品）がシチリアから輸入されていた。その一方で、ジェノヴァも食用パスタを輸出していた。イタリアの農業史を研究したエミリオ・セレーニは、ジェノヴァ人が定期的に「食用パスタの輸出許可証」を入手していたことを突きとめている。リグーリアの商人は、パスタを自国に供給するだけでは満足せず、ナポリ、ローマ、ピオンビーノ（トスカーナ）などへの流通経路を確保し、さらにバルセロナやマルセイユといった地中海西部にまで輸出を広げた(23)。

ジェノヴァの商人はサルデーニャのパスタも取り扱っていたため、ピサや、とりわけ関税の面で有利だったカタロニアと熾烈な競争を繰り広げた。一三二六年にサルデーニャを征服した当初から、アルフォンソ・ダラゴーナ四世はカタロニアの商人をカリアリに移住させた。つまり、彼らは単なる商業活動だけでなく、それまでピサやジェノヴァが独占していた穀物とその加工食品の輸出を維持し、さらに発展させるという責務を負っていた。一三五一〜九七年にかけて、サルデーニャ産のパスタの八〇％がカタロニア地方、おもにバルセロナへ輸出されていた背景には、そうした事情があった。また、一四二三〜七〇年に作成された公正証書には、輸出用の「フィデオス」の売買契約が記録され、ジョヴァンニ二世に宛てた樽詰めの製品の契約書も確認できる(24)。この時期、ほぼ半世紀のあいだにカリアリから輸出されたパスタの総量は、あらゆる種類のパスタを含めると、三五八カンターラ（約一四・九トン）に達する。一方で、一四二七〜二九年にかけて記録された別の税関の資料では、「フィデウス」だけでも輸出量は四九三カンターラ（約二〇・五トン）である。わずか二年間であることを考えると、まさに目を見張る増加だ。ピサ大学の研究者ラウラ・ガロッピーニも述べているように、この時期に「フィデウス」の記録しか残されていないのは、この独特の形のパスタに生産が集中していたか、あるいは「フィデウス」という言葉が商業用語として乾燥パスタ全般を示していたかのどちらかだろう(25)。

4 乾燥パスタの市場

中世で乾燥パスタの商取引が重要だったことは疑いの余地がなく、イタリア以外にも広く普及していたことも明らかになった。ところが、実際には乾燥パスタは薬屋で売られていたため、中世の料理書では取りあげられていない。では、その製品は誰が買って食べていたのだろうか。ジェノヴァでは、乾燥パスタ用のレシピとして、彼らのいうところの「トゥリ」と「トゥリア」を用いた二種類が考案されているだけだ。つまり、少なくともこれらのパスタは市場で自由に入手することができたにちがいない(26)。だが、たとえ料理書に紹介されていたとしても、当時の料理人は、のちのルネッサンス期の料理人と同じく乾燥パスタにはまるで興味を示さず、市販の食品を利用することもほとんどなかったようだ(27)。こうした傾向から、次のことが推測できる――料理人のつくるパスタの味を知っていた人々は、市販のパスタには目を向けず、したがって乾燥パスタは美食の対象ではなかった。いずれにしても、この問題はさらに深く掘り下げてみる必要がある。というのも、文献には相反する記録が残されているからだ。

美食という面から見れば、少なくともレシピにあるような料理を食べていた上流社会の人々にとって、保存のきく食品は評価が低い。結局、いくらかの例外を除いて、中世でも現代と同じく新鮮な食品が求められていたわけだ。そのため、料理人は市販の乾燥パスタは利用せず、世間の声に従った。だが、もっと具体的な理由もある。消費者の手に届いた乾燥パスタは、食べられるか否かだけでなく、保存状態に対する保証もなかった。前述の一四五五年に作成されたカタロニア人の商取引の手引書では、「フィデウス」が「変質すれば価値がすべて失われるため、真っ白で品質が低下していないかどうか」を検査するように勧めている(28)。「真っ白」であるかどうかは、原料の小麦粉の品質を判断する基準だけでなく、おそらく時間がたつとともに変色しやすかった「フィデウス」の保存状態や「賞味期限」にも関わることだった。つまり、新しい食品は、それだけ品質が高いというわけだ。変質については、さまざまな要因が考えられた。たとえば質の悪い、あるいは古い原料を使用していたり、保存や輸送時の環境が悪かったり、製法に欠陥があったり、貯蔵の方法に問題があったりする場合である。当時はパスタ生産が始まったばかりで、製造技術は未熟で管理も行き届いていなかった。すべての製造工程で最も神経を使う乾燥作業も、もちろん例外ではない。地中海の南部地域という恵まれた気候条件でも――ナポリでは、産業発展で逆にマイナス要因になることもあったが――パスタの自然乾燥には熟練技が必要とされ、19世紀末になっても、人工乾燥を導入するまでは、トッレ・アヌンツィアータやグラニャーノといった大きな生産地でさえ、依然として製造業者の技術には差があった。

しかし乾燥パスタは、かならずしもこの時代の富裕層の食品リストから外されていたわけではない。例の「ほら吹き兵士」の「マッカローニを満載した船樽」や、カリアリからジョヴァンニ・ダラゴーナ二世に送られ、一四六七年二月一五日にサルデーニャ総督から代金が払われた「フィデウス」の船荷という例もある(29)。また、ごくまれに、ピエトロ四世の時代（一三一九～八七）には、ダラゴーナ家の購入品に「フィデウス」と「マッケローニ」が何度か登場する。マルティーノ・ルマーノ（ピエトロ四世の息子でマルティーノ一世）も、一三九五年にバルセロナで「フィデウス」を購入し、戴冠式の祝祭用に、アラゴン王国の首都サラゴサへ送るよう命じている。乾燥パスタが宮廷料理として供されていたとしたら、当時の料理書がほのめかすように、まったく美食家に見向きもされなかったはずはない。加えて、乾燥パスタの価格は決して安くなかった。ヴァレンシアのダンティーニ商会の一四〇四～〇五年の帳簿には、「フィデウス」が市場価格で一リッブラ（約三〇〇グラム）当たり一一デナーロと記録されているが、この価格は肉のほぼ二倍に相当する(30)。

このように、上流階級の人々は、乾燥パスタに対してどちらかといえば肯定的だったが、これは当時の複雑な食物事情を反映しているといえよう。乾燥パスタは、船の乗組員にとって、従来の「乾パン」（二度焼くことで長期保存ができるパン）の代用品か、それを補うものだった。15世紀後半のシチリアで公布された法令では、パスタの輸出船の船長に対して、航海中に「個人的な利用分」として、「製品の品質と雇い主の身分に応じて、マッカローニおよびヴェルミチェッリ」を一〇～一四ロートロ、船荷から抜き取ることを許可している(31)。たとえば、ジェノヴァのガレー船「ミネルヴァ号」の会計報告書には、一五二六年に「フィデーリ」を抜き取ったことが記録されている(32)。前述のカリアリの税関でも、一三五一年一〇月に、さまざまなパスタだけでなく、乾パンも含む「オブラ・デ・パスタ」が船荷として記録されていた。こうした乾燥パスタと乾パンの結びつきは、このふたつの食品がたしかに船乗りの食料となっていたことを示している。実際、パスタのように船上で手軽に調理できる食品は少なかった。それを心得ていた船主のなかには、船で生パスタまでつくらせていた者もいたという。ジェノヴァのパガニーノ・ドーリアは、一三五一年五月三一日付で、ガレー船の乗組員として専門のパスタ職人（ラザニャーリ）を二名雇っている。すでに乾燥パスタが普及していた都市の商人にとって、これは何を意味するのか？　船主が船乗りの日々の食事を少しでも改善しようとしたのか。それとも、船上でパスタをつくれば、製品を船荷から抜き取る必要がなくなるからだろうか[33]。船乗りたちに対する思いやりであれ、貴重な商品を守ろうとする意思であれ、地中海を行き来する商船のメニューにパスタが加えられていたことは間違いない。

だが、たとえ乾燥パスタが輸出品として価値があり、一般の食品に比べて高価であっても、それが贅沢品であるかどうかは別の問題だ。実際、乾燥パスタの売り上げがのびたのは、食品の市場価格を左右する貧しい人々の需要に支えられた結果なのだ。そうでなければ、シチリアで定められた統制価格は説明がつかない。さらに「イトゥリア」、すなわち、アラビア人のマッケローニは、13世紀のモロッコでは、ごくふつうに市場で売られていた。その証拠に、当時の料理書には、「イトゥリアがない」場合には小麦粉かセモリナ粉を水と塩少々で練りあげて家庭でつくることもできる、と書いてある[34]。14~15世紀にかけて、「フィデウス」はカリアリの市場に並んでいたが、のちに地元への供給を確保するため、ひいては社会的な平和を維持するために、輸出を制限する措置が取られた。一五五四年にスペイン総督によって公布された法令では(船上での個人的使用は適用外)、「五〇リッブラ(約一五キログラム)のセモリナ粉と五〇リッブラのフィデウス」を個人用の食料として手元に置くことが認められている[35]。ナポリの年代記には、一五四六年に開かれた盛大な正餐の様子が記されている。そこでは、たくさんの豪華な料理に交じって、「八〇ロートロのヴェルミチェッリ」も出された[36]。こうした記録は、いずれも乾燥パスタが徐々に市民権を得てきたことを物語っている。とはいえ、さまざまな文献を総合すると、中世の乾燥パスタは贅沢品でも必需品でもなく、中産階級の市民の宴席を飾るごちそうだったことが明らかになる。彼らにとって、保存がきくうえに手軽に調理できる乾燥パスタはこのうえなく便利だった。

5―生パスタの販売

国外へ輸出される乾燥パスタの次は、国内で量り売りの商売を行なう職人の工房について見てみよう。一部の大手製造所で乾燥パスタの生産が行なわれる一方で、おもに島々や南部、そしておそらくリグーリア海岸には、生パスタもしくは半生パスタの零細製造業者がいたるところに存在し、地元の需要に応えていた。そうした業者は「ラザニャーリ」（ラザーニャ職人）、ときには「ヴェルミチェラーリ」（ヴェルミチェッリ職人）と呼ばれ、都市によっては、その数は同業組合を結成できるほど多かった。たとえば、フィレンツェでは一三一一年からラザーニャ職人と料理人が手を結んで「料理人およびラザーニャ職人組合」を設立したが、その後、分割されて、チャルダ（ウエハース状の菓子）の製造業者組合に統合される(37)。すでに述べたとおり、14世紀には、ジェノヴァでラザーニャ職人が活動していたことがわかっている。また、ナポリ王国王宮の一二九五年の帳簿には、町のマッケローニ商人への支払いが記載されているが、シチリアやサルデーニャのように乾燥したものかどうかまではわからない。だが、乾燥パスタの生産拠点だったシチリアでも、生パスタは製造されていた。一方で、中世の文献によれば、ローマはもっぱらジェノヴァの商人の活動拠点だったが、16世紀半ばにはヴェルミチェッリ職人が組織化され、その活動は市からも一目置かれるほどだったという。美食の伝統を誇るミラノでは、パスタはとりわけ敬遠されていたが、それでも15世紀初めにはパスタ製造所の存在が確認されている。医師のバルナバ・ダ・レッジョは、地方ごとに異なるパスタの名称を指摘するとともに、パドヴァ、レッジョ・エミーリア、ヴェネツィア、ボローニャに製造所があったことを示している。ちなみにボローニャは、のちに卵入りのパスタの生産で有名になる。

こうした手工業によるパスタづくりは、しばしば乾燥パスタの生産と比較され、ときに混同されて、保存のきく乾燥パスタのみをつくっているように誤解される。だが、シチリアやサルデーニャのパスタ製造業者と、地元の客のおかげで商売が成り立っているようなフィレンツェやミラノのラザーニャ職人を混同してはいけない。前者は、乾燥も含めた複雑な製造工程を習得しているが、後者は、凝ったパスタの形こそ素人には真似できないものの、どちらかといえば家庭のパスタづくりに近い仕事をしている。しかもパンの製造を兼ねている場合も多い。乾燥パスタは、遠距離の輸送を前提とした製法を取り入れているのに対して、生パスタの場合は、需要に応じて生産を調整したり、あるいは注文を受けてからつくり、その日につくったパスタはすべて売りきってしまう。

ラザーニャ職人にしろ、ヴェルミチェッリ職人にしろ、町の商店と同様に客相手の商売であることには変わりない。14世紀のフィレンツェの年代記には、「ラザニョーラの店を所有していた」シチリア女性が記録されている(38)。こうした店では昔ながらのパスタを買うことができた。フィレンツェの行政官用食堂の管理人による会計帳簿には、ラザーニャの購入や、他の小麦粉でつくった生パスタの注文などが記載されている(39)。

いずれにしても、都市部における生パスタの販売は、不正行為や価格のダンピングを避けるために法律で厳しく規制されていた。たとえば、一四二一年にミラノで公布された「市民のための食糧法」では、食品を監督する司法官に「ラザーニャおよびフォルメンティーニの価格」を随時決定し市民に布告する権限を与えている。また、店員や商人にこれらの規定を守らせるために、罰金を支払わなかった者を処罰することもできた(40)。そのうちに、商人たちも市民の側に立って動きはじめる。一五九七年、オルヴィエーロ・ミヌートという人物が、「地域住民が日々の糧を安価で手軽に手に入れられるように、マッカローニ、タリアテッレ、フォルメンティーニなど、さまざまな種類のパスタをつくり、小売で販売する」ための許可をクレモナ市に申請している(41)。

だが、これはあくまで一部の製造業者の話であり、また、すべての業者が同じ種類のパスタを製造していたわけでもなかった。14世紀には、ローマで「ヴェルミチェッリ職人」の有力な組合が結成されたが、その活動は、保存のきくパスタの専門職人と、フィレンツェのような特定地域のラザーニャ職人の中間的なものだった。いずれにしても、小さな工房でつくるパスタの種類は、地方都市ごとの伝統によって異なっていた。

生パスタは基本的に軟質小麦粉からつくられる。一三二五年にフィレンツェのサンタ・マリア・ヌオーヴァ病院は、その年にパスタをつくるための「カヴァッロ」という軟質小麦の粉を購入しているが(42)、この記録を目にして驚いた研究者もいる。当時のマッケローニやラザーニャの原料は、硬質小麦のセモリナ粉のみだと考えられていたからだ。だが、中世の料理書によれば、家庭でつくるパスタはほとんどが軟質小麦粉を用いていた。『料理の書』では、硬質小麦のセモリナ粉を使うレシピは、唯一「*anxia alexandrina*」というヴェルミチェッリ（*vermiculi*）だけで(43)、これはその後も変わらなかった。

製造業者についても、パスタの歴史を通しても、フィレンツェはもちろん、ミラノやパドヴァ、ボローニャ、レッジョ・エミーリアなどでは、イタリア南部や島々、リグーリア海岸のように硬質小麦のセモリナ粉でパスタをつくっていたとは考えにくい。この習慣も長く続き、19世紀初めになっても、ミラノでこんな言葉を耳にするほどだった――「ミラノのパスタ製造業者を説得するのに無駄な時間を費やしてしまった。というのも、彼が異教徒の好む硬質小麦を使おうとしたからだ」(44)。家庭でつくる生パスタが、よほどのことがないかぎり軟質小麦粉を原料とするのは、「自家製パスタ」の伝統に尽きる。こうした伝統はエミーリアなど一部の地域で受け継がれ、最近では、他の地方も注目されるようになった。代表的なのが生地に卵を用いる製法で、水をいっさい加えずに、卵だけで粉を練りあげる。なかには黄身だけを使うこともあり、ピエモンテの「タヤリン」という平打ちパスタは、小麦粉一キロに対して四〇個もの卵を使用する。

しかし〝生〟とはいえ、できあがりをすぐに食べるわけではないため、ある程度は乾燥させなければならない。この表面的な乾燥は、乾燥パスタの乾燥工程の第一段階に当たり、専門用語で「表面乾燥」と呼ばれる。これを行なわないと、市場に出る前の段階（一時的な保管、計量、梱包、輸送など）で製品の質が低下してしまう。では、町の小さなパスタ工房にせよ、すでに大量生産を行なっていた乾燥パスタの工場にせよ、このはるか昔の時代には、どのような製法が用いられていたのだろうか。

6―麺棒、鉄串、スタンガ（レバー）

初期のパスタづくりで、どのような製法や設備、道具が用いられていたのかは、じつはほとんどわかっておらず、いまだに歴史の闇に包まれたままである。それでも、料理人が書き残したレシピや現存する資料から、中世のパスタ職人が駆使していたであろう技法を想像することはできる。そのためには、イタリアほど調査の対象にふさわしい国はない。参考となる貴重な文献の数は群を抜き、古くから生パスタと乾燥パスタの分野で手工業による生産が全国的に行なわれてきたからだ。したがって、イタリアのパスタ職人の技術は、その後、何世紀にもわたってそうであったように、他国よりも進んでいたはずだ。実際、同時代のアラブの文献と比較してみると――依然として解明されていない部分はあるものの――イスラム世界のパスタ生産はもっぱら手づくりだが(45、イタリアでは14世紀末〜15世紀初めに、ごく原始的ではあるものの、生地を練る作業が機械化される傾向も見られた。

もちろん、イタリアでも当時は手づくりが主流で、一三九〇年代に広まった『*Tacuina Sanitatis*（健康全書）』をはじめ、さまざまな文献でそのことが裏づけられている。「*tacuina*」という言葉は、アラビア語で〝配置、分類〟を意味する「*taqwim*」に由来するが、この書は、アラビア人の師匠とサレルノ学派(46の弟子たちによって伝えられた古代医学の知識を絵図にして大衆に広める目的で、「健康の図版」シリーズとして出版された。意匠をこらした飾り文字の見出しのもとに、飲食物や植物、香辛料などに関する古代から中世の知恵と教えが盛りこまれている。バグダッドのキリスト教徒の医師で、のちに僧侶となった有名なイブン・ブトゥラム（一〇六八年、アンティオキアで死亡）の著とされるこの手稿本のうち、四巻に「トゥリ（トゥリアン）」の製造に関する絵図が挿入され、医学の伝統にのっとってラテン語名で表記されている。栄養学に基づいた解説はイブン・ブトゥラムの論文から抜粋されたものだが(47)、図版はロンバルディアやヴェネト地方のイタリア人芸術家の作品で、美術史上、有名なものも含まれている。したがって日常生活を描いた絵は、イブン・ブトゥラムの世界ではなく、14世紀末のイタリア社会が表現されている。現在はベルギーのリエージュに保管されている四巻の挿画は、ミラノの画家で建築家のジョヴァンニーノ・デ・グラッシ（一三九八年没）によるものだ。グラッシは、その絵の依頼主であるミラノ公、ジャン・ガレアッツォ・ヴィスコンティ（一三五一～一四〇二）の肖像画も描いているが、美しい貴婦人に囲まれて庭園を散歩する名門貴族の特徴をよくとらえている(48)。パスタに話を戻すと、この場合はヴェルミチェッリだが、医学的な解説文とその美しい挿絵は、ある意味では対照的でさえある。「イトゥリア」と呼ばれるヴェルミチェッリの栄養については、アラビア語の原文でもくわしく説明されているが、芸術家たちは、当時の慣習にしたがってパスタづくりの様子を描こうとした。

三巻に載っているパスタづくりの光景は、細部は異なるものの、基本的には変わらない――ひとつの部屋でふたりの女性が忙しく立ち働く姿が描かれている。ひとりは作業台でパスタの生地を捏ね、もうひとりは木枠にヴェルミチェッリを並べている（図1）(49)。四巻目すなわち、リエージュにある手稿にも同じ場面が描かれているが、ふたり目の女性は、すでに木枠をふたつ立てかけた中庭の壁に、さらに三つ目の木枠を置こうとしている。細長いパスタをぎっしり並べた木枠は、間違いなく乾燥させるために置かれていることから、そこは民家ではなく、パスタ製造業者の作業場であることがわかる（第四章 図11）。いずれの絵も、製造工程の前半と後半、つまりパスタの生地づくりと、できあがったヴェルミチェッリの乾燥の準備が、遠近法と短縮法を駆使して描かれているが、残念ながら作

図1● 捏ねて広げる。手作業によるパスタづくりの最初と最後の工程（14世紀末の手稿本『Tacuina Sanitatis』より，ウィーン）

業そのものに関してはくわしいことはわからない。

とはいうものの、明らかになる点もいくつかある。まず、ロンバルディアの芸術家たちの視点では、パスタの製造は女性の仕事ととらえられている。これは、同時代のフィレンツェの年代記にある「ラザニョーラの店を所有するシチリア女性」の記録と一致する。さらに、作業をふたりで分担している様子は、製造工程の流れに応じて分業する合理的な生産をほのめかしている。つまりは、これらの絵は手作業による堅実なパスタづくりを表現しようとしたものだ。ミラノやパドヴァといったロンバルディアの職人たちを忠実に再現することによって、この分野で女性が主役を演じていたことを後世に伝えているのである。

　パスタの成型については、料理人の記録に頼るしかない。とりわけマルティーノの手稿には、シチリア、ジェノヴァ、ローマのマッケローニの成型方法がくわしく解説されている。最も難易度の高いシチリア風マッケローニには、マルティーノは小麦粉を用いているが、例外的に卵白を加えている。練りあげた生地を小分けにして、それぞれに鉄串を刺し、台の上で転がしながら形を整えて最後に鉄串を引き抜くと、長さ二五センチほどの、中が空洞になった細長いパスタができあがるというわけだ。シチリア産マッケローニにも触れながら、レシピの最後には次の文がつけ加えられている。「これらのパスタは天日で乾燥させる必要があるが、とりわけ八月につくれば二〜三年は保存できる」(50)。一方、「ジェノヴァ風マッケローニ、本場のタリアリーニ」やローマ風マッケローニについては、薄くのばした生地を麺棒に巻きつけ、取り外してから、ある程度の幅に切り分けて螺旋状の輪をつくると、タリエリーニやタリアテッレとなる(51)。

　シチリアやサルデーニャの製造所で、こうした昔ながらの方法で成型が行なわれていたかどうかはわからないが、文献では、成型の装置や道具についてはいっさい触れられていない。くわしくはあとで述べるが、生産のスピードと量に劇的な変化をもたらす押出機やダイス（鋳型）が登場するのは、まだ数世紀ほど先の話だ。だが、マルティーノの時代よりもはるか以前に、パスタ生地を捏ねるという重労働を人間に代わって行なう装置が存在した。「ブリーガ」（ブリーガ式捏ね機）という旧式のレバー式捏ね機である。これは一二一五年の『バーリ外交法典』をはじめ、当時の文献に何度か登場している。たとえば、一二八五年には「台に取りつけるブリガム」という表現が使われ、一二六九年の年代記には「ブリゴーネ付き捏ね機」が登場する(52)。その他にも、この装置の特徴や大きさ、機能などについての記述が残されている。

　こうした文献では、捏ね機とブリーア（ブリーガ）は区別され、ブリーアは捏ね機の一部として扱われており、「プ

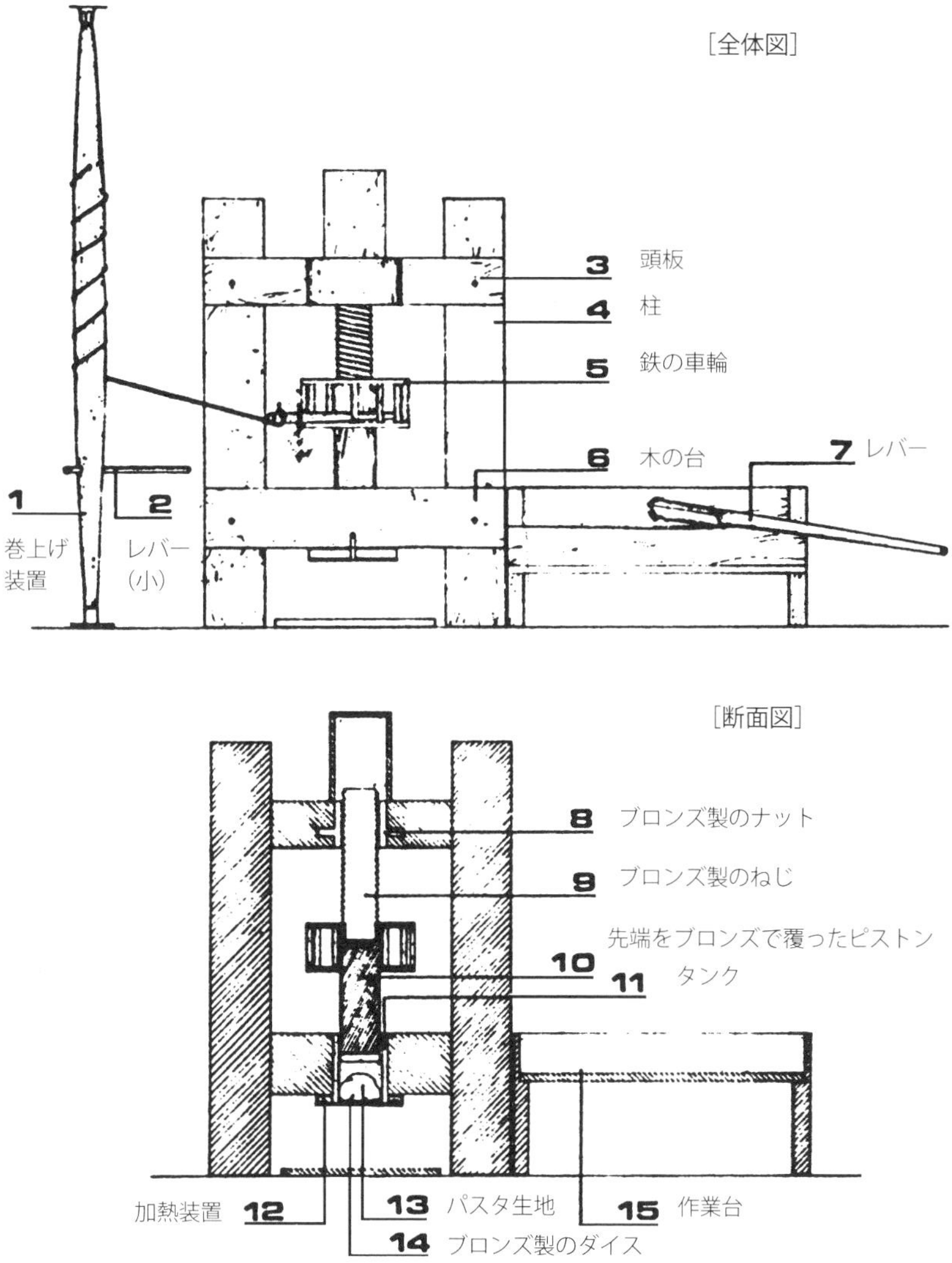

図2● レバー式押出機と捏ね機の全体図（上）と断面図（下）（パオラ・ガルジューロ、リー・クインタヴァッレ『トッレ・アヌンツィアータとグラニャーノのパスタ製造』より，1983年）

ランカ」、すなわち、作業台に取りつけられている。それらが一体となって、原始的な捏ね機を構成しているわけだ。したがって、ブリーアもしくはブリーガは、のちに「スタンガ」（棒、レバー）と呼ばれるようになり、仏語では「*brie*」「*broie*（繊維を取り除くために大麻や亜麻の茎を砕く道具）」に当たる。ブリーアというのは、木製のレバー（ブリゴーネ）を重い作業台の片端にねじで取りつけた装置で、簡単にいえばハサミの原理で動くものである。持ちあげたレバーの固定部分のそばに生地を置き、レバーの端を押し下げて生地を押しつぶす。そして、ふたたびレバーを上げ、それをゆっくり水平方向に回転させて、生地の別の部分を押しつぶす。この手順を繰り返しながら、生地の三方の端を打っては折りたたむというわけだ。その後、この装置は改良されるが、基本的な原理は変わらなかった（図2参照）。

とはいうものの、中世の文献には、パンに関する場合を除いて「ブリーア式」捏ね機は一度も登場しない。一三四一年の文書には「パンをつくるための木製ブリーガ」とあり、一四六五年にバーリで作成された財産目録にも「パンを製造するための捏ね機」が記録されている(53)——当時すでに「ボローニャ、ヴェネツィア、ロンバルディアとロマーニャのほぼ全域で、スタンガ付き捏ね機（グラーモラ）という道具を使って生地を練る作業が行なわれていた。そのため、これらの地方では、この道具でつくったパンのことを〝グラモライオ〟と呼んでいた」(54)。ジョヴァンヴェットーリオ・ソデリーニ（一五二六〜九七）も、小麦を楕円形のパンに加工する工程を次のように説明している。「（小麦を）粉に挽いてパンをつくるが、捏ね機で生地を力強く押しつぶし、じゅうぶん熟成させてから焼けば、最高のパンができあがる」(55)。パスタ職人がこの道具を使っていなかったとは考えにくい。とくに、当時はパン職人がパスタ職人を兼ねる場合も多く、似たような作業を行なう両者は密接な関わりをもっていた。今日でも彼らの仕事を総称して「アルテ・ビアンカ（小麦粉加工業）」と呼んでいることを考えると、なおさらである。

もうひとつ興味深いのは、このパスタ用の装置と、大麻や亜麻《あま》を加工するための装置が似ていて、イタリア語でも仏語でも同じ名称が使われていることである。その理由には、レバー式捏ね機の発明の秘密が隠されているかもしれない。実際、「グラーモラ（捏ね機）」という言葉が使われだしたのは、大麻や亜麻の加工に用いる機械が最初だった。ボローニャの農学者ピエトロ・デ・クレシェンツィ（一二三〇〜一三一〇）は、「グラーモラ」はもっぱら繊維加工用の機械だと信じて疑わず(56)、他の分野への技術の応用は、むしろフランスでの専門用語の誕生がきっかけとなったようだ。14世紀には、仏語の「*broye*（*broie*）」はたしかに繊維加工用の機械を意味した。だが、18世紀の終わりになると、イタリアからヴェルミチェッリの製法が伝わり、フランスの職人はイタリア人が「スタンガ」と呼んでいるものを指すために「*broie*」「*brie*」という言葉を使うようになる。その結果、イタリア語の「*gramolare*（小麦粉を練る）」の同義語として「*brier*」という動詞をつくりだし、もっぱらその動詞をパスタの作業で用いるようになったというわけだ(57)。

捏ね機は、中世にまったく別の目的で発明されたにもかかわらず、イタリアのパスタ職人にとっては、近代化への最も確実な手段となった。事実、こうした機械の導入によって、乾燥パスタの生産は劇的な変化を遂げ、近代工業への道のりを歩みはじめる技術革新時代の幕開けとなったのである。

第三章

手づくりパスタから機械生産へ

地中海世界で乾燥パスタと生パスタがともに発展を遂げたのは、古くからの属領である島々を含む中世イタリアのみである。それは今日に至るまで変わらず、いまなおこの半島は、他の地域を寄せつけずに、この分野の第一人者であることは間違いない。したがって、前述のように、地中海沿岸地域にパスタにまつわるイタリア語が急速に広まったのも偶然ではない。その範囲は、広くフランス北部からイギリスにまで及ぶとされる。のちに、ありきたりな「イタリアのパスタ」に代わって登場した「イタリア風マッケローニ」という表現は、はなはだ曖昧ではあるが、すでに15世紀に「トゥリ」もしくは「トゥリア」[1]という専門用語の注釈として使われていた。パスタの製造は、例外はあるものの、現在でも依然として人間の手と、最低限のごく初歩的な機械で行なわれる。小規模な製造所にいたっては、作業台と麺棒、乾燥させるための木枠、何本かの包丁、必要に応じてマッケローニ用の型といった程度の設備しかない。

16～17世紀にかけて、ある重大な変化が起きた。初期の生産者組合のようなものが設立されたことによって、イタリアでパスタの普及に有利な状況が生まれた。これは、ほぼ全土に及ぶ小さな製造所のネットワークと、それによってすでに確立していたパスタの文化によるところが大きい。横暴なパン職人たちの目から逃れ、新たな経済状況で生み出される利益を確保する目的で、パスタ製造業者は自発的に職業組合を組織した。捏ね機とレバーの一体化、さらに押出機と成型用のダイス（鋳型）の一体化といった、一部の製造工程の近代化のおかげで、短時間かつ低コストでの大量生産が可能となった。その結果、貧民層もパスタに手が届くようになり、やがてパスタはれっきとした食品の一品目として認められるようになる。大幅な需要の増加に後押しされて、パスタの製造は儲かる仕事となり、それが製品の多様化と、とりわけ品質の向上を促した。上質の硬質小麦であるセモリナ粉の使用、技術の熟練、そして商人の活気があいまって、将来的な産業発展への道が開け、一度は危機に見舞われつつも、パスタの世界はまさに小さな革命を起こすことになる。

1―小麦の伝播

乾燥パスタがイタリアを皮切りにヨーロッパ諸国に広まった決定的な要因は、そのすぐれた保存性にあるが、これは硬質小麦のセモリナ粉の特性によるものだった。もっとも、乾燥パスタはかならずしもセモリナ粉でつくられていたわけではなかった。伝統的に硬質小麦を栽培していた地域とて例外ではない。たとえばシチリアでは、14～16世紀まで小麦粉のパスタと硬質小麦のセモリナ粉のパスタが区別されていた。まじりけのないセモリナ粉は上等のパスタ用に保管され、それ以外のパスタは小麦粉とセモリナ粉を混ぜるか、もしくは小麦粉のみでつくられた。イタリアでは、一六〇五年にナポリ――硬質小麦のセモリナ粉を使ったパスタ製造の一大生産拠点――で単一原料による生産が始まったという記録が残っている。「セモリナ粉と小麦粉の混ざったヴェルミチェッリについては、一ロートロにつき四グラーノ二デナーロの税を課す」ことが定められたのだ(2)。その結果、小麦粉でつくられた「白いパスタ」の生産は一時的に禁止されることになる。これは、品質の高い製品にばかり人気が集中してしまうのを防ぐことで、穀物市場の混乱を避けるための苦肉の策だった。

セモリナ粉と小麦粉を混ぜてつくった安価なパスタは、17世紀初めにふたたび表舞台に登場するが、その陰の立役者となったのがグリエルミーノ・プラートだ。このアスティの薬売りは、「古い、あるいは混ぜ物をした小麦粉」が使われているかもしれないと考えて、リグーリア産のヴェルミチェッリの購入を拒んだ。小麦粉の変質や腐敗、あるいは偽造を疑ったのだ(3)。さらに当時は供給が不安定で、パスタ製造業者はいつでも硬質小麦を入手できるとは限らなかったため、好むと好まざるとにかかわらず、他の材料で代用せざるをえなかった。19世紀初めにも、イギリス海軍によって航路を遮断され、シチリアやモロッコの硬質小麦が手に入らなくなるという事態が起きた。そこでリグーリア海岸の製造業者は、「品質がかなり劣る」(4)と知りながらも、ロマーニャやピエモンテ産のもので代用するしかなかった。実際、セモリナ粉と小麦粉を混ぜたパスタは、つい最近まで製造されていた。一九二九年にホエプリ書店から出版された『パスタ生産の工業技術』第三版で、レナート・ロヴェッタは次のように記している――「極上」および「最高級」のパスタはもっぱらセモリナ粉を原料としており、その他の「上等＝一級」「標準＝二級」「自家製＝三級」のパスタは、セモリナ粉に「軟質小麦の粒」をときには半分以上混ぜあわせたものである(5)。

いずれにしても、セモリナ粉が一般に使用されるようになったのは17〜18世紀にかけてである。乾燥パスタの生産は少しずつ増えはじめ、ナポリのマッケローニやジェノヴァのパスタは、セモリナ粉のすばらしい品質のおかげで商業的な成功を収めた。19世紀初めの農業書には、「ナポリ人の誇るマッケローニのためのセモリナ粉がなかったら、彼らは失業していただろう」と記されている(6)。あいにく、この本の著者は不明だが、製品の質の高さと、市場をもっぱら独占していたナポリ王国の輸出業者についても触れている。いずれにしても、パスタ生産の先駆的な地域では、当時からすでに、セモリナ粉こそパスタづくりに最適の原料であるという認識で一致していた。その証拠に、一五六五年一〇月二四日にはナポリで次のような法令が公布されている。「マッケローニ、ヴェルミチェッリ、およびその他のパスタは一ロートロ当たり七グラーノとし、製造者はセモリナ粉のみを使用して、質の高い完璧な製品をつくらなければならない」(7)。原料の混合禁止については、それまでにも繰り返し通達されている。一六〇四年には「ハウチワマメの粉、インディオの粉（トウモロコシ）、キビなどを混ぜた」粉の販売および使用が禁じられ、すぐれた穀物である小麦でつくられた粉の品質向上が唱えられた(8)。純粋なセモリナ粉でパスタをつくることが、あらためて国によって規定されたのだ。

パスタに硬質小麦のセモリナ粉が最も適しているという考えは、生産および消費の中心地から急速に各地に広まった。16世紀半ばには、フランス人農学者のシャルル・エチエンヌが、「イタリア人が〝セモリーノ〟または〝セーモラ〟と呼ぶ小麦粉」の特性について述べている。いわく、イタリアとりわけナポリから輸入された「すぐれた小麦」からつくられ、「ナポリ人はこれでパンをつくるのではなく、ブイヨンで煮こむ」という(9)。「純粋なセモリナ粉」の評判は、17世紀初頭にリヨンで出版された医学書によって確固たるものとなる。そこには、「イタリアおよびプロヴァンスで栽培された良質の麦でつくられる小麦粉」と、「イタリア人が鶏や新鮮なバター、ピアチェンツァ（エミーリア・ロマーニャ）のすりおろしたチーズとともに食す」マッケローニやヴェルミチェッリとの関係がはっきりと記されていた(10)。一五七四年に定められたジェノヴァの「フィデラーリ（フィデッリ職人）組合の規則」では、まるまる一章が「セモリナ粉」の購入に関する規制に当てられており、たとえば、組合員に対してイギリスからの船荷が陸揚げされる前に乗船することを禁じている。「硬質小麦」という概念もほどなく定着する。一六四九年に行なわれたフィデラーリ組合の運営会議の議事録には、次のように記されている。「これまでの経験上、粗挽きもしくはその他の硬質小麦を購入する際の損失は、すべてわが組合が負うものとする」(11)。

したがって、その特性が科学的に理解されるはるか以前から、生産者、農業者、そして愛好者のあいだでは、乾燥パスタに「理想的」な材料として、硬質小麦のセモリナ粉が高く評価されていた。「科学的」な知識に目が向けられるようになったのは、一七二八年、イタリア人の医師バルトロメオ・ベッカーリ（一六八二〜一七六六）がグルテンを発見したことがきっかけだった。彼は小麦粉に関して研究するうちに、古代から存在しながら澱粉の残留物としか見なされていなかったこの物質が肉に似た特性をもち、したがって栄養価も高いことに気づいた。その結果、硬質小麦には軟質小麦よりもグルテンが豊富に含まれることが明らかになり、パスタの材料に適しているという事実が導き出されるのに時間はかからなかった。「硬質小麦を挽いたものがセモリナ粉で、軟質小麦は小麦粉となる。硬質品種は豊富なグルテン（植物性タンパク質）を含み、澱粉を多く含む軟質品種は粒子が細かく糖分も多い。したがって軟質小麦はパン、硬質小麦はパスタづくりに適している」(12)。これはベッカーリの主張ではなく、前述の農業書から引用したもので、ボローニャ人医師の研究成果がすでに表われていることを示している。

一七六七年にポール＝ジャック・マロワンの記したヴェルミチェッラーロ（ヴェルミチェッリ職人）組合に関する最初の論文によると(13)、当時、イタリアのパスタ製造業者はシチリアや「レバント」「バリベリーア」の硬質小麦とセモリナ粉を使用していた。「レバント」という曖昧な名前が、具体的に中近東のどの地域を指すかは別にして、硬質小麦はおもにキプロス島、北アフリカ（マロワンによると「バルベリーア」）、スペイン、プロヴァンスで栽培されていたと考える学者は少なくない。リグーリア海岸の製造業者がこうした地域から原料を輸入していた可能性もある。一方でイタリアが原産地だという説も根強い。具体的にはサルデーニャ、シチリア、プーリアなど、おもにナポリ王国を構成する南部の地域である。16世紀以降、「王国のセモリナ粉」は貴族に仕える料理人たちのあいだで大きな評判を呼ぶようになった。教皇のお抱え料理人だったバルトロメオ・スカッピは、「セモリナ粉をさまざまな材料と混ぜてつくる〝スクッス〟という料理」(14)には欠かせないと述べている。18世紀のトスカーナの医師タルジョーニ・トッツェッティは、はじめてラテン語の「*Triticum robus*（硬質小麦）」という言葉を用いたうえで、当時シチリアではさまざまな品種の硬質小麦が栽培され、リヴォルノ（トスカーナ）の小麦市場では、その質が価格に直接反映されていたと指摘した。植物学者でもあるトッツェッティは試験栽培を始め、トスカーナの風土に順化できる硬質小麦を見出した。この地域では、これらの品種を種まき用として使うと、二、三回目の収穫で質が劣化する傾向があった。つまりここで収穫された「硬質小麦――パスタをつくるための白い真珠」は、硬質小麦の特性を失うのだ。ところが輸入された種を使ったところ、最初の一年ですばらしい成功を収めた。収穫された小麦は「スタイオ（穀物の計量単位）ごとにパスタ製造業者が高く買い取り、輸出用や船乗り向けにパスタがつくられた」[15]。そのため、農民は「当面のあいだ」硬質小麦の栽培に切り替えるようになり、半島の南部や島々、その他の地中海沿岸地域から種が輸入された。

イタリア、とりわけナポリのパスタ製造業者が好んで使ったのは、「サラゴッラ」という品種の硬質小麦である。パスタがこれほど爆発的に普及したのは、ある意味では、おもにプーリアで栽培されていたこの硬質小麦のおかげだった。「サラゴッラ」は長いあいだ最良の品種だと考えられていたが、19世紀になると、ウクライナやロシア南部のヴォルガの小麦が取って代わる。この小麦はタガンログの港（アゾフ海沿岸）から輸出されたため、この港の名を取って「タガンログ」と呼ばれた。一七六五〜六六年にかけてイタリアを訪れたフランスの天文学者ジェローム・ラランドは、「サラゴッラ」のみでパスタをつくるナポリ人に賛辞を惜しまなかった。何も知らないラランドは、この小麦が「シチリアのテルミニやレバント」[16]から輸入されていると考えたが、実際にはほとんどがプーリアから騾馬《らば》に載せて陸路で、あるいは海路で渡ってきた。16〜17世紀にかけて、都市部の食糧供給の担当官とプーリアの商人のあいだで交わされた契約書には、購入した「サラゴッラ」の一定量をパスタの製造に使用することが明記されていた[17]。

ナポリでは、おそらく他のイタリア領土に比べて穀物の取引が厳しく規定されており、そのための担当の司法官が置かれ、組織の管理や農作物の供給の調整などを担当していた。したがって食糧管理機関は、当時のヨーロッパの大部分では組合的な存在だったのに対して、とりわけ人口の多いイタリア随一の王国の首都では、より重要な役割を果たした。この機関は、サンロレンツォの選挙裁判所によって選ばれた七名の賢人によるいわば会議のようなもので、うち六名は「高座」もしくは「高職」、そして七人目は「人民職」と呼ばれ、この七名で「ナポリ人民代表会議」が構成された。一五六〇年以降、食糧管理機関は政府の任命した役人によって運営され、彼らは「食糧《レージョ》管理長官《グラッシエロ》」と呼ばれた(18)。一四〇〇年代から、貧困層に対して最低限の生活を保障するために、農作物は都市ごとに管理されるようになっていた。「会議」のメンバーたちは都市全体で必要な小麦の量を算出し、小麦の収穫予想を行なう「予報官」を選出した。彼らは使命を果たすために各地の生産者を視察してまわった。生産者には収穫の一部を一定期間保管しておく義務があった。収穫された小麦は陸路または海路でナポリへ送られ、倉庫や担当の役人が直接管理する販売店に備蓄された。製粉も役人の監督のもと、カステッランマーレ、グラニャーノ、トッレ・アヌンツィアータ、ヴィエトリなどの製粉所で行なわれた。販売についても同様で、小麦粉およびセモリナ粉の大市場では、「人民代表」(19)によって価格が決定された。

18世紀になると、ナポリではパスタの消費の急増をきっかけに、ふたつの規則が定められた。パン製造用の小麦粉に関する規則、そしてパスタに使用するセモリナ粉に関する規則である。その結果、パンの売買は完全に行政の管理下に置かれたのに対して、パスタは部分的に自由化された。この決定によって食糧の流通制度は大きく変わり、パンとパスタとでは、製粉の場所に至るまでの全工程が分けられることになる。この一七一三年の法令は、「予報官」や小麦を売る商人にとっても転機となった。地元の軟質小麦、つまり「〝ロマネッラ〟や〝カロセッラ〟といったわれわれの小麦」は、ナポリ地区の製粉所で挽くことができなくなった。というのも、これらの製粉所は「プーリア産の硬質小麦および〝サラゴッラ〟」(20)の製粉用に指定されたからだ。すなわち、トッレ・アヌンツィアータやカステッランマーレ、グラニャーノの製粉所は硬質小麦専用となり、そこでつくられたセモリナ粉はもっぱらパスタの生産に割り当てられたのである。

だが、16〜17世紀にかけては、まだこうした区別はなかった。そのため、「パン焼き職人」や「パン屋」といった、職業に対する呼び名すらなかったパスタ製造業者は、行政の管理のもとで働かなければならなかった。一五四四年に定められ、その後一五九一年、一五九二年、一六四七年と繰り返し公布された法令では、首都の周囲三〇マイル以内では、いかなる場合にも小麦の個人的な購入は禁じられていた。つまり、食糧担当官に管理された流通経路以外で小麦を買うことはできなかったのだ(21)。郊外の市場では自由に売買ができたものの、価格が決められているために利益はほとんど得られず、商売が続けられるのは裕福なヴェルミチェッリ職人に限られた。やがて食糧不足になると、自由取引がみるみる縮小されたのはいうまでもない。その間、すでに述べたように、一六〇五年にサンロレンツォの選挙裁判所が、質の劣るパスタの価格を一ロートロ当たり四グラーノ一〇デナーロに定めて(22)、生産を制限することに決めた。ナポリの製造業者は、食糧管理機関の定めた価格で小麦を買わないかぎり、製品を市場に出すことができなかった。一五五一年の飢饉のときと同じく(23)、小麦の備蓄が底をつきかけていたからだ。原料を選ぶことができず、小麦の価格は行政によって決められ、製品を統制価格で売らざるをえない。そんなナポリのパスタ製造業者に残された道は、生産量を増やすことだけだった。

それに比べると、リグーリア海岸の製造業者ははるかに自由だった。とはいうものの、彼らもまた競争原理によって生じる問題に直面していた。一六四九年五月一一日、ジェノヴァのフィデラーリ組合の会議で、卸値での購入に関する問題が提起された。「硬質小麦、セモリナ粉、そのほか組合で扱うものの卸値は、われわれフィデラーリ、そして多くの場合に製粉業者の一存によって日々変わる。小麦やセモリナ粉などの価格をつりあげて他者を排除しようものなら、たちまち追随する者が現われるだろう」(24)。この発言は、ともすれば金儲けに走りがちな組合員に対して一石を投じる形となった。

2―パスタ職人の独立

ナポリ、ジェノヴァ、パレルモ、サヴォーナ、そしてローマでも、パスタ職人の組合は自発的に発展し、それとともに従来の習慣は少しずつ廃止された。こうした動きは16～17世紀年代にかけて始まり、多くの場合が辛抱強い戦いの結果であった。それまでのパスタ製造業者は、あたかも目に見えない存在のように扱われていたからだ。都市によってはパン焼き職人やパン屋よりも格下と見なされ、たとえ工場主であっても、組合に守られてこっそり活動する少数派にすぎなかった。あるいは、野菜をつくる農家やチーズ職人といった、他の食物関連の職業と一緒くたにされ、組合への参加が制限されたり、適正な利益を確保できずにいた。ところが、16世紀後半～17世紀前半にかけて、前述の都市でパスタ職人の組合が結成されてからは、個人の声が行政に届くようになり、部外者が利益に介入することもなくなって、きちんとした規則のもとで組合活動の記録が管理されるようになった。

16世紀前半のナポリでは、すでにヴェルミチェッリ職人の組合が名を轟かせていた。もとはパン職人と共同の組合だったが、一五四六年に独立し、七一年には「憲章」と呼ばれる規則が承認された。その後、七九年および一六〇三年の規則の改定を経て、一六九九年には「マッケローニ職人組合」が結成される(25)。一五七九年五月五日、「ヴェルミチェッリ職人組合」は、選出された「組合理事」たちを通じ、当時の慣習にしたがってサンタ・マリア・デル・カルメロ修道院内の墓地付きの礼拝堂を購入し、組合の基盤を確固たるものにした。この時期に、早くもナポリでこうした組織が設立されたことは注目に値する。一時は、小麦やセモリナ粉は供給量も価格も行政によって管理され、市場はスペインの副王の監督下に置かれていたからだ。一五〇九年、ナポリ王国の副王のリパ・クルシア伯爵は、小麦不足と価格の急上昇への対策として、小麦粉を使ったパスタや菓子の製造を禁止した(26)。こうした政策は、とりわけパン職人やパスタ製造業者たちを抑圧するものだった。もちろん、ヴェルミチェッリ職人も対象に含まれていた。しかし、一五四六年に再度公布された法令は――以後、一五〇〇年代後半には、およそ一年に二回の頻度で延々と繰り返されることになる(27)――パン職人ではなく、直接ヴェルミチェッリ職人に向けられたものだった。裏を返せば、彼らがパン職人から自由になり、都市の経済や社会において重要な役割を担う者として、行政と対等な立場にあったことを意味する。それから間もなく事態は好転する。一五九八年、副王ドン・ペドロ・ヒロンはヴェルミチェッリ職人に対して、組合に加入せずにヴェルミチェッリおよび他のパスタを製造または販売した者を「投獄」する許可を与えた(28)。

一五七四年には、ジェノヴァでフィデッリ職人が「組合」を結成し、同年の五月二八日に共和国議員によってその規約が承認された。そのうちの一章では、小麦の購入について、組合員の利益を守るために定められた規則に従うことと記されている。たとえば、「組合のいかなる職人およびその弟子も、イギリス船に乗って小麦またはセモリナ粉を買いつけに行った場合には五リラの罰金が科される……ただし陸路による購入のみ合法とし、入手した小麦またはセモリナ粉は組合員どうしで分けあわなければならない」。競合する他の組合員との隠れた取引は禁じられ、あくまで公正な購入が求められた。三年後の一五七七年には、「サヴォーナ・フィデーリ職人組合規約」が制定され、サヴォーナのパスタ製造業者の権利および義務が定められた。ジェノヴァに比べると、それほど厳しく管理されていなかったが、サヴォーナの職人もやはり他の業界の商人の干渉を退けようとした。一六一七年、彼らはかつて同じ組合を形成していた「チーズ職人」を名指しで非難した。「フィデーリおよび他の製品を製造しているチーズ職人組合で、少なからぬ者が、どこの誰がつくったとも知れないフィデーリやマッケローニをひそかに売りさばいていることが明らかになった」からだ(29)。自分たちの利益に関して、誰にでも難癖をつけるような態度を取ったのは、ジェノヴァのフィデッリ職人も同じだった。実際、干し栗や乾燥豆、調理道具など、さまざまな物を売る雑貨商を相手に小競り合いを繰り返していたほどだ。いわく、「唯一無二の店を構えているくせに、そこから離れた別の店で、三十路を過ぎたフィデッリ職人をこき使って荒稼ぎをしている」のは不正であるといった具合である(30)。

パレルモのパスタ製造業者にようやく春が訪れたのは、一六〇五年のことだった。この年、「パレルモのヴェルミチェッリ職人のための憲章」(31)が制定され、それまで奉仕団体も同然だった集まりに正式な規約が与えられた。そして、それから一世紀の時を経て、彼らの組織は正真正銘の組合へと姿を変える。ペルージャでは、16世紀末〜17世紀初頭にかけては組合の存在が見られないが、これはおそらくまだパスタが本格的に製造されていなかったためだろう。バーリの土地台帳に記されているのは、「パンおよび他のパスタ製品を販売する」(32)五名のパン職人のみで、パスタ職人の名はどこにも見当たらない。意外なのは、サルデーニャにはパスタ職人組合の影も形もなかったことだ。昔からパスタの製造がとても盛んで、そのパスタも名声を博していたのに、である。一五八一年に職業および組合の一覧を記したトンマーゾ・ガルツォーニによると、「ヴェルミチェッリ（またの名をフィデウス）」はサルデーニャを代表する製品だった。その数十年後には、ナポリの給仕頭のG・B・クリシが、職人に出すパスタのスープのメニューとして「カリアリ風タリアリーニ」を提案している(33)。

一六四二年一月一七日、ローマでパスタ職人の自発的な組合が正式に誕生し（*Universitas et Ars Vermichellariorum*）、その規約である「小勅書」が承認された。パスタ職人は、その将来も利益も農家に左右されるものの(34)、職業としては非常に古く、早くも一五五八年から、権力をもつパン職人の組合に対して毅然とした態度を取っていた。実際には、その組合の大半はパスタ製造業者で占められていたのだが、これをきっかけに、最終的にはパン職人の敗北に終わる長い衝突が続くことになる。一五九五年三月一七日、最初の「ヴェルミチェッリ職人規制令」が公布されたが、これは明らかに彼らを煙たく思いはじめたパン職人が音頭を取ったものだった。この法令は一六〇二年にだめ押しをするように再度通達されたが、ほどなくヴェルミチェッリ職人に追い風が吹きはじめる。一六〇八年、ヴェルミチェッリおよびその他のパスタをつくるパン職人は、ヴェルミチェッリ職人組合に加入することが義務づけられた。そのかわり、パン製造所内で働くヴェルミチェッリ職人は、パン職人組合に登録しなければならなかった。だが、ついに力関係は逆転した。一六三九年、ヴェルミチェッリ職人はパン職人に対して食用パスタの製造を禁止することに成功する。そのわずか三年後、教皇ウルバヌス七世はこの勝利を認める小勅書に調印した。

組合の発展は、裏を返せば、たえず新たな製品を生み出しつづけるパスタ職人のめざましい活躍を意味する。こうした傾向は、とりわけローマで顕著だった。一六四一年、政府は各製造所間の距離を八〇メートル以上空けることを義務づけて、業者の数を制限しようとした。一地区の一、二本の通りに製造所が集中していたことを考えると、これはどうしても必要な措置だったが、それと同時に、カトリックの総本山においてパスタ製造の手本を示すことにも意義があった。だが、他にも問題はあった。ローマのヴェルミチェッリ職人は、ほとんどが定められた統制価格よりも高くパスタを売り、度重なる警告にも耳を貸さない彼らを、役人は腹に据えかねていた。一六〇二年の「ヴェルミチェッリ職人規制令」は、生活に必要な食品の価格を調整する法令の補足として公布された。「高名なるローマ議会の保守党員諸君においては、民衆がヴェルミチェッリ職人およびその他の職人から製品を購入する際に不利益を被ることのなきよう対処を求めるものであり、それ故、購入者がより容易に、かつ納得した価格で購入できるよう特別に通達することとする」。この規制令には、ローマでつくられているパスタの種類と、それぞれ認められた価格の上限の一覧が添付され、「ヴェルミチェッリ職人は購入者に対して適正な製品を適正な価格で売らなければならない。違反した場合には、五リラ銀貨二五枚と吊るし責め三回の刑罰に処する」(35と定められた。「吊るし責め」というのは、ロープを使った拷問である。有罪と見なされた者は手足を縛られ、吊るしあげられては落とされる。さらに、職人はつねにきちんとつくったパスタ、とりわけ「白いヴェルミチェッリおよびタリオリーニ」を提供しなければならず、これに対する罰則は「吊るし責め三回」だった。

これほど厳しい刑罰の背景には、明らかに不正があったと思われるが、同時に、市場とは異なる統制価格を維持するのがいかに難しいかも物語っている。何の相談もなく勝手に価格を決められたために、ローマの製造業者は苦しい立場に追いこまれた。というのも、「通常のラザーニャ」から「風にさらしたラザーニャ」「白いヴェルミチェッリ」に共通の価格が設定されており、商売上、かなりの忍耐を強いられたことは容易に想像できる。「風にさらしたラザーニャ」というのは、おそらく発酵パスタのことで、これを使ったレシピがイタリア最古の料理書である中世の『料理の書』(36)に登場する。かならずしも平均的な出来とは限らない「白いマッケローニ」と、「よりよい」ものとの品質の差は歴然だった。これに対して、サフランで色づけされた「黄色いヴェルミチェッリ」はかなり高価で、中世の料理人はこのパスタを好んで用い、19世紀末までは家庭でも市場でも珍重された。

一方、ナポリ王国における価格統制制度は、同一価格の罠に陥ることはなかった。一三七一年のパレルモの統制価格では、「セモリナ粉の白いマッカルーニおよびセモリナ粉のラザーニ」と「小麦粉のマッカルーニおよび小麦粉のラザーニ」はすでに区別され、それぞれ一ロートロ当たり三〇デナーロ、二〇デナーロで売られていた。一五四八年になっても、パレルモではセモリナ粉のマッケローニとヴェルミチェッリは一ロートロ当たり七グラーノ二デナーロに対して、小麦粉は五グラーノ二デナーロと決められていた(37)。当時、ナポリではこうした決定は裁判所が行なっており、値段によって質の違いが認められていた。実際、都市の食糧供給および消費税や統制価格による食料品の価格管理を担当するサンロレンツォの裁判所では、二種類のパスタを区別していた。選りすぐりの

「白いパスタ」と、並の品質で価格も必然的に低く定められた「廉価パスタ」である。一五七〇年以前の消費税の一覧表は発見されていないため、こうした「正式」な区別が始まった時期については定かではないが、その後、何世紀にもわたって区別が続いたことはすでに述べたとおりだ。この消費税に関する研究によって、一五七一年から一七〇三年までのパスタの価格の推移が明らかになり、廉価パスタの価格は一貫して安定していたことがわかっている。つまり、貧困層の消費者向けに価格が抑えられていた。これは統制価格によるもので、パンは例外として、こうした食品の価格は厳密に管理され、政治上の理由によって人為的に市場価格よりも低く抑えられていた(38)。

質の劣るパスタが存在し、かつ価格を抑えようとする努力が行なわれていたという事実は、都市部の貧しい人々のあいだでパスタの消費が広まっていたことを意味する。一五〇九年以降、政府は周期的にパスタの製造や販売を抑制していたが、その政策の意図を誤解してはならない。制限されていたからといって、パスタが不必要な食べ物だと考えられていたり、菓子と同じく「贅沢品」に分類されていたわけでもない。むしろ、深刻な食糧難に備えて小麦粉やセモリナ粉を備蓄するために、サンロレンツォ裁判所の決定した措置の一環にすぎなかった。実際、これらの主要な原料は、人々の生存に必要なパンを製造するために修道院に保管されており、たとえ飢饉による暴動が起きても、パン職人だけは攻撃の対象にならなかった。一五七五〜七七年にかけてナポリでペストが大流行したときに、当時の心境をひとりの医師が次のように記している。「食べ物も飲み物も尽き、政府の蓄えているパン、水、ワインを頼りにせざるをえなかった。なかでも避難所で最も喜ばれたのはパンだ。他の食べ物は何ひとつなく、パンは生き延びるための唯一の手段であり、手を出さずにはいられなかったからである」(39)。民衆にパンが行きわたることは議会の最大の関心事であり、食糧政策の責任でもあった。もっとも、それは民衆を思いやる寛大な心から出たものではなく、できるかぎり社会的な緊迫を緩和するための措置だった。そのおかげで、人口過多のナポリ王国の首都で致命的な暴動を抑えることができたのだ(40)。実際、一五五一年にナポリが大飢饉に見舞われたのちに、政府は積極的に小麦を備蓄し、ひとたび危機が過ぎ去ると、パン職人とヴェルミチェッリ職人にパスタを増産させることによって[41]、暴動の鎮圧に成功した。もしパスタが珍しく貴重な食品であれば、このような方策は考えられず、それ自体、16世紀にパスタが広く消費されていたことを裏づけているといえるだろう。

さらには、「生活保障に関する憲章」のスローガンのもと、一五〇九年から一六一五年のあいだに取られた政策のほとんどは、パスタの消費者を不正から守ることを目的としていた。したがって、「水分を含んだヴェルミチェッリ、マッケローニ、タリアリーニではなく、乾いた廉価パスタを売る職人」、すなわち、乾燥パスタを統制価格で売る職人は、刑務所行きにこそならないものの、多額の罰金を科された。そして、組合の代表たちに対しては、「毎週土曜日に、販売用につくったマッケローニ、ヴェルミチェッリを提示する」[42]ことを義務とした。つまり組合の責任者は、毎週、各都市でつくられたパスタの見本をサンロレンツォの選挙裁判所にもっていき、品質検査を受けていた。こうした政策は、すべて大衆食としてのパスタの重要性を示している。「菜っ葉食い」のナポリ人が「マッケローニ食い」になるまでの経緯は、エミリオ・セレーニの随筆に書かれている。セレーニがいうように、この変化が肉の値上がりと「菜っ葉」の不作のせいかどうかはわからないが、依然としてパンを主食としながらも、新たな階級にパスタの消費が広まったことが一因であるのは間違いない。

3―レバー式捏ね機の功績

パスタ生産の近代化、そしてその結果としての消費の「民主化」は、重労働で時間もかかる製造工程に機械が導入されたことから始まった。すなわち、小麦粉を捏ねる作業とパスタの成型作業である。じつのところ、レバー式

図3● パン職人のための捏ね機

「膝折り棒」（膝を折り曲げた形のハンドル）は、ふたつの軸受で垂直に固定されている（N）。Fは動力部から伸びた滑り面で、これによってDが水平方向に動く。DはEとGに接合されている。接合部にボルトがあるが、これはFとEとGが図のように一体となっているためだ。IとHとKはしっかり連結され、下部（Hの下）の「耳」のところで固定されており、Lにのせた生地をKでたたいて固める仕組みになっている（ジョヴァンニ・ブランカ『機械』より，1628年）

の捏ね機は昔からあり、すでに述べたように中世のパン職人が利用し、家庭内でも少なくとも16世紀から使われていた。たとえば、教皇のお抱え料理人のバルトロメオ・スカッピは、「あらゆる種類の生地を捏ね、調理を楽にする道具」[43]として捏ね機を薦めている。近代のパスタ職人は、捏ね機をもっぱら目的に応じて使い、むろんパンより生地が硬く、打つのに力が必要なパスタづくりに欠かせなかった。バーリのパスタ職人の道具が記録された一五九二年の公正証書に、「あらゆる機能を備えたレバー式捏ね機」というのがある。この職人の工房は、かろうじて最低限の設備がそろっている程度だった。押出機などはなく、おそらく作業台として使われていた「間仕切り」と「板」が二枚ずつ、「新品のラガナトゥーロ（麺棒）」が二本、手作業で成型していた証拠である「マッカルーニ用の型」が三つ(44)。この零細業者にとって唯一の投資は、設備の整った大手のライバル業者に対抗するために、捏ね機を購入（あるいは製作）したことだった。実際、当時数えきれないほどあったナポリのパスタ職人の工房には、押出機をはじめ、こうした必要な道具がすでに備えられていた。

捏ね機の普及に関しては、おおむね記録が残っているが、ここでは、なかでもレバー式捏ね機が、イタリアやプロヴァンスの小さな工場で19世紀後半まで使われつづけた理由について考えてみよう。そもそも、生地を練る作業の機械化は自然な流れだった。近代文明の発展にともなう機械化の波に押され、技術者や職業建築家のあいだに発明の機運をもたらしたのは、他ならぬ小麦加工業だった。一六二九年、ジョヴァンニ・ブランカは「パン用の練り粉を精製し、ふやかすために」(45「パン職人のための捏ね機」を考案した。これは本格的な装置で、大がかりな高価な部品も要した。大きなレバーによってハンドルを操作し、ピストンに動きを伝える仕掛けになっている。このピストンは作業台に固定された木の羽根に連動し、作業者がレバーを動かしてハンドルを回し、ピストンを作動させると、心軸で固定された羽根が交互に動き、そのたびに作業台に置いた練り粉を押しつぶすというわけだ（図3）。これだけ大きな装置をたったひとりで操作できる創意に満ちた発明だが、実用化されたかどうかは定かではない。

一六八三年に大きな転機が訪れた。クレモナの建築技師アレッサンドロ・カプラが二種類の捏ね機を考案したのだ。一方は工場用で、もう一方は家庭用。前者はマントヴァで最初に採用され、カプラ自身、「じつにすぐれた、すばらしい発明で、女性ひとりでも大量の小麦粉を捏ねることができる便利な機械」と評している。そして、誰でも製作できるように、くわしい寸法や説明書きを添えた設計図が配られた（図4）。この機械の注目すべき点は、操作する人間（この場合は女性）の力を増大させるところで、生産性の向上が大々的に謳われた。もう一方の捏ね機は、カプラによると、「一六三二年に発明したもので、一六八一年まで、家族が一〇人、ときには一四人にまで増えた

図4◉ カプラの考案した捏ね機
「マントヴァのパン職人や、その他の専門職人の仕事場では、毎日捏ね機が稼働していた。じつによくできていて、時間がたつのも忘れて見入ってしまったほどだ……心から感銘を受け、皆に知ってもらう価値があると考えた」（アレッサンドロ・カプラ『新しい軍事建築　よみがえる古代の世界』より，1683年）

わが家のパンづくりに欠かせなかった。ひとりがレバーをもち、もうひとりが生地を押さえるだけで、一回で大量の粉を楽に捏ねることができた」(46)。これぞまさしくレバー式捏ね機の原型といえよう。

この捏ね機がパスタに使われるようになった時期を特定するのは難しい。ここに登場した発明家は、どちらもパンの製造にしか興味を示さなかった。アレッサンドロ・カプラは、実用化された捏ね機を増産し、その縮小版を家庭向けの機械として提案した。パンは一回につくる量が多いため、パスタよりもはるかに重労働で、捏ね機を望む声が多かった。カプラが生まれるはるか以前に、ポー川流域の渓谷にこの種の道具が存在したことはすでに述べたが、ルイジ・サーダは、そうした道具が、その後シチリアやサレントで使われていたと記している(47)。

仮にパスタ製造に応用するとしたら、ブランカの捏ね機のほうが研究に値しただろう。減速装置を用いたこの仕掛けによって、最小限の力で生地に強い圧力をかけることができるからだ。ところが、パスタ職人どころかパン職人でさえも、このすばらしい機械に心を動かされた様子はなかった。おそらく場所を取るうえに、構造が複雑でコストもかかることが妨げとなったにちがいない。それに比べて、レバー式捏ね機はきわめてシンプルで、設置費用も原料費とたいして変わらなかった。これが成功の鍵であることは間違いない。

実際、この機械を導入するにあたって、ヴェルミチェッリ職人は必要な力に応じて大きさを調整するだけでよかった。その結果、レバーの長さは三～四メートルにまでのび、生地を三角形にして手前を折り返す工程が強化された。これほど大きな機械を操作するのは難しく、パスタ職人はある手法を取り入れた。マロワンの指摘によると、この方法はイタリアだけでなくプロヴァンスでも普及していたという。すでに見たように、レバーの先端はボルトで固定されており、上下だけでなく、水平方向に作業面の上まで動かすことができる。職人は先端部分に座ってレバーを握る。そのまま体重をかけて床に沈みこむと、レバーは下がって練り粉を押しつぶす。そうしたら体を起こして

図5◉ 押出機およびレバー式捏ね機でパスタを製造するヴェルミチェッリ職人の作業場（ポール＝ジャック・マロワン『製粉業者とパスタ職人の技術の解説』より，1767年）

レバーを上げ、膝を曲げてレバーを下げる。ひたすらその繰り返しだ。かなりの体力を要し、そのうえチームワークも求められる――ひとりが機械を操作するあいだに、もうひとりが一回ごとにレバーの下の生地を折りたたんで置き直す、いうなれば餅つきのような流れだった（図5）。

マロワンによると、プロヴァンスでは男性労働者がひとりで操作していたのに対して、イタリア、とりわけナポリでは、複数の労働者でより重量をかけるのが流儀だったようだ。「プロヴァンスでは手早く生地を捏ねるが、他の地域では力をかけて生地を打つ。一度に三人がレバーに座り、同時に床を蹴りあげる光景は、じつにみごとである」(48)。マロワンはややイタリアの生産者に媚びているようにも思えるが、プロヴァンス人が軟質小麦のヴェルミチェッリのみを生産していたことには触れていない。このパスタはつくるのが簡単で、硬質小麦のセモリナ粉のパスタが「二、三時間続けて」打つ必要があるのに対し、わずか三〇分捏ねるだけでよかった。事実、ナポリ地区のパスタ職人は、かならずしも好みだけとは限らないが、硬質小麦のセモリナ粉を使っていた。そのうえ生地はかなりボリュームがあり、19世紀の研究によると、優に五〇キロを超えたという。新たな機械が登場するまで、プロヴァンスとナポリのパスタづくりはまさに対照的だった。

実際には、レバー式捏ね機を積極的に活用していたのは、ナポリ湾とサレルノの製造所だけだった。これらの地域では、捏ね機はパスタの製造工程に合わせて改造され、他の地域よりも長く使用されている。二度の世界大戦を経ても、機械メーカーのブライバンティ社の知名度が衰えることはなかった。押出機を使ったパスタの生産はあいかわらず続いており、イタリア南部の小さな工場では、いまだにレバー式捏ね機を使用しているという。いまや過去の遺物となった捏ね機だが、時代とともに発展することができずに、工業生産の波に乗り遅れた人々にとっては、なおも生活の一部なのだ。

4―押出機の革命

思いのほかレバー式捏ね機が長命を保つ一方で、19世紀後半頃から技術はめざましい発展を遂げ、必然的に押出機やダイス（鋳型）が製造工程に導入された。生地を捏ねる作業が重労働だとすれば、さまざまな種類のパスタの成型は手間がかかり、手作業で行なうためにコストもかかった。ひとつずつ形をつくらなければならないという点も、生産性の向上を妨げていた。生地の裁断には、ナイフよりもやや古めかしい道具が使われていた時期もあった。た

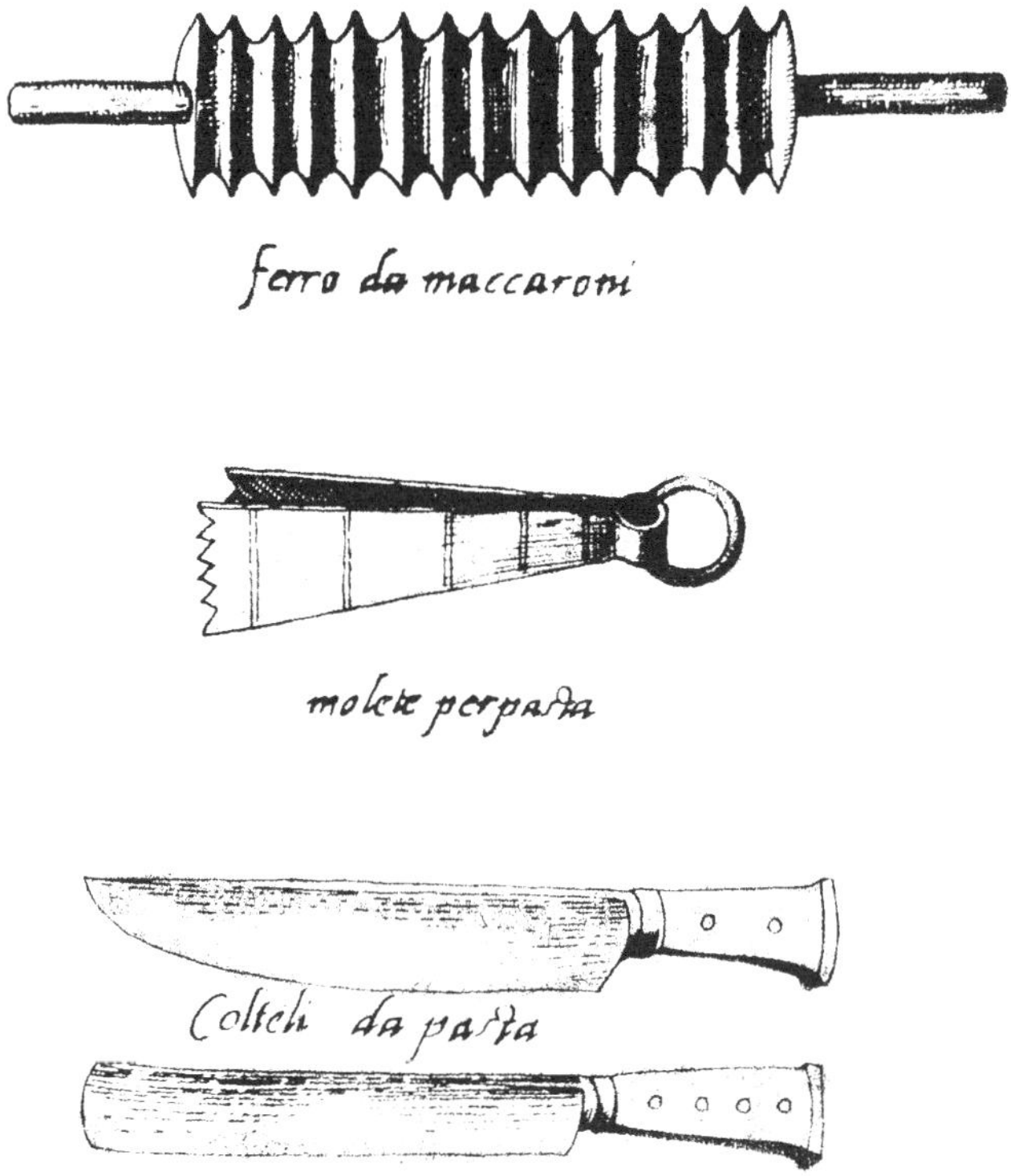

図6●マッケローニの鉄型と、パスタを均一に裁断するための初期の道具（バルトロメオ・スカッピ『料理術』より，1570年）

とえば、アブルッツォや他の南部の地域では、昔からスパゲッティをつくる際に「キタッラ」が使われていた。今日ではもっぱら伝統行事で見かけるだけだが、長方形の木製の枠に針金が等間隔で張られたもので（イタリア語の「ギター」から命名）、これにのせた生地を麺棒を使って押し出すと、タリエリーニ、あるいはアブルッツォではスパゲッティと呼ばれるパスタができあがる。だが、こうした道具は中世には存在しなかった。当時の道具としては、上流社会の料理ではほとんど使われなかったものの、「マッケローニの鉄型」が広く普及していた。一五七〇年に出版されたバルトロメオ・

スカッピの『料理術』でも、これは一般の台所に備えられている道具に分類され、イラスト入りで解説されている。それを見ると、金属製の円筒に溝が彫られたもので、両側に短い取っ手がついている。台の上にパスタの生地を細長く伸ばし、その上にこれをのせ、両側に置いた棒に沿ってまっすぐ転がすというわけだ（図6）。家庭で使われていたこの「マッケローニの鉄型」は、プロの料理人にも気になる存在だったようだ。

とはいうものの、パスタの生産に大きな影響を与えたのは押出機の登場だった。ワインづくりで伝統的に使われていた圧搾機の原理を応用したこの機械の発明、正確には製造工程への導入は、当時の状況を考えれば、むしろ遅いくらいだったが、職人たちが待ち望んでいたために、あっという間に広まった。そもそものアイディアは、16世紀以降に各地で生まれた。スペインの人文学者セバスチャン・コヴァルビアスが編纂した辞書には、「フィデオス」の項に、「圧搾機の原理を用いて、ほぼ同じ大きさの穴が並んだ網からしぼり出してつくるパスタ」という説明がある(49)。16世紀前半にフェッラーラのエステ家の給仕頭を務めたクリストフォロ・メッシスブーゴ(50)によると、同じころ、イタリアの貴族に仕えていた料理人は、糸状のパスタをつくるのに「マッケローニ名人」と呼ばれる道具を用いていた。これは、それより少し前に、ナポリのパスタ職人の才能に敬意を表して名づけられた道具で、押出機とダイス（鋳型）を一体化させたものである。だが、家庭でヴェルミチェッリを食べる場合には、小さな穴の開いた注射器のようなものでつくっていたと指摘したのは、一七〇〇年代初めにイタリアを訪れた、フランス人のドミニコ会修道士ジャン＝バティスト・ラバ（一六六三〜一七三八）だった(51)。

あいにく初期の押出機に関する記述は残っていないが、その構造は、さまざまなバリエーションがあったとしても、おそらくかなり高度で、生産性にもすぐれていたと思われる。その後、改良を重ねた押出機が、一七六七年にパリで出版されたマロワンの『ヴェルミチェッリ職人の技術』(52)に登場する。その正面からの全景と部分図を見ると、機能や作動中の仕組みがよくわかる。この押出機は木製で、高さも大きさも相当なものだった。板のようなもので覆われた台があり、水平の棒の少し上に、さらに二本の太い棒が渡され、二本の柱にしっかりと固定されている。「下の台」には、中が空洞になったブロンズの円筒が据えつけられ、その下にダイスをはめこむようになっている。ダイスは穴の開いたブロンズの円盤状で、穴の形はパスタの種類によって異なる。上部の板に「雄ねじ」を差しこむと、「雌ねじ」のピストンを伸ばすことができ、これで円筒の中のパスタ生地を圧縮して、型からしぼり出す仕組みになっている。ピストンは、ねじで固定した鉄の車輪に連結されたアームを利用して動かす。マロワンの図と同様に、アームは作業者が単独または複数で、「回転棒」と呼ばれる巻上げ機を使って操作する。

ナポリのパスタ職人のほとんどは、レバー式捏ね機だけでなく、早くからこうした成型用の装置を導入していた。しかもナポリでは、押出機を所有していることが、ヴェルミチェッリ職人組合に加入するための必須条件だった。一五七九年に承認された組合の規約では、「各工房には作業に精通した名人が求められる。確立されたしきたりと、ブロンズのねじを差しこんだ装置をもって、万人に受け入れられる製品を生み出すこととする」(53と定められている。まさにこの時期、ナポリの言葉に「名人のパスタ」という表現が生まれた。すなわち、ダイスで成型したパスタのことだが、その数十年後、ナポリの給仕頭のG・バッティスタ・クリシが記した書にも登場する。押出機の普及については、一五九六年以降、公正証書にも残されており、「マッケローニ名人」とともに「ダイス四個、ふるい一個、天秤一個、その他の道具」の購入が記されている(54。こうした昔ながらの道具は、リグーリア海岸のパスタ職人のあいだでも広く使われ、とりわけサヴォーナでは17世紀の初めまで「フィデッリ職人の轆轤《ろくろ》」でつくったパスタが売られていた。一六三四年の公正証書によると、ローマのパスタ工場の在庫品目録にも、「完全装備の押出機一台」「粗末なものから立派なものまでダイス七個」「押出機用の回転棒」が記されていた(55。ナポリにおける消費税の記録（一五七一年に制度開始）を見ると、一六四八年六月および五六年一〇月の通達と同じく、「〝名人〟によってつくられたマッケローニ、タリアテッレ、ヴェルミチェッリ」あるいは「マッケローニ、ヴェルミチェッリ、〝名人〟によってつくられたパスタ」に言及している(56)。「マッケローニ名人」は、ナポリのボッカチオと呼ばれたジャンバッティスタ・バジーレによって文学でも栄誉を称えられた。登場人物がひどい目にあった場面で、「型を通り抜けたと思いきや、マッカルーネのスープに浸っていた」という比喩が用いられているのだ(57)。〝名人〟のパスタのおかげで、やがてナポリ人は「マッケローニ食い」の異名を取ることになる。

5—近代的なパスタ職人

それぞれの生産地には自慢のパスタがあり、それとともに規則や法令もあることを見てきたが、ここで取りあげているのは、単一の製造業者ではない。同じ都市でも、各工場によって個々の条件は大いに異なる。それでも、とりわけ精力的だったナポリの三人を例に取ってみれば、当時のパスタ生産者の横顔が見えてくるだろう(58)。

まずは、ヴェルミチェッリ職人として名を馳せたフェリーチェ・ヴィジランテ。彼は一六三六年に組合の代表に選ばれた。組織を支配するまではいかなくても、比較的大手の製造業者が加入している組合の活動を左右する立場である。とくべつ裕福でもなかったヴィジランテは、さまざまな作業を並行して行なって利益をあげることで、パスタ生産の仕事を多忙化させた張本人である。同じく一六三六年、やはりヴェルミチェッリ職人だった親戚のアニエッロ・ヴィジランテを巻きこんで、メルカート広場にパスタ工房を構えた。契約は一年間、アニエッロは経営とパスタの生産を担当し、フェリーチェは家賃や道具、原料の仕入れに必要な資金を調達することになった。こうした経費は、均等な利益の分配に先立って最終的な収入から控除される。この商売とは別に、フェリーチェは他のパスタ製造所にも出資し、新たに工房を開こうとする仲間のために仲介者の役割も果たした。

同じくパスタ職人のドメニコ・ルッソは、同業者で競争相手のフェリーチェ・ヴィジランテとは経済的にまったく異なる状況にあった。ナポリのヴェルミチェッリ職人のご多分にもれず、彼もまた地方からの移住者だった。出身地はフォリノというアヴェッリーノ地方の村で、ここから多数の職人が首都に働きに出ていた。一六二〇年、みずからの工房を開くために、ルッソはステファノ・デ・アニーノという製粉業者と手を組み、彼から資金の提供を受けた。その一部は現物支給で、小麦が一〇〇トーモロ（五五三リットル）。労働者と徒弟の手を借りて、これでパスタをつくらなければならない。彼らの給料は、出資および家賃と同じくアニーノが負担した。この場合も、経費を差し引いた利益をふたりで均等に配分した。

そして最後は、ヴェルミチェッリ職人ふたりと製粉業者から成る三人組である。彼らはそれぞれ資本を出し合い、ほぼ対等な立場にあった。ヴェルミチェッリ職人たちは現金を用意し、製粉業者は現物で支払うほかに、場所と必要な原料を調達した。そして彼が代表となり、めったにないことだが、他のふたりとともにパスタの製造も手がけた。この三人の契約では、工場の片隅をパンの製造と販売用に充当することが定められた。これが世間を驚かせたのはいうまでもない。パン職人の組合はパスタの製造を快く思っておらず、とりわけ当時のナポリのパン職人組合の規則では、パスタの製造および販売だけでなく、ヴェルミチェッリ職人や製粉業者と協力して、これらの活動に従事することが禁じられていたからだ。しかし、これに反した場合の罰則は規定されていなかった。このことからも、都市経済を背景にヴェルミチェッリ職人組合の影響力が増し、とりわけパスタの地位が向上したことがわかる。

以上の三つの例から、どんなことが考えられるだろうか。まず最初に、パスタの普及とともに、パスタ職人が都市部の生活において重要な役割を果たしていたことが挙げられる。職人はかならずしも都市の出身ではなく、地方から移住してきた者も多かった。そのため職人としての技術はもっているものの、工場を経営する能力はなかった。

したがって、多くの場合、一時的にせよ永続的にせよパートナーと組んで、ときには複数の商売に携わった。パートナーは同じヴェルミチェッリ職人か、あるいは製粉業者だった。ナポリのパスタ生産は製粉業者抜きには語れず、技術のみを提供する職人に対して、彼らはしばしば資金を調達している。そしてパスタ職人は、労働者や徒弟たちから成る小さな集団の長として、捏ね機や押出機が備えられた作業場で生産の一部を担う、ちょっとした実業家といった存在だった。より裕福で活動的な職人は、組合で采配を振るか、あるいは組合の要職に就いた。

もっとも、具体的な成果については何ひとつわからない。当時の仕事の状況は謎に包まれたままで、どのように作業を割り振っていたのか、どうやってパスタを乾燥させていたのかといったことから、硬質小麦のセモリナ粉と小麦粉のパスタの割合、その結果として一級品と二級品の扱われ方まで、いまなお明らかになっていない。しかしナポリのパスタ職人は、従来のマッケローニやヴェルミチェッリ以外にも、「セーモラ（料理人のあいだでは、ミッレファンティ）」と呼ばれる小麦や米の粒の形をしたパスタも生み出し、これらがスープに入れる「小型パスタ」の原型となった。彼らの商売は、もっぱら地元のナポリ人が相手で、工房で直接販売するか、あるいは年または月単位の契約で各家庭にパスタを配達した。こうした契約は、おもに貴族や団体が顧客だったが、供給量や価格が前もって決まるため、商人（この場合はパスタ職人）にとっては都合がよかった。サルヴァトーレ・ディ・アヴォッサは、ナポリのアヌンツィアータ修道院の信頼が厚いヴェルミチェッリ職人だった。この修道院は大口の顧客で、一六三六年には、「これまでと同様、日々の奉仕に必要な量のヴェルミチェッリおよびセーモラを九月の一ヵ月分」といったふうに契約を更新している(59)。価格はヴェルミチェッリ一ロートロ（〇・八九キログラム）当たり六グラーノ、セーモラ一ロートロ当たり七グラーノで、おそらく一級品としては適正な価格だろう。契約価格は、つねに統制価格の上限よりも安かった。たとえば一六三六年には、「白いパスタ」は一ロートロ当たり七グラーノ三デナーロと定められている。ちなみに、「廉価パスタ」はさらに安く、一ロートロ当たり五グラーノ三デナーロだった(60)。いずれにしても、

「パーネ・コムーネ（大衆向けの品質の劣るパン）」が一ロートロ当たり最高四グラーノだったことを考えると、じゅうぶん手頃な価格にちがいない。パンの場合は、社会的な安定を図るために政府がかなり安く設定した、いわば「政治的」な価格だったからだ。だが、こうした政策でも民衆の不満は抑えられなかった。一六四七年、漁師のマサニエッロ（一六二〇～四七）が石弓を手に反乱を起こした。この一瞬の政治的空白期間のうちに、とりわけ食料の価格が高騰した。一六四八年六月二五日、裁判所は「マッカローニ、ラガーネ、タリアレッリ、ヴェルミチェッリ、およびその他の〝名人のパスタ〟の価格について、褐色は七グラーノ、白色は九グラーノ」と定めた[61]。だが、混乱がおさまると価格は元に戻り、ふたたび都市に暮らす誰もが難なく食料を買える時代が訪れた。やがてパスタは人々に好まれる食品として不動の地位を確立し、その魅力は国境を越えて広まることになる。あるフランス人旅行者が「マッケローニ、美味なるかな」と感動したのは、有名なエピソードである[62]。大量生産の時代は目前だったが、この新たな製造形態を発展させるために、まずは小麦加工業が「名人のパスタ」で名を馳せた大都市、すなわち、ナポリとジェノヴァの城壁を越えていかなければならなかった。

第四章

手工業による黄金時代

「サンレモでは、さまざまな方法でマッケローニやヴェルミチェッリが製造されている。それはプロヴァンスでも同じことで、最近ではパリにまで広まりつつある」(1)。18世紀初めにイタリアを周遊したフランス人のドメニコ会修道士ジャン＝バティスト・ラバは、サンレモで盛んなパスタの生産現場を目の当たりにした。実際、16世紀後半から普及しはじめた自動捏ね機とダイス付きの押出機を見て、パスタ職人のあいだに衝撃が走った。品質を落とすことなく、生産量を大幅に増やすことが可能になったからだ。それどころか、原料はまったく同じなのに、機械生産の「名人のパスタ」は手づくりの「鉄型のパスタ」よりもはるかに品質がすぐれていた。大きさも表面のなめらかさも気にせずに、均質な製品をいくらでも増産することができる。それは同時に、手作業ではとても不可能な、複雑な形のパスタを生み出すチャンスでもあった。こうした生産システムの近代化に積極的だったのが、ナポリ周辺のヴェルミチェッリ・マッケローニ職人と、リグーリア海岸のフィデッリ職人たちである。19世紀半ば頃まで、彼らの社会的地位は揺るぎないものだった。その成功の鍵は、何よりもまず原料の選別（上質のパスタに欠かせない硬質小麦のセモリナ粉）と確かな技術だ。この点については、イタリア国内ばかりでなく海外でも高い評価を受けている。さらにはジェノヴァ人の秀でた商才、そして生産だけでなく消費も盛んだったナポリにおいて、名実ともにパスタ文化が花開いたことも大きい。これを後押ししたのは外国人旅行者の広めた噂話だった。外まで人があふれた「マッカロナーロ（調理されたマッケローニを売る商人）の小さな店、湯気の立つマッケローニを手で食べる「ラッザローネ（ナポリの最下層市民）」たち。旅行者の目には、こうしたいかにもナポリらしい光景がとても魅力的に映り、いたるところで繰り返し語られた。

「ナポリのマッケローニ」「ジェノヴァのパスタ」の評判は、しかるべく地元産業の発展を促した。ジェノヴァの西海岸のリヴィエラ・ディ・ポネンテでは、多くの都市や村がパスタの生産に切り替え、ナポリ周辺のトッレ・アヌンツィアータやグラニャーノといった海岸沿いの都市では小麦加工業が栄えた――いずれも中世から製粉業が盛んだった場所だ。ある意味では、このふたつの地域が先頭に立って、イタリアのパスタ産業を牽引したといっても過言ではない。17～18世紀にかけて始まったパスタの工業生産は、古くからの生産地や、中世にパスタづくりが広まり、のちに名を知られるようになった地域で発展し、やがてイタリア全土に広まった。多くの都市がパスタ製造所を受け入れ、保存のきくパスタの生産を始める過程で、北イタリアの人々は硬質小麦のセモリナ粉のすばらしさに気づいたのである。

近代が幕を開けるこの二世紀のあいだに、パスタの世界は様変わりし、製造所の登場で生産形態も変わった――いわば職人の簡素な工房と未来の大工場の妥協の産物である。この生産システムでは、主役はつねに人間で、レバー式捏ね機や押出機は、その片腕にすぎなかった。最も重要な作業は人の手で行なう。こうして新たに生まれたパスタ製造の作業場では、機械の力と手作業の器用さを組み合わせて、性別による分業を実現した。男性は力を必要とする機械の操作を引き受ける。一方の女性は繊細な作業をはじめ、補助、雑用、そしておそらく掃除といったあらゆる役割をこなす。この前近代的な産業モデルには、消費される製品の変化に応じた製造の細分化の原型を見出すことができる。イタリアでは17世紀末にこうした生産が始まり、その後およそ二世紀にわたって続いた。

1―パスタ製造業の誕生

ナポリで多くのパスタ工房が誕生した際に、製粉業者が重要な役割を果たしたことはすでに述べた。彼らは資本を提供し、将来的な成功を見こんで投資を惜しまなかった。独立を目指す若いヴェルミチェッリ職人や工房の労働者にとって、製粉業者は欲張りではあるものの、結局は夢を実現させる機会を与えてくれるありがたい存在だった。もっとも、ナポリのパスタ産業に希望の光が差したのはほんの一瞬で、やがて製粉業者はヴェルミチェッリ職人にとって目の上の瘤《こぶ》となる。現実には、彼らは徐々にパスタの製造や販売に口を出すようになり、それとともに利益の取り分を増やしていった。そうした傾向は、とりわけアマルフィ海岸やナポリ湾の小都市で顕著だった。人口過剰の首都の城壁を越えた小麦加工業は、製粉とパスタ製造の相乗効果によって生まれた新たな活況に理想の条件を見出した。そもそも製粉とパスタ産業の出合いは、ナポリのパスタを世に知らしめたトッレ・アヌンツィアータやグラニャーノに端を発する。

この地域にパスタ工房が集中する以前は、どちらの都市も製粉業の中心地として有名だった。グラニャーノの「水車小屋の谷」というのは、何とも詩的な名前だが、ここは遠い昔の経済の繁栄の跡をとどめている。今日では時代に取り残されたような場所にすぎず、季節ごとの観光客のおかげでかろうじて棘に覆われたり落ちぶれずにすんでいる。しかし、かつては進取の気性に富んだ男女を象徴する地として、ナポリのパスタ産業の誕生にひと役買った。それについては、マリア・オルシニ・ナターレの小説『フランチェスカとヌンツィアータ』にも描かれている(2)。ふたりのヒロインの人生を通して、パスタ職人たちの世界をあざやかに再現した物語だ。14～16世紀には、ラッタ－リ山脈南東の斜面の水流に沿って建てられた水車小屋がサレルノ湾を見下ろしていた。前章で述べたように、アマルフィの沿岸地域でも、中世から続く製粉業とともにパスタの製造が早くから行なわれていた。トッレ・アヌンツィアータやグラニャーノよりも、はるか以前のことだが、このふたつの都市はラッターリ山脈の北西の麓、つまりナポリ湾側にあるため、より首都に近く、地域一帯に水力を供給する役割を担っていた。水車小屋が建てられたのは、そうした事情からだった。

グラニャーノでは、16世紀末〜17世紀初めにかけて製粉業が急速に広まったが、その中心となったのは、地元のキローガ・デ・アントニオ一族だった。代々、土地や水源を所有する地主で、水流を管理し、わずか数十年のあいだに都市部やスタビアの海岸沿いに二五以上もの水車小屋を建設した(3)。トッレ・アヌンツィアータの製粉業も、同じ頃に発展を遂げた。ただひとつ異なるのは、その決定的な推進力となったのが貴族だったことである。サルノ伯爵ムツィオ・トゥッタヴィッラはトッレの領主となり、運河を建設して淡水を引いた。これは「伯爵の運河」として後世に名をとどめる。トゥッタヴィッラは水車を利用する粉挽き場も建てて、食糧管理を行なっていたサンロレンツォの選挙裁判所と契約を結んだ。その活躍ぶりは、ナポリの小麦粉やセモリナ粉の卸商人も顔負けだった。その後もサルノ川流域にボッタ一ロ運河を建設し、それに沿ってさらに水車小屋を建てた。17世紀初めには、トッレ・アヌンツィアータの製粉業はめざましく発展し、おもなライバル都市に肩を並べるほどになった(4)。

一六四一年以降、グラニャーノでは職人の手によるパスタづくりが行なわれていた形跡があるが、ごく微々たるものだった。都市部の人口調査によると、マッケローニ職人はわずか二名で、うちひとりは「毎朝、カステッラマーレから通っていて、フラヴィオ・ゴラーノの工房で働いていた」(5)。パスタの製造は、むしろトッレ・アヌンツィアータで急速に発展し、17世紀末には、組合が設立されるほどヴェルミチェッリ職人の数が増えていた。そうなると、首都の市場を独占しようとしていたナポリのヴェルミチェッリ職人と衝突するのに時間はかからなかった(6)。ナポリの職人は、町の広場でトッレの製品の販売を禁じることができず、やむなく彼らが城壁内で働く場合には特権を保障しないという妥協策を打ち出した。前述のとおり一五九八年以降、パスタに関する法令は周期的に公布されている。一六三五年には、「組合員以外のヴェルミチェッリ職人は、労働および小麦粉の持ち込みを禁じ、違反した場合には三年の強制労働刑に処する」と定められた(7)。こうした規制は事実上、何の効果もなかったが、一世紀たっても廃止されなかった。一七六五～六六年のイタリア旅行でナポリを訪れたフランスの天文学者ジェローム・ド・ラランドは、次のように書いている。「ナポリから四リーグ（約一八キロメートル）離れたトッレ・デッラヌンツィアータでは、すぐれたパスタの作り手が修練を積んでいる。そのため、並のパスタしかつくらないナポリのマッケローニ職人は、彼らが町で働くのを阻止する権利をもっている」(8)。すでにナポリの製造業者は形勢が不利だったが、それから一〇〇年後には、ついに海岸地域のライバル都市に逆転され、トッレ・アヌンツィアータがパスタ製造の第一線に躍り出る。当時、もうひとりナポリの「絵のような風景」に魅了されたフランス人旅行者がいた。彼は、マッケローニは王国の首都のすぐれた商業的財産だと認めつつも、「製造されているのは、ヴェズヴィオ火山から近いトッレ・デッラヌンツィアータという場所である」(9)と述べている。こうした証言は他にもあり、トッレ・アヌンツィアータで大量の小麦が取引され、「そのほとんどがパスタに使われている」という説もあった。いずれにしても、19世紀初めの歴史学者ロレンツォ・ジュスティニアーニが主張しているように、パスタの製造はトッレ・アヌンツィアータに繁栄をもたらした(10)。

一方のグラニャーノでは、少なくとも18世紀までは混乱した状態が続いていた。小麦の取引と加工業の両方で基盤を確立したトッレ・アヌンツィアータの陰に隠れて、グラニャーノはほとんど注目されることがなかった。もっとも、人目につかないながらもパスタ製造は発展し、他の都市からの注文にじゅうぶん対応できる生産力を誇るまでにはなっていた。たとえば一七九九年には、ヴィーコ・エクエンセ（ソレント北部の都市）が四〇〇〇キロのパスタをグラニャーノに注文している(11)。いずれにしても、グラニャーノの生産量は19世紀まで増えつづけた。一八五九年には、「マッケローニを製造するアルキメデスの押出機」を八一台所有していたという記録があるが(12、これは明らかに製造所の数と対応しておらず、単に当時のすばらしい生産力を誇張していたにすぎない。

同じく、17～18世紀にかけてのリグーリア海岸の動向にも注目したい。ジェノヴァや、リヴィエラ・ディ・レヴァンテで唯一パスタ製造所を受け入れたネルヴィでもパスタづくりは行なわれていたが、むしろ製造所の数は反対側のリヴィエラ・ディ・ポネンテに多く、とくにサヴォーナやポルトマウリツィオ（現インペリア）は、18世紀初めにラバ神父が訪れたことで知られるサンレモとともに、パスタの製造で有名だった。一七四六年には、サヴォーナ近郊のロアーノでおよそ三〇名のヴェルミチェッリ職人が活躍していた。一七四〇年、ポルトマウリツィオでヴェルミチェッリ職人組合が結成され、六六年には、隣町のオネリアでもついに職人の会が誕生する(13。ポルトマウリツィオの製造業者は、とりわけ起業精神に富んでいた。19世紀初めには、すでに四〇の製造所があり、じつに二〇〇家族の生活を支えていたという。商売は順調で、輸出量でもジェノヴァと張りあっていた。19世紀初めのポルトマウリツィオの商業に関する手稿本（著者不明）には、「ヴェルミチェッリのつくり方は、他のジェノヴァのパスタと同じだが、良質の小麦の調達と管理に苦労した」とあるが、将来について、著書は地元の方言を盛りこんだ言い回しで楽観している。「サンレモ、タッジャ、オネリア、その一帯の渓谷、そしてドルチェアックアの侯爵領でさえ、われわれのパスタを消費している。この水と気候が生み出す上質のパスタは、他のどの場所でつくられるものよりもおいしい。ポルトマウリツィオに、少なくとも四〇のパスタ製造所があることが何よりの証拠だ」(14。

長いあいだ注目されることのなかったプーリア地方だが、18世紀になって、ようやく小麦製品の生産が増えはじめた。これは、この一帯で「サラゴッラ」という古代小麦が収穫されることと無関係ではあるまい。バーリ県では、セモリナ粉でつくる極細パスタの産地であるアックアヴィーヴァ・デッレ・フォンティや、とくに特産品はないもののの、グラヴィーナなどが生産の中心となった。フォッジャ県アスコリ・サトリアーノには「上質のセモリナ粉でつくられたさまざまなパスタを売る店」があり、同様にブリンディジでも商売が盛んだった(15)。一七五三年のバーリの土地台帳には、名前と住所がはっきり確認できる「商店と機械を所有するマッケローニ職人」が五名記載されている(16)。18世紀初めの記録に残っているパスタ職人はわずか四名だが、一八八〇～八一年にかけての『バーリの商業手引』では二二名となっている。

伝統的にパスタづくりが行なわれていた地域でも、軌道に乗るまでに時間はかかったものの、次第にパスタ製造業が定着し、19世紀以降には押しも押されもせぬ生産拠点となる。一七八八年のトリノでは、「ヴェルミチェッリおよびクーネオ（ピエモンテ）のパスタ」は「ジェノヴァの極上ヴェルミチェッリ」「精製されたセモリナ粉の黄色いパスタ」「ヴェルミチェッリおよび通常のセモリナ粉のパスタ」とともに統制価格の対象となった。同じ時期、「リーヴォリ（ピエモンテ）のヴェルミチェッリ」も、その名を轟かせており、貴族のお抱え料理人がつくるジェノヴァのパスタよりも上質であると、もっぱらの評判だった(17)。アルプス山脈の東山麓の地域では、長いあいだプーリア産のパスタがヴェネツィアに輸入されていたが、一八四三年にポルデノーネにトマディーニ社が設立され、現在もパスタを製造している。トスカーナ地方では、一八六〇年にアレッツォの近郊にファビアネッリ社が設立され、同じくいまも存続している。そして、わずかだが小さなパスタ製造所の将来に懸ける者もいた。一八二七年、サンセポルクロのフィレンズオーラ通りに小さな工房ができた。画家ピエーロ・デッラ・フランチェスカの故郷として知られる、中世の面影を残す小さな美しい町である。トスカーナとウンブリアの境のテーヴェレ渓谷に位置したこの町は、硬質小麦の産地から遠く離れ、人の行き来も輸送も簡単ではなかった。そのような場所に誕生した工房は、少しずつ規模を広げ、やがて世界中でその名を知らぬ者はいないパスタメーカーとなる――かの有名なブイトーニ社である。

リグーリアの隣、パルマ公国の首都であるパルマでは、おのずとジェノヴァのパスタが消費されていたが、ブルボン家の時代（一七四八〜一八〇二）の初期に「ジェノヴァ風パスタ」の生産拠点となった。一七五五年、政府はリグーリアのサルザーナ出身ステーファノ・ルッチャルディに一〇年間の特許を与えた。すなわち、パルマにおけるパスタ製造の独占権である。彼は「ジェノヴァ風パスタをつくるため、首都にパスタ工場を建設する決意をした」(18)。19世紀初めには、この地域に「ヴェルミチェッリおよび乾燥パスタ」の工場がいくつかあったが、本格的な生産が始まるのは一八六一年のイタリア統一のあとだ。一八六三年、パルマで産業見本市がひらかれ、高品質のバラエティに富んだパスタで多くの製造業者が表彰された。そのなかのひとりに、エミリオ・マリネッリという名が記録されている。パスタ製造業者のほとんどは製パン業からの転向組で、パスタとパンの製造を同時に手がけていた。そのため生産量は限定され、中世の「ラザニャーリ」さながらの家内工業だった。依然として手作業で成型する方法は大いに評価され、同業者のヴィンチェンツォ・ノザーリは、「彼らのタリエリーニはこのうえなく細く、手で切っているというのに均一である」(19)と惜しみない称賛を送った。それに対して、一八八七年の産業科学見本市で競い合ったのは、多かれ少なかれ工業化に力を入れる小さな企業の経営者たちだった。これはイタリアの典型的な現象で、こうした変遷は大手のバリラ社とて例外ではない――初代のピエトロ・バリラは一八七七年にパン製造所を創業したが、次第にパスタの生産へ事業を拡大して、一九一一年、息子のリッカルドが株式会社を設立するに至っている。

工業生産の時代には、ボローニャでもパスタの製造が盛んで、卵を使ったパスタが有名だった。このボローニャとライバル関係にあったのが、フランスとドイツの緩衝地帯であるアルザスで、ここでも伝統的に同様のパスタづくりが行なわれていた。どちらも小麦粉のパスタで、この時代にはタリアテッレが主流だった。この「名物」パスタの成功によって、イタリア中部や北部の製造業者の商品カタログに、硬質小麦のセモリナ粉でつくった「ナポリのパスタ」と並んで卵のパスタが掲載されるようになる。素朴で安価なパスタは人々の関心を集め、健康的で栄養に富んだ食品として注目された。その結果、イタリアのほぼ全土に消費が広まり、さらに生産量も増加する。だが、その前に立ちはだかる壁があった――依然として手工業のままの生産形態である。

2 手工業による生産の限界

産業革命以前の製造工程については、ふたたびマロワンにご登場願おう。作家であり、一説によると医師でもあったマロワンは、パリでいち早くヴェルミチェッリやマッケローニの製造を呼びかけたひとりだった。それもこれも、フランスだけでなくイタリアの実情も目の当たりにしたからである(20)。仕事場の小さな作業台の前に立つ三人の職人――ある意味で「理想的」な工房の光景だが、同時にこれだけでおもな製造工程が説明できる。乾燥方法などに多少の違いはあるものの、全体的にはどこでも同じだ。18世紀後半の作業場はどこも狭く、職人はひしめきあうように作業をしていた。そこにレバー式捏ね機や大がかりな押出機を備えつける。加えて、室内でパスタを乾燥させるために、横木を何本も渡した木枠を取りつける。北部では気候条件のせいで自然乾燥が行なえないため、こうした仕掛けが発明された。マロワンの描いた絵を見れば、当時のパスタ職人の仕事は理論も実情も一目瞭然だ。この一七六七年の状況をもとに、パスタの製法の変化について考察することができるだろう。

ふるいにかけたセモリナ粉五〇リッブラに一二リッブラの湯を加える。つまり、二五キロのセモリナ粉に対して湯が六リットルの割合だ（当時のパリでは一リッブラ＝四八九グラム）。これで二五キロの乾燥パスタができる。混ぜる作業はすべて台の上で手で行なわれる（図7）。できあがった生地は台の手前に集めて清潔な布で包み、すべてまとめて

図7● パスタをつくるヴェルミチェッリ職人の作業場。小麦粉とセモリナ粉が用意され、生地を手で捏ねている様子が描かれている。奥の壁にパスタを乾燥させるための棚が取りつけられている（ポール＝ジャック・マロワン『製粉業者とパスタ職人の仕事』より ,1767 年）

生成りの布で包んで、生地が温まるまで二、三分間足で踏む。その後、捏ね機で一〜二時間（セモリナ粉の場合にはさらに数時間）休みなく捏ねる。

ナポリでは、細挽きと粗挽きの二種類のセモリナ粉が使われていたため、ふるいにかける時間も異なった。細かいほうはヴェルミチェッリ用で、「稀少なセモレッタ」と呼ばれていた。水の割合は前述のとおりだが、基本的には水分を減らすほど、よりよいパスタができる。ただしマッケローニとラザーニャは、ヴェルミチェッリよりも水分を多くしないと成型が難しくなる。同じ理由で、水の温度も高めにする必要がある。「冷水を加えると、生地はまず硬くなってからやわらかくなる。逆に湯の場合は、やわらかくなったのちに硬くなる」(21)からだ。パスタづくりに湯を使うのは、ある意味では常識で、中世の家庭で始まって、工業化の時代に受け継がれた習慣だった。温度は時代とともに上がり、20世紀初めには一〇〇度に達した(22)。

マロワンは二種類の生地があることを示している。かたや、リグーリアやプロヴァンスの水分が少なめのしっかり混ぜた生地。そして、ナポリおよびイタリア南部の水分が多く弾力のある生地。マロワンによると、どちらも湯を加えることには変わりない。パスタの製造工程や乾燥方法について「科学的」に研究されるようになったのは、20世紀初めになってからで、その結果、南部では生地にじゅうぶんな水分を加えてから練ることが明らかになった。理想的な気候条件のおかげで、乾燥の工程は複雑だが失敗はなく、生地に含まれた水分がうまい具合に蒸発するのだ。最初に湯をたっぷり加えるのは、作業をしやすくして、長時間かけて均一のパスタをつくるためである。さらに湯の温度についても、ナポリのほうが他の地域よりも高かった(23)。

よく捏ねた生地は押出機にかけられる。当時は「轆轤《ろくろ》」とも呼ばれていた。最も普及していたのは、前章で説明した垂直ねじ式の押出機で、はじめてパスタの製造に利用されたのもこの型だと思われる。だが、ジェローム・ド・ラランドの時代には、すでに水平ねじ式の型も登場し、こちらはもっぱらショートパスタの製造に使われた。垂直式の押出機の場合、捏ねた生地をブロンズの円筒部分に入れる。その底にはパスタの種類によって異なるダイスが取りつけられ、ピストンを操作すると、生地がしぼり出される仕組みだ。ピストンの操作は、横木を利用した長いレバーか、あるいは巻上げ装置で行なう。マロワンによると、五〇リッブラ(二五キロ)のパスタづくりに二時間かかり、一日一〇時間かけて、毎日一二五キロのパスタを製造していた。

押出機を利用することによって、さまざまな形のパスタをつくれるようになった。ラランドによれば、ナポリでは「三〇種類以上のパスタを区別していた」。フェデリーニ、ヴェルミチェッリ、セメンテッラ、プンタ・ダーギ、アーチニ・ディ・ペーペなどは「上質」のパスタに分類され、マッカローニ、トレネッテ、ラザニェッテ、パーテル・ノステル、リッチ・ディ・フォレターナは、彼にいわせると洗練されていなかった。さらに、穴の真ん中に細い棒を通したダイスがあり、それを使うといわゆる「マカロニ」のように、中が空洞のパスタができた。マロワンの絵

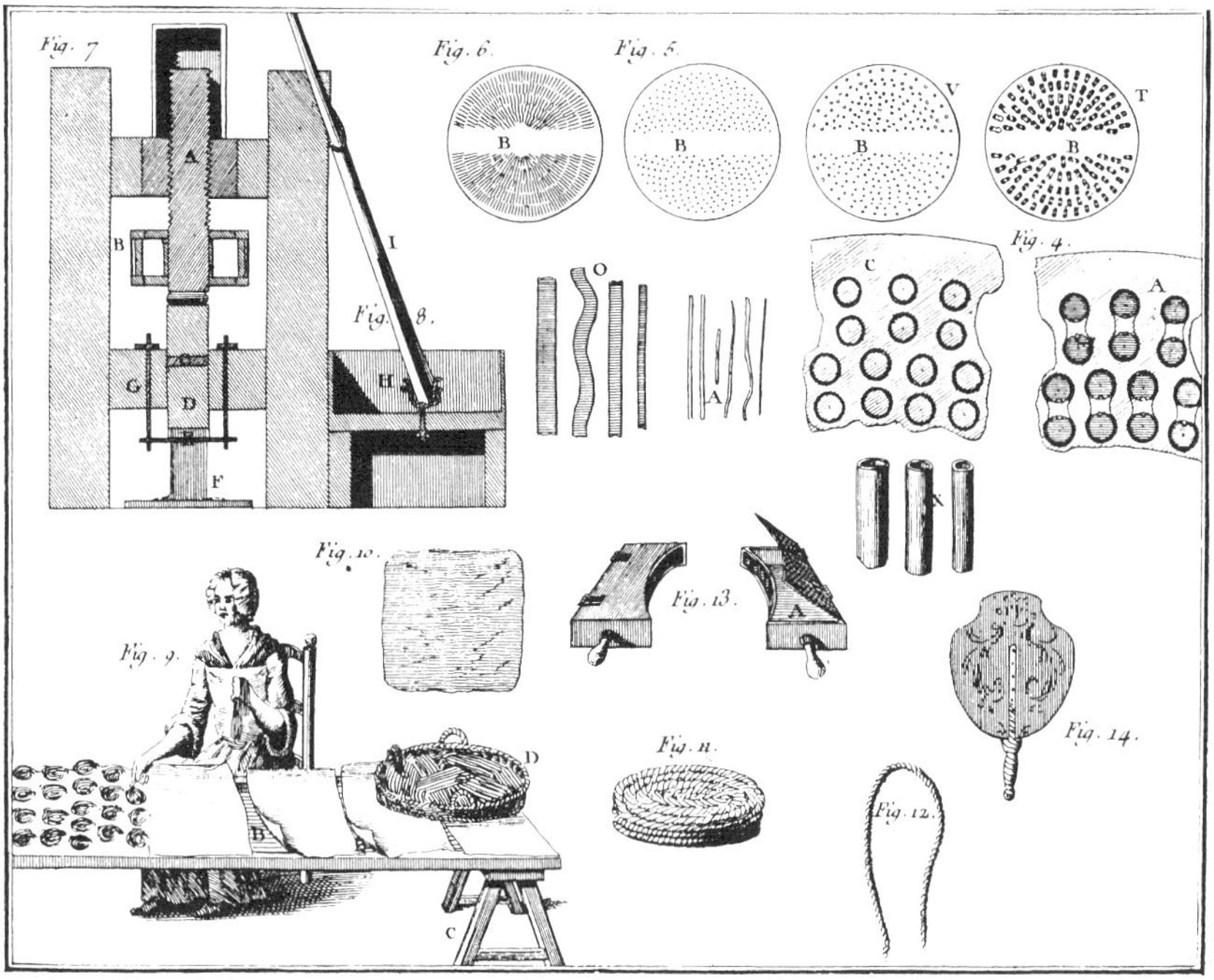

図8◉ パスタ職人の道具。とりわけおもしろいのがラザーニャの型（探してみてほしい）で、その下にはさまざまな太さのパスタが並んでいる。Fig.13 は押出機の円筒部分を温めるコンロで、Fig.14 はしぼり出されたパスタがくっつかないように冷ますための扇（ポール＝ジャック・マロワン『製粉業者とパスタ職人の仕事』より，1767 年）

に感化されたラランドは、星形のパスタを大量に生産する特別な仕掛けについても触れている。ダイスに回転する刃がついていて、それをハンドルで動かすと、二、三ミリの厚さのパスタが穴から出てくる。そこに厚紙でできた扇のようなもので風を送り、パスタを冷ましてくっつかないようにする[24]。いずれにしても押出機はとても危険で、子どもが近づかないように注意しなければならないが、ロングパスタも製造できるという利点もある。押出機を使えば生地を切る必要がなく、手でちぎって放りこむだけでいい。ヴェルミチェッリの場合、細い紐のような形でしぼり出され、その長さはおよそ一ピエーデ（フィート）、つまり三〇センチだった。

マロワンはさまざまなダイスと、そこからつくるパスタ型の見本を示しているが（図8）、なかでも興味深いのはラザーニャのダイスだ。実際には、ラザーニャの型の存在は今日まで確認できていない。家庭用の小型機械が発展した近代には、ラザーニャは圧延《あつえん》、つまり原始的な麺棒の動きを再現した機械でつくられると考えられていた。その仕組みは単純で、二本のシリンダーをハンドルで動かすだけだ（図9）。そしてマロワンは、それ以前はヴェルミチェッリやマッケローニと同じく押出機でつくられていたと考えた[25]。まさに驚くべき発想である。そもそもヴェルミチェッリは、薄くて平たく幅広いラザーニャとはわけが違う。細心の注意を払って糸のように細く仕上げなければならない。弾力や硬さをまんべんなく強化することは不可能である。したがって、工房では職人が帽子のつばの薄さになるまで麺棒でのばしてつくっていた。これほどの技術があるのなら、機械を操作するのはわけないことだろう。ただのラザーニャでは満足できず、現在の「ラザーニェ・リッチェ（縁が波打ったラザーニャ）」のような手法で、「一回ごとに縁の形を変えたり、細く切ったり、花綱のような装飾をほどこしていた」のなら、なおさらのこと。「ラザーニャはより薄く、ヴェルミチェッリはより小さく、マッケローニは中を空洞にして白く見せ、少しでも見栄えをよくする」というのが職人の心構えだった[26]。ということは、当時はマッケローニにはやわらかい生地が、ラザーニャには熱い湯で湿らせた生地が使われていたことになる。ちなみにラランドによると、ラザーニャにはかつて鋳型が使われ、型を抜くのは子どもの役目だったという。

押出機で裁断したパスタは、乾かす必要がある。ショートパスタやヴェルミチェッリは木枠にのせ、マッケローニなどの長いものは竿にかける[27]。もう一度繰り返すが、これは製造工程において最も難しい作業だ。成型は、型さえあれば、よほど不器用でないかぎり誰にでもできる。それに対して乾燥は、指先で細心の注意を払って「螺旋状《らせん》」に巻き、紙で何重にも包んで木枠に置かなければならないのだ（図7、8、10）。

図９● パスタ職人のための手動圧延機（フランツ・ルーロー『日常生活における化学』より，1889年）

3 理想の手、女性の役割

しかしながら、すべてのパスタが機械で成型されていたわけではない。もちろん地域によって状況も異なる。さらには、成型が機械化されるまでには、かなりの時間を要した。18世紀初めにラバ神父がイタリアを訪れた際には、アンダリーニとミッレファンティが手づくりだったと指摘している。前者はエンドウ豆のようなパスタで、後者は細長くて、小さなオレンジ、レモン、メロンやかぼちゃの種といった形のバリエーションがあり、その数は見る者のユーモアと想像力によっていくらでも増える。ナポリでは、数多くの労働者、正確には女性労働者がトッレ・アヌンツィアータで「上等なパスタ」の製造に携わり、想像力を駆使して、さらにさまざまな形を生み出した――舌平目といった平たい魚から、インゲン豆やレンズ豆など多種多様な乾燥豆まで、じつに枚挙にいとまがない。マロワンの時代の一七六七年には、こうした伝統はすでに廃れかけていたが、「聖金曜日の午餐、国王や王妃、王族の食事では、魚や豆の形をしたパスタのみが供されていた」(28)。ラバ神父によると、サルデー

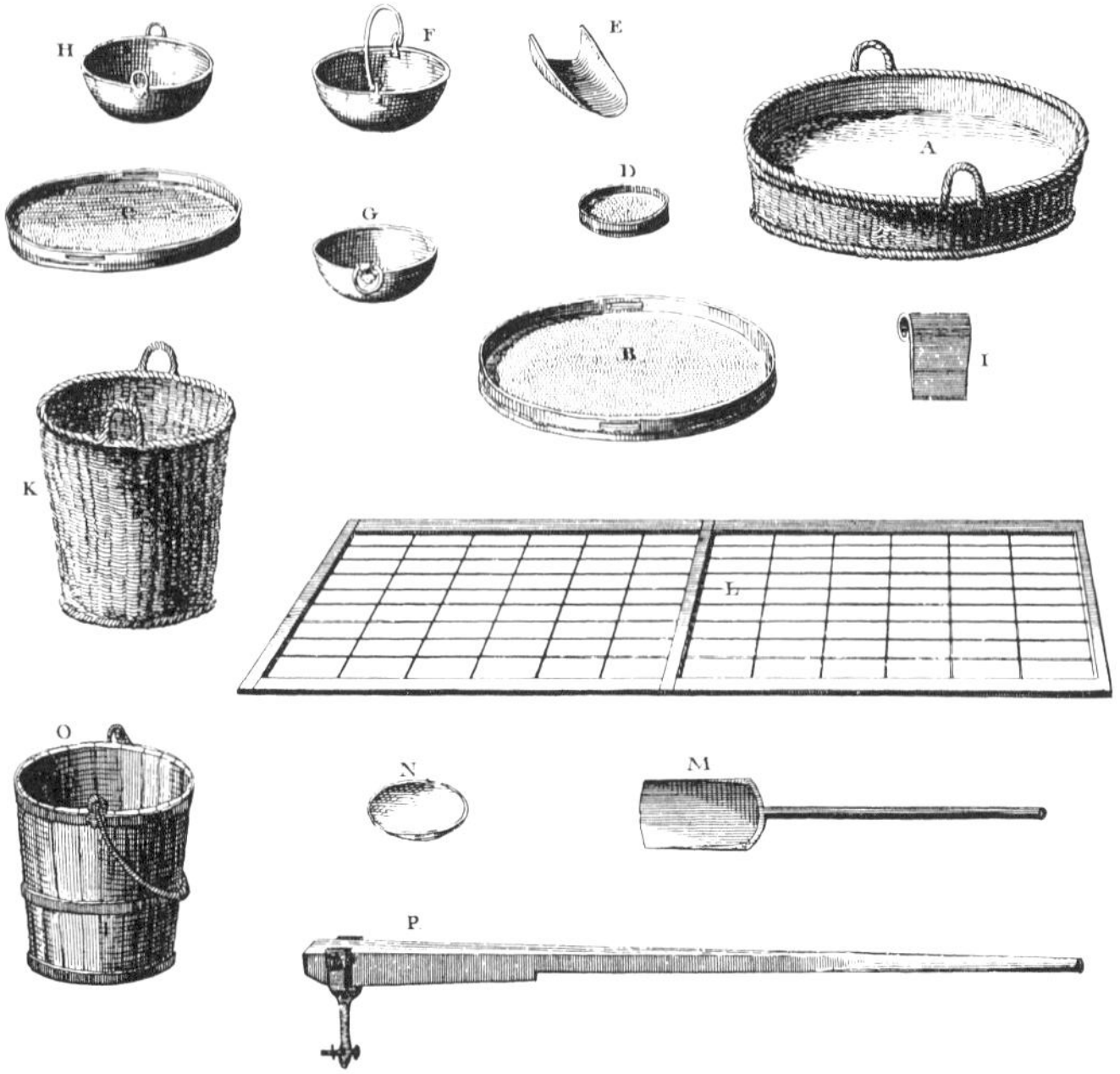

図10◉パスタ職人の道具。とくに木枠（L）と押出機のレバー（P）に注目してほしい（ポール＝ジャック・マロワン『製粉業者とパスタ職人の仕事』より，1767年）

ニャでは物をかたどったパスタの種類がより豊富だった。「これらは女性の手によるもの」、正確には「とりわけ修道女によるものである。彼女たちはとりたてて注目を集めず、おしゃべりで手が止まることもなく、概して穏やかで、しかも自由に外出することは禁じられていた」(29)。

実際、こうした作業は女性の役割だった（図11）。特殊な形のパスタは手先の器用さを求められるため、生産量も半分になる。糸状のパスタや、「プンテ・ダーギ」といった小さなもの、中が空洞の円柱形や星形のものは比較的簡単だが、一回型を抜くだけで球体状のパスタをつくるのは高度な技術が求められる。18世紀には、プーリアのブリンディジの女性たちは「一日中、最高品質のセモリナ粉を使ったパスタづくりに携わっていた」。そして特殊な形のパスタを生み出し、やがてそうしたきめ細かい技の

図 11 ● パスタづくりに働く女性を描いた中世の画（14 世紀後半の『健康全書 *Tacuina sanitatis*』より，リエージュ）

おかげで、これらのパスタはプーリアの名物として有名になる[30]。サルデーニャでも、修道女がパスタの普及に重要な役割を果たした例が見られる。一八四一年、バーリ県で開かれた工業製品の見本市の報告書に、パスタについて次のような記述がある。「アックアヴィーヴァ（・デッレ・フォンティ、プーリア）の修道女たちの、まさに辛抱強さの賜物である。何年間も同じパスタをつくりつづけることだけでも、ただただ称賛に値する」。見本市では、「カヴァテッリ、リトルティーニ、カンノンチェッティ、ニョッケッティなど九種類のパスタ」が出品された(31)。

修道院には古くからパスタづくりの習慣があったが、製造業者はかならずしも快く思ってはいなかった。侮《あなど》りがたい競争相手であるうえに、宗教施設を優遇する制度のおかげで税金を免除されていたからだ。ナポリのヴェルミチェッリ職人は、政府にこうした競合行為の禁止を求めて絶え間なく訴えつづけ、ときにはその努力が実ることもあった。一六六五年、「聖なる場所においてヴェルミチェッリおよびその他のパスタ」を商業目的で製造することを禁じる法令がナポリで公布された。対象とされたのがナポリ王国全体なのか、あるいは首都周辺の修道院のみなのかは定かではない(32)。いずれにしても、修道女たちはこうした危機をやり過ごしてパスタづくりを再開し、製造業者はそのたびに抗議をした。それを受けて政府が発した禁止令は、じつに九回にも及んでいる。

世俗と宗教界間の対抗意識は、ある意味では、隠れた男女間の対立を反映しているともいえる。ラバ神父が訪れた当時、イタリアではいわゆる「強い性（男性）」がすでに優位に立っていた。そして、女性に不利益をもたらしたのが、ほかならぬパスタ製造業の発展だった。中世では、女性はパスタづくりで少なからぬ役割を果たしていた。女性のラザニャーレ（パスタ職人）は同業の男性たちに交じって工房を営み、パスタの加工から乾燥まで、あらゆる製造工程を請け負っていた。当時は、最初から最後まで女性の手のみでつくられるパスタもめずらしくなかった。中世の家庭向け医学書『健康全書 *Tacuina sanitatis*』の細密画にも、女性だけのパスタ工房の光景が描かれている。都市部から離れた地方では、パスタの製造は依然として家内工業であり、基本的に手作業で細々と行なわれていた。だが、そうした職人の手によるパスタづくりが発展するにつれて、女性はだんだんと締め出されていく。重い道具が導入され、力仕事や長時間労働が求められると、パスタの製造は男性が適任だと考えられるようになる。だが、物理的な問題だけではない。女性が排除されるようになった背景には、パスタ製造の「職業化」や生産の「合理化」といった理由が挙げられる。こうして、パスタづくりは職人技を継承する男性的な社会に根を下ろしはじめる。

とはいうものの、男の世界に足を踏み入れる女性がまったくいなかったわけではない。パスタの商業的な成功を支えた偉大な女性も少なくなく、その見本ともいうべき人物がマリア・オルシニ・ナターレのすばらしい小説に描かれている。だが、こうした例外は郊外の製造所に限られ、女性が補助的な作業しか任されない大きな工場では望むべくもなかった。

「女性の担当は道具の洗浄、小麦の準備、そしてパスタの乾燥である」と書いているのは、ナポレオンの命令で、一八〇六〜一二年まで皇帝領に隣接するリグーリアを統治した知事のシャブロルである(33)。ポルトマウリツィオやサヴォーナにある製造所では、通常五名の作業者がひと組になって作業していた。たいてい男性が二名、女性が三名で、男性の賃金は「二リラ四チェンテージモ」だったのに対して、女性はわずか七〇チェンテージモ、つまり男性の三分の一以下しか受け取れなかった(34)。加えて、女性はセモリナ粉をふるいにかけるが、休む場所がないのがふつうで、しかもマロワンの図からもわかるように、ふるいを腕の力だけで支えて空中ブランコのように振りつづけなければならない。ナポリのパスタ製造所を見たラランドによると、ふるいには細かい格子状の網が張られている。「上質」のパスタをつくるには、ヴェルミチェッリの場合は五回、フィデリーニは六回、粉をふるう必要がある。マッケローニは回数の指定はないものの、「並のパスタ」に分類されないためには(35)、おそらく一回だけということはなかったはずだ。

原料の準備や特殊な形のパスタづくりのほかにも、リグーリア地方では、パスタの乾燥も女性の仕事だった。ナポレオン時代のこの地方では、パスタの乾燥方法が転換期を迎えていたことは別にして、この作業が女性に任されていたという事実だけでも、女性が補助的な仕事に追いやられていたことを示している。同じような状況は、18世紀のパリのヴェルミチェッリ職人のあいだでも見られた。マロワンの絵をよく見ると、押出機の押出し口の台の前で、女性が巻いた状態のヴェルミチェッリを並べているが、これは乾燥の準備をしているところである。製造の工程を事細かに描写しているマロワンだが、肝心の乾燥については省略している。この仕上げの工程に最初に注目したのは、独自のパスタ製法が発展した南部の製造業者だった。そして、技術を極めたトッレ・アヌンツィアータやグラニャーノでは、パスタの乾燥は男性の仕事だった。

4―自然乾燥

実際、乾燥はパスタの製造工程のうちで最も難しい作業であり、南部では、他の地方よりも有利な条件がそろっていることが大きな強みだった。おかげで、南部の製造業者は長らく栄華の時代を享受する。原料は他とまったく同じでも、その独自の乾燥法によって、南部のパスタはイタリア国内ばかりか、海外でもすぐれた品質が認められた。実際、自然乾燥が行なわれているあいだは、ナポリ湾の製造業者は優位を保ち、一方で北部の生産者は人工的な乾燥法を模索しつづけていた。パスタ産業における主要な生産技術が広まったのは20世紀初めだが、この自然乾燥がいつ頃独自の技法として確立したのかは定かではない。だが、他の技術が経験に裏打ちされてきたように、「ナポリの伝統的な自然乾燥」は製造所の増加とともに洗練され、19世紀――手工業よるパスタ製造の黄金時代に成熟期を迎えたのではないだろうか。

パスタの乾燥には、太陽の熱を利用した自然の方法と、締めきった場所で加熱装置を用いて行なう方法の二種類がある。これについては、中世の料理書や『健康全書 *Tacuina Sanitatis*』の挿絵を見ればわかる。そもそもパスタを空気によって乾燥させるという考えは、イタリアの文化ではごく自然なことだが、それを何度も繰り返すとなると話は変わる。また、パン職人がパスタ職人を兼ねていた時代には、船乗りが食べる「ビスコット（乾パン）」と同じだけパスタを乾燥させるということなど思いもつかなかっただろう。ビスコットというのは、その名のとおり二度焼きのパンである（ビス＝もう一度、コット＝焼いた）。最初に焼いてから窯に戻し、低温で残った水気を飛ばすと、長期保存が可能になるというわけだ。考えてみれば、こうした人工的な乾燥法も何度か試みられてきたにちがいない。窯を利用すれば燃料費の節約にもなる。実際、パンを焼いたあと、まだ熱い窯にパスタを入れれば乾燥させることができる。おそらく、陽ざしの強い地域では事情は異なるだろうが、いくらナポリとはいえ、みながみなパン職人やヴェルミチェッリ職人というわけではなく、町の路地のいたるところにパスタを干す場所があったとは思えない。だが、とにかく気候に恵まれない地域では、窯で簡単に乾燥させることができるのは好都合だった。前述のように、18世紀のパリでは、ヴェルミチェッリ職人の工房内に乾燥用のスペースが確保されていた。これほど緯度が高いと、パスタを外気にさらすなど考えられず、干すのはもっぱら室内だった。マロワンによると、パスタを乾燥させるためには何ヵ月もかかり、乾燥が不十分なものは「茹でているあいだに崩れてしまう」[36]。ほとんどの製造業者はじゅうぶんなスペースを確保できず、製品を何ヵ月も出したままにしておくなど、どう考えても非生産的で、他の方法を探すほうが合理的だった。とにかく現在わかっているかぎりでは、パリのヴェルミチェッリ職人は自然乾燥を好まず、何かと不便だったものの、他のさまざまな人工乾燥の方法を用いていた。アルザスではパスタを温度の高い窯に入れていたことを考えると、パリの製造業者も、少なくともパン工房を兼ねているところでは、同じ方法で乾燥させていたのかもしれない。

　パリや、よく似た気候の土地で、自然乾燥のパスタが満足のいく品質だったかどうかは、ここでは問わない。マロワンはパリのヴェルミチェッリ職人をジェノヴァやナポリと同等に見なしていたが、前述の条件ではおそらく乾燥はそこそこで、いずれにしてもイタリア南部の製品にはとてもかなわなかった。上質のパスタをつくるには、室内で水分を飛ばすだけでは不十分である。実際、食の専門家にいわせると「フランス」のパスタは最悪で、たとえ硬質小麦のセモリナ粉を使っていたとしても、ナポリやジェノヴァのパスタには遠く及ばなかった。マロワンがはじめてヴェルミチェッリ職人の技を目の当たりにしたリグーリア地方の製造業者は、彼が記した以外の製法は用いていなかったが、地中海沿岸という土地柄、他の北部と同様にする必要はなかったのだろう。リヴィエラの気候は技術の不足を補い、少なくともパスタを乾燥させれば、それは平均以上の品質と賞味期限の長さを意味した。やがて、フランスやスペインのパスタ製造業者は、専用の横木に厚紙を一五〜二〇ミリ間隔で並べ、そのあいだにロングパスタをかけて乾燥させるようになった。ただし、やわらかくて、調理時に形が崩れるようなパスタに限られた。ちなみに、アルザスを除いて、フランスのパスタはジェノヴァやイタリア北部の細いパスタと同様にスープで煮込んで食べることがほとんどだった。ここでパスタの硬さが問題となるが、この場合、ソースであえて食べるパスタの歯ごたえは求められない。イタリアでも、スープに入れる場合は「パスタが少し溶けてとろみがつく（ピューレ状になる）のがおいしいと考えられていた」[37]。いずれにしても、イタリア南部のすぐれた技術に比べると、プロヴァンスやリグーリア、パリなどで行なわれていた乾燥法は、いくらか劣っていたといわざるをえないだろう。

「ナポリの伝統的な自然乾燥」は、実際には南部の製造業者に共通する技術だが、基本的に三段階に分けられる。

①「表面乾燥」——天日干しで表面を乾かす。
②「水分の回復」——パスタを涼しい場所に戻し、①で硬くなった表面を「軟化」させる。
③「最終乾燥」——ふたたび陽ざしに当て、温度の変化とともにゆっくり乾燥させる[38]。

押出機からしぼり出されたパスタは、竿や枠にかけるか、あるいは覆いをかけたまま軒先に並べ、そのまま天日にさらす。数時間もすると、表面が「紙」のように薄い皮で覆われる。これが第一段階を「表面乾燥」と呼ぶゆえんである。時間はパスタの形や空気の状態によって異なり、このきわめて難しい作業をこなすためには、あらゆる条件を考慮に入れなければならない。実際、「紙」は厚すぎても薄すぎてもいけない。厚すぎると次の工程で軟化させることができず、水分が蒸発しない。一方で薄すぎると皮が脆くなり、硬さや弾力性に欠けて、続く工程でよい状態を保つことが難しくなる。やわらかくなりすぎたパスタは、また最初から乾かさなければならず、時間の無駄になるばかりか、製品の品質にも影響しかねない。

表面を乾かしたパスタは、涼しくて風通しのよい場所に移す。室温は約一五度が理想だが、適当な部屋がない場合には、少なくとも一五度以下の場所に置く必要がある。熟練した職人なら、一瞬にして肌で温度の差を感じとる。温度計が導入されるようになったのは、乾燥の手順が明確化されてからずっとあとのことだ。ロングパスタはできるだけ床に近づけて吊るし、ショートパスタは中ほどの高さに置いた枠に広げる。風通しのよい酒蔵か、あるいは涼しくて、外気の影響を受けず、かつ湿度が一定で、どちらかといえば高湿の場所が適している。通常はひと晩、こうした状態に置く。この作業の目的は、パスタの表面からふたたび水分を含ませて弾力性を「回復」することで、パスタ自体は水分のおかげで固まり、この工程を終えると、全体的に硬くしなやかになる。ナポリ人の豊かな表現を借りれば、「パスタが矢をつがえる」というわけだ。これによって、次の工程でパスタが折れたり、歪んだり、つぶれたりするのを防ぐことができる。

最終乾燥は、ロングパスタとショートパスタで方法が異なる。ショートパスタは、初回の「水分の回復」のあと、しばらく室温になじませてから、もう一度屋外に出して天日にさらす。そして、そのまま数日間、ふたたび完全に乾くまで待つ。一方、ロングパスタの場合は、さらに時間がかかり、工程も複雑である。「表面乾燥」と「回復」を交互に繰り返す必要があるが、その際にできるだけ温度差が生じないようにしなければならない。室内では、パスタを竿にかけたまま、部屋の窓を適宜開け閉めして、温度や湿度を調整する。したがって、季節や一日の時間帯による温度の変化に注意して、乾燥の最初の二段階で一定の温度の幅を保つようにする。気候に恵まれた地域では、屋外で天日干しを行なうため、昼夜の温度差に気をつける。また、空気の流れを妨げてしまうと均一に乾燥させることができない。この状態を指して、ナポリのパスタ職人は「パスタが殴りあいをした」という。こうなると表面がひび割れ、とくに折れてしまったものは製品として売り物にならない。

乾燥の時間は気象条件によって異なる。真夏は他の季節よりも短いが、地中海沿岸では真冬でも適温だ。ナポリの海岸地域では、竿に干したパスタは夏なら八日で乾くが、最も湿度の高い冬は二〇〜三〇日間ほどかかる(39)。もちろんパスタの形によっても乾燥時間は異なるが、あまり知られていないのが、製品の輸出先という問題である。製造されたパスタは、乾燥の工程できちんと管理できるように、種類別に一定量ずつ分割される。パスタの生産技術では他の追随を許さないトッレ・アヌンツィアータやグラニャーノでは、ショートパスタや小型パスタの場合は二八日間、乾燥の難しい「ツィーテ（マッケローニより太めのナポリのパスタ）」はさらに数日を要した。スパゲッティなどロングパスタは、夏場には平均して一二日間で乾かす。これらは地元の市場に出荷されるため、数週間で売りさばかれる。一方で輸出用のパスタは、輸送に時間がかかることが想定されるため、念のためさらに数日かけて完全に乾燥させた。

言い換えれば、乾燥方法は商売上の都合で異なり、乾燥時間はパスタの種類――ロングかショートか――だけで決まるのではなく、地元ですぐに消費されるのか、もしくは長期保存や国内外への輸送をともなう流通をとおして出荷されるかどうかが重要だった。こうした生産上の事情は、歴史的に語られることはないが、時代ごとにさまざまなパスタの製法を考察するうえで役に立つ。とりわけ、乾燥パスタと生パスタの生産者がしばしば混同された中世においては、無視することのできない要因だろう。よく誤解されるが、乾燥方法は決してひと通りだけでもなければ、つねに同じでもない。ひと口に自然乾燥といっても、その乾き具合にはそれぞれ差がある。実際、多くの場合、異なるといってもいいだろう。もうひとつ重要なのは、この点についても先入観をもたれやすいが、どんな場合でも完全に乾燥させることはない。むしろ、パスタは一定の湿度で保管する必要がある。ナポリ人にいわせると「血を残す」というわけだ。これは今日においても黄金律《ゴールデンルール》であり、工業生産の時代を迎えて正確な湿度計が導入されると、乾燥パスタは水分一二%、広範囲に流通する生パスタは三〇%というのが一定の基準になった。

自然乾燥の複雑な法則については省略するが、この問題は、上質のパスタをつくるための技術力を抜きに語ることはできない。各工程の出来は、さまざまな条件に左右されるが、これらを正確に判断するのは長年の経験の賜物である。どれかひとつの作業にミスがあれば、あるいは労働者に手抜かりがあれば、完成した製品の品質に影響しかねない。製造の責任者は、熟練した技術に加えて、気候、月の満ち欠け、季節ごとの風向きといった知識を駆使して、気象の変化を予測し、乾燥時間や、どの程度風に当てるかといったことを判断しなければならなかった。ナポリ一帯、とりわけトッレ・アヌンツィアータやグラニャーノでは、一日に交互に吹く「シロッコ（北アフリカから吹く湿った熱風）」と「山おろしの風（アペニン山脈から吹き下ろす乾燥した風）」をうまく利用する必要があった。つまり、パスタをきちんと乾燥させるためには、「天文学」と気象学に通じていなければならず、そうしてはじめて、硬くて弾力のあるパスタができあがる。ナポリ風にいえば、茹でても「鞭」のようにしなやかなパスタは、世界中の美食家たちに「アル・デンテ」という言葉を連呼させるようになった。

だが、決して良いことばかりではなかった。じかに日にさらしたパスタは自然の色を失う。しかも、大量生産を前提とするリグーリアの方法に比べて、かなりの労力がかかる。もちろんそれは価格にも反映される。そして何よりも、中庭やバルコニーに、そしてグラニャーノやトッレ・アヌンツィアータといったパスタの町では道端に「野ざらし」にされていることが、南部のパスタのイメージを損なった。19世紀後半になると、そうした習慣は衛生面で批判されるようになった。ナポリ商工会議所のアレッサンドロ・ベトッキは、次のように述べている。「ナポリに近づくにつれ、ヴェズヴィオ火山の麓に広がる地域では、通りという通りに、そこでつくられたパスタが竿に吊るされている。その光景は、どう見ても好ましくない。あらゆる乗り物が通るたびに、もうもうと埃が立ち、パスタを汚していくのだ」(40)。時代はまさしく産業革命を迎えつつあり、ナポリの経済に精通していた彼は、手工業による生産の限界をいち早く察知していた数少ない人物のひとりだった。だが、やや現実離れした彼の鋭い分析に、あいにく耳をかたむける者は誰もいなかった。

5―産業革命以前のイタリアのパスタ製造所

およそ二世紀のあいだ、イタリアの手工業時代のパスタ生産は、いわば青春を謳歌していた。地方によって規模や生産量は異なるものの、総じて大差はなかったように思われる。19世紀半ばまでは、多少の改善は別として、設備もマロワンが一七六七年に描いた「理想」の作業場のままだった。なかでも、ナポレオン時代のリグーリア地方でその傾向が顕著だった。知事のシャブロルは、サヴォーナとポルトマウリツィオだけで一四八の製造所を確認しているが、すでに述べたように、五名ほどの労働者(男性二名、女性三名)で切り盛りする小さな製造所がほとんどだった。彼の試算によると、各製造所の年間生産量は「二万八〇〇〇キロ」、つまり合計で四一四万四〇〇〇キロ、一製造所当たりに換算すると一日一〇〇キロにも満たない(三六五日通して働いたとして八〇キログラム)。五名分の生産量にしては少ないようだが、マロワンの計算を見ても同様に控えめだ。ところが当時のポルトマウリツィオの商業に関する書によると、四〇の製造所で、それぞれ一年に五〇〇立方メートルの小麦が消費されたとある。一日平均にするとおよそ一〇倍で、不可能ではないにしても、シャブロルの報告に比べると、逆にやや大げさに思える(41)。

一八六七年に発表されたイタリアのマクロ経済に関する研究によると、サヴォーナからジェノヴァ、ネルヴィまでのリグーリア海岸には一三四のヴェルミチェッリの製造所があり、合計で一〇〇〇人の労働者が四五〇〇万キロの小麦を使った計算になる(42)。これらの数字は製造所の数以外、信頼性に欠けるが、19世紀初めの生産量の増加を示す同時代の資料は他にもある。一八五七年にオネリアの新聞『ペンシエロ』が行なった調査では、サヴォーナには一六、オネリアとポルトマウリツィオでは五〇のパスタ製造所が記録されている(43)。だが、それからわずか五年後の一八六二年、ポルトマウリツィオの商工会議所および組合の発足式で、二六の製造所の年間総生産量が四七四万七〇〇〇キロと算定された。すなわち、各製造所で一日当たり五〇〇キロ強となる(44)。ナポレオン時代と比べると、生産量は飛躍的にのびている。この背景には、労働者の確保による生産力の増加だけでなく、新たな機械の導入もあった。一八四六年にジェノヴァで開かれた見本市では、「パスタ用押出機……その傍らによく調教された馬」が展示されていた(45)。この機械は蒸気で円筒部分を直接温めてから成型するため、より弾力のあるパスタをつくることができる。この記録では、馬を動力がわりに利用するのは当然のように記されているが、その数十年前には、パスタ製造所内のことなら何ひとつ見逃さないはずのシャブロル知事の目にはとまらなかったようだ。19世紀前半には、リグーリアで挽き臼式の捏ね機も普及したと考えられる。これはレバー式捏ね機が進化したもので、オリーブの搾油機と同じ原理で動く。この機械の原型が登場したのは一七九八年にまでさかのぼるという説もあるが、はっきりとした記録は残されていない。だが、少なくともプーリアで中世から使われていたということはありえないだろう(46)。挽き臼は、重くてなめらかな石臼を上下に重ね、上の石についた取っ手を、腕または他の力を使って回しながら小麦を挽いて粉にするものだ。この昔ながらの道具を応用した挽き臼式捏ね機によって、パスタの製造時間は大幅に短縮された。とにかく、より少ない力で一度に大量の生地を捏ねることができる。だが、何といっても作業を自動化したことが大きな意味をもつ。家畜から始まり、水力、やがては電力を利用することによって、捏ね機はより効率的な形へと急速な進化を遂げることになる。

一方、ナポリ周辺では事情は異なった。早くからパスタの生産が盛んだったものの、技術的には他の地域に後れを取っていたことはすでに述べた。トッレ・アヌンツィアータは、18世紀の終わり頃には、イタリア全土とはいわないまでも、南部の一大生産拠点としての地位を確立していた。一七九三年の記録には次のように記されている。「いたるところでパスタをつくっていて、一日の生産量は五〇〇カンターロ（約四万四五〇〇キログラム）にものぼる」。正確な製造所の数はわからないが、年間の生産量だけで見ると、一八六二年のポルトマウリツィオのじつに四倍だ(47)。トッレ・アヌンツィアータには、すでに二七の製造所があったのは確かだが、いずれにしても規模はかなり大きく、労働者の数も多かった。ナポリの古物研究家アンドレア・デ・イオーリオは、一八三〇年にナポリとその周辺地域に関する書を記しているが、海岸沿いに数多くある製造所へマッケローニの製造現場を見にいくことを勧めている。町の通りからしてすでに壮観で、「店」の前には大量のマッケローニが棒に吊るされてはためいている。興味があれば、中をのぞいても絶対に期待は裏切られない。ひとたび工房に足を踏み入れれば、たくましい若者たちが「腰に布を巻きつけただけの姿で」朝から晩まで巨大な機械の前で立ち働く様子に出会う(48)。同じ頃、イギリスのある雑誌に、ナポリの大きなパスタ工場でパスタがつくられる過程が掲載された。レバー式捏ね機を操作する労働者たちが描かれているが、つらい労働に疲れきった姿がいかにも哀れで、相手を見くだしたような皮肉まじりのコメントが添えられていた。「実際、明けても暮れても上下運動ばかりで、短い梃子《てこ》で大きな塊に果敢に挑んでいる。端から見れば、大工場にずらりと並んだ機械の前で、裸同然の屈強な働き手が跳びあがったりしゃがんだりする姿は、まさしく滑稽というほかない」(49)（付録を参照）。たしかに、わずか数台の機械で大量のパスタが製造されるが、作業そのものは、半世紀前にマロワンが描写した内容と何ら変わっていないのだ。

ナポリ周辺ではさまざまな機械が導入され、次々と斬新なパスタが生み出されたが、どれも長続きはしなかった。それは、ひとえにパスタの生産に対する考え方が甘かったからだといわざるをえない。グラニャーノでは、トッレ・アヌンツィアータと同じく技術の進歩に対する抵抗が強かった。パスタの生産は富だけでなく雇用も生み出した。一八五九～六三年にかけて、イタリア統一の過程でナポリ一帯はピエモンテに併合された。その間、グラニャーノではパスタ製造用の機械、つまり押出機が八一台から一二〇台に増え、「荒稼ぎする人々が続出した」(50)。だが、ひとたびピークを過ぎると、かつての手工業に逆戻りした。捏ね機は一回当たり五〇キロのセモリナ粉を処理し、同量のパスタを製造できるが、肝心の機械を操作する労働者は四時間もすると疲れ、交替しなければならなかった。したがって、体力のある労働者が八名いたとしても、一日に一〇〇〇キロのパスタを製造するのがやっとである。昔ながらの製造所でも、決して生産量は少なくないが、同じ数の、あるいはより少ない労働者で倍量を生産するマルセイユの近代的な工場にはどうしてもかなわない。この生産量を計算したアレッサンドロ・ベトッキは、ナポリ周辺の工場の技術的な遅れを容赦なく指摘した。一八七四年に、彼は次のように書いている。「われわれの製造所には、セモリナ粉を浸すための機械仕掛けの捏ね桶はない。練り粉は鉄の車輪で延ばしたりしない。生地を押出機に押しこんで蒸らすこともなければ、そもそも蒸らす際に加熱もしない。乾燥については、他の町のように疎かにしてはいないものの、徐々にではなく、熱い空気で一気に乾かす」(51)。

ベトッキが最も悲観していたのは、この地域におけるパスタ生産の将来についてだった。地元の工場が先を見据えた近代化に踏み切らないことで、当時の経済状況を注視していた専門家たちは不安に陥った。産業の発展とともに、イタリア国内のパスタの生産地とその周辺地域は混乱期を迎え、その状態は19世紀後半まで続く。国際市場では、一八六〇年頃からフランスという強力なライバルが台頭しつつあった。その影響力が増すにつれて、経済学者は警戒感を強めるが、商工会議所が地元の製造業者に近代化を指導するようになったのは、一八七〇年代になってからのことだった。それまでは、ライバルの出現にひたすら戦々恐々としていたのである。

6―ナポリのマッケローニとジェノヴァのパスタ

手工業生産の黄金時代は、ジェノヴァとナポリのパスタの商業的な発展期でもあった。イタリアの代名詞ともいうべきこの食品の普及によって、これらの二大生産地には莫大な利益がもたらされた。すでに述べたように、ナポリやジェノヴァの隆盛を他の伝統的な生産地は快く思っていなかったものの、このふたつの都市は、国内だけでなく海外市場でも成功を収めた。実際、プロヴァンスやアルザスなど、ひそかにパスタ製造を始めた地域は別にして、ヨーロッパ広しといえども、イタリアのパスタには長いあいだライバルらしい存在は現われなかった。やがて、パリで地元産のパスタが主流となるなど、少しずつその商業帝国は衰えを見せはじめたが、そうなると逆にイタリアのパスタのすぐれた品質が再認識され、あいかわらず他の追随は許さなかった。「イタリアのパスタ」(52)というときには、実際にはジェノヴァかナポリのパスタで、他の地域は国外では無名も同然だった。

この二都市の評判が高まったことで、それ以外の製造業者には重圧がのしかかる結果となる。消費の拡大により、イタリア国内の市場は他の地域のパスタにも開かれるようになった。だが、一方で問題もあった。ジェノヴァとナポリのパスタに人気が集中するあまり、他のパスタには日が当たらず、結果的に赤字を抱えこむことになったのだ。初めのうち、ローマの製造業者は耐えていたものの、二大生産地の影響力が増すにつれて前途に暗雲が漂いはじめた。そうしたなか、18世紀半ばには、ローマのパスタ市場はヴェルミチェッリ職人の独壇場となった。そして一七五二年には、彼らはその立場を揺るぎないものとする。パスタの消費地としても名高いナポリと、おそらく海外への輸出の経由地であったジェノヴァに向けて、製品の一部が輸出されるまでになったのだ。だが、その後わずか一〇年で、ローマの砦はふたたびナポリの製品に包囲されることとなる。ナポリのパスタは、そのすぐれた品質と、地元のパスタよりも安い価格の二重攻勢でローマの消費者の支持を得た。ジェローム・ド・ラランドによると、「ローマは数年間で四〇万リッブラ（約一三万五〇〇〇キログラム）のマッケローニを輸入した」[53]。その反動として、ついに組合が行政に訴えるに至る。一七六四年、ローマではナポリからマッケローニおよびその他のパスタの輸入を禁じる法令が出された[54]。

もうひとつ見逃せない点がある。伝統的な生産地であるシチリアとサルデーニャのパスタが、少しずつではあるが確実に評判を落としていた。シチリアでは、あいかわらず生産は続いていたものの、パスタの輸出量でナポリに抜かれた事実が大きく影を落とし、18世紀にはもっぱら輸入へと転じた。サルデーニャは、辛抱強くナポリやジェノヴァの攻勢に抵抗したが、それでも衰退は避けられなかった。サルデーニャのパスタが中世に各地へ輸出され、17世紀にはナポリの食通にも絶賛されて貴族の食卓にのぼったことはすでに述べたとおりだ。イタリアを訪れたフランス人のドミニコ会修道士、ラバ神父はその繊細さを称え[55]、半世紀後には、タルジョーニ・トッツェッティが硬質小麦のセモリナ粉のみでつくられたパスタのすばらしさを表現するのに「カリアリ風の上等なパスタ」と述べている[56]。にもかかわらず、18世紀にはサルデーニャのパスタは表舞台から姿を消し、地元で細々とつくられてはいたものの、もはやリグーリア地方やナポリの製品と張り合う力は残っていなかった。

それに対して、うまく生き延びたのがプーリアの製造業者だ。これには、何世紀にもわたってプーリアのパスタを消費しつづけたヴェネツィアの力が大きい。すでに15世紀半ばには、プーリアのパスタは「ヴェネツィアの海や、その他の場所へ輸送されていた」[57]。「プーリアのパスタ」は、これほど遠く離れたヴェネツィア・トリデンティーナ（現トレンティーノ=アルト・アディジェ）まで運ばれてきている、と述べているのは、18世紀に米料理のレシピも含む郷土料理の書をまとめたドン・フェリーチェ・リベラだった[58]。まさにこの時代、プーリアではパスタが市場を賑わし、ナポリ王国内の生産拠点として栄えたことは前述のとおりである。プーリア州のブリンディジでは、数多くの製造所でパスタがつくられていたという記録が残っている。「とびきりすばらしいパスタは大人気で、店の前にはひっきりなしに行列ができている」(59)。やがては地元で消費されるのみとなったが、こうした状態は19世紀まで続いた。

このように、「国内」の市場は実質的に「ナポリのマッケローニ」と「ジェノヴァのパスタ」に二分され、プーリアやシチリア、サルデーニャの製造業者は地元の需要に期待するほかはなかった。そして幸運なことに、これらの地域ではパスタの消費が増えた。19世紀前半にトリノでイギリス大使の料理人を務めたフランチェスコ・シャプーゾは、食物の専門家の心構えとして格好の例を挙げている――マッケローニを調理する際には、かならず「選りすぐりの小麦でつくられ、茹でても形が崩れない」ナポリのものを使うこと。ただし、スープに入れる場合はジェノヴァの小型パスタが適している。これらは別の場所で栽培された特別な小麦でつくられ、とりわけすぐれたものである(60)。

国内で製造所が増えはじめると同時に、海外の市場でも、イタリアのパスタが隆盛を極めた。代表的な例として、フランスを見てみよう。当時、フランス料理はヨーロッパ諸国の宮廷において最高の食事だと考えられ、外国の食材を受け入れることはなかった。下層民の食べ物で、上流社会にはふさわしくないパスタはなおのことだった。一方でフランス南部、とくにプロヴァンスでは、昔からパスタがつくられ、消費されていたことから、太陽王ルイ一四世の時代でも、料理人は愛国的な自尊心を傷つけることなくパスタを料理に取り入れることができた。ドイツ文化の影響が強いアルザスでは生パスタを食べる習慣があり、卵を使ったパスタの商業生産にいち早く乗り出していた。そういうわけで、たとえフランス国内であっても、自国の料理を崇める人々にとってパスタを堪能する条件はそろっていた。フランスでは18世紀後半から国内のパスタ生産が盛んになり、とりわけプロヴァンスの伝統は忘れ去られていくが、ジェノヴァの上質のパスタやナポリのマッケローニの魅力がぞんぶんに発揮されるのは、やはり料理人によるイタリア料理をおいてほかはなかった。ちなみに、これらは総称して「イタリアの練り物《パテ》」と呼ばれていた。パリでヴェルミチェッリをつくるよう主張したマロワンはいうまでもなく、フランスの伝説の美食家、グリモ・ド・ラ・レニエールがこの表現を用いたことは注目に値する(61)。

最初にその名を知らしめたのは、ジェノヴァのパスタと、ジェノヴァの知名度に乗じたリグーリア地方の製品だった。17世紀のパリでは、「現地で〝ヴァーミグエイ〟と呼ばれるジェノヴァのパスタのポタージュ」というメニューがあった。一六六二年に書かれた『スペイン料理概論』という著者不明の書では、「このスープは、〝フィドイ〟、〝ラサーニ〟、より珍しいところでは〝カルコソニ〟など、他のジェノヴァのパスタと同じくスペイン人に大変好まれている」とある(62)。一方、ナポリのパスタはやや後れを取ったものの、ほどなくジェノヴァのパスタと張り合うまでになり、マロワンやジェローム・ド・ラランドをはじめ、当時の知識人たちは、ふたつの都市の輸出業者を同等と見なしていた。

パリでの生産が増えた結果、イタリアのパスタは大きな打撃を受ける。一八〇六年の『食通年鑑』には、「これまでパリっ子の胃袋を満たしていたジェノヴァやナポリのパスタは、今後いっさい輸入されないだろう」と記されている(63)。だが、前述のグリモ・ド・ラ・レニエールによると、「パリで製造されたパスタは、ナポリやジェノヴァのものに比べて歯ごたえがなかった」。そのため、とりわけ料理人に対しては「イタリアの本物のパスタ」を使うよう勧めている。「われわれのパスタよりもすばらしい材料」でつくられていたからだ(64)。実際、当時の偉大な宮廷料理人アントナン・カレームは、「ミラノ風マッケローニのティンバッロ（パイ生地の中にパスタなどを詰めてオーブンで焼いた料理）」をつくる際にイタリアのパスタを選んでいる。彼によれば、イタリアの「マカロニ」は簡単に見分けることができる。なぜなら「品質が均一でひび割れがなく、透明感があり、茹でても崩れない。それに対してフランスの製品は、イタリアのパスタを手本にしているものの、色褪せて灰色がかっている。表面にはひびが入っているせいで、茹でると、ところどころに裂け目が目立つ」(65)。

上質の「イタリアのパスタ」は、ブルジョワ階級の食卓にふさわしい最高級の材料の仲間入りを果たした。つまりはそのすぐれた品質が認められ、美食家やプロの料理人たちは高い値段を物ともせずに買い求めた。今日に至るまでのパスタの歴史をひもとく際に、工業生産の時代にこうした事実があったことは無視できない。いずれにしても、イタリアを中心に築かれつつあったパスタの世界では、ジェノヴァとナポリが名実ともに生産と販売の中心であったことは間違いない。イタリアパスタが維持する不動の地位と輝けるイメージは、ひとえにこの両都市のおかげであり、それ以外の産地はそう簡単に二匹目のドジョウを狙うことはできなかった。

伝統的に商業が盛んだったジェノヴァは、確実にパスタ交易の中心地としての名声を確立する。すでに中世からパスタの市場が存在し、その後、数世紀にわたって生産は城壁を越えて発展しつづけた。だが、住民はそれぞれの地域のパスタを比較したり、郷土料理の文化的な価値を競い合ったりすることもなかった。じつのところ、ジェノヴァの人々は昔もいまも取り立ててパスタに愛着があるわけではなく、料理法も他の地方に比べると創造性に欠けた。そして、乾燥パスタの生産と取引で名高い地に暮らす人々が、家庭では生パスタをつくって料理するのも、ある意味では矛盾している。

それに対して、ナポリの名声には根拠がある。19世紀初めにナポリを訪れたイギリス人旅行者が指摘しているが、「イタリア人はマッケローニやヴェルミチェッリをスープに入れるのが好きだが、ナポリ人はそういう食べ方はしない」(66)。実際、ナポリの人々はパスタの輸出を始める以前から、自他ともに認める「マッケローニ食い」だった。パスタの生産の発展については、この章で見てきたとおりだが、そもそもは人口が爆発的に増えた都市部の人々の胃袋を満たすために始まったことだった。一七五八年の手稿では、ナポリでマッケローニの製造に使われた原料は一四万トーモロ――四九八万四〇〇〇キロと算定されている。この数字は、ほぼ乾燥パスタの生産量に等しい(67)。人口を三五万とすると(68)、ひとり当たりの年間消費量は約一四キロ、今日のイタリア全体の消費量のおよそ半分だが、当時の食糧不足を考えると並外れて多い。一方、同じ文献で、当時のおもな主食だったパン用の小麦の需要は三〇万トーモロとなっている。つまり、ナポリでは子どもから大人まで、誰もがパスタの倍量のパンを食べていたということになる。

それでもナポリの人々は、自分たちがどれだけパスタに夢中かということを大衆文化の形で表現した。それは長年のあいだにさまざまな言い回しや風習として根づき、やがてはまことしやかな民間伝承となる――この南部の大都市を訪れた旅行者が最初に目にするのは、無数のマッケローニ職人の店で、どの店でも、すりおろしたチーズのかかった熱々のマッケローニを手頃な値段で食べることができる。それを手づかみで飲みこむのがナポリ流だというわけだ。ゲーテからアレクサンドル・デュマまで、有名無名を問わず、おいしい料理に目のないさまざまな文人が、民俗学者さながら、偉大なる人物たち――「ラッザローネ（ナポリの最下層市民）」と呼ばれる実直な労働者たちの姿を緻密に描いている。「彼らはみずからの手で、まるで手品のようにマッケローニをひねり出す。とても素人には真似ができる技ではない」(69)。

だが、言い伝えはともかく、ナポリ人は独自の乾燥パスタの調理法を編み出し、それはイタリア国内だけでなく、海外のパスタ愛好家のあいだに広まった。アル・デンテのパスタからトマトソース、そしてマッケローニのティンバッロまで、ナポリの人々は、かたや素朴な、かたや洗練された様式で美食家を唸らせた。シンプルなものから生み出される贅沢さを世界中に示した創造性は、手工業の時代から発展しつづけたナポリのパスタ生産の技術に対する最高の見返りにほかならない。だが、彼らはやがて迎える工業生産の時代にはまったく無防備だった。そして、庶民の文化に根を下ろした嗜好や美食の文化だけを頼りに、確かな技術の導入を武器に台頭する北部のライバルたちに立ち向かうことになる。しかし、たとえ長年の伝統が機械化の波にのみこまれたとしても、彼らの食に対する美意識が長いあいだ世界を支配したことは慰めとなるだろう。

第五章 工業生産の時代

工業生産の時代の到来によって、パスタの歴史に新たな一ページが刻まれた。蒸気、続いて電気を利用した機械が登場すると、次々と生産の機械化が進み、パスタの製造現場は大きく変わった。マロワンが紹介した、労働者がレバー式捏ね機を黙々と動かしていた昔ながらの作業場には、鋳鉄や鋼の機械がところ狭しと並び、あたかもピストンや弾み車の騒音が伝導ベルトの鋭い音と張り合うような修羅場であった。新たなエネルギーのもたらす恩恵を余すところなく用いて、技術者たちはいままでのじつに一〇倍もの能率で大量生産の時代へと突入した。機械を正しく操作しさえすれば、まるで熟練した職人のようにさまざまな工程を省くこともできる。しかも、より重労働で、かつ専門的な作業を機械に任せられるのだ。

機械化の波は小麦に関するあらゆる業界に押し寄せ、技術の革新を余儀なくされたのはイタリアの製造業者にとどまらなかった。シリンダー式の製粉機が普及する以前は、製粉業界では、できるだけコストを抑えて上質のセモリナ粉を生産するための改良が重ねられてきた。ふるい機、ふるい分け機、「ジグザグ」と呼ばれるモーターを用いた選別機、精製機といったものは、すべて従来の手で使う道具に取って代わった自動装置で、パスタ生産の機械化を促すきっかけとなった。初期の機械は、性能よりも大がかりな仕掛けが目を引くばかりだったが、一連の捏ね機――ナイフ式捏ね機、挽き臼式捏ね機、円錐形ローラー式捏ね機――のあとを継ぐ形で登場した。そうこうするうちに、水圧式押出機を改良した連続式プレス機の試作モデルが次々とつくられ、パスタを連続して生産することが可能になる。と同時に、最後に人間が裸足で生地を捏ねる作業もついに機械化された。小麦の精製機、計量機、生地の乾燥機、プレス機——こうしたものが開発されるたびに、パスタ製造の全工程の自動化という目標へ一歩ずつ近づいていった。さらに忘れてはならないのは、人工乾燥の完全機械化である。これによって、工業生産の勝利が決定的なものとなった。

このようにして、19世紀末~20世紀初めにかけて、パスタの世界に事実上の革命ともいうべき大きな転換点が訪れた。ピラミッドの最下層である労働者は、仕事に対する意欲と専門的な能力を発揮する場を失い、力でも能率の面でも勝る機械を操作するだけの存在となった。ピラミッドの頂点を占めていたかつての職人頭や熟練した職人は、その地位を企業家に譲り渡した。企業家はかならずしもパスタの知識があるわけではなく、むしろ工業生産に必要な巨額の投資を行なうことを目的としていた。パスタの生産量は飛躍的に増え、その影響は伝統的な生産地である地中海沿岸地域にも及んだ。そして、近代的な人工乾燥方法のおかげで、イタリア北部の製造業者は、地理的に有利な気候条件の上にあぐらをかいていた南部のライバルにようやく肩を並べた。この新たな生産体制はパスタ産業界の構図を描き換え、それまで市場を独占していたイタリアの勢いを失墜させることとなった。

1—近代化のエネルギー

20世紀末のパスタ産業の確立は、製造工程の長い進化の道のりがついに終点にたどり着いたことを意味する。最初は水圧式の押出機から始まり、それが蒸気への道を切り開いた。あいにくこの機械を発明した人物の名はわからないが、それをきっかけに小麦の世界は産業革命への階段を一歩ずつ上っていく。ここでは、水圧式の押出機がはじめて実用化された場所については触れないが、そうした押出機は一八四〇年前後にはすでにイタリア南部の製造所で使われていた。『ナポリからカステッラマーレへの旅』という本の著者は、ナポリの裕福な商人ニコラ・フェニツィオを称えている。「彼は名高い実業家でもあり、みずからの工場にすぐれた性能の水圧式押出機を四台も導入した」(1)。フェニツィオの工場はグラニャーノでも他に先駆けて最新技術を取り入れ、それを機に、文字どおり人間の腕一本で支えられてきた製粉業の中心地で、経済の均衡が崩れはじめた。四台の押出機のおかげで、フェニツィオの工場は他の製造業者のじつに一〇倍もの生産量を誇るようになった。その結果、新たな設備を導入した工場に対する注目は、いやがうえにも高まった。

だが、グラニャーノの製造業者は諸手をあげて新しい技術を歓迎したわけではない。むしろ、彼らは長年のあいだ近代化を拒んできた。とはいうものの、蒸気の利用は、国内でも有数の製粉業の拠点を自認する都市にとって画期的な技術だったのは確かだ。これはグラニャーノだけではなく、ナポリ周辺の地域にも当てはまる――統一前のイタリアで、パスタ発祥の地と見なされていたナポリ王国全体域ではないにしても。そして、まさにニコラ・フェニツィオのおかげで、グラニャーノは他の伝統的なパスタの生産地に水をあけたといえるだろう。イタリア全土で見れば、ようやく水圧式押出機が導入されたのは統一後のことだった。それもこれも、先見の明をもったひと握りの企業家が産業化への道を示唆した結果である。一八七〇年、バーリで扉を開いたのは、ジュゼッペ・アヴェッラという製造業者だった。近代的な工場に並んだ一六馬力の水圧式押出機は、五台ともすべてナポリの新興機械メーカー「C・T・T・パティソン社」製で、パスタの生産に大きな変革をもたらした(2)。しかし、19世紀の終わりまで、プーリアのほぼ全域で手工業生産が続いていたところを見ると、ジュゼッペ・アヴェッラの例が生かされたとは考えられない。当時の歴史学者によれば、バーリでは一八九五年には一二〇の製造業者がパスタを生産していたが、「動力源に蒸気を利用していたのはわずか一六社にすぎなかった」(3)。

その四半世紀前、プーリアの製粉業者のあいだでは業界の低迷が問題となっていた。とはいうものの、この地域には、まだ秘められた可能性がじゅうぶんに残っていた。この点に関しては、バーリの企業家フィリッポ・ジョーヴェが鋭く分析している。プーリアでも有数の大手製粉所のオーナーでもある彼は、一八六〇〜七〇年の一〇年間に政府の設立した工場に関して調査を依頼された。その結果、次のように答えている。「バジリカータ近郊で収穫された最高級の硬質小麦を使用すれば、他のどの地域もかなわない、すばらしいパスタを生産することも不可能ではない。しかし現実には資金と団結力に欠け、いま以上の向上は望めない」(4)。蒸気式の機械を備えた工場の設立は、大半の零細業者にとって大きな賭けだった。彼らは巨額の投資がほとんど不可能だと知りつつも、あくまで独立にこだわった。フィリッポ・ジョーヴェ自身が同業者と提携していたかどうかは定かではないが、その指摘どおり、彼らは力を合わせて近代的なパスタ工場の設立に不可欠な資本の問題に取り組もうとはしなかった。その後、一八八七年になってバーリの一〇の業者が共同組合を結成した。その成果には、おそらくジョーヴェも舌を巻いたにちがいない。彼らはバーリの郊外に「モントローネ・トラヴァッリョ」と呼ばれる大工場を建設し、「各自が順番に工場長を務めた」。そして三〇馬力の蒸気機関の機械を導入し、五〇名の労働者で一日に二〇〇〇キロのパスタを生産した。製品はイタリア全土に出荷されただけでなく、海外にも輸出された(5)。この工場は一九一二年の時点でも操業し、同年にさらに規模を拡大している。とはいうものの、パスタの世界で共同組合は珍しく、「モントローネ・トラヴァッリョ」が一九一四〜一八年の第一次世界大戦で生き残ったかどうかはわからない。

いずれにしても、同じ時期に、まさしく都市部における産業革命の舞台となったのがトッレ・アヌンツィアータで、従来の一〇倍もの生産規模を誇る新たな工場が次々と建設された。一八九一年にナポリ地方の統計を取った担当者は、「この地域ではスープ用のパスタ産業の発展がめざましかった」と記している。実際、当時の調査によると、蒸気機関あるいはガス式の機械を一台以上備えた工場の数は二九にものぼった。ちなみにグラニャーノは三、トッレ・アヌンツィアータは一一で、合計で蒸気機関の機械は一〇台、ガス式は七台だった(6。

小規模の工場も含めると、同じような傾向はシチリアはもとより、伝統的なパスタ生産地以外でも見られる。たとえばミラノのトンマジーニ社は、すでに一八九八年から一日三万キロのパスタを生産していたが、これは創業者のV・トンマジーニがみずから特許を取った人工乾燥法のおかげだった。そして、ほどなくより進歩的で生産コストを抑えた工場も登場する。その秘密は、蒸気機関に接続した交流発電機を利用することにあった(7。こうした技術革新は、19世紀の終わり頃にかけて実現した。一八八四年、小麦業界は一六年に及ぶ深刻な危機をついに脱した。イタリア統一後の一八六八年に、政府は製粉税を導入したが――その背景は複雑なので、ここでは省略する――税額は取りつけられた計測器で計った挽き臼の回転数で決められ、イタリアのほぼ全域、とりわけパスタの生産が盛んな南部にある旧式の水力製粉所に打撃を与えた。その結果、穀物の加工業全体に混乱が起こり、多くの製粉所が閉鎖に追いこまれた。パスタの生産に影響が及んだのもいうまでもない(8。一八七八年にグラニャーノの製粉業者が共同で提出した嘆願書を見れば、いかに深刻な状態だったかがわかる。

グラニャーノでは一万四〇〇〇人の住民がパスタの製造で生計を立てており、三二の水車小屋があります。しかしながら計測器が取りつけられてからというもの、業界全体が惨めな状態に追いこまれ、その損害ははかりしれません。この忌わしい計測器があるかぎり、もはやわれわれの地域では製粉所は存続できないでしょう。すばらしいパスタをつくるための小麦粉の質はこれ以上ないほど落ち、蒸気を利用した製粉所に最も負担の大きい、著しく不公平な税の重圧に屈しないことばかり考えているのですから。グラニャーノはかつて一一〇ものパスタ製造所で栄え、ここでつくられたマッケローニは全世界に輸出されましたが、いまでは衰退の一途をたどり、計測器によって引き起こされた結核でわれわれの商売は死に瀕しています。製造の自由および伝統的な製粉法によるパスタの大量生産は、計測器が封印となって、まさに風前の灯となり……。われわれは年間五〇万リラ以上の税金を支払っており、政府には瀕死の町に手を差し伸べる義務があります。すなわち、われわれを酷政から、そして多くの家族の生活と将来を不安に陥れている経済の危機から解放するべきです。このままパスタの生産を続ければ、利益も資本も減る一方で、製粉所はすべて閉鎖せざるをえず、空腹を抱えた無数の人々はパンも仕事も失うでしょう(9)。

この間、パスタ工場は近代化どころではなかったのはいうまでもない。さらに、この一触即発の危機と時を同じくして、長いあいだナポリのパスタを消費していた国で輸入量が減るという事態が起きた。イタリアの統一から一〇年間は、フランスへの輸出量は一二万二七〇〇キロから四〇万九九〇〇キロへと増えたが、一八七〇年以降は急速に減り、一八七三年には半分にまで落ちこんだ(10)。これは国際的な景気の変動が原因ではなく、フランスのパスタ産業の実力が向上したためだ。その結果、フランスは国内および植民地だけでなく、広く国際的な市場を獲得することとなった。イタリアの輸出の減少の影響は労働者にも及び、一八七八年にはついに不満が爆発する。だが、たとえ危機がすぐさまこうした災難をもたらしたとしても、長い目で見れば、まさにその危機によって、こつこつと伝統を築いてきた地域でパスタの大工場が次々と建設され、近代化が進むこととなったのも事実である。

製粉税は、政治的に統一間もないイタリアで、あいかわらず多数派を占める旧式の製粉所を窮地に追いこんだが、この災いは福に転ずる。これをきっかけに北ヨーロッパではすでに広く普及していたシリンダー式の製粉機が導入されたのだ。とはいえ、動力源の転換はパスタ産業の繁栄に支えられてはいたものの、思ったようには進まなかった。実際、新たな工場では蒸気で動く製粉機と組み合わせて使用されることが多かった。一八七八年のトッレ・アヌンツィアータでの暴動を目撃した労働組合の責任者によると、ようやく一八八四年になって、自動捏ね機や水力式押出機と並んで蒸気の製粉機が導入されたという(11)。もっとも、近代化が軌道に乗るようになるまでには、たっぷり二〇年は必要だった。一八八九年の政府の統計によると、グラニャーノやトッレ・アヌンツィアータを含むカステッラマーレ・ディ・スタビア一帯では、蒸気式製粉所が八七に対して、水力式は二二一で、うち二四の製粉所にシリンダー式の製粉機あるいは精製機が導入されていた。南部でも、とりわけプーリアの一部とカンパーニアで近代化が進んでいた。一方のシチリアは完全に波に乗り遅れ、パレルモでは蒸気の製粉所が三〇に対して水車は四七八、メッシーナではさらにひどく、蒸気が二〇に対して水車が六三七だった。リグーリアも同じで、とりわけサヴォーナでは水車が二〇八あったのに対して、蒸気の製粉所は一ヵ所のみだった。こうして見ると、イタリア南部の製粉業界は長いあいだ足踏み状態にあったが、パスタ生産の工業化も始まったばかりでは無理もなかった(12)。とはいうものの、時代に取り残された状況を非難する声は多く、一八六〇〜七〇年の一〇年間に行なわれた調査では、多くの専門家が口をそろえて南部で近代的な製粉工場が不足していることを指摘した(13)。結局のところ、本当の意味での技術革新が成し遂げられるまでには、あと半世紀待たなければならなかった。

2―技術革新のメカニズム

「偉大な経営者は、才能、忍耐、苦労、富をもたらす手段をもってみずからを慈善家と見なし、選び出した故郷の市長と見なす」(14)。このような企業家精神に対する敬意は、ナポリの裕福な商人ニコラ・フェニツィオにこそふさわしい。すでに見たように、彼はグラニャーノにはじめてパスタの大規模な工場を建設した。だが、周囲からは奇異の目で見られた。実際、工場長が富の「創造主」になるというめでたい話などではなく、国策会議で弁護士が無策の市長を非難し、グラニャーノのパスタ製造業者がもたらした衰退に対する真の戦いが必要であると主張するまでに至った。なかなか理解されずに不評を買ったナポリの商人の行動は、関係者のあいだで大きな論争を巻き起こす。あいかわらず手工業が幅をきかせる地域に建設された近代的な工場は、地元の製造業者の目には、産業の発展に貢献するどころか、むしろ商売を妨げる不安要素としか映らなかった。

この先駆者の受難は、南部とりわけナポリ周辺のパスタ製造業者が、技術革新による低コストの設備を頑として受け入れようとしなかったことを示している。彼らは専門家としての知識と能力に自信をもち、並外れた生産を可能にするような発展は製造現場を混乱させるだけだとして抵抗した。グラニャーノのパスタ生産者がニコラ・フェニツィオのような人物の登場に反感を抱いたのは、日々進歩する技術に対する拒絶だけではなく、将来への不安と業界全体の危機感からだった。もっとも、彼らの不安には根拠があった。生産が機械化されれば、ローラー式製粉機の攻勢に抵抗する無数の零細業者が追いつめられることになる。それと同時に、彼らは個人主義的な傾向が強く、他の地域のように――まれではあるが――生き延びるために団結することもありえない。すなわち、ほとんどの家内工業的な製造所は閉鎖に追いこまれ、運がよければ、新たな工場で生産管理の仕事を見つけるか、機械を操作する単純作業で満足するか、あるいはあきらめきれずに幸運が訪れるのを待つほかはなかった。

押し寄せる機械化の波は、労働者や職人に容赦ない現実を突きつけた。彼らの唯一の生計手段――労働力――が一台の機械に取って代わられた。製造工程が完全に近代化されれば、生産量はそれまでとは比べものにならないほど増加し、より多くの雇用が生じるのは間違いない。しかし短期的に見れば、新たな体制は失業と貧困を生む。そして、それらは暴力と悲劇をともなう民衆の反乱を引き起こし、厳しい弾圧や重い刑罰という結果を招きかねない。先に述べたように、一八七八年にはトッレ・アヌンツィアータとグラニャーノで労働者たちがいわゆる「マルセイユの暴動」を起こしている。

製粉税をきっかけに危機に陥った小麦業界では、トッレ・アヌンツィアータの製粉業者たちが、おそらく藁にもすがる思いで、一八七七〜七八年にかけてマルセイユから輸入した最新式の製粉機を導入した。この機械は、プロペラと空気の吸引装置を利用して粗挽きの硬質小麦粉を自動的にふるいにかけることができる。しかし、いうまでもなく、万人に利益をもたらすものなど存在しない。この機械の導入によって、製粉業者はパスタ職人が伝統的に手で行なっていた作業の工業化が可能になった。もはや人間がふるいを手にする必要はなく、この作業に従事していた労働者は職を失った。すでに仕事の減っていた労働者にとって、「マルセイユ式」の導入がだめ押しとなった。彼らの怒りはまたたく間に燃え広がり、抗議が暴動となるまでに時間はかからなかった。トッレ・アヌンツィアータで勃発した騒乱は、地域一帯をのみこんだのちに製油業界にも飛び火し、「飢えをもたらすマルセイユ式」だけでなく、製粉所やパスタ製造所の大半の設備に職を奪われた人々も加わった。この騒ぎで灰と化した製造所も少なくない。暴動は五日間にわたって続き、軍隊が鎮圧に乗り出すに至った(15)。

悲劇的な面はさておき、これはナポリ一帯の労働者の我慢が限界に達したことを象徴する出来事だった。技術の進歩と機械の改良は、彼らにとっては失業と貧困を意味し、「マルセイユの暴動」は「飢えの元凶」である機械に対する正当防衛だった。それは、まさにグラニャーノのパスタ製造者たちがニコラ・フェニツィオと、水力式押出機を四台備えた彼の工場に対して仕掛けた戦争といえよう。要するに、労働者と零細の製造業者は自分たちを追いやろうとした進化に対して、あくまで抵抗を貫いたというわけだ。にもかかわらず、こうした抵抗や暴動は変革を止めることはできず、工業化の流れに影響を与えることもなかった。そして、近代化が遅れた責任を製粉税による危機に負わせることとなった。一方で、トッレ・アヌンツィアータとグラニャーノのパスタ産業にとっては、本当の意味での変化は一八八四年に始まった。つまり、製粉税が廃止された年である。残念ながら労働者の抵抗は封じこめられ、実際には、決して生産方法の転換を妨げることはなかった。19世紀のイタリア南部では、製粉業が経済

図12● 水平式の押出機。大きな車輪に注目

の主役であり、改革は他の地域よりも社会に痛みを強いた。とはいうものの、それによって技術革新が遅れることはなかった。イタリアの他の地域やプロヴァンスと同じく、パスタ工場では巨額の設備投資が行なわれた。機械の大勝利が苦難の末に成し遂げられたとすれば、勝因はほぼ全域にわたる圧倒的な征服にほかならない。さらには、ナポリは創意工夫の素質と企業家精神に富んだ人物に事欠かず、そのうえ技術革新を可能とする冶金機械産業が発展していた。

3——〝鉄人〟がつくるパスタ生地

工業化時代の道のりは、技術革新が常に求められながら約一世紀にわたる紆余曲折を経た変革のプロセスが完了したことを示している。最初は、製造業者は需要の増加に押されるままに、レバー式捏ね機や巻上げ式押出機の効率を改良しようと試みた。初期の頃は、ごく簡単に解決することができた。たとえば、すでに述べたように捏ね機のレバーをゴムで吊るすと、横木の動く先端部分がぜんまい仕掛けに固定され、操作者がレバーを上げなくても自動的に跳ねあがるというわけだ(16)。場所は取るが、水平構造の押出機（図12）には、リスのかごにあるような羽根のついた大きな車輪を取りつけることができた。この場合、操作する人間は室内または屋外に据えつけられた踏み段に上って車輪を回す。改革の波は確実に及んでいたが（図13、14）、とりわけナポリ王国ではその傾向が顕著だった。アマルフィ海岸沿いのヴェズヴィオ火山の斜面から、プーリア、そしてシチリアにまで及ぶ王国には、イタリアの製造業者の大半が集中しているといっても過言ではなかった。さらに、南イタリアを奪回したブルボン家の政府は、発明に賞を与えたり、機械の製造や新たな設備の導入に融資するなどして、産業の発展を奨励し、「ナポリの産業

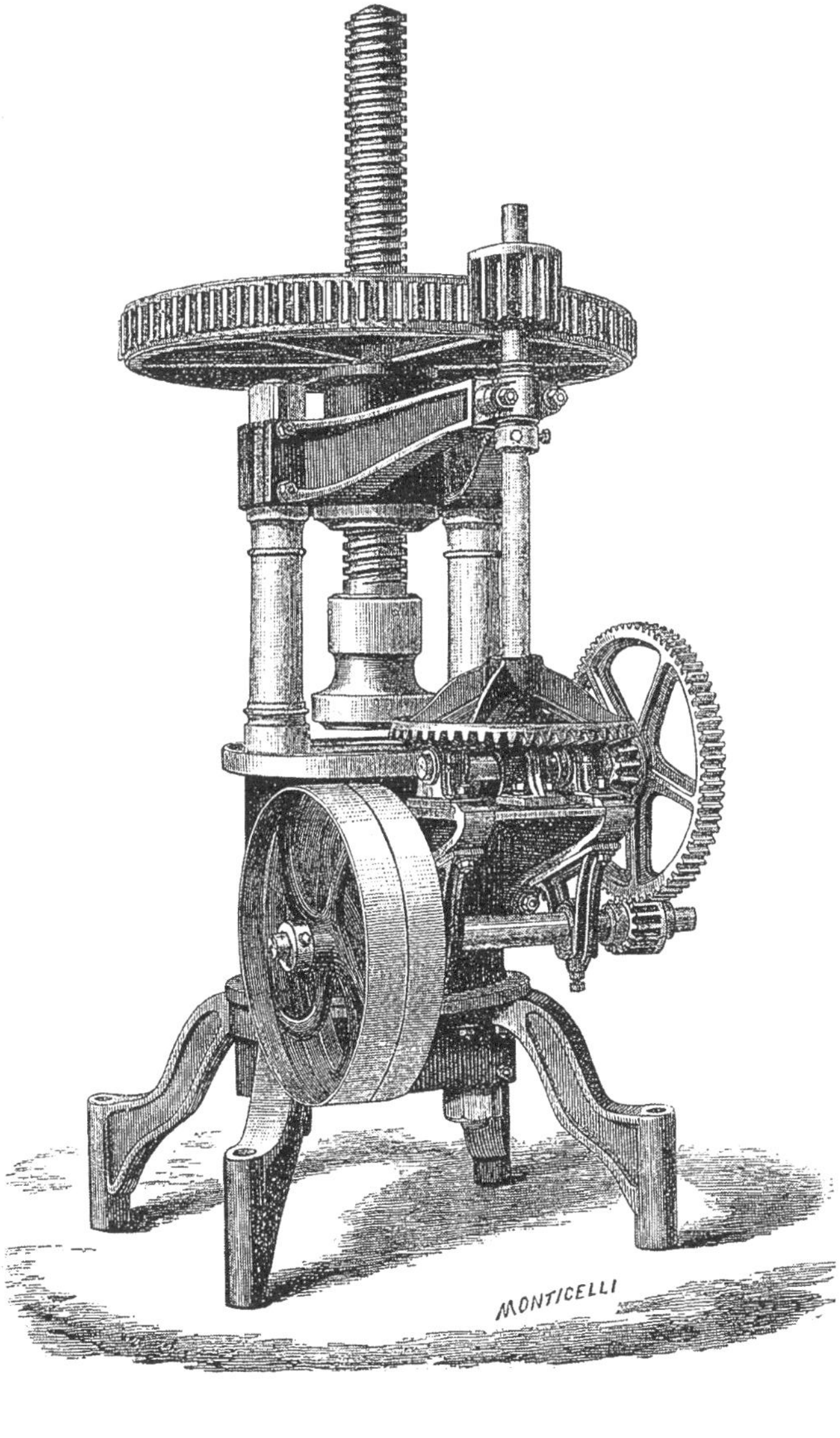

図 13 ● 垂直式の押出機。自動化された押出機の初期のモデル（19 世紀末, フランツ・ルーロー『日常生活の化学』より, 1889 年）

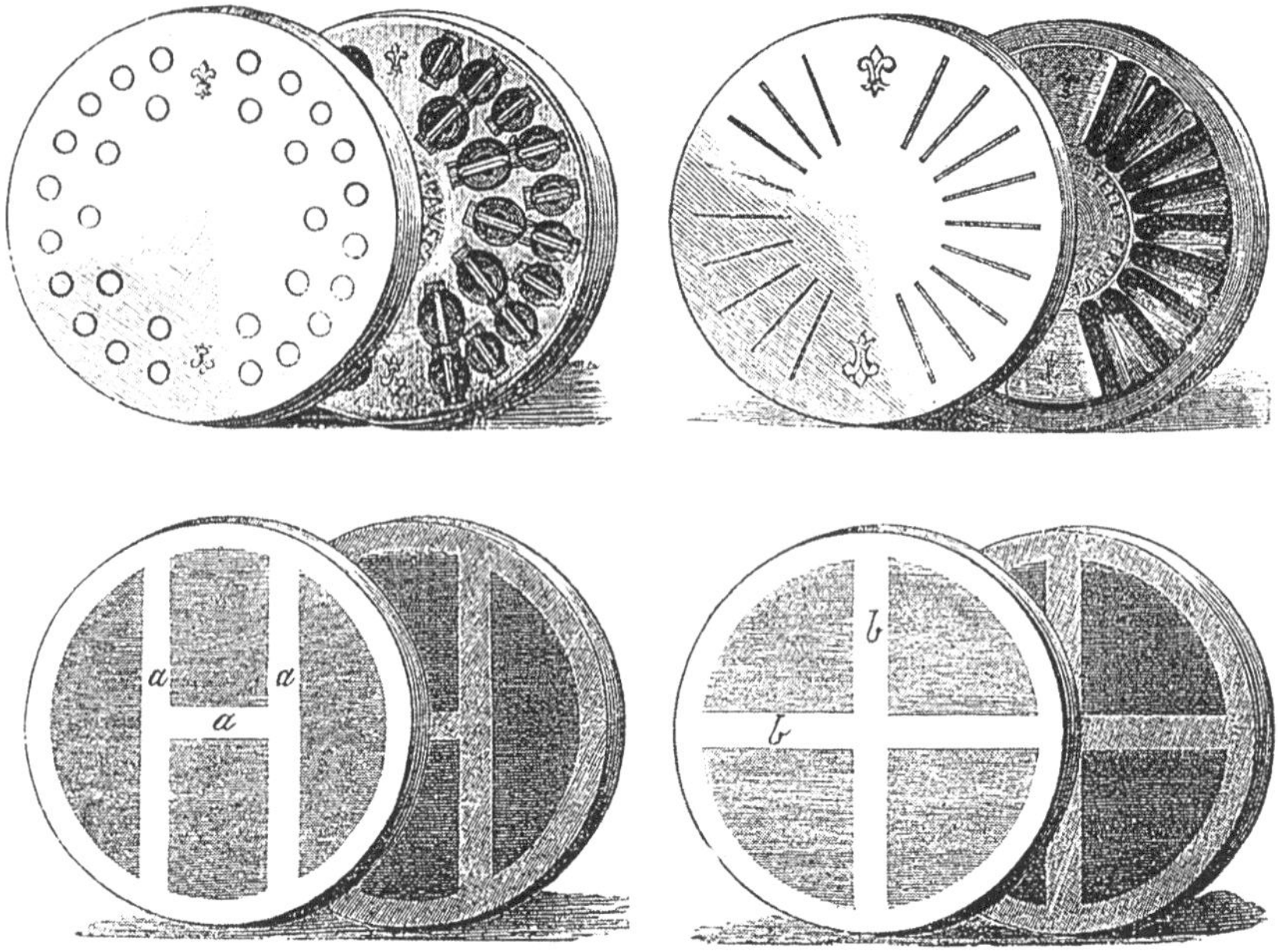

図14● 押出機用のダイス。パスタ産業が誕生した時代には、ラザーニャのダイスはすでにマロワンの図に描かれていた（フランツ・ルーロー『日常生活の化学』より，1889年）

発展のための国王の委員会」を置いた。これは、つかの間ナポリ王位についたジョアッキーノ一世（在一八〇八〜一五）から継承した機関で、新たな産業および商業を開拓する「独占権」を与えられていた。

この時代には、パスタ生産に関するさまざまな試みが行なわれたが、なかでも、そのすぐれた内容と、発案者の意欲が並々ならないという点で、当時の精神を象徴する画期的なふたつの計画を紹介しよう。まずは一八三四年に委員会で検討された「〝鉄人〟を配備した最新の大規模パスタ工場」。提案したのはチェーザレ・スパダッチーニという技術者で、ナポリのマッケローニの歴史における伝説の人物である[17]。そしてもうひとつは、前者に比べれば見劣りするものの、ひとりのパスタ製造業者が示した案だ。最初に、後者のサルヴァトーレ・サヴァレーゼというパスタ

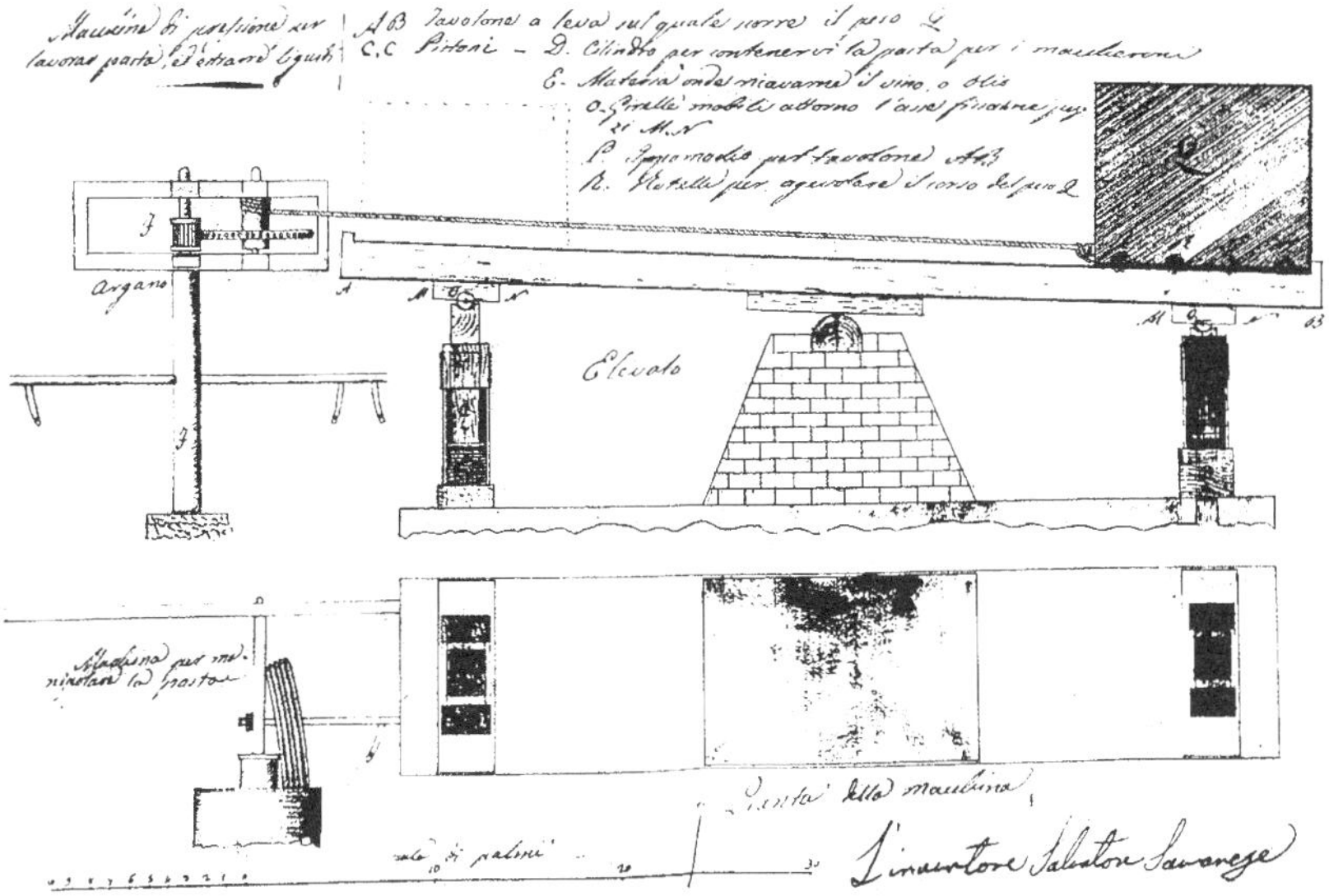

図15● ダブルダイス式押出機の設計図。1843年、バーリ県アンドリアのパスタ製造業者サルヴァトーレ・サヴァレーゼが「ナポリの産業発展のための国王の委員会」に提出した（ナポリ国立文書館，MAIC277/45）

製造業者の大胆な計画について見てみよう。一八四三年、「ナポリの産業発展のための国王の委員会」が招集された。議題は、馬で動かす挽き臼のついた捏ね機とダブルプレス式押出機の開発特許を認めること。特許を申請したのは、バーリ県のアンドリアでパスタ製造所を営むサヴァレーゼで、もちろんこのふたつの機械の発明者でもあった（図15）[18]。じつのところ、この捏ね機はすでにリグーリアで普及していた挽き臼式捏ね機と何ら変わるところはなかった。だが、サルヴァトーレ・サヴァレーゼは目のつけどころが違った。一頭の家畜と、車輪の下で作業する職人ひとりだけで、三〇分でおよそ「五五ロートロ」――五〇キロのセモリナ粉をむらなく捏ねることができる。従来のレバー式捏ね機で同量のパスタをつくるには、少なくとも三人がかりで二時間を要した。

一方、ダブルプレス式の押出機は、タンクに粉を充填するたびにピストンを上げる無駄な時間を省こうとするはじめての試みだった。これは19世紀の終わりに特許の申請が相次いだ「ダブルダイス型」押出機の原型で、交互に上下運動を繰り返す、いわば皿天秤のように動く仕組みだ。頑丈な台の中央に可動式の板が取りつけられている。板は動作に支障がない程度の厚さで、両端に押出機のピストンが固定され、片方が下がって生地に圧力をかけているあいだ、もう片方はもちあがったままで、その間にタンクを充填することができる。圧力は車輪に取りつけられた巨大な重りで、これが家畜の力で動く巻上げ装置によって板の端から端へと移動する。この場合も、時間と、さらには労力の節約がメリットとして強調された。これを使えば、わずか三〇分で五〇キロのパスタができる。作業者も、パスタを切るのに子どもがひとり、竿に干すのに大人がひとりいれば事足りる。パスタの歴史において、人件費の節約を前提とした利益の追求という図式が生まれたのは、これがはじめてだった。

一方、「〝鉄人〟を配備した最新の大規模パスタ工場」を発案したチェーザレ・スパダッチーニは、このうえなく野心的かつ崇高ともいうべき目的をもっていた。すなわち、パスタの製造工程に衛生的な基準を導入することだ。スパダッチーニは一八二三年から一〇年にわたってある調査を行なった。命じたのは、ナポリとシチリアの歴史の主人公、のちのフランチェスコ一世（一七七七〜一八三〇）である。その結果、かの名高い「鉄人」を備えた近代的なパスタ工場の建設を提案する。つまり、「足で生地を捏ねる忌わしい作業を廃止する」ために、木製の足をつけた一種のロボットをつくろうというのだ(19)。料理に関する文献では、この夢と創意に満ちた企業家のアイディアは、パスタを足で捏ねる作業を肩代わりする単なる青銅製の装置として扱われているが、ナポリの言い伝えにはしばしば登場する「人気者」である。いずれにしても、委員会の決定を見れば、いかに画期的な計画だったかがわかるだろう。

「パスタを生産する大きくて立派な工場」の建設は、スパダッチーニ本人も認めているように、九人の子どもをもつ家長の身に、何年にも及ぶ過酷な労働と犠牲を強いた。何しろ建設計画の面でも、作業、設備、そして労働環境や労働者自身のために守るべき衛生面の基準の観点からも、いままでにない革新的なアイディアだったのだ」。敷地内には製粉所も併設され、広くて風通しもよく、各製造工程ごとに作業場が分かれている。こうした伝統的な手工業を覆すような工場が一般的になるのは、19世紀末になってからのことだ。その頃になると、トッレ・アヌンツィアータやグラニャーノで新たなパスタ工場が次々と建設され、旧式の設備はだんだんと姿を消していく。製粉所には、当時まだ実験段階で、ヨーロッパではスイスや産業の発展した北部の国にしかなかったシリンダー式の製粉機が導入された。小麦はまず「ひと粒ずつ……石を取り除き、大きさと色ごとに」入念に選別する機械にかける。続いて二度洗浄して、専用の閉めきったレンガづくりの乾燥室で乾かす。そして、いよいよ「鉄人」の登場だ。実際の働きよりも外見に目を奪われる装置だが、スパダッチーニはこの装置が必要不可欠であると考えていたようだ。小麦は沸騰した湯で捏ねるため、職人の足は硬くなったり、「たいした汗をかかなくてもひどい火傷を負い、しばしば皮膚が切れて化膿する」からだ。さまざまなマッケローニ用の巨大押出機と、ジェノヴァ風の細いパスタをつくる押出機は、いずれも大きな車輪で操作するため、それぞれに騾馬《らば》がつながれている。作業で使用する水は、「砂や目に見えない虫を取り除くため……フランス式に」濾過器を通す。

チェーザレ・スパダッチーニのアイディアは工場にとどまらなかった。労働者は一日中、作業場を離れることを許されなかった。朝、まだ日が昇らないうちに出勤し、他の場所から隔てられた更衣室で手と顔を洗い、ふだん着から支給された作業着に着替える。病気になったり怪我をすると、家まで送り届けられ、妻や子どもがかわりに働ける場合でも、休職期間中の補助金を受け取る。さらには、勤続年数が四年以上のベテランの場合、その子どもにも補助金が支給される。給料は半分が現金で、半分が現物、つまり工場の製品で支払われる。こうした規定は、政治的な社会政策というよりは、むしろ単なる家族主義の考えに近い。だが、ブルボン家の支配からの脱却を目指していたナポリでは、時代を何歩も先取りする企図であった。しかし、スパダッチーニのあまりに現実離れした選択、方向性、労働環境は、この理想を追い求めた工場の外に広まることはなく、工場は数年で閉鎖に追いこまれ、その可能性が最大限に生かされることもなかった。この革新的な計画の目玉である「鉄人」は、実際に小麦粉を捏ねるよりも宣伝的な要素がまさり、思いどおりの結果は残せずに終わった。スパダッチーニと同時代のアンドレア・デ・ヨーリオにいたっては、すでに一八三〇年頃にはこの工場を遺跡扱いし、「見学希望者は貧民救済院の向かい側へ」と言い放っている(20)。

短命に終わったとはいえ、スパダッチーニの「理想的」な工場の失敗は、技術者が表舞台に立ったという点で、パスタ生産の急速な発展に足跡を残した。結果的に役には立たなかったが、「鉄人」は技術者の独壇場である機械科学の産物だった。ジョヴァンニ・ブランカ（17世紀の建築家）やアレッサンドロ・カルパ流にいうと「孤高の天才」スパダッチーニは、みずからの作品の完成を目にすることはなかったが、いずれにしても、彼が突破口を開いたおかげで、あとに続く者はより時代に見合った方法でアイディアを実現することができた。スパダッチーニは伝統的なパスタの製法に機械を導入しようとして反感を買ったわけだが、ナポリの社会は頑として扉を閉ざしていたわけではない。一八五〇年を境に著しい発展を見せる冶金機械産業に対して、スパダッチーニはそうとは知らずにお膳立てを行ない、後継者たちのために創造力を発揮する新たな世界を切り開いた。そして、パスタの新たな製法を求める声はあいかわらず強く、それに押されるように次なる役者が登場する。金儲けを目当てに、近代的な工場や設備に投資を惜しまない裕福な商人や銀行家たちだ。機械の製作とパスタの生産の両方に関わる財界の大物と利益が一致した結果、ついに製粉業界に機械化の道が開かれるのである。

4—機械の勝利

一八五三年、トーマス・R・ガピーとジョヴァンニ・パティソンのふたりの技術者がナポリにガピー社を設立した。イギリス人のガピーは、海軍と鉄道会社を相手に大型機械の輸入を手がけ、一方のパティソンはナポリ王国初の鉄道の建設を委託されたバイアード社の技術部長だった。ガピー社は当初はもっぱら鉄道の建設と修理を行なっていたが、やがてボイラーや製粉機、ポンプ、搾油機、水力式押出機をはじめとするパスタ関連の機械設備の製作に乗り出した。一八六四年、パティソンはガピー社を辞めて、息子たちとともにC・T・T・パティソン社を創立し、「ナイフ式捏ね機」と呼ばれる初の全自動捏ね機を売り出す。20世紀初めまで使われたこの機械は(21、伝動

図16●ナイフ式捏ね機。ナポリの機械メーカー、C･T･Tパティソン社が発明した初のモーター式自動捏ね機(1865年頃に製造)。とりわけナポリ風のやわらかい生地に適している。この図はブレッシャのチェスキーナ&ブージ社による改良型(レナート・ロヴェッタ『パスタ生産の工業技術』より，1908年)

図17● モーター式挽き臼付き捏ね機。18世紀のリグーリア地方では、家畜の力や水力で動かしていた（レナート・ロヴェッタ『パスタ生産の工業技術』より，1908年）

ベルトで伝えられる蒸気で動く。二枚の羽根に中心をずらして固定された横木が、二本の「ナイフ」を丸い回転皿の上で交互に上下させる仕組みで、レバー式捏ね機の動きにそっくりだ（図16）。「ナイフ」と皿が自由に動くのが特徴で、この皿は、熱湯を加えた生地の温度を保つように、ナポリの伝統技法にならって堅い木でできている。数多くの特許をもつ技術者のレナート・ロヴェッタによると、「熱湯でやわらかくなった生地に最適の機械」で、騒音はひどいものの、商業的な成功は間違いなかった。

パティソン社、そしてナポリの治金機械産業は、小麦加工業界における技術革新で先駆者的な役割を果たした。その後、国内および海外の会社が参入してくるのに時間はかからなかった。スイスからは、ウッツヴィルのフラテッリ・ビューラー社が開発

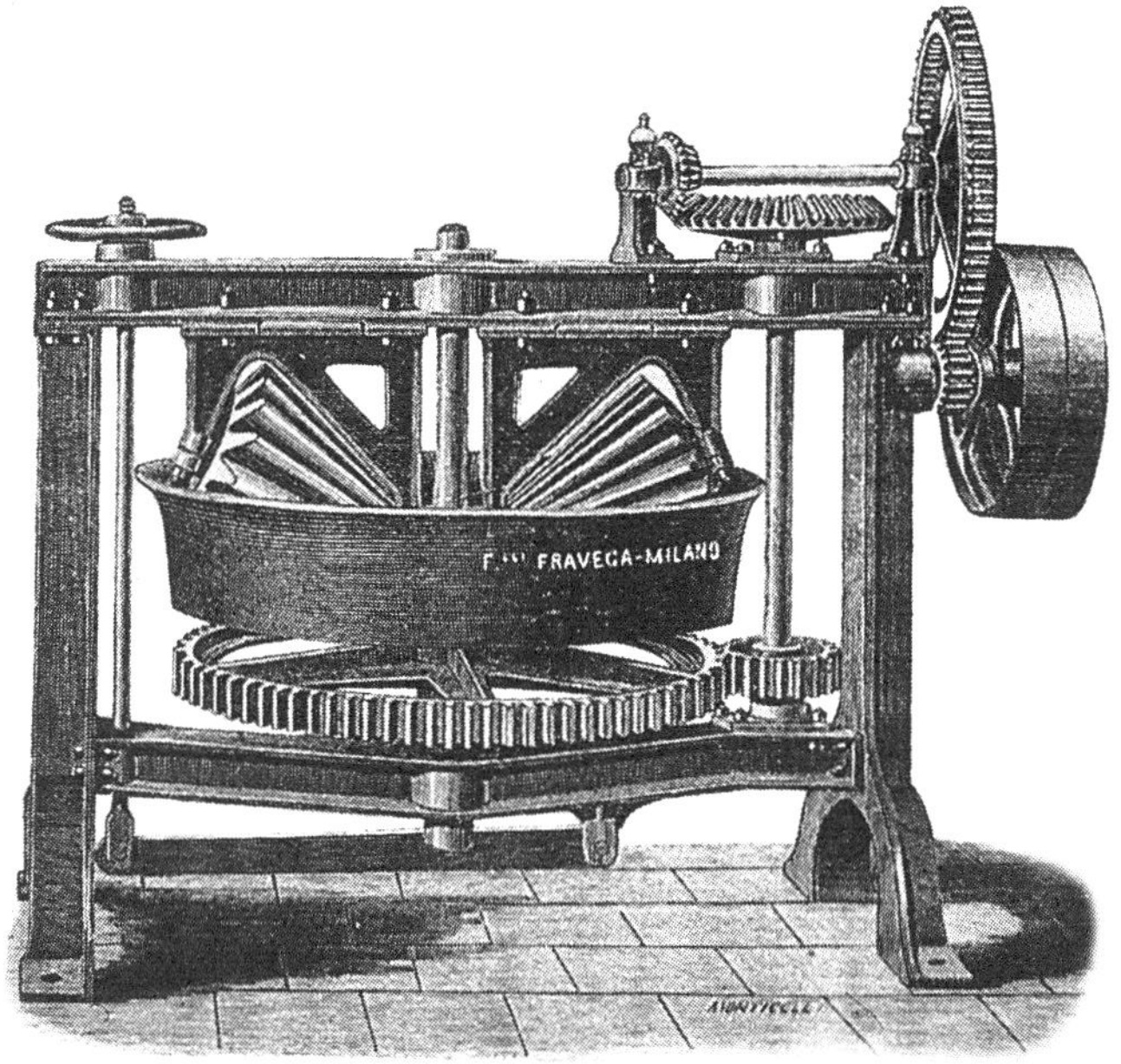

図18 円錐形ローラー式捏ね機。水分の少ない硬い生地に向く。最初はリグーリアのほか、イタリア中部・北部の地域で使用されていた（レナート・ロヴェッタ『パスタ生産の工業技術』より，1908年）

した挽き臼式捏ね機の改良型が輸入された（図17）。同社はのちにパスタ工場の大手納入業者となる。この捏ね機は蒸気と電気を組み合わせ、当時主流だった伝動ベルトで動力を伝えて作動する。一方、円錐形のローラー式捏ね機（図18）は、ロンバルディア州ブレッシャのチェスキーナ&ブージ社の工場で生まれた。同社はナポリにも支社がある。この捏ね機は一八八〇年から一〇年かけて開発され、またたく間にナポリを除くイタリア全土に普及した。ナポリのパスタには、ナイフ式捏ね機が適していた。チェスキーナ&ブージ社の機械はサイズをできるだけ抑え、耐久性も備えている。動作の原理は単純で、歯車のようなふたつの円錐形のローラーが桶の中で水平方向に回転する。前身はローラーが三つで、直径二・二メートルの桶がついた大がかりな機械だった。これは一日に六五〇〇キロの小麦を捏ねることができたが、すぐさま改良された。やがて、チェスキーナ&ブージ社は同じくブレッシャの大手メーカー、オフィチーネ・リウニーテ・イタリアーネ（ORI）社に合併される。この会社は国内外にあらゆる種類の機械を供給し、保有する特許件数も群を抜いていた。なかでも「巨大装置《コロッサーレ》」と呼ばれる円錐ローラー式捏ね機は、20世紀初めまで比類なき性能を誇った。この会社の成功によって、ブレッシャはイタリアの冶金機械産業の中心地となった。それと同時に、多くのロンバルディアの企業家がパスタ工場の設備に投資した。ピエモンテでも、トリノのローザ&カンポ社が早くからこの分野に進出したが、有力な企業が集中するブレッシャにはかなわなかった。その後、ブレッシャにはさらにグリエルミニ社も加わる。ミラノでは、ブライバンティ社に続いて、ブレダ社が初の連続式押出機を開発し、はじめて完全なオートメーションの流れ作業を実現した。このように、ミラノに拠点を置いたスイスのメーカーにも支えられて、ロンバルディアは冶金機械産業の分野でナポリを追い抜いた。もちろんナポリも必要に応じて設備を整え、その結果、めざましい発展を見せたものの、北部の勢いには及ばなかった。

初の全自動捏ね機に続いて、一八八二年、C・T・T・パティソン社は新たな技術力を世に示した。「上昇筒式」と呼ばれる水力式の捏ね機で、従来のねじ式圧縮機の原理で圧力をかける。ピストンはねじで固定されているために動かず、偏心取付けのタンク部分がもちあがって、固定されたピストンに生地を押しつける。この型をさらに改良したのが、可動式ピストンと固定タンクの圧縮機である。広告ポスターでみずからを「技術者集団の機械メーカー」と謳うC・T・T・パティソン社は、基本的に三名の作業者で撹拌、捏ね、圧搾の工程をこなせる機械を理想に掲げ、企業家たちの仕掛けた戦いで優位に立った。

このパティソン社の「上昇筒式」捏ね機は、ある意味では、ナポリ在住のフランス人ドミニコ会士、ポーサが生みの親ともいえる。だが、どの機械メーカーもここで立ち止まることはなく[22]、たゆみない研究を続け、パスタの

図19●パスタ生地をのばすモーター式プレス機（レナート・ロヴェッタ『パスタ生産の工業技術』より，1908年）

製造工程の改良と合理化を目標に、業界の活性化と製品の多様化に励んだ。一時期、じつにさまざまな機械が開発されたが、すべての原点は粉を練ることにあるといっても過言ではない。五〇年前にチェーザレ・スパダッチーニが夢に描いたように、とりわけつらい作業を機械に肩代わりさせることがそもそもの目的だった。捏ね機のローラーの下に生地を押し出して人手を省く「自動パスタ回転機」も、このようにして誕生した。「プレス機」（図19）は押出機の種類に応じて生地の厚さを調整できるが、これもまたパティソン社の進んだ技術の賜物である。

機械技師のレナート・ロヴェッタは、すべての工程を網羅した「総合的な機械」と呼ぶ装置の開発に心血を注いだ。当初、ポーサの案と同じような機械を完成させ、特許を取って、一九一一年にトリノで開かれた見本市で実演した。その後、トゥールーズの会社から、ねじの仕組みを利用してパスタ生地を連続してダイスへ押し出す機械が発売された。そのすぐれた性能には、レナート・ロヴェッタも思わず舌を巻いた。特許が認められたのは一九一七年、発案者はフェレオル・サンドラーニエというトゥールーズの技術者だった。この機械はテスト稼働ののち、一九二二年にコルベイユの大水車を利用するパリ都市圏のパスタ工場に導入され、一九二八年にはこの工程がすべて機械化された(23)。レナート・ロヴェッタも負けてはおらず、それまでに比べて飛躍的に性能のすぐれた機械を開発した。「ダブルダイス」という新たなアイディアによって、水分を含ませたパスタ生地をダイスごとに別のタンクに入れる作業を自動化することに成功した。ロヴェッタ本人にいわせると、この発明は「コロンブスの卵」で、「誰も生地を捏ねる場所でマッケローニを型抜きしようとは思いつかなかった」(24)。

だが、「連続式機械」が商業的な成功を収めたかどうかは定かではない。「総合的」な機械がようやく実用化に至ったのは、一九三三年にミラノのM＆Gフラテッリ・ブライバンティ社が製作した「連続式圧縮機」がはじめてだった。撹拌、捏ね、押し出しの三工程を自動的に連続して行なうこの機械の登場をもって、第一世代の産業機械の技術革新は一段落したといえるだろう。それからブライバンティ社がパスタ生産の全工程を自動化するまでに四年もかからなかった。硬質小麦粉の計量や配合の割合から成型まで、もはやすべての機械が連動し、いっせいに稼働する。片方から小麦粉を入れれば、反対側から完成したパスタが次々と出てくるというわけだ。乾燥だけは別だったが、専用の乾燥室が用意され、わずか数日で乾燥させることができた。ブライバンティ社のパスタ製造装置は一九三七年のミラノ見本市で紹介され、たちまち企業家たちを魅了したが、それも第二次世界大戦が始まるまでだった。戦後になると、新たな産業革命が始まり、より性能がよく、人手を必要としない機械が矢継ぎ早に登場する。スパダッチーニの「鉄人」は、コンピュータの画面の前に座っているだけで制御できるロボットにその役目を譲り渡した。パスタ職人や企業家の知識は工場での計測に取って代わられ、労働者は優秀な機械に職を奪われて、一時的にせよ生活手段を失うこととなった。

5 ― 天日に頼らない乾燥

ナポリには、「マッケローニはシロッコがつくり、山おろしの風が乾かす」という言葉がある(25)。ナポリの海岸地域では、パスタの製造に地の利を生かすことができた。つねに交互に吹く湿った熱風と乾いた涼風は、何よりもすぐれた乾燥機だった。この自然の恵みのおかげで、製造工程のなかで最も複雑で難しいといわれる乾燥において、ナポリは長いあいだ他を寄せつけない熟練技を確立してきた。そのため、工業生産の時代を迎えてからも、乾燥については頭を悩ませることはなかった。機械の改良によって生産量が増えても、パスタを広げるスペースはじゅうぶんにあったからだ。しかも、パスタを干すには通常一〇日もあれば事足りた。

それに対して、北部の生産業者にとっては、乾燥は工業生産の初期から避けては通れない課題だった。生産の増加には乾燥時間の大幅な短縮が求められた。パリのような緯度の高い地域では、乾燥に一ヵ月、場合によっては二ヵ月かかることも珍しくなかった(26)。パスタを干す場所は限られ、生産量が増えれば、最終段階で飽和状態となる危険性がある。仮にコストを度外視して、じゅうぶんに広い乾燥室を造ったとしても、製造過程で大量の製品を長いあいだ放置すれば、かびが発生したり、発酵や変質の恐れもある。したがって、新たな生産システムによる産業の発展を実現させるためにも、乾燥の工程を速める方法を考える必要があった。この背景には、市場で最も人気のある「ナポリ風」のパスタの生産を拡大したいという思惑もあった。だが、「ナポリ風」のパスタというのは、一般に前もって下ごしらえが必要な「乾燥パスタ」のことで、茹でても形が崩れない自然乾燥によるパスタならではの強さが不可欠だった。とはいうものの、地中海沿岸に比べて緯度も高く、気候にも恵まれない地域で、ナポリと同じ方法を採用するのは、しょせん無理な話だった。

こうして考え出されたのが、不利な気候条件を補うための人工乾燥法だった。初期の乾燥機は、19世紀前半にフ

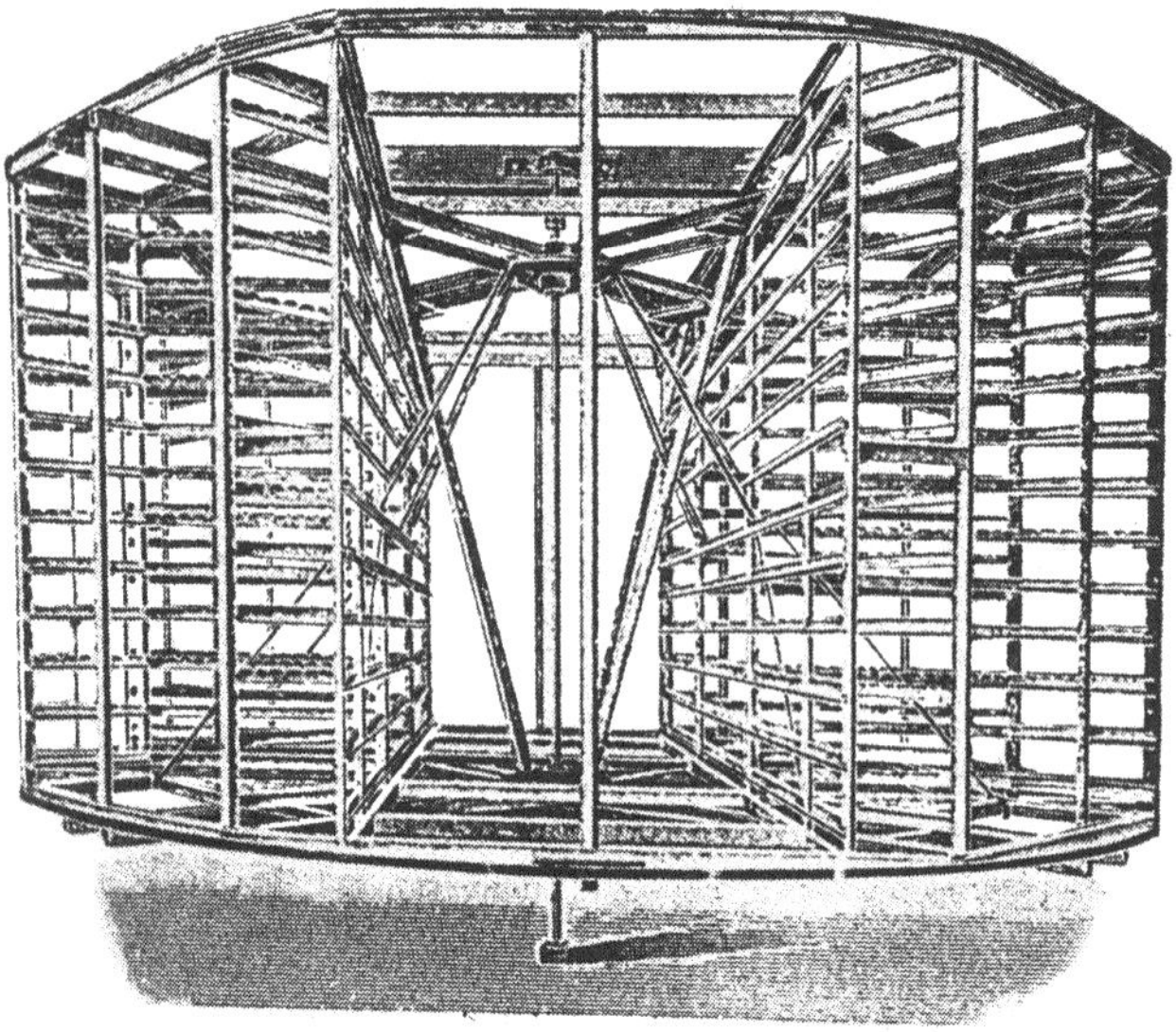

図20●「回転木馬」と呼ばれる乾燥機。人工乾燥用にはじめて開発された機械。19世紀前半にフリウリのパスタ製造業者が発明したとされる（レナート・ロヴェッタ『パスタ生産の工業技術』より，1908年）

リウリで考案されたといわれている。「回転木馬」と呼ばれる、高さ三〜四メートル、直径五メートル以上の回転式の巨大な木製のかごで、中にはショートパスタ用の格子状のトレーと、ロングパスタ用の竿が段状に取りつけられている（図20）。季節に応じて、この装置を風通しがよく涼しい場所に置き、遠心力の影響を最小限にとどめるために、一分間に六〜八回転の速さでゆっくりと回転させる。革の紐を引くと、上下の台に固定された縦軸を中心に回る仕組みだ。室内にはストーブが置かれ、乾燥を行なっているあいだ、その上の作りつけの棚に残りのトレーを収納して加熱する[27]。だが、この方式は成功したとはいいがたい。場所によって回転速度が異なるため、外側のパスタのほうが中心部に比べて早く乾いてしまい、もともと出し入れのしにくいトレーを頻繁に入れ替えなければならなかった。その後、19世紀の終わりになって、ベンチレーターと放熱器を組み合わせた温度調節のできる乾燥機が発明され、ようやく人工乾燥の問題は解決に至った。ローマのルフィーチョ・ブレヴェッティ社の依頼で調査を行なったレナート・ロヴェッタによると、イタリアではじめてこの原理に基づいた機械が設計されたのは一八七五年のことだった(28)。

一九〇四年までのあいだに、機械メーカーやパスタ製造業者によって、加熱と空気の循環を組み合わせた人工乾燥の方法、設備、機械に関する特許が少なくとも二〇件申請された。とはいうものの、初期の頃は原始的だったといわざるをえない。温風で加熱する方法やベンチレーターを用いて、空気穴を開けた大きな箱に、格子状のトレーに広げたり竿にかけたパスタを入れる。一八八九年にはアブルッツォのパスタ工場にこうした装置があったと、レナート・ロヴェッタが証言している。これを考案したのは、その工場の経営者フィリッポ・ディ・チェコだった。彼が一八八七年に創立した会社の名前は、いまなお世界中で広く親しまれている。「回転木馬」に比べると方法は進化しており、投資も負担が少ないが、あいかわらず欠点もあった。温風の吹き出口が固定されているため、パスタの乾燥具合が均一にならないのだ。この問題を解決するために、引出し可能な棚板を並べた箱が考え出された。そうすれば、パスタのトレーの位置を簡単に変えることができる。

この時代にはありとあらゆる機械が発明され、大いに期待されたものの、ほどなく姿を消したものも少なくなかった。一九〇〇年にパリで開かれた産業見本市では、「管から冷風を送るパスタ乾燥法」が紹介された。この方法は「風を送りこむことで病原性の細菌の発生を防ぎ、狭い場所での乾燥を可能にしたすぐれたアイディア」だった(29)。これなら二四時間もあればパスタは完全に乾くという。しかしこの場合、乾燥のサイクルは一定で、三段階で行なわれる伝統的な「ナポリ式」の乾燥法(表面乾燥、水分の回復、最終乾燥)のように段階を踏んだり、温度の変化によって調節することはできなかった。当時のイタリアの機械メーカーは、こぞってこのナポリ方式を再現することを目指し

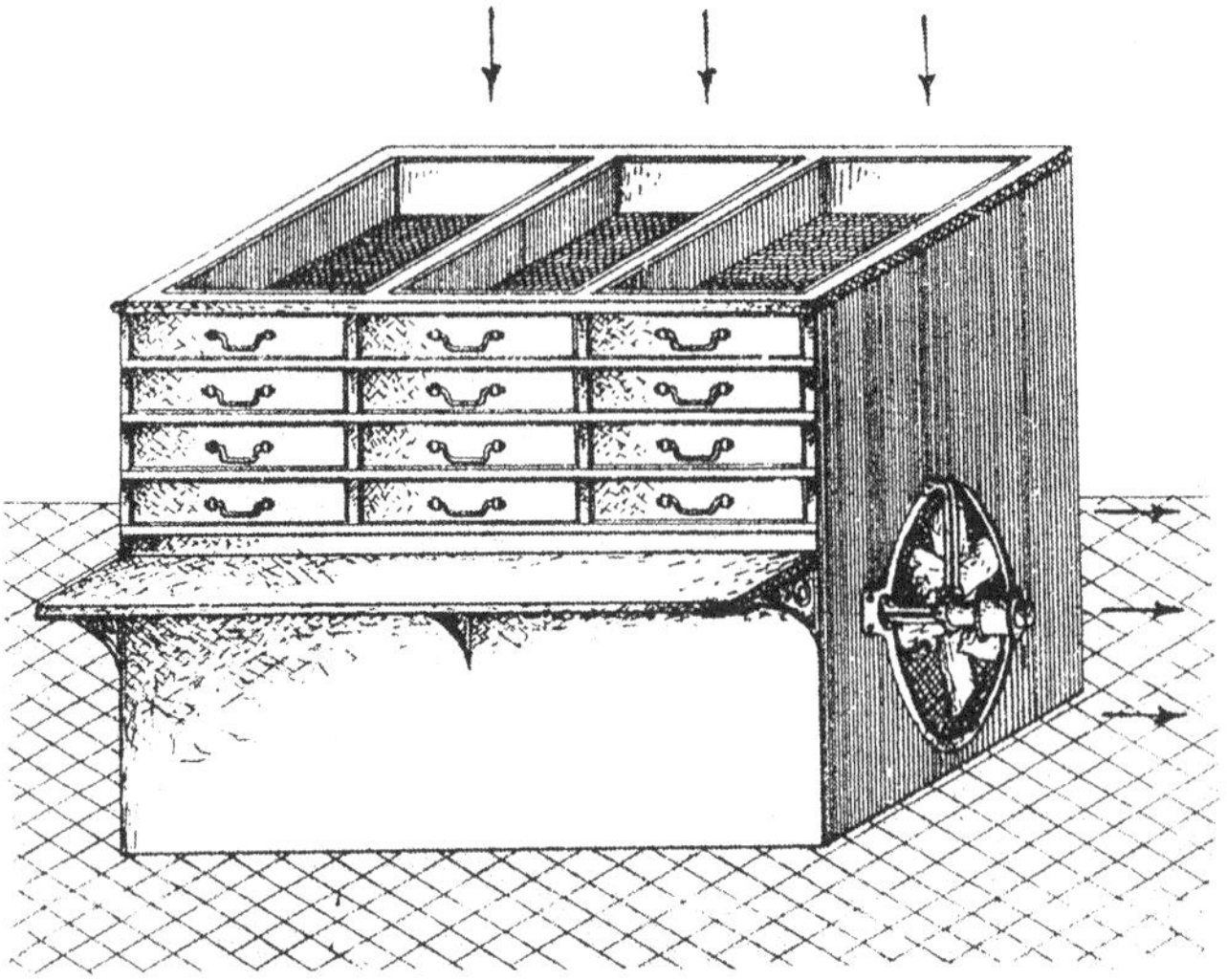

図21◉トンマジーニの乾燥機。1898年にヴィタリアーノ・トンマジーニが特許を取得(ジュゼッペ・チェスキーナ『初期の食用パスタの乾燥方法』より，1907年)

ていた。いずれにしても、この乾燥法はフランスのオーヴェルニュ地方、クレルモンフェランのイベルティ&シー社によって製品化された。同社は一八九六年にジャン・イベルティ、アンドレ・ドゥサンジュ、ジュゼッペ・アロアッティの共同名義で特許を取得している。だが、一八八九年と一九〇〇年に二度も特許を申請したこの乾燥機がどれだけ役立ったかは定かではない(30)。当時はとにかく発明ラッシュで、より性能にすぐれ、かつ低コストで実用化できる機械が次々と考案されたからだ。

そして一八九八年、ミラノの企業家ヴィタリアーノ・トンマジーニの発案した「トンマジーニ方式」の商業利用が認可され、乾燥技術の開発は一段落する。引出しのついた箱はそれまでにもあったが、トンマジーニ方式では、温風の循環が加わり、側面に取りつけられた吸引装置の働きで、箱の上部に当てられた温風が底から出ていく。これによって箱全体がじゅうぶんに加熱される(図21)。基本的な考えは「ナポリ式」の三段階の自然乾燥と同じで、理にかなったこの原理は、その後の研究の方向を定めた。この乾燥機の最初の型は、ナポリ湾地域の夏の平均気温である二八度の風で第一段階の乾燥（「表面乾燥」）を実現した。だが、一九〇〇年と一九〇一年の二度にわたって特許を申請し、何度も改良を重ねのに、この方法は最終乾燥の装置に採用されることとなった。20世紀初めには、技術者のリッチャルディが、ロングパスタ用の回転式乾燥機を製作した。これはかつての「回転木馬」の原理を発展させたもので、八角形の向かい合う二面を開放することで風を通す。内部の円柱には異なる高さの穴が三ヵ所あり、それぞれに竿を差しこんでパスタをかける。側面の口から吹きこまれた温風は、円柱の底部から上へ向かい、反対側の面の通風口から外に出る。放射状に三段にかけられたパスタは、柱の回転によって、およそ二分間に一回転の速さでゆっくりと回る(31)。

だが、自身も一九〇三年に乾燥機の特許を取得したレナート・ロヴェッタは、20世紀初めに考案された方法や装置は、どれも満足のいくものではなかったことを認めている。確かにパスタの乾燥技術は進歩したが、収益の面で考えれば、実用化や運用にコストがかかりすぎた。湿気の多い寒冷地方こそそうした装置が必要だったが、当のパスタ製造業者は巨額の設備投資を償却しなければならず、利益は微々たるものだった。興味深いのは、温度調節のできる乾燥機など必要なさそうなシチリアの業者が、初期の頃から乾燥機を利用して、しかも実際に利益をあげているという点である。それに対してナポリの海岸地域では、第一次大戦後は、取り立てて目立った成果はあがらなかった。

一九〇八年になると、多くの特許が実用化されはじめ、人工乾燥の分野はにわかに勢いづいていく。こうした特許の出願は戦争中は鳴りをひそめていたものの、一九二〇年にはふたたび活気を取り戻した。一九〇四〜二二年にかけて、イタリア国内ではじつに一〇〇件以上の特許が申請されている。この流れはますます加速し、一九二四年のピーク時には一年間で五四件の特許が認定された。その数年後、レナート・ロヴェッタは、あらゆる数値が調整可能な乾燥機の特許を取得して、三〇年にわたる研究にピリオドを打った。送風の速度、湿度、そして風の温度も一五〜三五度まで調節できる。いうなれば、すべてを網羅する乾燥室が誕生した。季節や場所を問わず――「極地から赤道まで」[32]――誰もが使え、「表面乾燥」から「水分の回復」までこなせる、すぐれものである。19世紀末からのたえまない技術の進歩は、人工乾燥が合理的で工業生産に適した方法であることを証明した。この新たな乾燥法を採用した工場では、伝統的な「ナポリ式」の自然乾燥によるパスタに何らひけを取らない製品を生産することができた。さらには、当時注目されはじめた衛生面でも、大きなメリットがあったことはいうまでもない。その後も高温乾燥装置は次々と導入され、第二次世界大戦後には広く普及すると同時に、さらなる改良が加えられた。

当時は、比較的高い熱量が求められる「表面乾燥」でも、通常は三〇〜三五度の低い温度で乾燥が行われた。すでに述べたように、急速に乾かすと表面が硬くなってしまうからだ。「表面乾燥」にかかる時間は、パスタの形や水分によって三〇分から二時間までと幅がある。「水分の回復」、あるいはパスタを寝かせる方法は、実質的に自然乾燥と変わらず、地下室や湿気のある涼しい場所で目の細かい布に包み、空気を遮断し、ひと晩かけて水分を蒸発させる。この工程はロングパスタのみで、ショートパスタや平打ちパスタは、そのまま最終乾燥に入る。地中海沿岸のパスタ工場は気温に恵まれているおかげで、通風によって、自然乾燥と同じく一定の温度変化をもたらすことができる。寒くて湿気の多い地域では、最終乾燥を行なう場所の室温を管理することが必要となる。いずれにしても、通常は三〜五日間の工程だが、大きなパスタの場合には六日かかる。ナポリの海岸地方では、もっぱら自然乾燥で乾かしても倍の期間ですむため、人工乾燥のメリットがどれだけあるかはわからない。それに対して、フリウリやエミーリア、フランスなどでは、乾燥にかかる時間を五分の一に短縮できるだけでなく、乾燥パスタが誕生して以来、はじめて南部のライバルと同じ条件で生産することが可能になった。北部の企業家たちは、この絶好のチャンスを逃さず、やがてパスタ産業は変動期を迎えることとなる。

6―変容する時代の光と影

「私には技術がある……あとは水と小麦粉と太陽があれば、それだけでいい……ピエモンテの人々に仕事を奪われるはずがない。彼らには水と小麦粉があっても、太陽も技術ももちあわせていないのだから」(33)。マリア・オルシニ・ナターレの小説『フランチェスカとヌンツィアータ』の主人公フランチェスカは、グラニャーノの大手パスタ製造所を経営している。この強気の言葉は、北部の新たな征服者たちに向けた挑戦にほかならないが、実際には、一大帝国を築いた功績はみるみる過去のものとなりつつあった。フランチェスカの世界では、まだ表立った変化は表われていないパスタ産業だが、やがて長年にわたる南部の製造業

図22● 巨大捏ね機。機械の巨大化とともに処理量も大幅に増加した(レナート・ロヴェッタ『パスタ生産の工業技術』より, 1929年)

者の優位――職人技を培ってきた有利な気候条件と、時間をかけて習得した知識――が崩れ去ることになる。かつては自然の法則と人間の能力が共存していた世界が、自動化された技術に取って代わられ、製造現場では産業の論理がまかりとおり（図22）、硬質小麦の乾燥パスタは、いわば故郷から追われた亡命者となる。トッレ・アヌンツィアータやグラニャーノでは、あれほど栄えていたパスタ産業が次第に衰え、王座を奪われて、他の地域が次々と台頭するなか、やがてひっそりと死を迎える運命となった。

このように、20世紀は南部の製造業者にとって不運続きだったが、すでに19世紀末の近代化がいかに勢いづいていたかを見れば予想できたことだった。パスタ産業は、最初こそ伝統的な生産地にしっかりと根を下ろしていたものの、やがて機械化の波が押し寄せる。そして、食品産業の発展とともにパスタの生産がイタリア全土に広まり、地中海沿岸の昔からの生産地以外も脚光を浴びるようになった。ミラノではイタリア最大手のトンマジーニ社の活躍が目立ったが、一九二〇年以降はパスタを生産した記録が残っていない。レナート・ロヴェッタの意見も合わせて考えると、最も注目すべきは、日産一万キロを誇ったフィレンツェのドルフィ社だろう。一九〇〇年パリの産業見本市で、同社の「グルテン豊富なイタリアの薬用パスタ」は金賞に輝き、大量生産は一九二九年まで続いた(34)。ドルフィ社のライバルは、同じトスカーナのサンセポルクロのブイトーニ社だ。一八二七年の創立以来、同社はみるみる規模を拡大し、やはりパリの見本市で賞を獲得した(35)。

忘れてはならないのは、いまなお世界的に名高いディ・チェコ社である。同社は一八八七年にファラ・サン・マルティーノ（キエティ）で創立され、町には創業者のフィリッポ・ディ・チェコの名を冠した通りがある。リグーリア海岸では、いまはなきサヴォーナのアステンガ社、そして一八二四年にインペリア近郊のポンテダッシオで創立されたアネージ社は、今日では老舗のパスタメーカーだ。これらの会社よりもやや遅れて登場したのが、かの有名なバリラ社である。同社は一九一一年から本格的にパスタの生産を始め、以来、ほとんどが創業家の経営によって、わずか五〇年あまりで一流企業の仲間入りを果たした。バリラ社はパルマにパスタ工場を建設するが、パルマにはすでに日産一〇〇〇キロにも満たない手工業的な製造所が多数あった。そのなかでも群を抜いていたのは、一八七〇年に建てられたエンニオ・ブライバンティの工場で、もともとの工房を拡張した建物にはパルマで唯一、近代的な設備が整っていた。エンニオ・ブライバンティは高級パスタと「グルテンを含んだ卵の小型パスタ」で財を成し、20世紀初めのパルマの上流社会では、その名を知らぬ者はいなかった。当時、ちょうど人々が食べ物の栄養面に注目しはじめた時期だった。やがて、このパルマのパスタ業界の先駆者は、マリオ&ジュゼッペ・ブライバンティ社を創設する——のちに連続式プレス機を製作し（一九三三年）、最初にパスタ製造の全工程を自動化した機械メーカーで、いわば第二次産業革命の仕掛け人である。

だが、その後の企業家たちは、あいかわらずパスタ産業がイタリア南部に集中しているという事実に目を向けざるをえなかった。20世紀初めのパスタメーカー大手一〇社のうち、七社がシチリアを含む南部を拠点にしていた。とりわけ、大手二社が共同で設立したサレルノのスカラメッラ社は、伝統的な「ナポリ式」の自然乾燥法を採用していた。一日の生産量は、ミラノのトンマジーニ社に匹敵する三万キロだった。続いて、トッレ・アヌンツィアータのG・ファッブロチーノ社とスカーファ社は、それぞれ一日に二万五〇〇〇キロ、一万五〇〇〇キロを生産し、こちらもすべて自然乾燥で製造を行なった。シチリアの大手四社の生産量は、日産一万〜一万五〇〇〇キロで、うち二社がカターニア（F・モンカーコ社、S・ルチア社）、そしてパレルモ（D・カレッラ社）とカルタニッセッタ（ピエディグロッタ社）にあった(36)。

だが、19世紀末〜20世紀初めにかけて建設されたのは、ほとんどが小規模の工場で、一日の生産量も八〇〇〇キロを超えない程度だった。とはいっても、グラニャーノのアルフォンソ・ガロファロ社はパリの見本市で海外の企業と競い合うほどで、一九〇〇年には「マカローニと小型パスタ」で金賞に輝いた。同社は一八四二年に設立され、一八八一年には最新の蒸気式機械を備えた四階建ての工場を建設した。しかし一九七〇年頃には操業を停止する。一九三五年創業のパスティフィチオ・ルチオ・ガロファロ社とまぎらわしいが、こちらは現在も生産を続け、オーガニック製品で名を知られている。一九〇〇年の産業見本市では、サレルノのアマート社が「イタリアのパスタ、小麦粉、セモリナ粉」で賞を獲得した。それから同社は規模を拡大し、いまでは一〇〇名以上の従業員を抱えている(37)。シチリアの零細業者は、テルミニ・イメレーゼのルッソ社の時代に最盛期を迎えた。同社の生産量は日産五〇〇〇キロだったが、この工場は当時では珍しい六階建てだった。プーリアでも、20世紀初めにバーリ、ブリンディジ、フォッジャの周辺に中規模のパスタ工場が約二〇あったといわれているが、諸説が入り乱れ、はっきりしたことがわからないうちに次々と閉鎖された(38)。そのうち二社だけが現在まで存続している。バーリのF・タンマ社は「シリンダー式製粉機とパスタ製造機」を備えた工場で生産を行ない、ルティリアーノ（バーリ）のフラテッリ・ディヴェッラ社は、一九一〇年の自社カタログによると「食用パスタのナンバーワン工場」とある。現在ではフラテッリ・ディヴェッラ株式会社として、従業員数一三七名、日産二六万キロを誇っている。これらの工場のほとんどは製粉所とパスタ製造所を併設し、まさにそれがセールスポイントだった。当時、南部では兼業が主流で、とりわけシチリアの場合、すでにノルマン人に支配されていた時代から、他の地域に先駆けて製粉とパスタの製造を兼ね、いまなお業界の規範になっている。

こうして、産業革命によって新たな発展段階に入ったものの、イタリア南部のパスタ産業に利益がもたらされたのは最初の二〇年にすぎなかった。この間は、国内ばかりか海外市場も独占し、ライバルの攻勢にもちっとも動じることはなかった。だが、第一次大戦後から衰退の兆しが見えはじめ、一九六〇〜七〇年の一〇年間には、かつてないほど低迷する。当然のごとく輸出量も激減し、南部の製造業者のほとんどが影響を受けた。これは一時的な現象ではなく、根本的な変化だった。イタリアが市場を失うということは、裏を返せば、アメリカ合衆国の進出を意味する。アメリカで産声をあげたばかりのパスタ産業は、たちまち目ざましい発展を遂げ、萌芽期から一気に世界の頂点に躍り出た。その証拠に、イタリアの総輸出量は一九一三年に年間七一〇〇万キロだったのが、一九二八年には一二〇〇万キロをかろうじて上回る程度となっている(39)。

国際市場における後退の波は、イタリア国内のメーカーにも及んだ。もちろん、それは南部に限った話ではないが、他の地域ではちょうど増産の時期と重なっており、それほど打撃は受けなかった。南北の生産量の差は年々縮まる一方だった。一九五四年までは、シチリアを含むイタリア南部は国内生産量の五一・八%を占め、中部および北部は四八・二%だったが、パスタ工場の数ではかなわない中・北部が生産量を増やすことで、ほどなく立場は逆転する(40)。南部のパスタメーカーが多国籍企業や海外企業に身売りしたことも影響した。

これを象徴するのが、伝統と繁栄と衰退の道をたどったトッレ・アヌンツィアータとグラニャーノの歴史である。黄金時代ともいうべき一八九〇～一九一四年にかけては、トッレ・アヌンツィアータには一〇二、グラニャーノには六六の工場があった。もっぱら製粉業で成り立っていた両都市には、技術革新とともにやり手の実業家たちが登場する。多くは貧困層出身の男性だったが、なかには凄腕の女性もいて、その評判は海を越えて広まった。たとえば、ガエタノ・ファッブロチーノ（一八五二～一九〇六）は、貧しい労働者の息子だったが、資本金に関する知識が豊富で、日産五万五〇〇〇キロを誇るふたつのパスタ工場の経営者として人生を終えた。アントニオ・ダーティ（一八二八～一九一〇）も貧しい家の生まれだが、一八四八年に水力製粉所で企業家としての道を歩みはじめ、時代に先駆けてシリンダーによる製粉所を建設した――一八八四年創設の、製粉とパスタ生産を行なう複合企業フランチェスコ・スカーファ社である。サルヴァトーレ・ガッロ（一八六五～一九一九）とピエトロ・ファッロ・サルナッキャーロの生み出した製品は、一九〇〇年のパリの見本市で賞を獲得している。ジョヴァンニ・ヴォイエッロ（一八五九～一九三九）

は一八七九年に水力式プレス機を備えたパスタ工場を建設し、そのブランドは今日でもナポリ周辺のパスタ愛好家に支持されている。そして、もちろんこうした企業家たちを支え、協力し、しばしば仕事を肩代わりした彼らの妻、母、娘の存在を忘れてはならない。たとえばアンナ・ダーティ（一八五五〜一九四七）は、父に代わって会社を経営し、大幅に業績を伸ばした。ヌンツィアータ・ルッジェーロやヌンツィアータ・ラ・ロッカは技術者の妻で、事業に文字どおり身も心も捧げた。何度か引用したマリア・オルシニ・ナタ－レの小説『フランチェスカとヌンツィアータ』にも、彼女たちのような女性が登場する。フランチェスコ・ダーティも、トッレ・アヌンツィアータの過去の繁栄に貢献した偉大な人物たちをその著書で記録にとどめている(41)。こうした工場はすべて一九五〇〜七〇年のあいだに閉鎖されたが、その後、一〇年間のうちにふたたび世界でパスタが注目を浴びるようになる。きっかけは、アメリカ人が「地中海式食生活」を考案したことだった――イタリア南部のメーカーの売り上げには直接結びつかなかったようだが。一九八一年の時点で、カンパーニア州には三〇のパスタ工場があり、そのほとんどがトッレ・アヌンツィアータとグラニャーノだった。その数は一九八六年には二四、九一年は二三、九六年には二二となり、本書を執筆している二〇〇〇年の初頭には、さらにいくつかの工場が操業を停止したか、停止する予定になっている。残った工場の大半は、買収はされないまでも、外国企業の委託で生産を続けているのが実情だ。

輝かしい産業の発展の時代には、誰もイタリア南部の伝統的な生産地の没落を予想することはできなかった。言葉は悪いが、太陽の恵みを受けた土地の人々は「運命論者」であり、無意識のうちに「神が助けてくれる」と考えるせいで、技術的な発明を受け入れることができなかったのだ(42)。だが、これだけははっきりといえる。何世紀にもわたって、みずからの仕事に愛情と確固たる意志を注いできた結果、南部のパスタ職人は比類なき知識を確立した。彼らが「敗北者」として歴史に刻まれているのなら(43)、それは戦いがパスタづくりの技とは関係のない場で繰り広げられたからにほかならない。

7―産業革命から食品革命へ

工業生産の時代は、地中海沿岸地域におけるパスタの独占的生産に終止符を打つと同時に、このイタリアの国民食を世界中に知らしめた。機械化によって生産コストが引き下げられ、地理や気候による制限が技術で補われた結果、パスタの人気はイタリア全土に広まり、こうした食文化に縁のなかった社会でも、毎日のように消費されるまでになった。米やポレンタを常食とする北部を除いて――第二次世界大戦後にはパスタに征服される運命にあるのだが――次第に貧困がはびこりつつあった島々でも、20世紀初めには、スープに入れたり、ソースであえて食べるパスタが必要不可欠となっていた。つまり、パスタは上流階級の食卓のプリモピアット（前菜に続く第一の皿）にもなれば、さほど裕福でない大衆の唯一の料理にもなる。このようにさまざまな可能性を秘めた食物は他になく、当時の雑誌、料理書、家政学の教科書などには、こぞってレシピが掲載された。野菜スープにボリュームを加えたり、栄養たっぷりの病人食や離乳食として、ブロード（ブィヨン）で煮込んだりといった具合だ。

市販の乾燥パスタは手軽に調理できる便利さがうけた。南部および島々の人々にとっては、すでに日常生活に欠かせないものとなっていたが、それ以外の地域でも、いわば食品版の産業革命として、従来の料理法に幅広く取り入れられた。17～18世紀にかけてイタリアを訪れた外国人旅行者は、パスタの人気を目の当たりにした。肉食の彼らは、イタリア人がパスタに夢中になる姿を見て驚いたり、おもしろがったりもした。ここでもう一度、19世紀初めに、あるイギリス人の目に映った光景を紹介しよう。「イタリア人は総じてスープにマッケローニやヴェルミチェッリを入れるのが好きだが、ナポリ人はかならずそうする」。一見、何げない言葉だが、じつはイタリア人の食事の特色をよくとらえている[44]。実際、パスタは野菜を中心とする食生活にうまく馴染んだ。そもそも菜食主義の起源はギリシア・ラテンの世界にさかのぼる。そこでは麦、オリーブ、ワインの三つが文明の象徴とされていたのだ[45]。時間をかけて築きあげた社会を根底から揺るがした産業革命は、パスタの存在を広く知らしめ、イタリア人の食卓に欠かせないものとすることでピークを迎えた。

消費の拡大は、数多くの種類のパスタを生産するきっかけにもなった。卵を使ったパスタから、はっきりした「薬効」はなくても栄養にすぐれたパスタまで、その土地の伝統的なもの、あるいは製造業者の考えた「特製パスタ」が次々と市場に送り出された。粉と水だけでつくる「自然なパスタ」は、材料別に、セモリナ粉だけのもの、セモリナ粉と小麦粉を混ぜたもの、小麦粉だけのものに分類される。だが、第一次大戦後は原料の質が明らかに悪化し、イタリアのパスタは、当面のあいだセモリナ粉と小麦粉をブレンドせざるをえなくなる。品質の低下は、ロシアやウクライナの硬質小麦の輸入が途絶えたことも一因だった。戦争とその後に続いた革命のせいで、これらの地域では小麦の栽培が壊滅的な被害を受けた。低迷する状況は長引いた。ファシスト政権が原則的に小麦の輸入に反対し、関連製品の輸出を交換条件とする場合のみ認めたからだ――すなわちパスタの輸出である[46]。当時、イタリアのパスタ輸出量は減少の一途をたどっていた。原因は、すでに述べたようにアメリカ市場における後退だ[47]。一九二九年、レナート・ロヴェッタは『パスタ生産の工業技術』で、硬質小麦と「粉にしたもの」の倉庫、すなわち「サイロ」を、パスタの種類別に割り当てて管理するべきだと主張している。その理由を、「昨今では（第一次大戦後）パスタ産業は方向の転換を強いられ、〝やりたいこと〟ではなく〝できること〟を探さねばならない。それゆえ、セモリナ粉のみのパスタなど夢のまた夢である」としている[48]。ロヴェッタは小麦の配合の割合も指示しており、世界の総生産量の五分の四を占める「ロングパスタ」の場合、硬質小麦のセモリナ粉が八割、中挽きの軟質小麦（通常の小麦粉よりも粗めに挽いたもの）が二割。総生産量の五分の一の「ショートパスタ」は、硬質小麦のセモリナ粉が四割、中挽きの軟質小麦が四割、小麦粉が二割となっている(49)。本来なら、製造業者が利益を考えて、「特級（最高級）」、「上級（一級）」、「標準（二級）」、そして「三級」の四種類の製品の生産を自由に調整する。しかしロヴェッタは、「製造所によっては、特級あるいは最高級のパスタを製造することがほとんどなくなった」と指摘している(50)。

　イタリアのパスタ産業は、南北のふたつの伝統に支えられて発展した。すなわち、昔からパスタの製造が行なわれていた南部とリグーリア海岸である。機械化と技術の進歩のおかげで、とりわけ北部の製造業者は製品の幅を広げ、どんな形のパスタを出しても飛ぶように売れた。だが、少なくとも言葉のうえでは、南部では当たり前の「竿にかかったロングパスタや大きく切ったパスタ」と、リグーリアの伝統的な「コイル状に巻いたパスタやショートパスタ」を対比させる習慣は消えていない。ほとんどの生産地は北か南かに分類され、その土地ならではの名産品を生み出した。20世紀初めの製品カタログには、「シチリア風パスタ」「ジェノヴァ風極細パスタ」「ナポリ風パスタ」「プーリア風パスタ」などがずらりと並んでいる。ナポリでは、とりわけマッケローニが人気だったが、「ツィーテ（マッケローニより太い穴あきパスタ、〝未婚男性〟の意）」や「ツィトーネ（未婚女性に敬意を表して）」をはじめ、メッザーニ（長いマカロニ）、メッザネッリ（細いメッザーニ）、ブカティーニ（スパゲッティより太い穴あきパスタ）、ヴェルミチェッローニ（細いヴェルミチェッリ）など、多種多様のパスタがつくられていた。ジェノヴァを中心とするリグーリアでは、細いフィデリーニ、ヴェルミチェッリ、カペッリ・ダンジェロ（超極細、天使の髪の意）、フェットチーネ、縮れたフェットチーネ、スパゲッティなど、螺旋状に巻いたロングパスタが好まれた。プーリアでは、リガトーニ、ディタリーニ、トゥベッティ、ファジョリーニ、コンキリエッテ（小さな貝の形）、アネッリーニ（リング状）など、「短く切ったパスタ」が主流だったが、もちろんロングパスタをつくる製造業者もいた。シチリアでは、ありとあらゆる種類のロングパスタと、大ぶりのショートパスタが製造されたが、ロヴェッタによると、島の東部では、他にはない特殊なパスタがつくられていたという。

　実際、パスタの種類は無限にあり、地域ごとに大きさなどの規格があったとしても、メーカーによって異なることもしばしばだった。たとえばナポリでは、ロングパスタは五八～六〇センチと定められていたが、シチリアでは長くても五〇～五五センチで、直径や厚さはカタログに明記されていた。ボローニャは独自の「卵を使った手づくりパスタ」で知られているが、幅の広い長方形のシンプルな「パッパルデッレ」から、円錐形で先がとがり、下の部分を折りかえした「カペッリ・パリアッチ（ピエロ帽の意）」まで、その形はさまざまだ[51]。

20世紀初めには、着色料もふんだんに使用されていた。ジェノヴァでは、ナポリと同じく、すでに中世からサフランが使われていたが、技術が進むにつれてベニバナで代用され、合成着色料が広まるのに時間はかからなかった。最初はナフタレンからつくったナフトールが多用された[52]。あざやかな黄色を出すナフトールは、単独もしくは「マルティウスイエローもしくはトロペオリン」と混ぜて、とりわけ卵のパスタを着色するのに使われた[53]。着色料の使用が当たり前になると、製品への表示が義務づけられた。とはいうものの、ごまかしがまったくなかったわけではない。着色料の使用がパッケージやカタログに大きな文字で表記され、消費者に知らされることはまれだった。アメリカ人は人工的に着色されたイタリアのパスタを蔑み、国内だけでなく、進出を狙っていた国際市場でも自国の製品の品質をアピールした[54]。

「卵のパスタ」をはじめ、20世紀初頭には、製法や形の異なる「高級パスタ」が巷《ちまた》にあふれていた。なかには「美食」のパスタとして、色やさまざまな風味をつけたものがつくられた。この手の想像力はとどまるところを知らない。たとえばフランスでは、第一次大戦前の「華やかなりし時代《ベルエポック》」に、美食の世界で「純白のパスタ」がもてはやされたが、これは「完全に乾燥させて削り、ひらひら舞う雪をイメージした」ものだった。レナート・ロヴェッタによると、このパスタはすぐに茹でるよう指示されて、一キロ当たり約一〇〇フランで売られた。当時のパリの市場では、伊勢エビの一〇～二〇倍の値段である[55]。

一方、イタリア人は「トマトのパスタ」や「ほうれん草などの野菜パスタ」、そしてさまざまな詰め物をしたパスタを好んでいた。トマトのパスタは、生地に「ぬるい湯にとかし、きわめて目の細かい網で裏ごしした極上のトマトソース」を一割混ぜてつくる。「ほうれん草などの野菜パスタ」は、やはり手をかけた緑の野菜のピューレを加える(56)。当時、合成着色料を使っていたかどうかはわからない。あるいは、乾燥粉末やエキスにした野菜で染めて着色料を減らしていたのかもしれない。しかし卵のパスタでは、生の卵ではなく、成分のはっきりしない「ovus(ラテン語で、卵の意)」という粉末の代用品が使われており(57)、それゆえに合成着色料も使用されていた。

シチリアには、「パレルモ風手づくりパスタ」と呼ばれる、完全に乾燥させない独特のパスタがあった。材料は硬質小麦のセモリナ粉のみで、従来の生地に対して、発酵を抑えるために一キロ当たり一三〇グラムの塩を加え、涼しい場所に置いておくと、適度に水分が残る(58)。そして、職人の手で昔から伝わる形に仕上げられる。詰め物をしたパスタも、工業生産と職人技の融合といえる。生地は機械で捏ねて延ばすが、最後には基本的に女性が具を詰めて包む。もっとも、それも一九二〇年にラヴィオリやカッペレッティ、トルテッリーニ用の最初の機械が登場するまでだった(59)。

だが、何といっても当時の最大の発見は、栄養素やジアスターゼ(消化酵素)を配合した薬効のあるパスタだった。19世紀の終わり頃から、グルテンを豊富に含んだパスタがつくられるようになり、〝精のつく〟、〝消化によい〟といった宣伝文句が世間を賑わす。ざっと見ただけでも、ペプシン・ジアスターゼ配合パスタ、乳酸リン酸カルシウム配合パスタ、鉄・ペプシン・ジアスターゼ配合パスタ、鉄・リン酸カルシウム配合パスタ、ダイエット用小型パスタ、ゼラチン質の小型パスタ、鉄分入り卵の小型パスタ、ビール酵母エキス入りパスタなどが市場に並んでいた。忘れてはならないのが、一連のグルテン入り製品だ――グルテン混合、高グルテン、バイエル社の〝ソマトーゼ(滋養薬)〟入り高グルテンのパスタや小型パスタ(60)。離乳食や病中病後の食事、ダイエット向けに、スープに入れるものもある。その形も、「カペッリ・ダンジェロ」のような極細パスタだけでなかった。さまざまなものをかたどった小型パスタを挙げればきりがない――ステッレ（星）、ステリーネ（小さな星）、ペルリーネ（ビーズ）、オッキ・ディ・ペルニーチェ（ヤマウズラの目）、シンティッレ（火花）、レンティーネ（小さなレンズ）、レンティッキエ（レンズ豆）、フィオーリ・ディ・サンブーコ（ニワトコの花）、オッキエティーニ（小さな目）、ネッビア（霧）。あげくの果てには「グルテン風味のパスタ」などというものもあった。

高級パスタに負けず劣らず、こうしたグルテン入りの小型パスタは大人気だった。グルテンの栄養的な特性は、すでに一七二八年からヤコポ・バルトロメオ・ベッカーリの研究で知られており、これを一〇～一五％の割合で生地に混ぜる。配合はメーカーによって異なり、硬質小麦のセモリナ粉からグルテンを抽出するか（製粉業者の場合）、澱粉のメーカーから仕入れていた。通常の軟質小麦のパスタにグルテンを加えることはなかったが、グルテン配合のパスタの場合は、栄養価を高めるために特別に加えていた。こうした健康・強壮効果を宣伝に使わない手はない。当時の製品カタログには、「お子さま、胃の弱い方、病中病後の方に、すぐれた効果を発揮する」などといった宣伝文句が躍っていた(61)。

19世紀末に登場した「薬効のある高級パスタ」は偶然の産物ではない。産業革命は食品革命の新たな扉を開いた。ドイツやスイスといったアングロサクソンの国では、インスタントスープや固形スープの素によって調理法の革命が起こった。キューブ、マギー、リービッヒ、クノールといった会社が鳴り物入りで食品市場に侵攻し、女性たちをわずらわしい日々の食事づくりから「解放」した。わずか二センチ四方のキューブとなった肉汁や肉のエキスが、何キロ分もの牛肉に相当するのだ。食文化の研究で有名なアルベルト・カパッティが指摘しているように、いつの時代にも、人々はいかにも薬っぽい名前の疲労回復剤よりも、ダイエット（食餌療法）を好む。「プラズモン（ラクトアルブミン）」も「ペプトン・ケンマーリッヒ（肉エキス）」も「トロポン（動物性および植物性アルブミンの混合物）」も、グルテン入りのパスタにはかなわないのだ(62)。このように、20世紀初めのイタリアは食品革命の波にのみこまれたが、いささかお祭り騒ぎ的なところはあったとしても、決して時代の空気を無視したものではなかった。パスタ産業は、進歩を呼びかけるセイレーンの歌声に応えたのである。

第六章

国境なきパスタ

「スパゲッティは、ダンテの作品よりもイタリア人の才能を輝かせるのに貢献した」。半世紀前に、皮肉まじりのユーモアでそう指摘したのは、ジャーナリストで編集者のジュゼッペ・プレッツォリーニだった。みずからを「教師らしくない教師」と評した彼だったが[1]、その「食卓でのおしゃべり」のセンスをあらためて強調しなくても、パスタがはるか昔から西欧でイタリアの名物料理だと見なされていたことは疑いない。すでに17世紀には評判の高かった「ジェノヴァのパスタ」や「ナポリのパスタ」のおかげで、「イタリアのパスタ」という表現が生まれた。これは、20世紀初めの企業の登記簿では「食用パスタ」の同義語として使われている。「マッケローニ」「スパゲッティ」「ラヴィオリ」といったパスタの名前が、他言語では別の意味をもつことは、ここではくわしく触れない。しかし、プレッツォリーニは一九五〇年代に「アメリカの奥地」では「スパゲッティ・ディナー」というい方をしていると、腹を抱えて笑った。あるいは、「マッカローニ小麦《ウィート》」というアメリカの農業用語は硬質小麦を指すのだと、得意げに吹聴していた[2]。似たようなケースが他のヨーロッパの言語でも多く見られることは想像に難くない。

こうした言葉が広まったのは、パスタの世界におけるイタリアの実力と無関係ではないだろう。20世紀初めの産業発展が世界への扉を開いた。アルゼンチン、ルーマニア、カナダ、オーストラリア、アイルランド、インド——需要の急増によって、パスタ製品は世界中で引っぱりだことなる。なかには古い伝統があって、イタリアと並んでパスタ産業が発展した国もある。フランスやスペインといった地中海沿岸の国がまさにそうである。そしてドイツでも、アルザスやイタリア北部の街、とりわけボローニャと同じく、昔から卵のパスタがつくられていた(3)。こうした国々のほとんどは、20世紀前半になって、ようやくパスタの生産国として知られるようになったが、それ以前にもイタリア移民のおかげでパスタが輸入され、経済的にも、また嗜好的にもパスタに対する関心は高まっており、すでに製造所も建設されていた。

この章では、パスタが世界各国に受け入れられる過程を明らかにして、あらためて〝故郷〟イタリアにおける歴史を振りかえってみたい。なかでもフランスは、何世紀にもわたる生産の実績を見ても、第二の故郷といっても過言ではない。アメリカ合衆国の躍進は、新世界におけるパスタ産業の発展を象徴するものだろう。そしてアルザスは、いまなおドイツの食文化に根づいた卵のパスタの伝統を守りつづけている。だが、まずは生産が世界規模に広まった当時のパスタの事情について見てみよう。

1―パスタの新たな地平線

『パスタ生産の工業技術』という貴重な資料を記したレナート・ロヴェッタは、一九二九年の出版に当たり、じつに三五九二種類ものパスタ製品について調査した。その内訳は、当時イタリアで入手可能な六七地域、一六〇〇の製造業者に及ぶ。産業革命はパスタの世界を根底から覆した。数あるパスタメーカーのなかで、イタリアが今日でもトップの座にあるのは、圧倒的な国内の消費量のおかげにほかならない。国際市場では、もはや何世紀にもわたる独占状態に終止符が打たれた。それどころか、20世紀の最初の二〇年間には急増した輸出量も、続く一九三〇年代には激減し、五〇年代には四〇年前の一〇分の一にまで落ちこんだ。二度の世界大戦中と、終戦後もしばらく続いた食料品の輸出規制が大きく影響したのはいうまでもない。それまでイタリアからパスタを輸入していた国々は、別の供給路を模索せざるをえなかった。そして、ファシスト政権によって経済的な自立の基盤が揺らいだイタリアは、パスタの国際市場において次第に存在感を失った(4)。

おもな競合相手としては、まずアメリカ合衆国が挙げられるだろう。レナート・ロヴェッタの調査によると、一九二九年の時点でパスタ工場の数は五五〇〇で、うち三七七が米商務省の基準で近代的な設備が整っていた(5)。フランスは五〇〇の工場とマルセイユ式のセモリナ粉用製粉機で他国を圧倒し、国際市場でイタリアの第二のライバルと見なされた。そして、やはりパスタづくりの伝統をもつスペインは、調査の時点で工場数が二四〇、以下、ハンガリー（二二〇）、ドイツ、ポルトガル（各二〇〇）と続いた。実際、ヨーロッパではほとんどすべての国にパスタ工場があった。リヒテンシュタインやモナコ公国とて例外ではない。モナコはプロヴァンスやリグーリアと国境を接しており、パスタ文化の影響を受けないほうが難しかったにちがいない(6)。

スペインについては、歴史的な役割の変化をくわしく見る必要がある。アラブ・イスラム、ヘブライ、キリスト教文明の融合するスペインでは、ロングパスタや粒状のパスタを率先して受け入れ、みずからつくり、さらには国外に広めてきた。そして、アラゴン王家によって建国され、カスティーリャ王国との連合で地中海一帯を支配下に収めると、シチリアからプーリア、サルデーニャ、ナポリまで、パスタの伝統的な生産地を何世紀にもわたって統治した。もちろん、スペイン人はみずから生産に関わることはなく、製造に対する行政的な措置や規制を行なって、商業的な独占状態を一日も早く終わらせることに尽力した。その役目を担わされたのがジェノヴァである。だが、利点もまったくなかったわけではない。そのおかげで、領土内ではつねに製品を安価で手に入れることができた。

その結果、19世紀後半にはスペイン本土でほとんどパスタが生産されなくなっていた。一八七八年のパリ万国博覧会では、穀物と小麦粉の審査委員会で次のように報告されている。「スペインの製粉業は、今日に至るまでめざましい発展を遂げてきた。食用パスタの生産はこの一二年で著しく増えたが、依然、産業として成熟しているとはいい難い」。スペインでは、アルジェリアから硬質小麦を輸入する以外にも、ヴァレンシア地方、ナヴァラ地方（パンプローナ）、セヴィリアなどで栽培が行なわれ、パスタの製造業者はさまざまな選択肢があった。にもかかわらず、スペインのパスタは総じて注目に値しないと判断して、審査委員会は多くの候補のなかからヴァレンシアの出展者にのみ賞を与えた[7]。

とはいうものの、ある意味では、一八七八年のパリ万博をきっかけにスペインにおいてパスタ産業が誕生し、20世紀になると、めざましい成長を遂げることになる。そして、おそらく第一次世界大戦で賢明にも中立政策を取ったおかげで、スペインのパスタ生産量は増加し、その結果、他のヨーロッパ諸国と肩を並べるまでに至った。一九三〇～四〇年にかけて、パスタ工場が次々と建設され、一九五四年には三四九が新設された。これはイタリアに次ぐヨーロッパ第二位で、フランスを上回る数字である[8]。もっとも、これはあくまで工場の数であり、かならずしも生産量には一致しない。いずれにしても、戦争がスペイン人にとって有利に働いたことは間違いない。

2―ドイツからコサックの地へ

一八七八年のパリ万博は、産声をあげたばかりのパスタ産業にとって最初の国際的なイベントであり、世界中のパスタメーカーが参加した。なかでも、ヴォルガ地方のカザンからやってきたロシアの製造業者は、審査委員会に歓迎された。ヴォルガで栽培される硬質小麦は世界一ともいわれ、西欧の製造業者は、出荷される港の名前にちなんで「タガンログ」と呼び、昔から輸入していた。万博の報告書には、「ロシアのヴァラスキン社のヴェルミチェッリやマッケローニは、イタリアの製法によって、すばらしい出来となった」(9)と記されている。ロシア帝国の奥地の業者が、小麦の取引に加えてパリ万博に出展するだけでも意外だったが、マッケローニの製造まで始めていたとは、じつに驚きだった。とはいっても、これだけ小麦の栽培が盛んな地で、パスタづくりの伝統がないほうが不思議だろう。しかも、カザンは東西交流の主要な道、すなわちアストラハンへ続くシルクロードの北路に接し、まさにヴォルガ川のデルタ地帯の入口に位置するのだ。ロシア料理に昔から生パスタが使われていたことは知られている。ウズベキスタンなど、やはり硬質小麦を栽培している中央アジアの国々も同様の文化をもつ(10)。いずれにしても、帝政時代のロシアであろうと、ソヴィエト連邦時代であろうと、この国のパスタ産業は国の規模に応じて発展してきた。一九二九年のレナート・ロヴェッタの調査では、パスタ工場の数は一〇のみで、かろうじてマルタの九を上回るが、フィンランド、アルバニア、ルクセンブルクには及ばず、当時すでに五〇の工場があったルーマニアにはかなうはずもなかった(11)。

ルーマニアにおけるパスタ産業は、他のヨーロッパ内外の諸国と同じく19世紀後半に発展した。しかし特筆すべきは、イタリアを含む他国が足元にも及ばなかった生産力だろう。一八八九年のパリ万博では、ブカレストの製造業者の出品した乾燥パスタが審査委員会の目にとまり、みごと金賞に輝いた。その業者の工場は「フランスの建設会社」が設計・建設・操業を担い、一六〇馬力の蒸気式機械が導入され、三〇〇名の労働者が働いていた(12)。ルーマニアは有数の硬質小麦の生産国でもあり、国際市場でも一目を置かれていた。したがって、企業家が食指を動かすのも無理はなかった(13)。19世紀末には、ガラツィとコンスタンツァにもそれぞれ大工場が建てられ、20世紀初めまでにさらに五〇ほどの工場が新設された。

パリ万博は19世紀後半から立て続けに開催され、一九〇〇年に頂点を迎えたが、当時、パスタの一大生産国として君臨していたのがドイツである。とりわけ、一八七〇年に併合したアルザスの存在は大きかった。ドイツの食文化には生パスタの伝統があり、麺類を意味する「ヌーデルン *nudeln*」の種類はじつに豊富だ。ちなみに、この言葉は仏語の「ヌイユ *nouilles*」から派生し、英語では「ヌードル *noodles*」に当たる。マロワンも「ヴェルミチェッリ」に関する書で触れている。「ドイツではタリアテッレを食べ、一七五一年から出版されている『百科全書』では、〝ヌーデルン〟を極上の小麦粉、牛乳、バターを麺棒でのばし、細長く切ったものと解説している」。マロワンによると、「ドイツではごく日常的な料理であり……イタリア人にとってのヴェルミチェッリやマッケローニに似ている」とのことだ[14]。このように、18世紀の啓蒙時代以降、「ヌーデルン」の伝統はイタリアのパスタの伝統と対をなし、フランスの百科事典の見出し語となるほど評判を呼んだ。

しかし19世紀末には、一八七〇年の普仏戦争での敗北の記憶が覚めやらぬフランスが反撃に出て、一連の博覧会にドイツの参加を認めようとしなかった。そのため一八七八年、八九年とドイツやアルザスのパスタ製造業者は招待されず、かろうじて一九〇〇年のパリ万博にクノール社が出展し、ヴェルミチェッリで賞を獲得した[15]。審査委員会の記録によると、ハンブルク、リューベック、ケーニヒスベルクをはじめ、他の都市でもパスタ工場が操業していると報告されている。その後、ドイツで至るところに工場が建設され、その数は二〇〇にものぼったが、一九一八年にはアルザスを手放さざるをえなかった。第二次世界大戦中、ドイツのパスタ産業は大きな打撃を受けたが、戦後の暗黒時代が終わると、国家が東西に分断されたにもかかわらず、みごとに生産体制を立て直した[16]。

不思議なことに、一八七八年、八九年、一九〇〇年のパリ万博の記録には、ハンガリーのパスタ産業に関する記述はいっさい見当たらないが、当時のハンガリーの製粉業は世界一ともいわれていた。真っ先にシリンダーを用いた最新の製粉法を導入し、他国に「ハンガリー式製粉」として広まったほどである。したがってハンガリーのパスタ産業は、ルーマニアよりはるかに遅れて、20世紀の初めに急成長を遂げたと考えるのが妥当であろう。その証拠に、レナート・ロヴェッタは一九二九年の時点で、ヨーロッパで一、二を争う実力国に分類している。

ベルギーの場合は、やや事情が異なる。一八八九年の万博では唯一の出品が銀賞に輝いた。審査委員会の意図としては、年産一七〇万キロに届くか届かないかの新興国を奨励することにあったようだ。ちなみに金賞は、「わずか数年でパスタの生産量が飛躍的に増えた」ギリシャに与えられた(17)。ポルトガルは一八七八年の万博に出展したものの、その後は参加していない。おそらく、「食用パスタの生産において、ポルトガルは国際的な品評会で賞を獲得するレベルにはほど遠い」という審査委員会の厳しい評と無関係ではあるまい。一九二九年に二〇〇の工場があったことを考えると、ポルトガルの製造業者にとっては、よい教訓になったにちがいない。

3―大西洋を越えて

アメリカ大陸からパリまでやってくるパスタ製造業者は、ほとんどいなかった。一八八九年の万博では、パスタ産業の成長が著しいウルグアイとアルゼンチンの参加が記録されているのみだ。報告書には「ブエノスアイレスでは工場が乱立状態にある」と記され、審査委員会は、新興国のパスタ産業を奨励するために「ブエノスアイレスのアントニオ・デヴォート氏とサンタフェのペイラーノ氏に金賞を授与した」(18)。一九〇〇年には、エクアドルが奨励の対象となる。この小さな共和国からは、港湾都市グアヤキルのイタリア系メーカー二社が出展し、それぞれ金賞と銀賞を受賞した。北米大陸からの出品は、カナダのモントリオールの一社にとどまった(19)。

パリ万博で賞を獲得した出展者には、ひとつの共通点がある――全員がイタリア系の名前なのだ。つまり、イタリアからの移住者が受け入れ国でパスタ産業を興すのに大きな役割を果たしているということだ。実際、こうした移民が定住した地域には、同じ移民相手に商売をするためにパスタ製造所がつくられた。アメリカ大陸では、輸入されたり、地元でつくられたパスタは、基本的にはイタリア系移民が消費していた。それ以外の人々にとって、異国の食べ物であるパスタは、懐具合に応じてレストランか居酒屋でしかお目にかかれないものだった。ラテンアメリカの国々で、アルゼンチンが最初に本格的なパスタ生産に乗り出したとすれば、それは19世紀後半にイタリア人が大量に移住したからにほかならない。彼らは国内で最大の社会を築き、その子孫は現在の全人口の四〇%を占めている。アルゼンチンでパスタ産業が発展したのは、現地で栽培された上質の原料がたっぷり入手できたことも大きい。アルゼンチンは、チリとともに早くから大規模な小麦の栽培を始めた。しかも、スペイン、イタリア、ロシアの小麦のなかからすぐれた種子を選り抜いている。一九二九年の調査で、製造所数三三〇（そのうち、少なくとも三〇が近代的な工場）は、じつに世界第四位だった(20)。この時期には、アメリカ大陸全体でパスタ産業がめざましく発展した。レナート・ロヴェッタによると、ペルーをはじめ、ボリビア、エルサルバドル、ニカラグア、ヴェネズエラ、ハイチ、キューバ、チリなどにもパスタ工場があったという。とりわけブラジルでは、おもな都市に約三二〇もの工場が建設されていた。わずか三〇年足らずのうちに、南米のほぼすべての国がパスタを生産するようになった。そして、時を同じくして北に巨大な生産国が誕生する。

第二次世界大戦に直接巻きこまれなかったラテンアメリカ諸国では、20世紀後半になってもパスタ産業は成長しつづける。それと同時に消費も拡大し、とりわけアルゼンチン、ヴェネズエラ、ブラジルでは消費量が急増した。なかでもブラジルは、一九五四年の時点で四四〇の工場を抱え（南米大陸全体で一〇二四）、ラテンアメリカを代表する生産国となった(21)。首位の座を明け渡したアルゼンチンは、ロヴェッタの報告では工場数は増えていなかったものの、ジュゼッペ・ポルテージによると、ほとんどの工場は大規模で、最新の機械が導入されていた。この時期には、ヴェネズエラも飛躍的な発展を遂げている。同国は今日でもイタリアに次ぐ世界第二のパスタ消費国で、一九九九年の統計では、ひとり当たりの年間消費量は一二・七キロだった(22)。

大西洋を渡ったイタリア人社会という殻を破って、南米のパスタ産業は急成長を遂げた。国内の市場を征服し、国際市場で旧世界のメーカーに挑むのも時間の問題だろう。すでに新世界のパスタ産業からの解放――要は「アメリカ化からの解放」――は始まっている。一方で、ヨーロッパの旧大陸でもパスタ産業は新たな段階を迎えていた。すでに確固たる基盤を築いていたのは、イタリアと、そしてフランスだけだった。

4　フランスの伝統

ジャン＝バティスト・ラバの残した貴重な証言によって、18世紀初頭のリグーリアでのパスタ製造の様子が手に取るようにわかるが、それだけではない。彼はプロヴァンスにおけるパスタの普及や、さらにはパリの初期のパスタ文化についても触れている。地中海に面したプロヴァンス地方は、パスタの伝統的な生産地であると同時に消費地でもあった。すでに中世から、マルセイユにはシチリアやサルデーニャの乾燥パスタを積んだジェノヴァの船が入港しており、14～15世紀にかけては、アヴィニョンやグラースでもパスタがつくられるようになった。一六〇七年、ある医学書の著者が、フランス王国のこの地域でつくられたパスタの種類をまとめた。それによると製法はイタリア、とりわけリグーリア海岸のものときわめて似ている。「ムニュデ *menudez*」「マカロン *macarons*」「ヴァーミソー *vermisseaux*」「フィディオー *fidiaux*」――それぞれミヌテッリ、マッケローニ、ヴェルミチェッリ、リグーリアのフィデリーニに相当すると思われる――は、いずれも職人の手でつくられ、白い布に広げて天日にさらされた(23)。

ラバ神父はイタリアへ行く前にプロヴァンスに立ち寄っているが、彼が指摘しているように、当時のパスタづくりは、基本的に手仕事でありながらも合理的な方法を取っていた。一七二三年に出版された『商業大全』では、著者のジャック・サヴァリは工場の視察官でありながら、国内のパスタ工場に関してはいっさい言及していない。ただ、「ヴァーミセル」については、リヨンでは「スムール」とも呼ばれ、一〇〇キロ当たり六ソルドの税金が課せられたようだ。いずれにしても、他の項目に比べると、パスタに対しては誤解が目立つ。当時、すでにパスタはイタリアの名物料理として知られていたが、サヴァリによると、ヴェルミチェッリは「イタリア人が好む米粉でつくられたパスタの一種」で、ふつうは注射器のようなものを使って製造するとされていた(24)。

実際、18世紀のフランスでは、プロヴァンスを除いてパスタは〝未知なるもの〟だった。マロワンや彼の競争相手が本格的にパスタの生産を始めるまでは、パリのパスタ愛好家は、高級食材店でジェノヴァやナポリからの輸入品を買うほかはなかった。一七六七年の『製粉業者とパスタ職人の技術の解説』で、マロワンは次のように述べている。「現在、パリではあらゆる種類のパスタが製造されており、職人たちは〝万人に有益な〟仕事の先駆者たることを誇りに思っている」(25)。当時、プロヴァンスのパスタ製造は、作業の面でも設備の面でもイタリアの大工場に劣らないほど進歩的で、マロワン自身、ここで最新の生産技術を学んだ。ただしナポリやリグーリア海岸とは異なって、フランスのパスタ製造業者のほとんどはパンの製造も兼ねており、パスタ産業がめざましく発展しているとはいい難かった。自身もパン職人であるマロワンは、ヴェルミチェッリ職人組合を「パン職人組合の支部」と定義している(26)。

ヴェルミチェッリや通常のパスタの原料は軟質小麦の粉だが、マロワンによると、マッケローニにはかならずセモリナ粉が使われた。小麦粉の場合はサフランで色をつける。その他のパスタ用には、トラーニ(プーリア)やカリアリ(サルデーニャ)から硬質小麦の粉が輸入された。フランス国内では、パスタ用の上質の小麦は南部のローヌ川流域の平野で栽培されていた。ニームとサロン・ド・プロヴァンスにはさまれ、アヴィニョンの南まで広がる穀倉地帯だ。すでに述べたように、パリのヴェルミチェッリ職人は多くの場合、パスタを発酵させる。この手法は、中世イタリアの一部の料理人のあいだで取り入れられ、16～17世紀のローマでは「吹きさらしのラザーニャ」なるパスタもつくられている。マロワンも認めているとおり、発酵させたパスタの欠点は「保存がきかない」ことだが、一方で風味がよくて消化しやすく、「やわらかいので調理しやすい」という利点がある。言い換えれば、パリの職人は溶けやすいパスタを目指していたのに対して、ナポリでは茹でるときにも形の崩れない硬いパスタを追求し、その「鞭」のような特性は「アル・デンテ」という言葉で世界中に広まるところとなる。これは、まさにパスタの本質を示している。かたや生のままスープで煮込むパスタ、かたや「パスタシュッタ」と呼ばれる、ソースであえて食べる乾燥パスタ。この対極をなす両者が、いわばパスタの世界をつくりあげているのだ。

パリのヴェルミチェッリ職人は確固たる地位を築き、数は着実に増えていった。産業革命以前は一本の通りを占める程度だったが、ナポレオンの時代には街中にあふれ、洗練されたフォブール・サンジェルマン地区にさえ軒を連ねた。「いつのまにか、パスタは富裕層以外の消費者にも好まれるようになった」と、グリモ・ド・ラ・レニエールは書いている。「パリにはヴェルミチェッリ、マッケローニ、ラザーニャ、ステッレ、オッキ・ディ・ペルニーチェ……とにかくイタリア風のあらゆるパスタをつくる職人が無数にいる」(27)。プルヴェール通りには名高い工房が集まり、ロンバール通りには大きな製造所が建てられ、『食通年鑑』の著者によると、生産量も品質も飛び抜けていたという(28)。

パスタの消費量は順調に伸びつづけ、19世紀前半には他の都市にも製造業者が次々と誕生した。一八一九年の商業登記簿には、リヨン、トゥールーズ、グルノーブル、モンペリエ、ニームの製造業者が記されており、すでにマルセイユやパリの古参の業者と競合していた。都市ごとの人口によって差はあるものの、パスタの消費はフランス全土に広まった。一八〇〇年頃から始まったイタリアへの輸出も好調で、決して減少することはなかった(29)。同じく一八一九年には、フランス中部オーヴェルニュ地方でもパスタの生産が開始され、わずか数十年で国内有数の生産地に成長した(30)。一八二八年の時点で、同地方の首府クレルモン＝フェランには数えきれないほどの工場があったという。代表的なのは、アメデオという大手製造業者が経営する工場と、一八二三年にドレロンという人物が創業した工場で、製品は異なるものの、共通しているのは「ジェノヴァの製法に基づいてつくった」パスタだということだ(31)。

その後もオーヴェルニュ地方のパスタ産業は発展しつづけ、名もない都市にまで広まった。一八三九年には、クレルモン＝フェランはパリやリヨンに約六五万キロのパスタを供給し、同地方のパスタは「オーヴェルニュのパテ」と呼ばれた(32)。それから四〇年もたたないうちに、工場の数は一〇〇、小規模な製粉所は七〇に増え、フランス全土だけでなく国外にもパスタを出荷するようになった(33)。19世紀半ばには、オーヴェルニュのパスタの評判は揺るぎないものとなり、煽りを食ったイタリアパスタは売り上げが減少した。国もこの功績を認め、クレルモン＝フェランで最もすぐれた製造業者にレジオン・ドヌール勲章を授与した(34)。具体的にはマニャン社が、一八五五年のパリ万国博覧会に出品して賞を獲得する。同社は一八八〇年頃にイベルティという人物に経営が移って社名を変更したが、近代的な製法と特許を取得した乾燥技術で高品質のパスタを生産しつづけた。当時はオーヴェルニュのパスタがナポリに運ばれ、「ナポリのマッケローニ」として輸出されていたという噂まであったという(35)。

パリのパスタとは異なって、オーヴェルニュではもっぱら硬質小麦が使われた。当初はリヨンやマルセイユの製造業者と同じく、イタリアやタガンログから調達していたが、一八四〇年以降、地元で硬質小麦の栽培を始め、グルテンが豊富に含まれた小麦が収穫できるようになる。フランス南部では、スウェーデンの植物学者リンネが発見した野生小麦の「*Triticum turgidum*」が栽培されていた(36)。これは、またの名を「*touselle*」「*blé mitadin*」、イタリア語では「大小麦」といい、オーヴェルニュの企業家たちはこの貴重な小麦を使ってグルテンを抽出し、利益をあげようと試みた。すなわち、茹でても崩れないパスタを製造し、国内の市場でイタリアの製品に挑んだのだ。マロワンの時代から「ナポリ風」のパスタは人々を魅了してきたが、それと同じものがもっと安く、しかも至るところで手に入るようになった。こうして、19世紀の終わりになっても、あいかわらずパスタ会社は繁盛し、マルセイユ、リヨン、パリといった他の都市も台頭してきた。

現在でも、古本屋でブルッソン・ジューヌ社のカタログが手に入る(37)。二度の世界大戦の時代に、パスタや栄養食品で売り上げを伸ばした同社は、一八七二年にジャン・ブルッソンがヴェルムールで設立した会社である。ヴェルムールは、国内初の工場が建設されたトゥールーズから五〇キロほど離れた、ミディ＝ピレネー地域圏の小さな町だ。わずか三年後には同社は郊外に新たに広い社屋を建設し、糖尿病などで食事制限のある患者向けに、澱粉の抽出と栄養食品の事業を拡大した。そして、20世紀になっても順調に業績を伸ばしつづけ、フランス北部のアミアン近郊のボーヴェスに本社を移転し、イタリア風パスタの生産に力を入れた。だが、一九三五年頃を境に経営が悪化しはじめ、やがてフランスの産業界から姿を消した。この会社の興亡は、19世紀後半〜20世紀前半にかけてのフランスのパスタ製造業者を象徴するものだった。

一八五六年の統計によると、パリとその近郊で、約一二〇万キロのパスタが生産されていた。これは同地域の人口の需要のおよそ半分に当たる。残りは基本的にミディ、アルザス、リヨン、オーヴェルニュから調達していた(38)。ロシアやイタリア、北アフリカの植民地から硬質小麦が集まるマルセイユでは、パスタの生産とともにセモリナ粉の製粉業が栄えた。当時のマルセイユのパスタ工場は国内でも最大規模で、その生産力と近代的な設備はナポリを脅かすほどだった。実際、ナポリの製造業者は脅威を感じていた。一八七四年に、ナポリの経済学者アレッサンドロ・ベトッキは次のように記し、自国のパスタ産業の衰退を嘆いた。「マルセイユの一社だけで、国内と国外に向けて、一日二〇〇〇キロのパスタを売りさばいている。年間七〇万キロ、つまりイタリアの総輸出量の一〇倍である！」。もっとも、こうした見方はいささか悲観的すぎるようにも思える。当時のイタリアの小麦業界がそれほど落ちぶれていたとしても、その状態は長くは続かず、五年後にはかつてないほどの発展を見せるからだ。しかも、ナポリ沿岸地帯の都市には、マルセイユに劣らない生産量を誇る工場がいくつもあった。たとえベトッキの「生産力」に関する分析が事実だったとしても、フランスのパスタ産業とイタリアは互角に競り合っていたといえよう(39)。

リヨンにも生産力の高い工場が多数あったが、最も古い工場は一八〇九年に設立された。当時、リヨンの産業界の主役は何といってもベルトラン社で、20世紀に入るまで名声をほしいままにする。同社は一八七八年のパリ万博に穀物製品を出品し、「ベルトラン氏はフランスの食用パスタ業界に多大な貢献をした」との称賛が寄せられた(40)。ベルトランは率先して技術改革を行なっただけでなく、栽培を始めたばかりのアルジェリア産硬質小麦を輸入して、慈善家としても名を馳せた。ところが、実際にこの小麦を使ってみたところ、意外にもパスタに最適だということがわかった。このように、彼はロシアの上質の硬質小麦でつくるパスタに劣らない製品を生み出したばかりか、植民地の農作物の利用価値を見出し、国の財政収支に大きく貢献した。さらには、当時としては珍しいことに、一八二二年にゼレガというイタリア系の企業家が創立した会社を買収する。およそ一〇年後、リヨン出身だと思われるアントニオ・ゼレガは、ブルックリンのA・ゼレガズ・サンズ社社長となった。アメリカで最初のパスタメーカーのひとつで、そのブランドは現在まで続いている。

ベルトランに話を戻すと、その後の活躍もめざましく、息子が後を継いでも会社の勢いは衰えなかった。したがって、一八八九年のパリ万博で、イベルティをはじめ居並ぶフランスの会社とともに金賞の候補に名が挙がっても不思議ではなかった。もっとも、この年は国外からの出展は少なく、審査委員会のメンバーはフランス人のみだったが。続く一九〇〇年の万博で賞を逃したのは、単にベルトランの息子が審査委員を務めていたという理由から。その後も、20世紀初めの最盛期に比べると規模は縮小するものの、ベルトラン家は代々経営を引き継ぎ、五〇年代になっ

年にレイモン・コヴェが社長に就任すると、新たな高温乾燥法を採用してふたたび事業を拡大した(41)。一九八〇～九〇年にかけて大手の企業に買収される。パリに本拠地が移ってからも、ベルトランのブランドは受け継がれ、一九八〇～九〇て大手の企業に買収される。パリに本拠地が移ってからも、ベルトランのブランドは受け継がれ、

とはいうものの、ベルトラン社の名前は、20世紀初めにフランス一のパスタ生産地として栄えたリヨンと切っても切り離せない。すでに一八七八年にはリヨンは一二の近代的な工場を抱え、年間およそ一七〇〇万キロのパスタを生産していた。そのほとんどはフランスの植民地やアメリカに輸出され、専門家によると「すばらしい品質のおかげでイタリア製品を駆逐した」という(42)。一八七八年のパリ万博では、ベルトラン社の他に、リヨンの二社が金賞候補に名を連ねた。なかでも注目を集めたのは、のちにフェラン&ルノー社として知られるフェラン社だ。そして、やはり19世紀の終わりにリヨンで設立されたリヴォワール&カレ社は、たちまち国を代表するパスタメーカーとなった。創業間もない一八九二～一九〇〇年の生産量を見ても、日産一万五〇〇〇～五万キロと、当時のイタリアの大手製造業者とほとんど変わらない(43)。20世紀前半に業績を伸ばしつづけた同社は、一九一〇年創業のグルノーブルの大手メーカー、ルストゥクル社と合併し、現在では別会社を設立している(44)。

グルノーブルは、フランスで四番目のパスタ生産地の中心都市である。実際には、サヴォワからニースまでのアルプス地方一帯でパスタがつくられているが、両都市とも一八六〇年にフランスに併合され、食べ物に関してはイタリアの影響を強く受けていた。ニースでは、一八五六年にアルベルティーニ社が設立され、ヴェルミチェッリ、カペッリ・ダンジェロなど、ジェノヴァ伝統の極細パスタで有名になったが、同社の製品は卵のパスタだけにとどまらず、ほうれん草やトマトのパスタも発売して、20世紀初めに大きな成功を収めた。当時はどの会社も国内外での宣伝活動に力を注ぎ、アルベルティーニ社も毎年のように主要都市でキャンペーンを行なった(45)。そして、地元ニースはもちろん、トゥールーズ、パリでの品評会で賞を獲得し、着実に知名度を高めていった。

サヴォワがフランスに併合された年、この地で最も古い会社が創立された。現在のリシャールSA社である。創

業当時から「レジェ・エ・フィス」のブランドで親しまれてきたが、一九二六年にリシャール社に買収され、いまも「アルピナ」の名で商品を販売している。もうひとつの老舗シロン・ムーラン社は、一八七〇年、シャンベリの近郊のコナンで、アントワーヌ・シロンが製粉所として設立した。一八九二年にシャンベリに本格的なパスタ工場を建設し、すでに注目されていた硬質小麦のセモリナ粉一〇〇%のパスタに加えて、新たに「ルイ・シロン」のブランドで牛乳を使ったパスタを販売する。その後は事業の拡大を断念し、中堅企業ではフランスで唯一、製粉とパスタの製造を手がける会社として成功を収めた(46)。

フランスのメーカーで最も新しいパンザーニ社が今日、フランスの国内市場を広く占有している。パンザーニ社は、一九四一年、フランス西部のパルトネで、イタリア系移民の息子ジャン・パンザーニによって設立され、家族経営の小さな会社は、第二次世界大戦が終わるとともに拡大し、着実に市場を獲得した。イタリア風のロゴとアメリカで主流の透明なパッケージで、パンザーニ社は大量消費に狙いを定めて市場に革命を起こし、時代を先取りした戦略で揺るぎない地位を手に入れた。一九七〇年には大企業の傘下に入り、「アネージ」といったイタリアブランドの販売権を獲得するなど、確実に成長を続け、現在ではマルセイユやパリ近郊に多くの工場を構えている(47)。

こうしてフランスのパスタ産業をざっと振りかえってみると、特定の地域と深く結びついていることがわかる。国の経済という観点から見れば、イタリアのように重要ではなかったものの、フランスのパスタ産業は早い時期に産声をあげ、職人の手作業による製造工程に最新の技術を導入することで、イタリアの大都市と同様に発展した。そして19世紀初め頃から、南部の頼もしい実力者、すなわち硬質小麦のセモリナ粉のパスタのおかげで、イタリアと対等に張り合えるようになった。一八六〇〜七〇年にかけて、イタリアの小麦業界が試練に耐えていた時期に、フランス人は植民地で栽培された安くて上質の硬質小麦を手に入れて、ここぞとばかりに攻勢をかけた。一八六八年に八八万七七〇〇キロだったパスタの輸出量(すべて植民地向け)は、七六年には五倍以上の五一六万三四〇〇キロとなり、国際市場においても存在感を示すようになる。だが、産業の成熟という意味では、輸入量も無視することはできない。そして輸入は一時、明らかな減少を見せる(48)。それは、まさにフランスがアルザスを失った時期だった。一八七〇年、歴史的にパスタづくりと縁の深いかの地は、ドイツに併合された。

5　アルザス——卵のパスタにかける情熱

地中海沿岸で硬質小麦のセモリナ粉を使ったパスタが発展したとすれば、ドイツは卵のパスタの恩恵をこうむったといえるだろう。中世のイタリアでも、すでに卵を使うマッケローニのレシピは存在したが、卵のみで小麦粉を練る方法が最初に広まったのは、ヨーロッパ北部であると考えられる。実際、こうした習慣は17世紀半ばにはライン地方に根づいていたが、イタリアやフランス、スペインにはまだ見られなかった。「タリアテッレの材料は卵と上質の小麦粉と塩で、水はいっさい使わず、大量の卵のみでつくる」と書いているのは、修道院長のベルナルディン・ブッヒンガーだ。彼の記した独語の料理書は、アルザスの食文化における聖典ともなっている(49)。この本は、「シュトリーブレ（生地を油に落として揚げたもの）」、「クネプフレ（じゃがいもの団子クネーデルを小さくしたもの）」、「シュペッツレ（生地を熱湯に落として茹でたもの）」といった、アルザスなどドイツの一部に伝わるシュー生地を使う料理には触れていない。だが、均質の硬い生地を麺棒でのばし、切ってから巻く、ドイツで「ヌーデルン」と呼ばれるパスタについては、アルザスでは独自に大量の卵を使って風味を豊かにすると記されている。「大量の卵」というのは、当時の上流社会の習慣では、小麦粉一キロ当たり六〜八個である。この割合は現在の高級製品にも適用され、「七つの卵のパスタ」という宣伝文句はフランスですっかり定着している。

アルザスのパスタ産業は19世紀半ば頃に発展したが、工業生産の下地となったのは、18世紀のフランス、そして中世のイタリアからパン職人のあいだで受け継がれてきた技術だった。初期のころは、手作業で少量の生パスタ、あるいは表面だけ乾燥させたパスタをつくり、地元の消費者を相手に細々と商売をしていた。自家製パスタと同じレベルの製品が市販で手に入ることに満足していた時代だ。こうして少しずつ生産量が増えるとともに、パリの製造業者と同じく、パンを焼く窯の熱を利用することで乾燥時間を長くできるようになった。アルザスでは昔から、薄い生地を細く切って巻く、タリアテッレのようなパスタしかつくってこなかったため、乾燥にそれほど長い時間は必要ないが、生の卵を生地に練りこむので、傷まないように手早く、かつ慎重に作業しなければならない。新たな機械が導入されると、生産のスピード化と低コスト化が実現し、その結果、小売価格の低下によって需要が増加したことも加わって、着々と産業化への道を進んだ。アルザスに自動練り機、円錐形のローラー式捏ね機、水力式押出機が登場したのは、ナポリやリグーリア、オーヴェルニュと同じころだった。だが、やはり転機となったのは人工乾燥法の採用だった。20世紀初めに急速に進歩したこの技術によって、大量生産が可能となった。

アルザスのパスタ産業は、先駆者たちの活躍によって支えられた。フレデリック・シュレルは一八四〇年、コルマール近郊のローゲルバックに、アルザスでは初の大規模工場を建設した(50)。当時のフランスで最も近代的なこの工場で、シュレルは硬質小麦を用いたが、それ自体、アルザスの食文化では革命的な出来事だった。一八七〇〜一九一五年のドイツ占領時代にも、パスタ産業は衰えることなく、第二次世界大戦が終わるまで職人技が脈々と受け継がれていく。一八七〇年の普仏戦争でプロイセン(ドイツ)に併合されると、アルザスは活発なドイツ経済圏の仲間入りを果たした。そこには卵のパスタの文化が根づいており、パスタ産業が生まれたばかりのアルザスにとっては、まさに理想的な環境だった。折しも技術革新の時代を迎え、イタリアが小麦業界の危機で苦境に陥っているあいだに、アルザスの企業家はチャンスをものにする。

アルザスには、ドイツ帝国に併合されていた短い期間のあいだに、二〇ほどのパスタ工場が新設された。首府ストラスブールが最も多かったものの、他の都市やライン川流域にも建てられ、そのすべてで卵のパスタが生産された。ほとんどは大手のライバル会社に合併されたり、戦争中の経営難で閉鎖して、20世紀中に姿を消した。しかし一部は生き残って、この地域の特殊な事情に屈することなく、現在に至るまで発展を続けている。アルザスの四大企業のなかでは最も小さいティリオン社も、そうした企業のひとつである。同社は一九〇四年の創立以来、コルマールの地で20世紀を乗りきった。創業者のジュール・ティリオンは、工業生産の時代に先立って、みずからのパン工房で卵のパスタづくりを始め、それ以降、後継者たちは伝統的な製法を忠実に守って会社を経営してきた(51)。

一方、ヴァルフルーリ社の歴史は、コルマールとミュルーズにはさまれた小さな町、ゲブヴィレーに刻まれた。一九一九年に開かれた小さなパスタ工房は、一九二二年にフレデリック・クエンツに買収され、わずか数年でアルザスを代表する工場となる。アルザスがフランスに返還された直後の一九二〇年には、ストラスブールにデカ社が設立され、その品質でたちまち名声を築いた。同社は手工業規模の体制を維持しながら、第二次世界大戦後も生産を続け、一九六〇年にアルザスの老舗メーカー、シュレル社と合併する。その後もライバル会社を次々と買収して規模を拡大したが、やがてルストゥクル社の「餌食」となり、その結果、Ｇａｐａｌ社（アルザス総合食用パスタ会社）が誕生する。アルザスで業界第四位のハイムブルガー社も、第二次世界大戦前はパンを製造していたが、五〇年代になって近代企業に成長した。

昔もいまも、アルザスのパスタ製造業者にとっては、地元特産の卵のパスタが看板商品となっている。過去のパッケージやポスターから、最近の宣伝キャンペーンまで、企業の販売戦略は、どこをとっても郷里への愛着と先祖の食文化に対する敬意にあふれている。ごくふつうの「アルザスのパテ（パスタ）」という表示も、あるいは独自のパッケージや黒のつば広帽子のマークも、まさに地域の特色を強くアピールする象徴であり、決して他では見ることができない。

手工業の時代には、産地の表示は、その土地の消費者にとって、製品が本物であることを証明するものだった。それによって、地域社会に受け継がれてきた製法でつくったものを安心して買い求めることができた。食品を選ぶ際には、自分たちの土地でつくられたものを手にするのが自然で、そうした「地元」の製品に対して、アルザスの人々もやはり強い偏愛を示す。流通経済の拡大にもかかわらず、生産の原理と手段をねじ曲げてまで地域伝統主義を貫くのは、ある意味では驚くべきことである。実際、小麦粉をアルザスのパスタとは無縁のセモリナ粉で代用することには、アルザスの人たちの根強い抵抗感があった。じつのところ、19世紀後半になると、地中海の同業者を真似て硬質小麦を使うパスタ製造業者も出てきたが、広く普及したのは20世紀になってからだった。一八八九年には、アルフレッド・ピカードはパリ万博に出展された小麦粉について、「（アルザスの）ヴォージュ地方の製造業者は、とりわけ軟質小麦の粉をつくっている」と報告している[52]。

「アルザスのパテ」という呼称には、たとえその特性が変わったとしても、変わらぬ魅力がある。ドイツの占領時代にも、フランスに返還されてからも、それは品質の高さを示すブランドの役割を果たしつづけた。もっとも、フランス人の消費者の口に届くまでの道のりは、決して平坦ではなかった。当時、フランスの市場はすでに国内の大手メーカーの製品で占められており、アルザスの会社は、生産力の点でも、地域外の流通経路という点でも、とても太刀打ちできるレベルではなかった。アルザスのパスタがようやく地域の壁を越えて広まったのは、工場の近代化が進んでからのことだった。今日では、フランスのおもな都市のスーパーマーケットの棚に、イタリアやフランスの有名ブランドの製品とともに並んでいるが、消費者はあくまで「アルザスの特産品」として購入する。グローバル化の時代は、アルザスにとってみずからの製品を宣伝する、またとないチャンスであると同時に、さらなる産業の発展のチャンスでもある。だが、逆に限界を思い知ることにもなるだろう。いくらフランスやドイツ国内で歓迎されたとしても、イタリアのパスタが圧倒的な支持を得ている国際市場では、アルザスのパスタが色あせて見えても無理はない。

6—新世界のパスタ——アメリカの場合

アメリカ大陸の国々は、すべてイタリアを手本とした。大西洋の向こうでは、産業の発展とともに製品の種類も増え、卵、牛乳、グルテン入りといった「特製パスタ」が次々と登場したが、アルザスのケースを見てもわかるとおり、どんな場合にも最初に広まって定着するのは、いうまでもなく、イタリアから伝わったシンプルかつ自然なパスタである。アメリカ大陸でパスタの生産が始まったのは、19世紀末からイタリア人が集団で移住したことが大きい。だが、たとえイタリア人社会の影響力が強く、そこから先駆者なり主導者なりが現われたとしても、新世界におけるパスタ産業の発展は、単に彼らの存在だけでは説明できない。この20世紀初頭の流れには、当時の状況や、もともと勤労を尊ぶ風土など、さまざまな要因が絡みあっている。アメリカ合衆国を例にとって見てみよう。

アメリカ合衆国にパスタ産業が根づいたのは、比較的遅い19世紀のことで、イタリア系移民が大挙して押し寄せる以前に、すでに手工業による生産が始まっていた。その功労者のひとりとして、第三代大統領のトーマス・ジェファーソン（一七四三〜一八二六）の名が挙げられる。彼ははじめてパスタをつくる機械を輸入し、合衆国の建国とともにアメリカのパスタ産業の誕生に貢献した。アメリカ独立宣言を起草し、新世界初の共和国の父とも呼ばれた偉大な人物の頭に、自国のパスタ産業の促進という、もうひとつの壮大な目標があったとしても不思議ではない。アメリカにとってのメリットを考えあわせ、ジェファーソンは経済的な発展のチャンスであると判断するのをためら

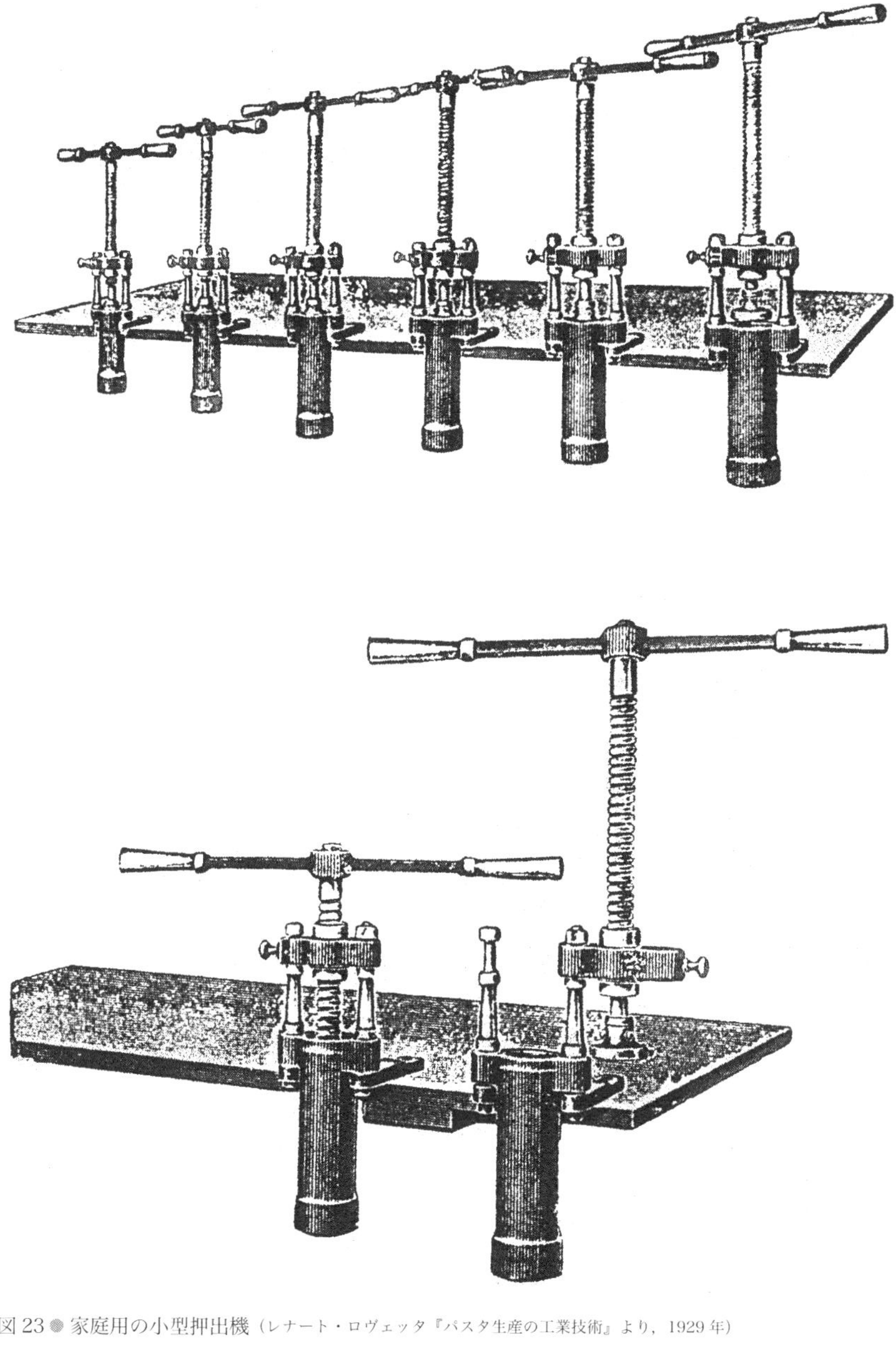

図23● 家庭用の小型押出機（レナート・ロヴェッタ『パスタ生産の工業技術』より，1929年）

わなかった。一七八五～八九年に大使としてパリに駐在していた彼は、パスタの生産がイタリアに大きな経済効果をもたらしていると知って、当時からナポリの友人を訪ねては情報を収集していた。単なる文化的な興味ではない証拠に、彼はその友人にパスタマシーンを買うよう手紙で依頼した。一七八九年二月一一日にナポリから届いた返信に、機械を購入した旨が記されていた。同封の取扱説明書には、マッケローニ用のプレス機とある(53)。しかし友人によると、その機械はナポリの製造所で使われているものよりかなり小さく、外国人向けにつくられたものとのことだった。つまり、その友人が買ったのは家庭用の小型押出機で、19世紀に「携帯用押出機」として特許が認められたものだった(54)。のちに、レストランや上流家庭の料理人が生パスタづくりに使った小型押出機の原型である(図23)。みずからの計画にはとても役立ちそうもない機械に、ジェファーソンはさぞがっかりしたにちがいない。だが、いま頃になってマルコ・ポーロが大西洋を越えてきたと思えば、立腹もしなかっただろう。

もっとも、こうした機械でパスタの生産を開始できなかったわけではない。コンパクトな大きさと手頃な価格のおかげで、移民街の小さな工房では手作業でつくる製品の種類が増えた。だが、すでに19世紀前半のアメリカでは、専門の機械がなければ不可能なパスタづくりが行なわれていた。アメリカのパスタ産業における先駆者のひとりに、アントニオ・ゼレガという人物がいる。彼は一八四八年にブルックリンに小さなパスタ工場を建てた。のちのA・ゼレガズ・サンズ社――現在のアメリカの大手パスタメーカー、ゼレガズ・サンズ株式会社の前身である。アントニオ・ゼレガはリヨンから船でブルックリンにやってきた。リヨンには一八二〇年頃に、やはりゼレガという名のイタリア系移民によって設立されたゼレガ社がある。たとえふたりが同一人物ではなくても、このブルックリンのアントニオ・ゼレガが、リヨンの企業家と何らかの関係があると、誰もが考えずにはいられないだろう――残念ながら証拠は何もないが。

いずれにしても、この大西洋を越えて来た男が、憧れのアメリカンドリームを実現させた人物のひとりであることは間違いない。われらが英雄は、もっぱら馬の力で機械を動かしながら、製粉とパスタ製造の二本立てで会社をスタートさせた。やがて動力源は蒸気、そして電気となり、余裕が出ると、空気乾燥の機械を含む近代的な設備が導入された。当時、おそらくゼレガは「唯一」ではなかったものの、アメリカのパスタの歴史にはじめて名を刻んだ製造業者であり、彼の名前は現在も有名なブランドとなっている。アメリカのパスタ産業を象徴すると同時に、輝かしい功績を残した人物であることは間違いない(55)。一九九八年、ゼレガズ・サンズ社を中心とする全米パスタ協会は、機関誌『パスタ・ジャーナル』で、パスタ界の先祖ともいうべきアントニオ・ゼレガの小さな工場の誕生一五〇周年を盛大に祝った。

『パスタ・ジャーナル』に掲載された簡単なプロフィールによると、アントニオ・ゼレガは、はじめてロシアの硬質小麦を輸入して、アメリカでの栽培を促進した人物であるとも紹介されている。ただでさえ忙しい身であろうに、旧大陸から硬質小麦を輸入していたとは頭が下がるが、アメリカで栽培が開始されたのは、あいにく彼を含めて当時の製造業者の功績とは言い難い。硬質小麦を順化させるという珍しい試みは、20世紀初めに何度か行なわれたが、そのたびに断念せざるをえなかった(56)。いずれにしても、ブルックリンのA・ゼレガズ・サンズ社が、19世紀にアメリカを代表する会社に成長したことは確かだ。その証拠に、一九〇三年には一〇〇もの製造所を抱えていた。そのころ、業界では組織化を望む声があがっており、翌年、ピッツバーグで全米マカロニおよびヌードル生産者協会が誕生する。一九一九年には全米マカロニ生産者協会に衣替えし、その数年後から機関誌『マカロニ・ジャーナル』が定期的に発行され、長年情報を提供しつづけたのち、組織は全米パスタ協会（NPA）に改称して今日に至っている(57)。

20世紀初頭にアメリカに建設された工場は、ライバル会社に合併されたり、より大きな企業グループに統合されたりして、すでにほとんどが姿を消していた。一九二五年の統計では、アメリカ合衆国の大工場の数は三四七で、うち一〇五がニューヨーク、四六がカリフォルニア、二八がイリノイ、二四がペンシルヴェニアにあった(58)。一九二七年には全国で三五三の工場が稼働し、二九年には、レナート・ロヴェッタによると手工業の製造所一七三を除いても三七七まで増えた(59)。こうした傾向は、あらゆる大国で見られたが、やがて業界の再編が進んで工場の数は減少に転じた。

おもな製造業者はニュー・ワールド・パスタ社の傘下に入り、一九〇〇年からの二〇年間で一〇もの新たなブランドが登場した。なかでもイデアル・マカロニ・カンパニーの歴史は古く、一九〇三年にオハイオ州クリーヴランドの商店の奥でスタートした。創業者パスクアーレ・イッポリートはイタリア系移民で、経営の知識に長け、地元ですぐれた企業家としての名声を築くと、他の都市にも進出した。もうひとつの大手メーカー、ロンゾーニ・マカロニ・カンパニーを創設したのも、やはりイタリア系移民だった。一八八一年にアメリカにやってきたとき、エマヌエーレ・ロンゾーニは一一歳だった。一一年後の一八九二年、彼は弱冠二二歳でパートナーとともにニューヨークに小さな製造所を開く。のちのアトランティック・マカロニ社である。エマヌエーレ・ロンゾーニは生産責任者となったが、一九一五年、現在にまで名を残すロンゾーニ社を新たに設立することを決意した。その一年前には、ペンシルヴェニア州レバノンで、サン・ジョルジオ・マカロニ・カンパニーが誕生しており、今日では地元だけにとどまらず、一〇の州に流通網を築いている。ジローラモ・グエッリシは、すでに実績をあげていたが、一九一二年にレッジョ・カラブリアからパスタ職人としての誇りと、小さな製造所を最高の条件で買収するのにじゅうぶんな資金をもって、直接アメリカへやってきた。一九一六年には、ロッコ・サルリがアメリカン・ビューティ・マカロニ・カンパニーを、シチリアのシラクーザでパスタ工房を営んでいたニコラ・ポルチーノとアルフレード・ロッシのふたりは、ポルチーノ＝ロッシ・コーポレーション（P&R）をそれぞれ設立した。

ニュー・ワールド・パスタ・グループには、一九一一年にネブラスカ州オマハでロイド・M／ポール・F・スキナーのふたりが創立したスキナー・マカロニ・カンパニーも含まれている。同社はパスタに限らない多角的な事業展開によって急速に成長し、結局は別会社に分かれた。一方は、ロイド・M・スキナーの経営するパスタとパン類の会社、もう一方はまったく別の業界の会社で、こちらは兄弟のポールが社長を務めた。このように無限に広がるパスタの世界で注目すべきは、一九二〇年にガスパート・ベルタ・ヴァイスが設立したヴァイス・ヌードル・カンパニーだろう。この会社は、卵のパスタなど、ドイツ文化に影響を受けた故郷の伝統的な製品で確固たる名声を築いた。

20世紀初頭の二〇年間に創業したこれらの会社は、いまもなお存続し、当時のアメリカ大陸で急成長を遂げたパスタ産業の生き証人となっている。一九三二年の政府の貿易に関する統計によると、パスタの生産量は一九二〇年代に倍増し、一九二九年には二億四九一五万キロに達した[60]。そして、一九二二年以降、国内の生産に余剰が生じ、輸入量は九二％も減少した。一九一四〜二〇年のあいだに設立された会社の数を考えると、第一次世界大戦がアメリカのパスタ産業の発展に寄与したことは明らかだ。だが、たとえそれが事実だとしても、この輝かしい成功は、新天地に根づいた職人の手によるパスタづくりがあってこそのものである。いずれにしても、イタリアからの輸入をやめて成熟期を迎えたとしたら、それは硬質小麦を国内で栽培することによって、上質の原料がいくらでも入手できたからで、工場の設備が整っているかどうかには関係なかった。

19世紀後半には、アメリカ人はすでに硬質小麦の取引に関心をもちはじめていた。イタリアやフランスのパスタメーカーは、こぞって硬質小麦を求め、おもにロシアから調達していた。当時、ロシアで栽培された小麦は、他よりも圧倒的に品質がすぐれ、高値で取引されていた。そうした市場に参入するために、アメリカはさまざまな品種のロシアの硬質小麦を順化させようと試みた。一九〇一年に発表された調査によると、最初の栽培試験は一八六四年、オデッサから取り寄せた「*arnautka*」という品種で行なわれた[61]。その後、農務省がこの品種の栽培を希望する農家に、長年にわたって種を配布したところを見ると、この最初の試験はうまくいったようである。だが、こうした取り組みにもかかわらず、小麦の栽培はなかなか広まらなかった。

腰の重い農家に対して、政府は20世紀初めに本格的な対策を取り、さらに二〇品種のなかから順化させる小麦を選ぶ計画を立てた。ほとんどはロシアのものだったが、北アフリカや、アメリカ大陸ですでに小麦を栽培しているチリ、アルゼンチン、ニカラグア、それにカナダからも種を取り寄せた。国費を注ぎこんだこの計画は、農務省の管理する試験場や、地質がよく、ロシア南部の気候に似た土地の農場で行なわれた。試験期間は三年にわたり、サウスダコタ州やノースダコタ州で好結果が得られた。それから数年のうちに、ほとんどの州で広大な農地が硬質小麦の栽培に切り替えられた。そして、わずか二〇年後には、アメリカは世界有数の小麦生産国となり、カナダとともに小麦市場を主導した。アメリカの成長の裏には、ロシアの世界市場からの撤退があった。ヴォルガ川流域やウクライナ平野は、長年続いた戦争と革命のせいで不毛の地となり、「タガンログ」の名で親しまれていた評判の高い品種はすっかり市場から姿を消してしまった。

硬質小麦の一大生産国とはなったものの、アメリカ政府は国内のパスタ産業の振興をはかるどころか、発展を予測することすらできなかった。折しも第一次世界大戦が勃発し、すでに見たように、国外からの食料の供給が絶たれた結果、国内生産が飛躍的な成長を遂げた。したがって、政府は終戦後も輸入の再開には消極的だった。国内産業のみで国民の需要に応えるべきだという声が強かったのだ。しかし現状はやや力不足だった。一九一九〜二三年は、国民ひとり当たりのパスタの年間消費量は一・九四キロ（四・三リッブラ）だったが、二四〜二八年には一・八キロ（四リッブラ）に減少した。これは一九〇九〜一三年を下回る。三〇〜四〇年代になってようやく増えはじめ、最高で四五年の三・二九キロ（七・五リッブラ）に達し、その後数年でふたたび一キロほど減った(62)。国内市場に限っては、企業は消費の回復を狙って投資を惜しまなかった。その結果——一九二三年で、ひとり当たり年間一・四五キロ——

は物足りなく思えるが、人口の大幅な増加を考えると、全体としてはかなりの量になる。アメリカのパスタ産業は、突然の需要への対応に窮したものの、多少なりともパスタを国民の食卓に定着させることには成功したといえよう。

異国の食べ物を日常的な商品とするのは、たとえ大量に生産したとしても、もちろん簡単なことではない。その目標がようやく達成されるのは、20世紀後半になってからだった。その間、アメリカではパスタの消費量は着実に伸びつづけ、ほとんどの先進国に肩を並べる。そして九〇年代になると、ついにトップの座に躍り出た。ちなみに、九九年の国民ひとり当たりの年間消費量は九キロである(63)。セロファンのパッケージ、宣伝、レシピ、茹で方や料理のアドバイスなど、メーカーはとにかくアメリカの消費者に気に入られるよう努力を惜しまなかった。そしてヨーロッパの同業者は、何世紀もの伝統があるにもかかわらず、その商法から少なからずヒントを得た。

国内市場を制すると、次は国際市場に打って出る。一九二二年以降、アメリカ合衆国のパスタは輸入量より輸出量が上回り、それからわずか数年でアメリカ大陸、そしてイタリアを含むヨーロッパなど、七二ヵ国に流通網を広げた。市場を支配していたこれらの国々との戦いは熾烈で、アメリカの製造業者——多くはイタリア出身か、イタリア系移民の子ども——は少しでも市場を奪うためなら多少の汚い手も辞さなかった。箱や包装、パッケージの色やデザイン、そしてイタリア語のブランド名が偶然同じなだけだと主張して、イタリアのメーカーのロゴまで真似る(64)。こうした手口を繰り返して、アメリカはまたたく間に生産および輸出で世界第二位となった。第二次世界大戦と、その後の混乱期は、アメリカのパスタ産業にとってはとりわけ重要な時期だった。一九三六〜四〇年の輸出量は、平均で年間一六〇万キロだったが、四八年には激増している。そのほとんどは、力を失ったヨーロッパ向けだ。しかし翌四九年には、一〇五〇万キロを超えなかった。マーシャル・プランの効果が表われはじめたのだ(65)。

第七章
飽食の時代

「アメリカは発展途上国に資金と薬を提供している。だが、それよりもすばらしい贈り物は、大量生産の手本を示したことである」(1)。あらゆるイタリアのパスタ製造業者が師と崇めるヴィンチェンツォ・アネージ（一八九三〜一九七七）の言葉のなかでも、これはとりわけ注目に値するものだ。やがてパスタ業界を飽食の時代へと導く第二次産業革命は、海を越えて広まった。戦前の技術レベルで足留めされたまま、六年間の争いで疲弊したヨーロッパのパスタ産業は、ついにアメリカに追い抜かれた。アメリカのパスタ産業は時代の流れに乗って発展しつづけ、完全に自動化された工場のおかげで生産量を増やした。これまでに見てきたように、セモリナ粉の計量や加水から、完成した製品の包装まで、製造工程のすべての作業を自動化して行なうアイディアは、戦前のイタリアで生まれた。一九三七年製のミラノ・フィエラ社の試作品をもとに、ブライバンティ社が考案したものだ。だが、実際に試さないうちに戦争が始まり、結局はアメリカの工場で実現することとなる。

こうした生産形態はまたたく間に広まり、ひと握りの多国籍企業を含めた業界の再編成を促して、最終的にはパスタ市場を席巻するに至った。伝統的な生産国にとっては、まさに救いの手が差し伸べられたようなものだった。復興の機運に乗ったフランスや西ドイツは、マーシャル・プランの恩恵を受けながら製法の改革に取り組んだ。ただし、イタリアでは事情が異なった。急成長を遂げた大手メーカーの陰で、経済成長から取り残された南部や島々で伝統を守ってきた小さな製造所は苦境に陥っていた。設備は時代遅れとなり、宣伝手段をもたないため市場からも締め出された結果、家族経営の零細工場は強力な競争相手に押しつぶされ、ほとんどが姿を消した。たとえ運よく生き延びたとしても、衰退の一途をたどらざるをえなかった。

アメリカから入ってきたのは、包装や販売などの新たなアイディアだけではなかった。製品の標準化や品質の保証も求められるようになり、大量生産は、食糧難と配給制の時代のあとに約束された豊かさの象徴だった。そして、経済成長は一九八〇年代に絶頂期を迎え、規格化された商品を大量に供給する一部の大企業に利益が集中するという構造が生まれた。だが、それも長続きはしなかった。人々は、物質的な豊かさが「食品に対する恐怖」をもたらす世界から生まれることに気づきはじめる。そして、さまざまな味を楽しみ、「自然」な製品を大切にしようとする動きが現われた。いわゆる「スローフード」運動である。こうして、パスタ産業は全体的に品質が向上したものの、とりわけイタリアでは、ここ数十年はなかば手工業で生産されたパスタが新たに市場に出回っている。原料はさまざまな品種の硬質小麦から選ばれ、昔ながらのブロンズ製のダイスでつくられたパスタだ。

もうひとつ重要なのは、生パスタの復権だ。古きよき食物への郷愁と、都会では味わえない素朴な田舎料理への憧れとがあいまって、中世から伝わる職人技によって生み出されるこのパスタが、いまふたたび注目を集めている。新たな製法のおかげで、生パスタもまた安定した生産が可能となり、いまやビジネスの前提条件である大量の供給が実現した。こうして、20世紀末に工業生産が始まった生パスタは、手軽に、かつ無限の組み合わせで調理できるという魅力のおかげで、最も人気のある料理のひとつになった。

1―パスタの世界

第二次世界大戦はヨーロッパのパスタ産業の発展に大きな打撃を与えた。原料の調達手段が断たれ、工場も破壊され、数えきれないほどの会社が閉鎖に追いこまれた。その結果、旧大陸の生産国のほとんどは、アメリカ大陸、とりわけアメリカ合衆国の産業に頼らざるをえなかった。だが、スペインとスイスは例外だった。スペインでは、一九二九年に二四〇だった工場が五四年には三四九に増えている。参戦を免れたスペインは、イタリア製品の輸入が途絶えたことをきっかけに自給自足の道を模索する。しかし、工場の数は増えたとはいっても、生産設備の近代化が進んだわけではない。つまり、この発展はかならずしも戦争の恩恵ではないということだ。その証拠に、同じ中立国のポルトガルでは、この時期に工場数が激減している。一九二九年に二〇〇あった工場のうち、五四年の時点で操業していたのはわずか一六だった(2)。ポルトガルでは、近代化によって一部の企業に利益が集中することもなく、国全体で貧困が進むなか、パスタ産業の衰退は避けられないことだった。それに対して、やはり戦争の被害を受けなかったスイスは、周辺諸国に先駆けてパスタ産業の改革に乗り出した。工場数は、一九二九年の七八から五四年には六六まで減少したが、当時、ヨーロッパで最も評判の高かったビューラー社が全国の工場に最新の設備を設置した。

一方、他の伝統的な生産国では、パスタ産業の再建は復興計画での最優先事項のひとつだったにもかかわらず、物資不足が解消するまでお預けとなった。では、旧大陸の国々が、いかにして数年のうちに戦前の生産力を回復し、さらには上回るまでになったのだろうか。ドイツの場合、すでに一九五四年には態勢を立て直し、西ドイツに一三一、東ドイツに六六の工場が建設されていた(3)。そして、経済力の一時的集中がおさまると、統一ドイツは九六年にヨーロッパ第二位のパスタ生産国となった。年間生産量は、基本的に二三の工場で合計三一万一四〇五トンに達した[4]。

ベルギーも同様に、工場の数が四六から一一に減った。オランダ、フィンランド、オーストリアも然り。そしてユーゴスラヴィアは、一九三〇年代に稼働していた六〇の工場の半分を再開して、戦前の生産力を部分的に取り戻した。アメリカの支援を受けていた一部の国を除けば、すべてが近代化された設備で生産を行なっていたわけではない。それでも、ヨーロッパを中心にみるみるよみがえったパスタ産業は、食料バランスの正常化を暗示していた。それを象徴するのがギリシャのケースである。第二次大戦と続く内戦の暗黒時代が終わるや否や、ギリシャはパスタ産業に力を入れはじめた。工場の数は五二、すなわち——きわめて珍しいことに——一九二九年の倍以上である。

ここでイスラエルの例も見てみよう。イスラエルには、建国後わずか五年で一五のパスタ工場があった。当時、パスタ産業は事実上、旧大陸のみならず、その周辺諸国や中東、そしてアフリカまで広まっていた。第二次世界大戦前は、のちに硬質小麦の一大生産国となるトルコの工場数は一六だったのに対し、エジプトは三八だった。だが、パスタの生産はイラク、レバノン、シリア、リビア、ケニア、そして他のアフリカ諸国でも行なわれていた。イタリアの旧植民地だったエチオピア、エリトリア、ソマリアも含まれる。キプロスには四、マルタには八の工場があった。北アフリカで、とりわけパスタ産業に投資していたのは、フランス領のモロッコ、アルジェリア、チュニジアだった。これらの国は、19世紀末から国内で収穫される硬質小麦の大半をフランスに供給しており、戦争のおかげでパスタの生産量が増えたものの、やがて都市部の産業は衰える。一九五四年、チュニジアの工場数は五〇、隣国のアルジェリアとモロッコはそれぞれ四一、三九だった。だが、五〇年代にフランスから解放され、続く数十年のあいだにヨーロッパの生産国で産業の集中が起きると、アフリカをはじめ、当時、自給自足を目指していた国では、パスタの生産は廃れていった。

2—フランスの野望

フランスのパスタ産業は戦後に復活を果たした。原料不足のため、製造業者にセモリナ粉を公平に分配する目的で設置された「専門家委員会」によると、一九四六年の時点で四三〇社が四五〇の工場を運営していた(5)。その八年後、ようやく国が食料不足から抜け出して、パスタの消費量が大幅に増えると、三〇五の工場がフル稼働で戦前の生産量を超えるパスタを市場に送り出した。ちなみに、メーカーの数は五〇〇に達していた(6)。続く一〇年でフランスは消費社会に突入し、パスタメーカーは半分以下に淘汰され、一九六六年に残っていたのは一一二社のみだった。つまり、二〇年で四分の三が姿を消したことになるが、一方で生産力は驚くほど向上している。メーカー数が減ったのは、大企業に利益が集中したためであり、とりわけ大手の五社が全国の生産量の七五%を占めるほどだった(7)。

とはいうものの、当時のフランスのパスタ産業は、国の急速な都市化による混乱に対処できる状態ではなかった。都市部には大量の食品が流れこみ、チェーンのスーパーマーケットが次々と新店舗を開いた。新たな経済体制では、まず小さなメーカーが大手に吸収されたが、ＢＳＮグループ（のちのダノン・グループ）の誕生とともに産業の中心を築こうとする動きが始まった。同社は一九七三年にパンザーニ社を獲得し、八〇年代には、イタリアの代表的なメーカーであるアネージ社を買収してイタリア進出を果たした。この巨大グループに対抗したのが、同じころに設立されたリヴォワール＆カレ・ルストゥクル（ＲＣＬ）だった。このふたつのグループはセモリナ粉の加工設備に投資して、製粉業界を中心に影響力を拡大した。

セモリナ粉の加工作業は古くからマルセイユで行なわれ、初期の頃はタガンログ、続いてアルジェリアの硬質小麦が用いられていた。一九五〇〜六〇年代には、パスタ産業と同じく大企業に生産が集中するようになるが、戦前の勢いを取り戻すことなく、大手パスタメーカーの標的となる。RCLグループは、合わせて業界全体の生産量の三五％を占める二社を買収し、他の大手三社（合計生産量は全体の五二％）はBSN‐ダノン・グループの傘下に入った。その結果、この二グループでフランス国内に流通するセモリナ粉の八七％を掌握することとなった。これに、サヴォワのパスタメーカー、シロン・ムーラン社が保有する中小の加工会社七社の計五％を加えると、パスタ会社の意のままになるセモリナ粉は、じつに全体の九二％にのぼった。

ダノンが大手銀行グループのパリバに会社を譲渡して撤退してからも、パスタ業界の構図は変わらず、生産地は大きく四地域に分けられた――地中海沿岸の南部（おもにマルセイユ）、パリ一帯、アルザス、そしてサヴォワだ。これらの地域の一三社が、合計で年間二九万トンの乾燥パスタを生産している（うち一三％は輸出用）。これは国内市場（三八万トン）の三分の二を占める量だ。残りの三分の一は、おもにイタリアからの輸入品でまかなわれている。年産一〇万〜二〇万トンと幅があるものの、二大メーカー――パンザーニ社とRCLグループ――だけでフランス国内総生産の八五％を占め、市場のおよそ半分をカバーしている。それにははるかに及ばないものの、年産一万〜二万トンの四社が後に続く――アルザスのヴァルフルーリ社、ハイムブルガー社、サヴォワのシロン社、アルピナ‐リシャール社である(8)。

注目すべきは、こうした地元に根ざした中小企業が、ここ数年で国内市場に参入し、これまで大手メーカーがほしいままにしてきた特権を侵食しつつあることだ。そのため、最近のフランスのパスタ産業は総じて守りに入っている。フランスは一九七〇〜八〇年代には果敢にイタリアの砦を攻めたが、やがてこの強力なライバルに勝利を譲らざるをえなかった。何しろ敵は、美食ブームに乗じて、飽くなき食欲を秘めて反撃してきたのだから。

3　イタリアの王座奪回

イタリアでは、パスタ産業の再建に取りかかるのが遅れ、多くの零細業者が割を食った。地中海沿岸地域や島々の経済は大きな打撃を受けて、長い歴史をもつパスタの製造は、かつてないほど縮小された。第二次世界大戦が終わると、長いあいだ食料難に苦しんでいたイタリアは、真っ先に全国に無数にあるパスタ工場を再開させようとした。そして、ようやく順調に稼働するようになったのは、一九四八年頃だった。これについては、「食糧供給に関する最高委員会」による五四年の調査を見るとわかる。この年には、イタリア全土で一三三三のパスタ工場が稼働していたが、これは約一六〇〇だった戦前の、五分の四に当たる数字だ。同じ調査によると、戦後に再開をあきらめた工場は二六八にとどまった。このめざましい復興は、三七年頃に六〇万トンだったパスタの生産量が、五四年には一三七万四五〇〇トンまで増加していることからも見てとれる。つまり、産業自体は縮小し、設備も戦前のままだったにもかかわらず、イタリアは一九四九〜五四年のわずか五年間で生産量を倍増させ、世界第一位の生産国に返り咲いたのだ(9)。

一九七一年に三九八社だったイタリアのパスタメーカーは、九六年には一五三社まで減少する(10)。すなわち、三五年間で約六割の製造業者が姿を消したことになる。なかでもパスタづくり発祥の地ともいわれるシチリアは、産業再建のために相当の犠牲を払った。五四年に三三二あった工場が、九六年には二〇まで減った。この影響を受けない製造業者はいなかった。ロンバルディアでも、戦後の一〇九の業者がこの二〇年間でわずか一五となった。同時期、トスカーナでは一一二から一一に、アブルッツォでは一一五から一三に、エミーリアでは八六から一三に、カンパーニアでは一一五から二二に減少している(11)。サルデーニャでは、比較的大きな一八の製造所がすべて消え、何世紀にもわたるパスタづくりの伝統が途絶えた――いまのところ、零細業者のオーガニックや「職人の手づくり」製品がひそかに人気を博している。もっとも、この20世紀後半におけるパスタメーカーの減少は、生産量と対比させてみる必要がある。入手可能な最新統計によると、一九九八年には前回の統計に比べて、倍の二八八万一六三トンに達した(12)。

製造業者が大企業に吸収される傾向は、ある意味で今日も続いている。南部の工場閉鎖はあいかわらず続き、大手メーカーは次々と類する企業を傘下に収めている。これは小さな会社にとっては死活問題である。誰も規制や抑制を求めず、もっぱら市場の法則に従っているだけで、巨大グループの設立に有利な環境が生まれているからだ。こうして、家族経営の零細企業が多いイタリアの南部や島々は、製法の改革を迫る巨大資本に立ち向かうことができずに、パスタ産業の有無をいわせぬリストラの最大の犠牲者となった。事実上、経済復興から取り残されていることを考えれば、泣きっ面に蜂かもしれない。

大幅な消費の増加に支えられて、再建に動きだしたイタリア経済だったが、しばらくすると疲労の兆しが表われる。それは、六〇年代に過剰生産という形の危機になって訪れた。当時、大企業はこぞって拡大を目指し、徐々に国内市場を独占しはじめていた。一九六八年、「製粉およびパスタ製造産業の改革と再編」の法案が上院議員アンジェロ・アベナンテによって提出された(13)。彼はトッレ・アヌンツィアータの市長として、小麦業界の危機も経験した人物だった。イタリア、とりわけ南部と島々で、国にとって最も重要な製粉やパスタ製造の近代化が立ち遅れているという事態を、議員たちは黙って見過ごすわけにはいかなかった。そして、国際市場で海外の競争相手と戦い、とくに苦しい地域の産業を活性化させるために、国と公共企業体が力を合わせて全国的な近代化を進めるよう提案する。実際に公共企業体が成果をあげたかどうかは定かではないが、南部の経済的な損失をある程度は抑えただろう。けれども、この法案は政治的な理由によって葬られ、業界の改革は次なる法案を待たなければならなかった。

人多数の零細業者が姿を消したことと引き換えに、いったんは危機を回避したように見えたものの、イタリアのパスタ産業にはさらなる困難が待ち受けていた。一九七三年のオイルショックをきっかけに、政府が決定した生活必需品の価格凍結である。その翌年、国際市場では硬質小麦の流通量が五六％増加した。イタリアのパスタ産業は、小麦の調達をほとんど国際市場に頼り、とりわけアメリカやカナダの上質の小麦を買いつけていた。種まきや栽培試験などの農業政策を怠った結果、国内では質のよくない小麦しか手に入らず、アメリカからの輸入に頼らざるをえなかった。やがてその状況は改善されるものの、当時は、原料の増加と価格凍結によって、イタリアのパスタ産業はまさに窒息寸前だった。原料の購入に際して、製造業者に補助金を出すという政府の決定も――実質的には大幅な値下げだったが――焼け石に水だった(14)。

大手企業が規模を拡大すればするほど、小さなメーカーは圧迫され、一方で家庭でのパスタの消費量はのび悩んだ。一時は驚くほどの勢いで増加し、国民ひとり当たりの乾燥パスタの年間消費量は、三六年の一四キロから五四年には二八キロにまで達したが、それ以降は横這い状態が続いていた(15)。もっとも、実際に増えたのは、食糧不足が解消された一九四九～五四年のあいだで、この時期はたしかに注目に値するほどだった。国民の生活はみるみる豊かになり、それまでパスタに無関心だったロンバルディアやヴェネトの人々も日常的にパスタを食べるようになったからだ(16)。

つまり、一九四九～五四年にかけて生産量が急増したのは、国内の需要を満たすためだった。輸出による影響は戦前から少なく、三六年には全生産量の二・七％にすぎなかったが、五四年になると、さらに〇・三％まで落ちこみ、ほとんど考慮に値しなかった(17)。一部の大手メーカーは成功したものの、長い目で見れば、イタリアのパスタ産業は、国際市場において首位の座を奪い返すことができなかった。六八年になっても、小麦業界の再建に関する法案に積極的な議員たちは、イタリアの輸出力の弱さを指摘し、国家が支援すべきだと主張した。ようやく明るい兆しが見えてきたのは、八〇年代に入ってからだった。突如マスメディアで地中海式食事法がもてはやされ、シンプルでイタリア料理には欠かせないパスタが、かつての威光を取り戻す。

国際市場への返り咲きは大手メーカーが牽引役となり、為替市場でリラが安くなるという波及効果も表われた。パスタ人気の再燃で拡大した市場に、イタリアのブランドが次々と流れこむ。手工業規模のメーカーのものも珍しくなかった。工夫をこらした魅力的なパッケージに包まれた質の高い製品は、つねに売り上げの上位を占めた。大手のなかには、すでにさまざまな国へ進出している企業もあった。そのひとつ、ブイトーニ社の国外に建設した工場の数は群を抜いている。サンセポルクロで創業した同社は、ジョヴァンニ・ブイトーニの経営の下、国際的な企業へと発展した。ちなみに、ジョヴァンニはペルジーナ社を所有するペルージャの創業家の分家の出身だが、ペルジーナ社は設立二〇年あまりでネスレの傘下に入っている。一九三四年、ブイトーニ社はパリ近郊に大規模なパスタ工場を建設し、やがてフランスのパスタ市場に食いこむ。戦後も、ジョヴァンニの甥のブルーノ・ブイトーニの指揮で国際的な展開を続け、子会社を海外（おもにスペイン）に設立した。いまやブイトーニ社はイタリアを代表する輸出業者である。そのすぐあとを追うのが、最大のライバル、バリラ社だ。しかし、同社は経営権をめぐって分裂し、企業家デ・ベネデッティの手に渡ったのち（一九八四年）、八八年にネスレ・グループの傘下に入った(18)。

乾燥パスタのメーカーでは最も古いアネージ社は、リグーリアで唯一生き延びたメーカーでもあるが、かつての繁栄とは裏腹に、まったく異なる道を歩んだ。みずから巨大資本の手から逃れ、技術者でもあり、パスタ職人としても知られるヴィンチェンツォ・アネージの下で半世紀にわたって独自に発展を遂げたのだ。イタリアですぐれた品質に定評のあるアネージのパスタは、海外では高級食料品店や、スーパーマーケットでも高級な外国製品が並ぶ棚でしばしば見かける。ヴィンチェンツォ・アネージが死去すると、かねてからライバル企業に狙われていた、このインペリア（リグーリア）の会社は、フランスのBSN - ダノン・グループに経営を譲渡する。そしてグループ自体が、のちにパリバ銀行に売却された。新たな経営体制は「高級」路線を受け継ぎ、自他ともに認める高品質のパスタを生産している(19)。

ディ・チェコ社は長いあいだ国内市場でくすぶっていたが、最近になって急成長し、国内第二位の生産量で、ヨーロッパ、アメリカ、アジアなど世界中にその名を轟かせている。だが、イタリアのパスタが国際市場に返り咲いた最大の立役者は、何といってもバリラ社だろう。五〇年代にはブイトーニ社に後れをとっていたが、ピエトロ・バリラが社長に就くと一気に業績を伸ばす。ピエトロは、一九四七年に兄弟のジョヴァンニとともに同社を率いたリッカルドの息子である。創業家の経営するバリラ社は、日産一〇万キロの勢いで、またたく間にイタリア一のメーカーとなった。だが、若きピエトロの野心はそれだけにとどまらず、その目は大西洋の向こうの世界一のパスタ王国に向けられていた。彼は何度も渡米しては情報収集や視察を重ね、生産設備に多額の投資を行なう会社の方針を、新たにセールスプロモーションの方向へ向けさせた(20)。わずか数年のうちに、バリラ社は押しも押されもせぬ世界一のパスタメーカーとなり、並みいる競争相手を寄せつけなかった。イタリア国内の市場で占める割合は――こちらのほうが重要だが――六〇年の六％から、七〇年には一五％に増えた。この時期、パルマから数キロのペドリニャーノに最新の設備を備えた生産施設が建設され、会社の躍進の原動力となった。この施設は今日でも世界一の規模を誇っている(21)。七一年にはアメリカのW・R・グレース社に売却されたが、七九年にふたたびピエトロ・バリラが買い戻すと、その勢いは止まらずに、ついに国内市場の三五％を占めるまでとなった。その間、七三年には、有名なトッレ・アヌンツィアータの老舗メーカー、ヴォイエッロ社を買収する。その一年後には、アルタムーラ（バーリ）の大手製粉会社ムリーノ・バジーレの経営権を獲得し、パスタの製造に欠かせない高性能の原料加工装置を手に入れた(22)。そして八三年、南部フォッジャのパスタ工場を取得すると、パルマの巨大企業は南部の市場にも進出した。ピエトロ・バリラは九三年に死去したが、三〇の工場に八〇〇〇名の従業員という一大帝国を遺した。会社はグイド、ルカ、パオロの三人の息子が後を継ぎ、国内市場は飽和状態となりつつも、さらなる海外進出戦略を繰り広げている。

4―アメリカに学ぶ

一九五〇年代に、ピエトロ・バリラがたびたびアメリカ合衆国を訪れ、情報収集を行なっていたことはすでに述べた。だが、彼だけが特別だったわけではない。当時、ヨーロッパの優秀な企業家たちは、アメリカの経済的なパスタ生産に注目し、国内市場に飽き足りない製造業者は、海の向こうのすぐれた手法を取り入れようとしていた。注目すべきは、アメリカのメーカーが二度の世界大戦以降、革新的な生産力だけでなく、宣伝や販売にも才覚を発揮したことである。これによって、おもに肉を食べていたアメリカの家庭に大きな変革がもたらされた。当時、パスタはほとんど馴染みがなく、貧しいイタリア人社会の食べ物としか認識されていなかった。だが、アメリカのパスタ産業はそうした状態から始まって、20世紀後半にヨーロッパの製造業者が再開した革新的な習慣を次々と吸収し、今日では当たり前のように根づいている。

ひと袋のパスタを例にとってみよう。少量ごとの包装はヨーロッパではほとんど存在せず、20世紀初めに広まるまでは、ドイツが唯一の例外だった。イタリアの場合、工場主→卸売商→小売商という昔ながらの流通経路では、誰もそんなことを思いつきもしなかっただろう。ロングパスタもショートパスタも、およそ五〇キロ単位で木箱に保管される。南部の製造所では、二級品のパスタは黄麻の袋に入れて運ぶこともあり、商店主はそのまま店や倉庫に保管して、必要な分だけを手で取り出した。三〇～五〇キロのパスタをかごに入れる製造所もあった。とくに細く切ったパスタや、長短かかわらず大きな形のものは、無造作に容器に入れ、中身を書いた青い紙を添えて倉庫に蓄えられた。唯一、シチリア東部だけが五キロずつ包装していた。平たいパスタの場合は、さすがに割れやすいため注意が必要で、二五〇グラム〜五キロと単位に幅はあるものの、個別に布や上等の紙の袋に入れた。グルテン入りや薬効のある特製パスタも例外で、通常とは異なって、二五〇グラムずつ包装された[23]。

大量包装というやり方では、当然パスタに埃や虫がつく。そんな状態の製品は、アメリカの消費者どころか、政府の衛生担当者にも承認されなかった。衛生問題について最も厳しい姿勢を示したのは、イタリアとフランスだった。19世紀末には、アメリカを皮切りに、オーストリアやドイツの輸入業者が一ポンド（四五三グラム）以下の個別包装を強く求めた。一八七八年のパリ万博では、「アメリカは四五三グラム入りのパスタしか受け取らなかった」という報告が残されている[24]。その後は、イタリアでも半ポンド――二二五グラムの包装が定着し、まれに四分の一ポンド（一一三グラム）のパッケージも見かけるようになった。パスタは色紙に包まれ、そこに英語で原材料、パスタの種類、茹で時間が記された[25]。創業以来、かたくなに習慣を守りつづけてきたイタリアの製造業者にとって、パッケージの変更は、製品を輸出するための冒険ともいうべき策だったが、消費者はこうした情報を求めており、ブランドイメージを損なうのではないかという不安は杞憂に終わった。

対するアメリカのパスタ産業の態度は、まったく異なるものだった。衛生上の要求には逆らうことなく、進んで消費者にアピールする包装を採用した。そして、一九二〇年代に透明なセロファンのパッケージが登場した。これなら中身が見えるうえに、配送時にも汚れることはない。もちろん見栄えもした。清潔でモダンな装いとなったパスタは、そのパッケージだけでアメリカの消費者のみならず、旧大陸の人々をも魅了した[26]。こうした成功を目の当たりにして、ヨーロッパのメーカーも黙ってはいられない。後につづけとばかりに少量の包装を真似しはじめた――中身は自前の高品質のパスタだったが。

これを機に、パスタ包装の規格化が進んだように思われる。少なくともパスタ業界にパッケージの時代が到来した。ヨーロッパの企業家たちがその魅力に気づいたのは、20世紀後半になってからのことだった。アイディアを頂戴したうえに、半永久的に大手メーカーが独占できる財産となるのだから、ほうっておく手はない。包装に工夫を凝らすというのは、間違いなくピエトロ・バリラがアメリカで学んだ最大の収穫だった。だが、ブイトーニ、あるいはフランス人のパンザーニは、アメリカで使われはじめる二〇年も前に透明のパッケージを考案していた。

「パスタ」という商品を大々的に売り出すことは、アメリカのメーカーの一致した方針だった。そのためには、パッケージでパスタを魅力的に見せることにも労を厭わなかった。だが、一九二〇年代以降は製品の情報を伝え、パスタのイメージアップを目的とした宣伝も行なうようになった。実際、おそらくいまよりも肉食が中心だった当時のアメリカでは、大半の国民がパスタなど食べたことがなく、イタリア人社会の――腹はふくれるが――質素な食事をばかにしていただろう。食餌療法士や栄養士は、イタリア系移民は好きこのんで、あるいは習慣的にパスタや野菜を食べているのではなく、貧乏でアメリカ式に肉を食べられないからだと信じて疑わなかった。「イタリア人はダイエットを指示されたときしか肉を食べることができなかった」と、移民たちの支援者のひとりが一九二二年に記している。こうした貧しい人々に何とか手を差し伸べたい気持ちがにじみ出ているが、同時にこうも述べている。「彼らは伝統的に料理が好きで、その食習慣に通じている医師が、新たな国、新たな環境に慣れるよう手助けするのは難しいことではない」(27)。

こうした意味では、パスタのイメージアップは前途多難だったが、それでも製造業者たちは想像力を駆使して根気よく取り組んだ。生産者組合による『マカロニ・ジャーナル』も、販売戦略の一環として創刊され、そこからパスタのイメージをめぐる戦いが始まる。この機関誌の目的は、アメリカ人に自分たちの製品を知ってもらうことだった。これを読めば、栄養成分、味、茹で方、調理や盛りつけの例だけでなく、その起源にまつわるエピソードや、何世紀も語り継がれてきた伝説など、およそパスタに関するどんなことでもわかった。あのマルコ・ポーロ伝説が生まれたのも『マカロニ・ジャーナル』の誌上だった。事実上、一世紀にわたってこうした試みを続けるうちに、パスタ産業は政府の農業政策の恩恵をこうむる。すでに述べたように、政府は硬質小麦の栽培を始めようと画策していた。20世紀初めには、政府の肝いりで、科学および農業分野で、硬質小麦が安価で栄養にすぐれた食品であることが盛んに宣伝された。媒体となったのが『アメリカ農務省報告書』である。一九〇五年の報告書では、マッケローニが消化によく、栄養的にもすぐれた食品で、さまざまな点でパンにも劣らず、値段が安いと紹介されている(28)。

だが、決定的な援護射撃となったのは、科学者たちがイタリア式の食生活の健康効果を立証したことだった。ペンシルヴェニア州のロゼトという小さな村の事例は、一九七〇年代に反響を呼び、二〇年後にもふたたび注目されることとなる。ロゼトは一八八二年にイタリア系移民が集まってできた村で、全員が南イタリアのフォッジャ県、カンパーニアとの境にあるロゼト・ヴァルフォルトーネの出身だった。20世紀前半にロゼトは経済的に繁栄するが、祖国に愛着のある村民たちは、プーリアで受け継がれてきた食生活を送っていた。一九六〇年代に、村の医師がある事実に気づいた。この村では動脈硬化がほとんど見られず、ドイツやウェールズなど、他国からの移民が住む近隣の村に比べても患者数は格段に少なかった。ここで、スチュワート・ウルフとジョン・G・ブルーンというふたりの医師が二回にわたって行なった調査に注目したい。まずは五五～六一年の調査において、ロゼトでは動脈硬化による死亡率が近隣の村の三分の一だった。ところが六五～七四年には、ロゼトも他の村も変わらなくなっていた。さまざまな推測の結果、ようやく謎を解く鍵が見つかった。六〇年代初めまでは、ロゼトの住民はプーリア式の穀物中心の食事、すなわちオリーブ油で味つけしたパスタを食べ、ワインも欠かさず飲んでいた。だが、二度目の調査のときには、オリーブ油を使うことをやめ、アメリカ式の食生活を送り、ワインは飲まなくなっていたのだ(29)。

これらの調査結果の反響は科学の世界にとどまらず、パスタメーカーはチャンスとばかりに、自分たちのビジネスに有利なこの情報をとことん利用した。栄養士は、パスタが栄養価の高い食品であるとして一流のスポーツ選手の食事に組みこみ、パスタはますます脚光を浴びた。新聞や雑誌、テレビは地中海式食生活のメリットを取りあげ、パスタが海を渡ってきてから一世紀ものあいだ、何も知らなかった人々の耳にもたちまちその評判が届いた。その結果、パスタの消費が急増して、それがそのまま売り上げにも反映された。喜んだのは、ヨーロッパのメーカーも同じだった。海の向こうからもたらされた「科学的」な恵みは、医学界も巻きこみ、スポーツ選手の食事にも取り入れられ、何よりもパスタの消費に大いに貢献したのだから。

5—原料規制のメリットとデメリット

商品を売ろうとすると、どうしてもパスタの特性や名称の定義が曖昧になるものだが、この点に関してもアメリカ人が道を切り開いた。連邦食品・医薬品・化粧品法（ＦＤＣ法）は、基本的に食べ物、飲み物、薬、香辛料などに関するものだが、食用パスタの製造と販売について規定した最初の法令である。パスタに関する条項では、パスタの原料の性質や品種を指定し、取引方法まで定めていた。いかなる詐欺行為も不正も避けるべく、アメリカ政府はパスタの生産に関する明確な基準を示そうとした。言い換えれば、製造業者も消費者も、自分の手にしているものがひと目でわかる、いわばパスタの身分証明書をつくろうとしたのである(30)。

一九三〇年代には、おもなヨーロッパの生産国でも同じような規定が決められた。真っ先にアメリカに倣ったのはイタリアである。三三年、パスタの製造と販売を規定した法令が公布され、広く普及している製品の特性を示すことが義務づけられた。それまで適用されていたのは、一八八八年一二月二二日に制定された、穀物と小麦粉の衛生状態のみを対象とした「公衆衛生の保護」だけだった(31)。この三三年の法令は、当時、国際市場、とくにアメリカで信用を失っていたイタリア・ブランドのイメージ回復も目的としていた。すでに見たように、ファシスト政権によって硬質小麦の輸入が制限された結果、イタリアの製造業者はブレンド粉（硬質小麦のセモリナ粉と軟質小麦粉）を使わざるをえなかった。政治体制によって火蓋が切られた「小麦の戦い」は、国内の穀物不足に拍車をかけ、プーリアでは硬質小麦の栽培面積が拡大されたものの、イタリアのパスタ産業は長いあいだ上質の原料に事欠いていた。この法令が制定されたのは、まさにそうしたときだった。誰もが満足し、国際市場に出しても恥ずかしくない製品の質を保証するために、困難をきわめる原料の供給についに政府が介入したのだ。「食用パスタ」に関しては、二種類の品質が定められている。ひとつは、あまり普及していない最高品質のパスタで、硬質小麦のセモリナ粉のみでつくられ、「セモリナ粉のパスタ」を名乗れるもの。もうひとつは、セモリナ粉と軟質小麦粉のブレンドでつくられた「標準パスタ」である。さらに、「グルテン」「麦芽」「卵」「野菜」「トマト」「肉」といった特定のものを含んだ「特製パスタ」の販売、使用するセモリナ粉や小麦粉の種類、在庫や保存などについても規定されている。

その翌年には、ドイツとフランスでパスタの原料に関する法律が制定された。一九三四年一一月一二日、ドイツ政府は食用パスタ（タイクヴァーレン）に関して、おもに次の三つの基準を定めた。

① 卵を使用しているかどうか
② 小麦の種類
③ 形

これに従って五種類のパスタが定義された。
卵のパスタ（アイアー・タイクヴァーレン）
卵を使っていないパスタ（アイフライエ・タイクヴァーレン）

セモリナ粉のパスタ（グリース・タイクヴァーレン）
硬質小麦セモリナ粉のパスタ（ハルトグリース・タイクヴァーレン）
小麦粉のパスタ（メール・タイクヴァーレン）は軟質小麦粉、もしくは小麦粉とセモリナ粉のブレンドのいずれか。

このように性質の異なるパスタが、「ヌーデルン（さらにバントヌーデルン、シュニットヌーデルン、ファーデンヌーデルンに分類）」「シュペッツレ」「マッカローニ」または「レーレンヌーデルン」「スパゲティ」などとして売り出された。また、栄養的な特性を備えた七種類の特製パスタも定義された。ドイツ政府の目的は、アメリカと同じく製品の特質を明らかにして、それぞれの品質を示すことだった(32)。

一九三四年に制定されたフランスの法令は、さらに限定的だった。乾燥パスタの製造には、原則として硬質小麦のセモリナ粉の使用を義務づけていたからだ。世界で唯一のこの基準によって、フランス政府は先見の明を示した。このような確固たる立場を取った国は少なく、それも終戦後しばらくしてからのことだった。また、イタリアとは異なり、フランスは北アフリカの植民地のおかげで上質の硬質小麦には困らなかった。この法令は一九五七年に更新され、セモリナ粉の品質の定義が追加される(33)。

イタリアは、そうしたフランスの方針に関心を示したものの、同様に定めるまでに、最初の規定を何度も改定して強化を図ること約三〇年の歳月を要した。三六年の改正では、硬質小麦を粒度分布ごとに三種類に分け、それに従ってパスタを四種類に分類している——品質の高い順に、極上セモリナ粉00番のパスタ、一級セモリナ粉のパスタ、標準パスタ、ブレンド粉のパスタである(34)。「食糧供給に関する最高委員会」による保護が終了したあと、規定は五〇年代にふたたび改正され、六七年にフランスと同じく、乾燥パスタの製造には硬質小麦の使用を義務づける法令が新たに施行される(35)。これが、乾燥パスタをセモリナ粉と水でつくることを義務づけた有名な「商用乾燥パスタの純度に関する法律（いわゆるパスタ法律）」で、現在も効力をもっている。

パスタの製造や取引に関する最新の規制は、ヨーロッパ共同体（EC）の歴史と深く関わっている。現在では、フランス、イタリア、ギリシャのような法令を加盟国が独自に施行することは難しいため、ヨーロッパ連合（EU）内でさまざまな規定が存在する。だが、パスタはチョコレートと同じで、各国の裁量に任されている部分が大きいのが実情だ。その結果、消費者の利益は犠牲となり――その声が届くこともなく――あいかわらず決定権を握っている企業や金融機関の圧力に屈することになる。つまり、「パスタ法律」をすべての加盟国に適用して、領域内の製品の品質を保証するかわりに、欧州委員会はイタリア、フランス、ギリシャに対して、国内の規制に適合しないパスタにも市場を開放するよう勧告した。この決定を受けて、これら三ヵ国は国内のメーカーを守るべく「パスタ法律」を廃止しようとしたが、消費者の抗議によって断念した。

この問題をめぐっては、とりわけイタリアで議論が起きた。理由は明らかだ。国民ひとり当たりの年間消費量が二八キロと、他国の四～五倍のイタリアにとって、パスタの品質はより切実な問題だった。とくに乾燥パスタはイタリア人の主食であり、ただでさえ強い地域主義を超えた食文化の絆を生み出している。激しい論争の末、規制を維持することで合意を得ると、イタリア政府の強い働きかけによって、フランスやギリシャもこれまでどおり「パスタ法律」を継続させるよう要望を提出した。そして何度も議論を重ね、欧州司法裁判所に対して申し立てを行なった結果、一時的な妥協案が採択された。イタリア、フランス、ギリシャは国内の法令を存続させ、それぞれの規制に従った乾燥パスタを製造し、その製品を国内および国際市場に流通させなければならない。その一方で、加盟国のあらゆる製品の流通を認め、各国の現行法に基づいた、硬質小麦のセモリナ粉以外を原料とするパスタについても現状を容認しなければならないということになった。

明らかに不公平な妥協案がまかりとおったことで、乾燥パスタの市場は混乱に陥った。その理由として、まず大半のメーカーは「パスタ法律」に従って、硬質小麦のセモリナ粉のみを使用していたことが挙げられる。そして、国際市場を支配していたイタリアは、美食の伝統のおかげで、パスタに関して高評価を得てきた。さらには、外国産のパスタは、硬質小麦一〇〇％かどうかにかかわらず、目下――少なくともヨーロッパで最も影響力のある――イタリアの市場には出回っていない。規制を継続させることは、イタリアのパスタ産業にとって好都合だった。何しろ、硬質小麦のセモリナ粉のみを使用することで、いわば消費者とメーカーの信頼関係を築いてきたのだから。

いずれにしても、この不安定な状況はいつまでも続くわけではないだろう。実際、必要なことを一概に禁止してもいいものなのだろうか。欧州委員会は、いかなる場合も自由な取引を妨げてはならないと考えて、ふたたびすべての加盟国に市場の開放を求める可能性もある。それによって、かならずしもパスタの品質が変化するとは限らないが、必要以上に小麦粉を混ぜこんだパスタが量産される恐れもある。イタリアやフランス、ギリシャのメーカーがライバル企業をあなどっているという根拠はないものの、質の悪いブレンド粉のパスタが流入して製品の幅が広がれば、むしろ得をするかもしれない。少なくとも、「パスタ法律」とは無縁の国の市場で競争力を発揮できるのは確かだろう。もちろん、大手メーカーはブランド・イメージを損なうような危険を冒したり、ましてや質を落としたパスタを別のブランドで販売するなどということはないだろう。だが、消費者にとっては何ひとつ保証はない。とくにイタリアの消費者は、国内メーカーに対する長年の信頼に守られ、いつでも慣れ親しんだ硬質小麦のセモリナ粉一〇〇％のパスタを手にできるが、すべては法律で保証されてこその権利である。したがって、今後はやみくもにお気に入りのブランドを買い求めるのではなく、きちんとラベルを読む必要があるだろう。

6—オーガニック製品と手づくりパスタ

そうはいっても、いますぐパスタの品質が低下するというわけではない。心配は無用だ。近頃の国際市場では、単なる硬質小麦のパスタだけでなく——それがイタリアのブランドの強みであるにしても——愛好家たちのあいだで、硬質小麦の品種や栽培法（有機栽培）にこだわったパスタ、職人の手づくりパスタなど、高品質かつ限定的な製品が求められている。こうした傾向は一九九〇年代から顕著になってきた。これらのパスタの生産は、大がかりな設備投資が可能な大企業の特権と思われがちだが、じつは手工業の伝統を守りつづけるひと握りの小さな製造所が、生き残りをかけて、日常的な食品を高級な嗜好品に高めた結果なのだ。

もはや飽和状態で、たびたび過剰生産の危機に見舞われるパスタ市場において、こうした成功は決して偶然ではない。生産方法に関する議論が再燃するなか、商才のある零細企業の役割があらためて見直された。世紀末の不安や混乱に加えて、環境破壊、食の国境を取りはらったグローバル化を背景に、画一化された味に対する表面的な反発や、料理そのものに目を向けようとする動きが高まってきた。こうして「スローフード」運動はイタリアで社会現象となり、またたく間に世界中に広まった。八〇年代には、先進国のあいだで、ややひとり歩きした形で流行し、今日では健康法であると同時に、来たるべき破局への警告としてとらえられている。きっかけは、フランスのフォアグラだった——人工的に太らせた鴨の肝臓を取り出してつくった高級食材である。アルコールを添加したワインや、スペインの混ぜ物をしたオリーブ油が出回ったときには世も末だと思われたが、そういったものを少しばかり口にしたところでたいしたことはない。牛海綿状脳症（BSE）やダイオキシンに汚染された鶏肉に比べれば、かわいいものだ。もちろん、現段階では遺伝子工学の功績は未知数だが、遠くない将来、遺伝子組み換えの食品が徒党を組んでやってくるだろう。

これらはすべて消費者の信頼を傷つけ、警戒心を呼び覚ました。マスメディアが暴き、騒ぎ立てた食品の安全の問題は、先進国の社会に暗雲を漂わせ、人々を自然食品や有機食品――しかも品質の高いもの――へと駆り立てた。パスタの世界も、こうした製品に対する批判的な目から逃れることはできなかった。とりたてて以前と質が変わったわけでも、他の農産物加工品のように、偽装問題で評判を落としたわけでもないのにだ。度重なる危機に見舞われながらも、パスタ産業は全体として高い品質を維持しつづけ、製品によって多少の味の良し悪しはあるものの（おそらくいまでもあるが）、われわれの知るかぎり、悪質な偽装が行なわれたこともない。だが、ここにきて健全な食品を求める心が新たな食の感性と結びつき、ひと握りの天才的な製造業者が、この時代の流れを敏感に察知した。

手工業の生産者は、そのほとんどがイタリアで活動しているが、大きく二種類に分けられる。まずはオーガニック製品を取り扱う業者。彼らはおおむね、珍しい品種の硬質小麦を選ぶことで満足している。だが、パスタ職人としての質の問題や、製品に対する配慮は別にして、大量生産によって失われつつあるイタリアの伝統を受け継ごうという努力は認められるだろう。実際、「手工業によるパスタづくり」という言葉で、彼らは生産性とコスト削減を第一とする仕組みを拒む立場を表明している。では、「手工業によるパスタづくり」とはどのようなものか？まず第一に、生産量は大工場に比べてはるかに少ない。大工場が日産一〇万キロとすると、かろうじて一〇〇〇キロを超えるほどだ。「パスタづくり」の工程は、基本的には工業生産と変わらないが、できあがったパスタを手で乾燥室へ運ぶところが異なる。「混合（原料と水を混ぜあわせる）」「練り」「捏ね」「押し出し」「乾燥」「冷却」までの一連の流れでは、作業場の広さも設備もパスタ工場に準じるが、大手メーカーがテフロンのダイスを用いるのに対して、手工業ではあくまで「ブロンズのダイス」にこだわる。そうすることでパスタの表面にざらつきが残り、ソースとからみやすくなるのだ。また、四五度以下の低温乾燥を行なうため、乾燥時間も長くなる。パスタ本来の特性を生かすための、手間ひまをかけた方法というわけだ。

一九九〇年代初めに、この新たな製品がマスメディアで大々的に取りあげられた。全国紙からグルメ雑誌、月刊誌までが特集を組み、いまだ文明の汚れた手が及んでいないような山奥の村を訪ね歩いては、真珠を探し出そうと躍起になった。「パスタ名人の国、イタリア」「ブロンズダイスの神」はたまた「低温の帝王」といった大見出しとともに、全国のグルメ探訪記が誌面を賑わせる。長年受け継がれてきた、あるいは新たに復活した手工業による生産地の訪問ガイド付きで。ヴェネト州ヴィチェンツァ近郊のカステンニェーロで、二〇種類のパスタを生み出した奇跡の工房、ロリジーネの見学ツアーおよび試食会——すべてシチリア産の硬質小麦のセモリナ粉を使用し、「イラクサ」「セージ」「アーティチョーク」のフレーバー付きパスタもあり。あるいは、ブレッシャのジョヴァンニ・オンガロで「伝統的な製法による風味豊かな卵のパスタ」を食べ放題などなど。ピサ一帯も必見の地だ。ラーリのパスティフィーチョ・マルテッリは製品の四〇％を輸出し、しばしば専門誌で絶賛されている。エンポリの東から数キロ、アルノ川の谷あいでは、手づくりパスタの崇拝者はかならずサン・ロマーノに立ち寄る。アンティーコ・パスティフィーチョ・モレッリを経営するモレッリ家が、一八六〇年から五世代にわたってパスタをつくりつづけ、その自信と誇りは名門貴族にも劣らないほどだ。「手工業によるパスタづくり」の盛んなピサ地方には、「パスタの名匠」ロベルト・カポーニ社があり、その名はグルメ雑誌では最高品質の証である。ポンテデーラにある小さな工房を巡礼しないルポルタージュはまずないだろう。カポーニ特製の卵のパスタ（日産一七〇キロ）は、オーストラリアにまでその名を轟かせている。さらに半島を南へ下ると、アブルッツォ州はペスカーラ近郊のピアネッラにおのずと足が向かう。ここでは、ルスティケッラ・ダブルッツォのさまざまなパスタを堪能することができる。選び抜かれた硬質小麦やスペルト小麦を原料に、ブロンズ製のダイスを使用、低温でじっくり乾燥させるのが特徴だ。旅はまだ終わらない。イタリアの穀倉地帯を抜け、レッチェの近くの小さな町、マッリェでひと休みするとしよう。べネデット・カヴァッリエーリはプーリアの巧みな職人技を受け継ぎ、昔ながらの地元のパスタを何種類もつくっている(36)。

郷土色を前面に出した製品は、小さなメーカーにとって、たしかにひとつの選択肢である。前述のルスティケッラ・ダブルッツォ社は、美食家を対象にしたイベントや、オリジナルの商品の展示で実績を積みあげている。一九三六年にピエトロ・ペドゥッチが設立した同社は、創業時の方針を守って、すぐれた品質のパスタをつくりつづけてきた。父の後を継いだジャンルイジ・ペドゥッチも、厳選した原料で徹底して品質にこだわった結果、ルスティケッラ・ダブルッツォは世界中のレストランや商店を顧客とすることに成功した。市場のグローバル化と製品の平板化の時代において、地域に根ざした個性は強みとなり、同社の評判はアブルッツォの名を広めるのにもひと役買った。

硬質小麦を選ぶのも、小規模メーカーの十八番だ。彼らの多くは、あえてイタリア原産の小麦を選ぶことで、原料のほとんどを輸入に頼っている大手メーカーとの差別化を図っている。なかには、高級ワインさながらに品種や収穫年度を指定するこだわりも見られる。はじめて硬質小麦の原産地や収穫年度を指定したのは、農産物を扱うラティーニ社を経営するカルロとカルラ・ラティーニ夫妻だった。マルケ州のオージモ（アンコーナ）で硬質小麦を栽培していたふたりは、一九九〇年、パスタの手工業生産を始めるとともに、フランカヴィッラ・アル・マーレ（アブルッツォ州キエーティ）のパスタメーカー、メンニーリ社の経営にも参加する。ラティーニ夫妻は、みずから選んだ硬質小麦の品種を自社農園で栽培し、ラティーニ・ブランドのパスタを販売して売り上げを伸ばした。彼らの農園には四つの「特別品種の栽培地区」があるが、そのうちのひとつで栽培されているのが「セナトーレ・カッペッリ」という品種だ。店頭でまれに見かけるラティーニ製品のパッケージの表示によると、「一九二〇年代にマチェラータ県カステルライモンド、クリスピエロのナザレノ・ストランペッリ教授によって選ばれた品種」と説明されている。

しかし現在、市場の拡大が最も期待されているのはオーガニック製品だろう。そうした世の中の動きに、ビジネスチャンスを求める大手メーカーが飛びついた。衰退するナポリのパスタ産業の中心地グラニャーノでは、ルチオ・ガロファロといった老舗メーカーがすでにオーガニックパスタを手がけ、他社も後に続いている。そもそもオーガニックパスタの製造は、いまなお存続しているグラニャーノのパスタ製造業者共同組合の決定した方針だった。この組合は一九七〇〜八〇年代には苦境を経験したが、今日もなかば手工業規模の工場は健在で、一四名の作業員のうち一三名が組合員として活動している。アントニオ・マルケッティの指揮のもと、組合は業績を回復し、グラニャーノのパスタの伝統の復活に貢献した。戦前に考案された「連続式プレス機」と低温の乾燥室を武器に、大手メーカーが市場を独占すると、一時は解散の危機を迎えたが、ハンディキャップはいつの時代にも勝利の原動力となる。現在も組合の業績は好調で、オーガニックパスタの売り上げも徐々に伸ばしている。

さらに成功例を見てみよう。とりわけパスタ産業が消滅したプーリア、シチリア、サルデーニャに注目したい。イタリア半島の北から南まで、新たにオーガニックパスタの生産を始めたり、従来の製品からオーガニック製品に切り替えたりした製造業者は数えきれない。「モンテベッロ」のブランドで知られるアルチェネロは、ペスカーラ近郊のイゾラ・デル・ピアーノの農業協同組合だが、そのパスタはあちこちの健康食品の店に並び、イタリアやフランスをはじめ、各国のオーガニック製品のなかでも、ひときわ目立つ存在だ。一九七七年に設立されたアルチェネロは、ジーノ・ジロリモーリの存在を抜きには語れない。イタリアの穀物生産の新たな船出において、先駆者としての役割が年々マスメディアで認められている人物だ。彼は早くから硬質小麦の有機栽培を始め、いまではすっかり有名になったアルチェネロを設立し、少しずつ増える組合員を率いて実績を積みあげた。アルチェネロでは、伝統行事といった特別な場合には低温乾燥の製法を復活させるものの、いち早くオーガニックパスタの製造に切り替え、年を追うごとに市場を占める、いわゆる「ニッチ戦略」の製造業者に道を切り開いた。

大手メーカーも、指をくわえて見ていたわけではなかった。典型的な例がデルヴェルデ社だ。同社は一九六七年にディチェコ社のお膝元、キエーティ近くのファーラ・サン・マルティーノで創立された、創業家の経営する一大企業である。その成長はめざましく、いまでは一日に乾燥パスタを約三〇〇トン、生パスタを一五トンも生産するほどだが、一貫して「手工業」による製造にこだわり、最高品質のブランド・イメージを守りつづけてきた。低温での長時間乾燥から、厳選された原料、良質の水まで、あらゆる点で「手工業による製法」をアピールしてきたことが功を奏した。あくまで「品質第一」の信念のもと、「食べたときに〝口の中で歌う〟ような自然な商品」を目指してきた同社の姿勢が評価されたのだろう(37)。

目下、イタリアのパスタ市場で唯一のびている「伝統製法」のパスタの分野には、バリラのような巨大企業も参入する構えを見せている。その証拠に、同社はブロンズダイスによる成型を行なう設備に投資し、厳選した硬質小麦のセモリナ粉を用いたプレミアム商品のシリーズも販売を開始した。バリラ社が長年、硬質小麦の品種の研究に出資しているのは、単なる科学的な興味だけではない。世紀末を迎え、消費者の考えや行動に変化が表われるなかで、人気メーカーは、それが信念であれ、あるいは利益のためであれ、世の中の流れに従うほかはない。この現象はイタリア国内にとどまらず、他のヨーロッパ諸国やアメリカにまで広がっている。そして、これはいうまでもなく、われわれの将来の食生活への疑問や不安を解消しようとする試みなのだ。

7―生パスタの王国

この章を締めくくるのに、圧倒的な人気を誇る生パスタほど、テーマとしてふさわしいものはない。すなわち、町角の店で量り売りされている手打ちパスタか、あるいは、もう少し日持ちする真空パックの形の商品がスーパーマーケットで手に入るパスタのことだ。生パスタを売る店は近年、イタリアだけでなく、アメリカやヨーロッパでも増えている。その伝統は中世にまでさかのぼるが、こうした細々とした商売とは別に、最近では工業生産も行なわれ、保存技術の発達によって流通が拡大し、前述のようにスーパーマーケットでも売られるようになった。この新たなパスタの産業は、とりわけイタリアで成長し、なかでも北部の大規模な工場で生産が盛んだ。

すでに中世の先駆者についてては見てきたが、イタリアでは、生パスタは乾燥パスタと共存する形で普及した。だが、乾燥パスタの製造所が地中海沿岸の生産地に集中していたのに対して、生パスタの製造業者は中世から国内の主要都市を拠点にしていた。ところが、ナポリやジェノヴァの乾燥パスタが広まるにつれて、生パスタはその魅力を失い、エミーリアや、一部はトスカーナといった北部や中部に追いやられる。生パスタは、基本的に手づくりだった。まれにレバー式捏ね機で生地を練る場合もあったが、生産量は少なく、生地をのばす際にはもっぱら麺棒を用いた。やがて機械が発明されると、まずは作業場に小型の練り機が登場し、その後、日進月歩で性能が向上する設備がほとんどの工程に導入された。だが、トルテッリーニやラヴィオリ製造機が開発されたのは、一九二〇年代になってからだった(38)。

生産技術の革新は、生パスタの発展そのものである。中世には、イタリアのさまざまな都市にラザーニャ職人がいて、おもに「自然のまま」のパスタをつくっていた。すなわち詰め物をせず、生地を麺棒でのばして、ある程度の幅でリボン状に切ったものだ。ラザーニャ、タリアテッレ、タリエリーニ（細めのタリアテッレ）、フェットチーネ、マルタリアーティ（菱形や四角形の薄いパスタ）などは、時代の移り変わりとともにつけられた名前で、この種のパスタの発展を示している。こうしたパスタは家庭で簡単につくれるが、近頃では専門職人の手による市販品も目につくようになった。最初は軟質小麦粉と水だけでつくられていたが、やがて卵が欠かせなくなり、今日では小麦粉一キロに対して、通常六〜七個の卵（三〇〇〜三五〇グラム）を使う。もっとも、これは高級品の場合で、通常のパスタは一キロの小麦粉に卵四個（二〇〇グラム）の割合となる。現在は、手工業であれ大量生産であれ、軟質小麦粉と硬質小麦のセモリナ粉を五〇%ずつ混ぜる傾向にある。そうすることで歯ごたえが生まれ、茹でる際にも形が崩れない。

手を加えないパスタに続いて登場するのは、詰め物をしたタイプである。現段階の調査では、これらのパスタがいつ頃販売されるようになったかは定かではないが、トルテッリ、トルテッリーニ、カペレッティ（帽子の形のパスタ）などが伝統的な郷土料理である地域では、そうした商業生産が早くから行なわれていたようだ。もちろん少量の量り売りだ。当時は保存技術がなかったため、消費者の手に届くまでに時間を要する商売は無理だった。現在では、詰め物パスタの保存については、他の生パスタとまったく変わらない。進歩した保存技術のおかげで、生パスタ産業はめざましい発展を遂げている。

生パスタの手工業生産において、保存問題はつねに発展の前に立ちはだかる壁だった。湿度三〇%の環境で、通常の生パスタの保存期間は数日間、詰め物パスタの場合はさらに短かった。昔はパスタの表面を乾燥させることで、どうにか凌いできたが、そうすると商品の価値が下がった。できるだけ新鮮な状態で提供することが理想だったからだ。満足のいく解決策が見つかったのは、一九六二年になってからだった。今日のイタリア市場で大きなシェアをもつヴォルタン社が、低温殺菌による処理を実用化したのだ[39]。「ヴォルタン」技法では、生パスタの保存期間がおよそ二週間長くなり、その結果、工業生産への道も開かれた。その後、数十年で熱処理の技術が進み、蒸気や、高周波を活用できるようになると、低温殺菌は格段に容易になった。とはいうものの、この最新の技術も、より進歩した、手工業ならではの別の保存方法の登場で色あせつつある。八〇年代以降は気圧で品質を守る技術、すなわち真空パックが利用されるようになった。これをはじめて生パスタに採用したのが、現在、世界一のシェアを誇るジョヴァンニ・ラーナ社である。熱で接合して密封したプラスチックの容器に詰められたパスタは、生であれ詰め物であれ、最低でも四〇日間は保存できる。

生パスタの世界はイタリアの国境を越えて広まった。ここ数十年で、生パスタを取り扱う店はスイス、ドイツ、オーストリア、スペイン、ベルギー、そしてアメリカの主要都市にも現われ、愛好家にとっては選択の幅が広がった。こうした国のなかには、自国に製造所や大工場を建設し、冷凍または軽く低温殺菌した真空パックの製品を供給しているところもある。だが、生パスタの本家本元は何といってもイタリアで、大小さまざまなメーカーがしのぎを削っている。一説によると、イタリアには現在、三二〇〇社以上のパスタメーカーがあり、およそ一万人がパスタ産業に従事しているといわれる(40)。こうした企業のほとんどは北部に集中し、南部へ進出する数は少しずつ減っている。南部や島々に住む人々は、昔から乾燥パスタに慣れ親しんできたが、最近では生パスタへの関心が高まり、メーカー側も、四季折々の食材を用いた詰め物パスタを発売するなど工夫を凝らしている。

カンパーニア州アヴェッリーノ近郊のモンテミッレットにある小さなパスタメーカー、ラ・ルスティケッラ社を例に挙げてみよう。一九八四年の創業時には、アヴェッリーノの小さな村で生パスタのビジネスが成り立つとは誰ひとり考えていなかった。近くにはプーリアの硬質小麦の穀倉地帯が広がり、ナポリ沿岸地域やアマルフィ海岸の乾燥パスタのお膝元でもある。そんな場所で、しかも経営の知識もろくにないまま会社を立ちあげようなどと考えるのは、アントニエッタ・デ・クリストフォロくらいだろう。彼女は気骨と決断力のある女性だった。最初のうちは、さまざまなことを覚えるだけに終始していたが、売れ筋のパスタを見極めることで商売は軌道に乗った。以来、業績は右肩上がりだ。扱う製品は種類が豊富で、いまでは詰め物パスタが全体の六〇%を占める。顧客は基本的に地元の個人あるいはレストランで、ごく一部の製品をナポリの会社に卸している。驚いたことに、ラ・ルスティケッラが創業して以来、一〇を超える生パスタの製造所がこの地で生産を始めた。だが、いまでは八名の従業員を率いるアントニエッタ・デ・クリストフォロは臆することなく、目下、会社の規模を拡大する計画を進行させている。

対照的なのがジョヴァンニ・ラーナ社で、イタリア国内だけでも五〇〇名以上の労働者を抱え、四つの子会社、七〇の販売代理店、そしておよそ五〇〇の直営販売店を有する。その他にも海外に系列会社が二社あり、一二の卸売業者にフランス、ベルギー、スペイン、イギリスをはじめ、EU加盟国での販売を委託している。だが、グルメ雑誌で「トルテッロの帝王《レ デル トルテッロ》」と呼ばれるジョヴァンニ・ラーナは、さらに遠くを見すえている。ラーナ社の創立者にして生パスタの世界王者が、この称号をどう思っているかは知らないが、自身のブランドで世界中に売られている三万二〇〇〇トンの製品が、その肩書にふさわしい人物であることを証明している。ジョヴァンニ・ラーナの経歴は、まさに会社の歴史そのものである。一時は家族の経営する会社に身を置いていたが、独立を決意し、自分の名を冠した小さな会社を設立した。一九六二年、弱冠二五歳のときだった。一〇年後には、会社はすでに大量生産ができる規模にまで拡大し、自身は経営者の座を退いて生パスタの製造責任者に就いた。新たな世紀を前にして、改革の機運が高まっていた社内からは、反対の声はあがらなかった(41)。

零細企業から超巨大企業への成長は、今日の生パスタ・ブームの象徴となっている。このサン・ジョヴァンニ・ルパトート(ヴェローナ)の巨人ジョヴァンニ・ラーナ社の世界戦略は、モンテミッレットのラ・ルスティケッラ社の地元主義と対をなす。ジョヴァンニ・ラーナがルチアーノ・パヴァロッティを起用して世界的な宣伝キャンペーンを行なったのに対して、アントニエッタ・デ・クリストフォロはアヴェッリーノ一帯を生パスタの生産拠点とすることに専念した。どちらも成功を収めたとすれば、それはふたりがみずからの「食い意地」にこだわったからだろう(42)。それは間違いなく生パスタに対する最高の敬意であり、次の章で述べるように、世界中の愛好家たちを虜にした美食文化の原点でもある。

第八章

美味なるパスタ

国民ひとり当たりの年間消費量が二八キロと、世界一のパスタ消費国であり、かつ世界一の生産国でもあるイタリアは、料理においても比類なき創造力を発揮してきた。どこまでその起源をさかのぼっても、イタリア料理にはパスタを受け入れる懐の深さがあり、結果として、パスタがそれを象徴する存在となった。つまり、中世以降、イタリア料理はその繊細さを特徴としてきたわけだが、ひと口に「イタリア料理」といっても、単なる「国民食」の枠にとどまらず、地域によってまったく異なる。長い歴史のうちに積み重ねられた数えきれないほどのレシピが文化遺産となり、後世に受け継がれていくのだ。

この遺産が少しずつ豊かになるにつれ、中国とは異なるイタリア独自のパスタの美食文化が姿を現わした。多くの貧しい移民のおかげで、イタリアはこの文化を世界中に広める術を心得ていた。彼らはそれぞれの移住先でパスタの輸入手段を確保し、それを味わう場を生み出した。そうして、西洋社会にパスタを調理するイタリアの習慣が定着し、料理法の進化の過程がふたたび繰り返されることとなった。

「アル・デンテ」――イタリア風のパスタを味わうには、とにかくこのひと言に尽きる。外国語に翻訳することがほとんど不可能でありながら、世界中のパスタ愛好家はその意味を正確に理解している。この事実が、パスタを中心とするイタリア料理が広く普及していることを何よりも物語っている。パスタの茹で方は、ごく単純であると同時に、料理の腕前が問われるほど難しい。その茹で加減はイタリア国内でも地域ごとに異なり、南部に行くほど硬くなる。一見すると、「アル・デンテ」は絶妙な茹で加減で、あたかもパスタそのものと同じく昔から存在していたかのようだ。しかし、実際には違う。茹でても形が崩れないパスタを、ナポリでは「鞭」と形容したが、これは乾燥パスタ、正確にはソースであえるパスタの美食文化に欠かせない要素で、ナポリで誕生し、その後、政治的に統一を果たしたイタリア半島に広まった。ナポリでは、形以外の点でも調理時に不便なやわらかさを改良し、映画監督のペーター・クーベルカが「口のための建築物」と呼んだように、パスタは唯一にして多様な食べ物となった(1)。今日ではすっかりお馴染みの「アル・デンテ」だが、かの『美食の技と料理の教養』を著したアルトゥージの時代には、まったく知られていなかった。それでも彼は、生であれ乾燥であれ、パスタをこよなく愛し、マッケローニやスパゲッティの場合には「たっぷりの湯で短めに茹で、弾力を楽しむ」ことを勧めている(2)。

やがて、この言葉は現代イタリア社会におけるパスタの定着を象徴するものとなる。つまるところ、「アル・デンテ」は国のアイデンティティとしての文化であり、ときに〝統一国家の唯一の絆〟とも揶揄される(3)。アルプス山脈から長靴の先端まで、そして島も含めると、人々の毎日の食事はプリモピアットから始まる――通常はソースであえたパスタだ。すっかり慣例となった夕食だが、最近はその限りではないようだ。イタリアでは早くからパスタが好まれていたが、今日のようなメニューの構成が徐々に家庭に浸透し、毎日の習慣となったのは、20世紀になってパスタの大量生産が行なわれ、生活様式が均一化されてからのことだった。第二次世界大戦後には、それまで米やポレンタを食べていた北部の人々が「ナポリ風」のパスタを食べるようになった。すでに見たように、ひとり当たりのパスタの消費量は、一九三六〜五四年のあいだに一四キロから二八キロへと急増した。これは単に生活レベルの向上や、〝北部の砦の崩壊〟だけでなく、長いあいだ生パスタの陰で日の目を見なかった乾燥パスタが、ついにイタリア中の人に支持されたことを意味する(4)。

実際、イタリアが硬質小麦の乾燥パスタと軟質小麦の生パスタの伝統を同時に育んできたとしたら、美食の追求はもっぱら後者に集中していた。「手づくり」と同じく、「自家製」という言葉は、生パスタに何とも魅力的な衣をまとわせたのだ。生パスタを形づくる楽しみは、中世イタリアの料理人にとっても、古代中国の料理人としか分かちあうことができない特別なものだったはずだ。それに比べて乾燥パスタは、ナポリの人々にとっては生きるために必要な食べ物だった。しかし20世紀になると、乾燥パスタが大量に普及して立場が逆転する。それ以来、乾燥パスタは創造力あふれる料理に欠かせない存在となった。南部の殻を突き破った乾燥パスタは、少しずつ各地の食習慣と融合し、生パスタの伝統とともに多彩な郷土料理を生み出した。一方で、これこそが本当の意味で南部の雪辱ともいえるが、サヴォイア家の強制的な併合に対して、「アル・デンテ」の茹で方とトマト味という無敵の援軍を従えて、ついにマッケローニの逆襲が始まったのだ。たとえるなら、軍隊に降伏せざるをえなかったプルチネッラが、食べて生き延びるために侵略者を受け入れ、即興《コメディア》仮面劇《デッラルテ》のすばらしい伝統が受け継がれる王国で、共通の価値観と統一を求めるために知恵をしぼったというわけだ。やがて太陽の恵みのもと、国民的な料理が誕生した。その輝かしい色は、民衆の気概を表わしている。これぞまさに貧しい食生活から生まれた料理が、紆余曲折を経て、ついに栄冠を手にするまでの道のりといえよう。

1―脈々と続く伝統

キリスト教西洋社会のさまざまな料理は、その起源を中世に求めることができるが、いまも昔も、イタリアの料理書には他にない特徴がある。パスタ料理に相当のページが割かれていることだ。14〜15世紀にかけての料理本には、じつに一二〇ものレシピが掲載され[5]、すべてがオリジナルではないものの、全体として、同時代の他のヨーロッパ諸国やアラブ世界の料理書にあるよりもはるかに豊富な食材が使われている。

イタリア語の豊かな語彙は、パスタに関して、当時すでに比類なき創造力が駆使された。マカローニ、ヴェルミチェッリ、タリアリーニ、フォルメンティーネ、ロンゲーティ、ニョッキ、ストランゴラ・プレーティ、クロセーティ、ラヴィオリ、トルテッリ、トルテレッティ、ミヌテッリ、オラーティ、パンカルデッレ、シンキネッリ……これらはみな中世のイタリア料理で使われていた用語で、すべて実際につくれるかどうかは別にして、同じような形のパスタがいくつもあったことを物語っている。それに対して古代ローマでは、平たいパスタを指す「ラガーナ」や「トラクタ」という言葉さえ使われていなかった。一説によると、乾燥パスタが考案されたともいわれる当時のアラブ・イスラム教世界では、おもに肉のスープやソースに混ぜてすぐに食べられる糸状や粒状のパスタがつくられていた。一方で中世のイタリア人は、直接パスタの考案に関わったわけではないものの、パスタを成型する技と料理法を編み出したのは確かだ。

初期のパスタ料理については、プロの料理人による上品で洗練されたものしかわかっていない。つまり上流階級の人々のために考えられ、つくられた料理だ。彼らは生パスタや詰め物パスタを好み、それらのレシピだけで、当時から今日に至るまでのレシピの総数の三分の二にのぼる。中世イタリアのレシピ集では、そのつくり方によって二種類のパスタが存在した――型で抜いたり麺棒でのばしたりするパスタと、指でちぎったり、台の上で手のひらで転がして形を整えるパスタだ。前者は古代ギリシャの「ラガノン」が原型で、ラザーニャやタリアリーニをはじめ、パンカルデッレ、ロンゲーティ、トリーティ、フォルメンティーネなどがこれに当たる。さらには、「リボン状、すなわち紐状で……小指の幅に」切ったマッケローニや、その他の「ごく薄く細く切った」パスタも含まれる[6]。生パスタであり、同時に詰め物パスタでもあるラヴィオリやトルテッリも、大きく分ければこの仲間である。もう一方の成形するパスタは、大まかに「ヴェルミチェッリ類」と呼ばれているが、当時のイタリアの料理本にはあまり登場しない。

すでに述べたが、中世のイタリア料理には粒状のパスタは存在しなかった。穀物の粒の形を模した小さなパスタは、のちに「パスティーネ（小型パスタ）」と呼ばれ、当時のアラブ・アンダルシアの料理には欠かせなかった。15世紀半ばの名料理人ルティーノの書には、パンくずと小麦を混ぜて、小麦や米の粒の形にした「ミッレファンティ」が登場する。レシピには、「天日または火で乾燥させ」てから(7)、鶏肉や他の肉のブロード（ブイヨン）で煮込むと記されているが、今日のパスタとはやや趣が異なる。16世紀の教皇のお抱え料理人バルトロメオ・スカッピも同じ手法を用いているが、彼の場合は「保存するために極上の小麦粉」を使っている(8)。こうして、ようやくパスタらしくなったスカッピの「ミッレファンティ」は、アラブの「フィダウス」の仲間にも数えられ、これをもとに「セメンティーネ」「セーモレ」「セモリーネ」など、さまざまな種類のスープ用の小型パスタが考案された。18世紀のジェノヴァでは、産業の発展とともに、「豆のような形や、メロン、ホウレン草の種など、とにかくあらゆる種の形」のパスタが製品化された(9)。穀物を精巧に真似たスープ用のパスタによって、粥やファリナータ（粉でのばしたスープ）のバリエーションが広がり、その伝統はスペインのイスラム王朝を介してヨーロッパ中に伝わったと考えられる。

スープ類の材料や、具入りスープの調理法を見ると、イタリアではおもにヴェルミチェッリが使われていた。おそらく、ブロードをつくる際に肉の煮汁のようにとろみがつくからだろう。たとえば、グエッリーニ社から出版された14世紀の料理書には、「ヴェルミチェッリのスープ」のレシピが載っている。これは、肉のブロードにアーモンドとたっぷりの香辛料を加えた濃厚なスープだ。他にも、肉や魚のブロード、あるいはアーモンドミルクをベースにして、詰め物をしないトルテッリや油で揚げたサルシッチャの小片を加えるなど、具材の組み合わせは無数にあった(10)。だが、14～15世紀にかけては、このようなパスタの使い方はむしろ珍しかった。つまりイタリア人にとって、パスタは最初から美食の追求の対象となる存在だったのだ。イタリアの料理人は、プロであれ素人であれ、粥の親戚のようなスープで煮込んだパスタには目もくれずに、今日でもなお無限の可能性を秘めた調理法で「パスタシュッタ（ソースであえるパスタ）」に挑んだ。しかも、「パスタシュッタ」という言葉が美食の概念を表わすようになる、はるか以前のことだ。やがて時を経て、はからずもパスタはグルメ・ブームを巻き起こすこととなる。

そのかわり中世の料理人は、すでに16世紀後半に、自分たちの仕事によって料理法の一分野が確立されることを見抜いていた。名料理人のマルティーノは「パスタ料理」という表現を用いているが、これはのちに「パスタのスープ」といわれるものである。もっとも、料理用語については曖昧なままで、今日われわれが使っている言葉は19世紀になってから整理された。マルティーノは、「マッケローニ」または「マッカローニ」という言葉でさまざまな種類のロングパスタを指している。いずれも断面は円形か空洞で、ある程度の幅をもつリボン状であることから、16世紀には、これらはのちの「パスタ」とほぼ同じ意味で使われていたと考えられる。スカッピの「マッカローニ（いわゆるニョッキ）のスープ」のレシピを見ても間違いない(11)。彼と同時代の料理人たちも、タリエリーニまたはタリアテッレ、あるいはニョッキの形や四角形、菱形のパスタをすべて引っくるめて「マッケローニ」と呼んでいた。18世紀末になっても、マルケ州の料理人アントニオ・ネッビアが、『マッカローニとニョッキ』という題で、あらゆる種類のラザーニャやニョッキのレシピをまとめている(12)。

時同じくして「パスタ」という言葉も登場する。こちらは広く練り粉（ケーキやパン、フォカッチャの生地も含む）も意味するが、食用パスタに関しては「マッケローニ」と同義語として使われてきた。一五四八年に教皇庁の給仕に関する書を記したジョヴァンバッティスタ・ロッセッティは、「パスタに関する覚書」という題で、パスタを用いた料理をすべて列挙している(13)。この時代には、イタリア南部に「名人のパスタ」という表現が登場する。これは機械で成型するパスタを指し、シチリアで鋳型を使ってつくられる別名「鉄のパスタ」とも呼ばれる手づくりのパスタと区別するために、名づけられた。世間の関心に後押しされて、「名人のパスタ」はナポリの上流階級の食卓にも上った。ちなみに彼らはその後、庶民に人気の工業生産のパスタ——当時の表現を借りると「枢機卿のごちそう」——も口にしている。そして数世紀後には、乾燥パスタは正式に貴族社会の洗礼を受ける(14)。やがて、このナポリの大衆的な食べ物が美食家たちの熱いまなざしを浴びるようになるのも、ごく自然な流れといえよう。

2—何はともあれ生パスタ

イタリアの料理書に載っているのは、基本的に生パスタのレシピだが、現存の中世の手稿には、かろうじて「トゥリ」「トゥリア」「ヴェルミチェッリ」「マッケローニ」のレシピが残されている。そのうちのいくつかは再現でき、料理名や調理法から、なかには市販の乾燥パスタが使われたとおぼしきものもある。

◎トゥリア、ヴェルミチェッリ、鉄型のマッケローニ

まずは「ヴェルミチェッリのトリア　七人前」だが、「一リッブラ（三〇〇グラム）のヴェルミチェッリを使用すること」としか書かれていない(15)。同じ書の他の四つのレシピには、パスタの乾燥法や、お薦めの工房や店まで記されている。イタリア最古の料理本である『料理の書』の「ジェノヴァ（ラテン語で *ianuensis*）のトゥリア」や、別の14世紀の手稿にある「病人向けのジェノヴァのトゥリア」も、指示はいたって簡単だ(16)。後者は、「沸かしたアーモンドミルクにトゥリアを入れ、塩を少々加えて食べる」とだけ記されている。このレシピでは明らかに買ってきたパスタを前提としているが、そうではないものもある。「シチリアのマッケローニ」と「ジェノヴァ風マッケローニ」は、いずれも

マルティーノのレシピで、パスタのつくり方と成型について、くわしく説明されている[17]。軟質小麦粉に水と卵白を加える方法は、当時はきわめて珍しい。マッケローニのつくり方は実際には長くて難しいが、ここでは簡単に紹介しよう。生地を細かく分け、糸状になるまでのばしてから穴開け作業に取りかかる。鉄串を生地の端から端まで通して、台の上の皿に置き、途中で生地が破れたら、もう一度のばして最初の形に戻す。成型の説明の最後に、マルティーノはこうつけ加えている。「このマッケローニは天日干しにしなければならない。きちんと手順を守れば、二〜三年はもつ」。一方、「ジェノヴァ風マッケローニ（本場のタリアリーニ）」は、麺棒で生地を薄くのばして巻き、「紐よりも細く」切る。ここでも、すぐに食べない場合には乾燥させるか、あるいは生のまま調理するよう指示されている。

大部分のレシピが、おそらく地元に伝わるパスタの形にこだわっている点からも、市販の乾燥パスタは料理書にほとんど登場しないことがわかる。その理由はいくつか考えられるが、何よりも当時の料理人、上流社会の給仕係、レシピや料理書の著者が、市販の製品を信用していなかったことが挙げられる。ありとあらゆる食材の味を吟味する専門家としては、はっきりした製造日も、輸送や保管の状態もわからない製品に対して慎重にならざるをえなかったにちがいない。マルティーノのシチリアのマッケローニの指示がよい例だろう。

だが、こうした不安は多分に保存食に対する先入観に基づいている。中世では、塩漬け肉や魚といった保存食は、貧しい農民が生きるために必要な食べ物だと思われていた。そして、ある意味では乾燥パスタも保存食である[18]。中世にミラノを支配したスフォルツァ家、その後はアクイレイア（フリウリ＝ヴェネツィア・ジュリア）の総大司教に仕えたマルティーノほどの賢い料理人が、いずれ使うつもりでパスタを貯蔵していたとは考えにくい。だが、だとしたら、なぜシチリアのマッケローニを乾燥させるように指示したのだろうか。考えられるのは、完全に乾燥させれば、茹でても筒状の形が崩れないということだ。卵白を加えるのも同じ理由からだろう。マルティーノのような名料理人なら、卵白にパスタを固める作用があることは知っていてもおかしくない。したがって、ジェノヴァのタリアリーニのように中が空洞ではないパスタについては、乾燥はかならずしも必要ではなかった。

マッケローニを長期間保存する可能性がないと考えると、マルティーノの指示は意味がないことになるが、あくまで論理的には正しい製法であり、万が一、大量につくってしまった場合の賞味期限を示しているとも受けとれる。マルティーノは乾燥パスタの保存性を示すために、言い換えればパスタをつくるタイミングを示すためにそう指示しただけで、実際にそのとおりにする必要はなかった。仮に指示どおりにしたとしても、店で手に入れたものとは違って、みずからの手でつくった保存食に対しては偏見の抱きようはないだろう。いずれにしても、生パスタが主流だった中世の生活でも、この乾燥についての指示は矛盾したものではない。ほとんどの都市で、ラザーニャ職人などの職業組合が存在していたことも、それを裏づける証拠だろう。

◎ラザーニャ、タリエリーニ、パッパルデッレ、フォルメンティーネなど

ラザーニャは最も古いパスタ料理のひとつで、中世の料理人にとっては重要なレパートリーだった。『料理の書』のレシピでは、当時としては珍しく発酵させたパスタでつくられている。薄くのばした生地を指三本の大きさの四角形に切り、沸騰した湯で茹でて、湯切りしたのちに一枚ずつ重ね、すりおろしたチーズと、好みで香辛料をたっぷりかける。そして、出来たてを先のとがった棒で食べる(19)。インゲマール・ボストロムが編集した『南部の名もなき人』には、15世紀のレシピが掲載されているが、こちらは去勢雄鶏のブロードでラザーニャを煮込み、鶏肉をのせた皿に盛って、すりおろしたチーズをふりかけて食べるものだ。トスカーナのフランチェスコ・ザンブリーニが出版した16世紀の文献では、ふたつのレシピがまとめられている――去勢雄鶏または脂肪分の多い肉のブロードでラザーニャを煮込み、「粗くおろしたチーズとともに、小皿に好きなだけ重ねる」。ルドヴィーコ・フラーティ編

集の書では、当時の四旬節《しじゅんせつ》の料理として、茹でたラザーニャのあいだに砕いたクルミをはさんで重ねる料理が紹介されている(20)。

中世のレシピには、パスタをぬるめの湯で茹でてふやかしたり、すでに見たように卵白を加えたり、さらには薔薇のエキスで香りをつけたりするものもある。ときには茹でる前に「干しておく」という指示も目にするが、これは手打ちパスタでふつうに行なわれる表面の乾燥と同じである(21)。すでにこの時代には、とりわけサフランを用いた人工着色が行なわれていた。17世紀以降、サフランは工業生産のパスタの着色にも用いられたため、イタリア人にとっては耐えがたい悪臭となった。一八四六年に、トリノのイギリス大使館のシェフ、フランチェスコ・シャプーゾがこれを非難している。「間違ってサフランで染めようものなら、ナポリのマッケローニに嫌悪すべきにおいがうつってしまう」(22)。

中世イタリアの料理人はパスタの形にもこだわり、その結果、パスタの種類は他国とは比べものにならないほど多様化した。既出のパスタ以外にも、たとえば「クロセーティ」は、生地を指でつぶしてつくった親指大の小さな杯の形のパスタで、プーリアのオレッキエッテによく似ている(23)。「フォルメンティーネ」は、一三三七年にエミーリアの医師バルナバ・ダ・レッジョが、地元の名産として紹介しているが、その一世紀後のマルティーノの書には、「タリアテッレのようなリボン状の薄いパスタ」とある。同じものが、バルナバの時代のマントヴァでは「パンカルデッレ」と呼ばれていた(24)。これは現在の「パッパルデッレ」もしくは「パッパレッレ」とは多少異なるものの、スカッピと同じころに活躍した有名な給仕頭ドメニコ・ローモリは「薄くてやわらかいラザーニャ」と説明している。このフィレンツェ出身の給仕は何人ものローマの枢機卿に仕え、得意の「フィレンツェ風パッパルデッレのスープ」をしばしばメニューに加えていた(25)。この料理名からは、グローセットやアレッツォ（いずれもトスカーナ）の郷土料理である「野ウサギのソースのパッパルデッレ」(26)を連想するが、ローモリのレシピ集には、似たような「野ウサ

ギのパッパルデッレ添え」(27というのもある。それ以外にも、レシピはないが「ローマ風パッパルデッレ」という料理も存在し、16世紀のフィレンツェやトスカーナの料理書にもパッパルデッレの名はたびたび現われている(28。

近代になると、さまざまな形のタリアテッレが広まり、それより細いタリエリーニも種類が増えた。このタリエリーニは、15世紀末の北部の手稿に登場する「極細のロンゲーティ」と似ている(29。さらには「ストロッツァプレーティ」というパスタもある。小麦粉とすりおろしたパンの皮を混ぜてつくったニョッキのようなもので、16世紀初頭の南部の手稿にその名が現われ、やがてナポリの名物料理となった(30。スカッピは「鉄型のマッケローニ」のつくり方を紹介しているが、この原型はマルティーノの「シチリア風マッケローニ」で、彼の書にレシピがくわしく説明されている。不思議なことに、ふたりとも味つけについてはいっさい触れておらず、スカッピはどうやらパスタのつくり方を書いただけで満足していたようだ――わざわざ数年間保存できることまで言い添えて(31。またスカッピは、たとえパスタには硬質小麦のセモリナ粉が最適だと知っていたとしても、先人たちのようにパスタづくりには使わず、レシピで勧めてもいない。当時、流行していたのは、砂糖のたっぷり入った甘いパスタだった。卵もしばしば惜しみなく使われ、その量は時代とともに増える。17世紀のマルケ州の料理人、アントニオ・ラティーニはナポリ副王の第一公使の給仕頭を務め、パスタ名人の修道女の名にちなんで「モニカのタリオリーニ」をつくった。材料は極上の小麦粉一リッブラに卵二個、さらに二個分の卵黄と熱湯を少量加える(32。19世紀のブルジョワ階級の慣習に従ったフランチェスコ・シャプーゾにいたっては、タリアテッレの生地をつくる際に、小麦粉一リッブラに対して八個分の卵黄を使い、さらに一オンスの粉チーズと半オンスの生バターまで加えた(33。おそらくシャプーゾは、ピエモンテの伝統料理のあざやかな黄色いタリアリーニを編み出した人物のひとりに数えられるのではないだろうか。何しろあの色は、パスタ生地に練りこむ恐ろしいほどの数の卵黄から生まれるのだから。一説によれば、小麦粉一キロに対して三二個分の卵黄を使うともいわれる。

17世紀以降は、生地の水分として牛乳をそのまま、あるいは水で薄めて使うようになった。ピエトロ・アルドブランディーノ枢機卿の給仕頭を務めたヴィットーリオ・ランチェロッティは、一六一〇年一月一日に開かれた宴会で「スープ仕立てのフォリエッテ」を出している。フォリエッテとはラザーニャやパッパルデッレのような平打ちのパスタで、「極上の小麦粉を牛乳、松の実、卵黄で練り、さらに少量のバター、牛乳、卵黄を加えたスープと混ぜて、仕上げにすりおろしたパルミジャーノチーズをかける」。この給仕頭にいわせれば、これは「貴族のための料理」だった(34)。

だが、すでに17世紀初めには、素人の料理人もパスタ生地に牛乳を混ぜるようになっていた。そのひとり、ランチェロッティと同時代のフィレンツェの音楽家ジョヴァンニ・デル・トゥルコは、当時としては珍しい、専門の料理人の手によらないレシピ集を残している。そのなかの「ヴェネツィア風マッケローニ」は、少量のぬるま湯と合わせた牛乳で極上の小麦粉を練ってつくる。だが、こうした庶民的な料理では、牛乳のかわりにぬるま湯で溶いた卵が用いられることが多かった。生地は「それほど薄くはなく、むしろ厚めに」切り、形はリボン状か四角形のどちらでもかまわない。湯を沸騰させたら、すぐにパスタを入れて茹で、「よく湯を切ってから」皿に盛り、生バター、すりおろしたパルミジャーノチーズ、シナモンで味をつける。同じレシピ集には、生地を薄くのばさずに、おろし金の裏で小さな円形や円筒形にする方法も載っている(35)。それだけにはとどまらず、この美食家《グルメ》は、当時の方法で味つけをしたトルテッリやラヴィオリも紹介している。つまり、そのころにはすでに詰め物パスタが広まっていたということだ。だが、この種のパスタの場合、工夫をこらした中身が重要であって、パスタそのものを追求する意味はない。

3　詰め物パスタ――形、色、風味

詰め物パスタは、パスタ料理のなかでも高級で洗練された部類に入り、皮の生パスタとともに、香り、風味、試行錯誤を重ねた中身の具材など、その種類はじつにさまざまである。代表的なのが「トルテッリ」と「ラヴィオリ」で、このふたつのパスタだけでも、中に包む具は野菜だけのあっさりしたものもあれば、肉を詰めた脂っこいものもある。キリスト教の世界では、現在では、より柔軟になっているものの古代から続く四旬節の典礼のために、料理人は大斎《だいさい》（食事を節制する）と小斎《しょうさい》（肉食を控える）というふたつの基準に従う必要がある。しかしパスタの世界では、通常は肉のパスタと野菜・魚のパスタに分類される。

◎肉入りラヴィオリと四旬節《しじゅんせつ》のトルテッリ

これが、いわゆるあっさり派とこってり派の詰め物パスタである。小斎日に食べるラヴィオリには、クリームで煮つめた生チーズに野菜やハーブを混ぜて詰める。こうした料理は「金曜のラヴィオリ」「四旬節のトルテッリ」「四旬節の白いトルテッリ」「肉なしラヴィオリ」などと呼ばれるが、なかには「よく茹でて水気を切った上等のカボチャ、きれいに皮をむいてよくすりつぶしたアーモンド、よくすりつぶしたハーブ……」を詰めた「極上のトルテッリ」などというものもある(36。肉食を許される大斎日には、「肉入りの長ラヴィオリ」(37、「肉のトルテッリ」「スープ仕立ての肉入りトルテッリ」「去勢雄鶏のトルテッリ」「肉の白いトルテッリ」「茹で肉の白いラヴィオリ」などを食べる。

たいていの場合、レシピの名前には料理用語が用いられ、名前を見ただけでおもな材料がわかるものも多い。「カボチャのラヴィオリ」「ハーブ風味のラヴィオリ」「卵とチーズのラヴィオリ」「乾燥カボチャのトルテッリ」「野生のキノコのトルテッリ」……こうした料理には、野菜やキノコ、乳製品が使われているのが一目瞭然だ。その他にも、「焼いた豚のトルテッリ」や「豚肉のトルテッリ」といった肉の種類を表わしているものもあれば、「食欲をそそるトルテッリ」「口内炎にきくトルテッリ」「病人向けトルテッリ」など、ダイエット用の料理も並ぶ。また、「緑のトルテッリ」「四色、五色、六色のトルテッリ」といった、色を強調したものもあれば、「ボローニャのトルテッリ」「若鶏のトルテッリ、ボローニャ風」「アッシジ風トルテッリ」と、地域の名にちなんだものもある[38]。

使われる肉は基本的に豚肉だが、ときには鶏肉、とりわけ去勢雄鶏も用いられる。そこに、生または熟成させたチーズと、スパイスで味つけした葉物野菜を混ぜて詰め物とする。こうした詰め物は本来、大斎日向けだが、今日では宗教的な意味合いは薄れ、肉や野菜が自由自在に組み合わされた意外性のある料理がつくられている。たとえば「スープ仕立てのトルテッリ」の詰め物には、豚肉、ハーブ、チーズ、卵、ナツメヤシ、干しぶどう、それに香辛料とサフランが使われる[39]。はたまた、カボチャやズッキーニとアーモンドを混ぜたトルテッリに砂糖をふりかけたものは、「マントヴァ名物カボチャのラヴィオリ」として有名だ。

ラヴィオリやトルテッリの形については、あまり触れられることはなく、スカッピの「アンノリーニ」のレシピは珍しい例だ。その想像力豊かな形については、すでに述べたように、馬の蹄鉄、尾錠金《びじょうがね》、アルファベットや動物などがあるが、これらのラヴィオリやトルテッリを揚げた料理は、あいにく本書の「食用パスタ」の定義には当てはまらない。マルティーノは、「肉食の時期のラヴィオリ」を「栗よりも大きくならないように」つくるよう勧めており、それに従えば、丸くて小さなラヴィオリができるはずだ。他のレシピでも、ラヴィオリは「親指くらいの長さで少し太い」サルシッチャのように成型されている[40]。もっとも、スカッピの『料理術』の挿絵を見ると、円や四角形が一般的なようだ。

◎皮なしのラヴィオリ

ラヴィオリがパスタのなかで存在感を示しているのは、ひとえに詰め物のおかげである。したがって、できるだけパスタ生地を薄く、ほとんど歯ごたえを感じないくらいにするのが理想的とされている。「金曜のラヴィオリ」の「皮」も、「なるべく薄く、さもないと見向きもされない」とレシピに記されている(41)。そして、ついにはパスタ生地がないほうがよいという結論に達した。一二八七年まで年代記を発行したサリンベーネ・ダ・パルマは、皮のないラヴィオリ（*raviolos sine crusta de pasta*）を食べることを、「人間の上品な食い意地」が進化している証拠だと述べている(42)。中世の料理書にも、生地に包まないラヴィオリのレシピがしばしば登場する。たとえばマルティーノの「白いラビオリ」は、モッツァレッラのような生チーズ（水牛のチーズ）とバター、ショウガ、シナモン、砂糖を混ぜ合わせ、「指ほどの長さ、大きさの」サルシッチャの形にまとめ、崩れないように小麦粉をまぶす。マルティーノは「包みたければ包んでもかまわない」と括弧でつけ加えつつ、「このラヴィオリはパスタなしでつくる」と明記し、「崩れないようにゆっくりと茹で、火が通ったら取り出して、砂糖とシナモンをかけ、好みに応じてサフランで黄色く色づける」(43)と指示している。

この「皮なし」の料理は、ルネッサンス時代にもつくられていたが、詰め物パスタと同類と見なされて、レシピや料理書の解説でも同じ項目にまとめられた。スカッピの「皮なしラヴィオリ スープのつくり方」もマルティーノとほとんど同じで、ハーブのペーストを混ぜるのと、たっぷりの砂糖と香辛料で味をつける点だけが異なる。また、スカッピは水牛のチーズのかわりにリコッタを用い、大斎日にはブロードで、小斎日には湯で手早く茹でるよう勧めている(44)。同じ時代のドメニコ・ローモリは、「いろいろなラヴィオリ」のレシピで、「むき出し」のまま油で揚げたり、「パスタなし／パスタありで茹でる」といった方法を紹介している(45)。サリンベーネ・ダ・パルマの主張するように、もともとあった皮が人間の食欲の犠牲となったという考えは、その後、何世紀にもわたって続き、裸のラヴィオリはイタリア北部、とりわけロマーニャの郷土料理となった。近代イタリア料理の集大成ともいうべき『料理の学と正しい食事法』の著者ペレグリーノ・アルトゥージの「ロマーニャ風ラヴィオリ」は、リコッタチーズ、小麦粉、すりおろしたパルミジャーノチーズ、卵をよく混ぜ合わせた生地を、くぎ抜きの形にまとめたものだが、これはまさしくルネッサンス時代のレシピを継承している。エミーリア・ロマーニャのフォルリンポーポリ出身のアルトゥージは、いわゆるラヴィオリの存在を知らなかったようだ。その証拠に、「ジェノヴァ風ラヴィオリは……断じてラヴィオリと呼ぶべきではない。本物のラヴィオリは肉を使わないし、皮で包んだりもしないものだ」と無邪気に述べている(46)。

アルトゥージの形に対する考えは、当時、詰め物パスタが地方によって「ラヴィオリ」「トルテッリ」「カッペレッティ」「アノリーニ」「アニョロッティ」などと異なる名称で呼ばれていたことは考慮されていなかった。詰め物パスタであれ、ふつうのパスタであれ、美食文化は地方の料理に受け継がれてきた。これらの郷土料理は、ルネッサンスの衰退とフランス料理の発展という時代背景において、宮廷料理の焼け跡から新たに生まれたものである。同じ原理、同じ価値観に基づいた専門家による料理が、領土や地域の特色によって色とりどりに花開いたのだ。そして、その道のりはこのうえなく進歩的なものだった。

◎伝統のレシピ

実際、16世紀に広まった詰め物パスタの新たなレシピは、北部の地域にゆかりのあるものが少なくなかった。とりわけロンバルディアでは、16〜17世紀にかけて次々とレシピが生み出された。教皇のお抱え料理人であるスカッピは、ビート(赤かぶ)、ホウレン草、チーズを使った「ロンバルディア風野菜のトルテッリ」を考案した。これと似た料理が、一世紀後にマントヴァ領主のゴンザーガ家に仕えたボローニャの料理人、バルトロメオ・ステファーニによってつくられている。

スカッピは特定の地域に伝わる形や名前に関心があったようだ。「豚ばら肉とその他の材料のトルテッリ」については、「庶民にはアンノリーニと呼ばれている」と記している[47]。スカッピによれば、「アンノリーニ」はインゲン豆やヒヨコ豆ほどの大きさで、パスタの皮は三角形のふたつの端を合わせて帽子《カッペレッティ》の形にする。「アニョリーニ」の場合も同じで、これはマントヴァでは「アニョーリ」、クレモナでは「マルビーニ」、ポー川を越えると、まさしく「カッペレッティ」と呼ばれる[48]。この形のパスタは、もともとは中世のロンバルディアで生まれ、17世紀以降に広まった。フランチェスコ・ラティーニは、ナポリの上流階級の食卓に「ロンバルディア風カッペレッティのスープ」を出している[49]。

パルマ一帯は「パルマのアノリーノ」でも有名で、この仲間には「ピアチェンツァのアノリーニ（地元の方言では、ピアチェンツァ平野のアンヴェイン）」や「レッジョ・エミーリアのアノリーニ」などがある。このパルマのアノリーノ、そして無数のバリエーションをもとに、さまざまな料理が生み出され、それが各地の伝統料理として根づいた[50]。アルトゥージはパルマから伝わったとされる「パルマ風アノリーニ」を取りあげ、「パルマでは年中行事で食べるスープだが、クリスマスや復活祭にはつくらない」と紹介している[51]。一部の料理人は、大胆にもアノリーニの起源を「パスタの皮のない」ラヴィオリに求め、サリンベーネ・ダ・パルマは一二八四年の聖キアーラの祝日にその料理を口にしている。彼らは口をそろえて「アノリーノ」の語源が「ラヴィオーロ」であるという説を唱えた。中世の「ラヴィオーレン」が庶民独特の発音で「アノーレン」に訛ったというのだ[52]。ややこじつけのようにも思えるが、イタリアには「真ならざるにしても妙案なり」という諺もある。

いずれにしても、ロンバルディアやヴェネトに限っていえば、14世紀末〜15世紀初めにかけての手稿に「アネローティ」という料理のレシピがある。ここではパスタについて触れていないが、材料は詰め物の形にまとめ、茹でる際に形を崩さないよう指示している(53)。だが、こうした詰め物パスタが、狭い宮廷文化の枠を越えて、広くイタリアの食卓にのぼるようになったのは、おそらく16世紀になってからだろう。それを裏づけるかのように、ジョヴァンニ・デル・トゥルコは「スープで煮込んだアニェロッティ」という簡単で庶民的なレシピを提案している(54)。

このフィレンツェの音楽家の時代には、イタリアの宮廷料理がヨーロッパ中に広まり、詰め物パスタは、他のパスタ料理とともに「イタリア料理」として半島からはるか離れた場所で見よう見まねでつくられた。16世紀末にリエージュ（ベルギー）の司教館の料理長を務めていたランスロ・ド・カストーのレパートリーのひとつに、肉とホウレン草にパルミジャーノチーズとバターを加えた「ラフィオル」があったが、これは間違いなくイタリア料理をもとにしたものだ。フランス文化の影響を受けたこのベルギーの料理人は、やはりイタリアの料理書を見て考えた「アニョイラン」という料理もつくっている(55)。

国境を越えて広まった詰め物パスタだったが、イタリアの宮廷料理の衰退とともに徐々に忘れられ、そのかわり国内のさまざまな地方の郷土料理に定着した。ふたたび海外に広まるのは20世紀初めで、フランスのブルジョワ料理のシェフたちが、詰め物パスタをメニューに加えるようになったことがきっかけだった。20世紀後半になると、詰め物パスタはもはや庶民の手の届かないものとなり、伝統料理の再発見や郷土料理への回帰といった世の中の流れとともに美食文化の頂点を極めた。偉大な料理人たちが次々と伝統に挑み、大胆な発想でまったく新しいラヴィオリを生み出した。ルイジーノ・ブルーニの名著『ラヴィオリ陛下のレシピ』は、地方の伝統料理を含めて「歴史的レシピ」から「オリジナル・レシピ」までを幅広く紹介し、一〇〇以上もの多彩な料理から成るみごとな集大成ともいうべき存在である(56)。このファストフードの全盛時代に、まさにスローフードの提唱者カルロ・ペトリーニのいう「手間《スロー》のかかるパスタ」である詰め物パスタは、はからずも衰えつつある美食文化の救世主となるだろう。

4―乾燥パスタ――口に広がる芸術

もしイタリア料理が乾燥パスタのない世界で発展していたとしたら、ここまで広く親しまれることはなかっただろう。もっとも、パスタが美食の世界で認められるようになったのは、イタリア南部が世界中にその味と様式を示し、広めはじめてからのことである。当初は、パスタ料理といえば、もっぱら生パスタと詰め物パスタだった。したがって、乾燥パスタはイタリアの文化には含まれなかった。ところが、やがてこの工業製品が生パスタを中心に築きあげられた美食法と出合うことになる。

職人の工房や手工業規模の製造所でつくられる乾燥パスタは、すでに見てきたように、保存がきく製品というだけで、料理人からは高く評価されなかった。長距離の輸送を前提としているため、品質よりも保存性が求められたのだ。17世紀のアスティの薬売りグリエルミーノ・プラートは、国内経済に関する短い書を著したが、そのなかで地元の料理のレシピも紹介しており、フィデリーニやマッケローニといったパスタ料理も登場する。「フィデーリ(極細タリアリーニ)」のレシピには、「職人が手づかみで扱うようなフィデーリは、粗悪な原料や古い小麦粉でつくられているか、食糧不足のための備蓄品だから、じゅうぶん気をつけなければならない」という注意書きがある(57)。おそらくジェノヴァやリグーリア海岸から運ばれてきたというだけで、それらの製品が長期間保存されていると考えて、プラートは抵抗感を示したのだ。こうしたハンディキャップは近代になっても根強く残り、乾燥パスタの生産地で、保存の問題に頭を悩ませることはほとんどなかった南部では、さらに下層民の食べ物に対する上流社会の偏見が加わった。17世紀には乾燥パスタはイタリア全土に広まり、ナポリ人が「マッケローニ食い」とからかわれていたのは前述のとおりである。

その一方で、地元では「名人のパスタ」とも呼ばれる手工業生産の乾燥パスタが、ナポリの貴族の食卓に上るようになったのもこのころだった。そして、南部の料理人にとっては、晴れて乾燥パスタを使えるようになったことで、一気にレパートリーが広がった。料理の世界で、早くから乾燥パスタの価値を見出した人物のひとりが、17世紀初めに貴族の給仕頭として活躍したジョヴァン＝バッティスタ・クリシだった。彼は乾燥パスタに対する偏見を払拭し、ダイス（鋳型）付きの押出機でつくった「溝の入ったマッケローニ」や「名人のヴェルミチェッリ」を臆することなくメニューに加えた。「パスタのスープ」には、詰め物パスタだけでなく、「プーリアのマッカローニ」「パレルモのマッカローニ」「カリアリのタリアリーニ」などがずらりと並んだ。どれもパスタの手工業生産の盛んな地域にちなんだ料理である(58)。また、製品化されることはなかったものの、クリシは6世紀の中国の製法を改良した「澱粉のヴェルミチェッリ」にも関心を示していた（詳細は第九章参照）(59)。このヴェルミチェッリについては、他ではいっさい言及されていないため、誰がそんなものをナポリでつくろうとしたのか、いったいどんな形のものなのかはわからない。

ナポリの貴族の食卓に出されるようになると、乾燥パスタの地位は徐々に高くなる。アントニオ・ラティーニは、生であれ乾燥であれ、パスタをあまり使わないことで知られていたが、それでも「カリアリのマッケローニのスープ」をつくった。これは、単に去勢雄鶏の上質のブロードでマッケローニを煮込み、パルミジャーノチーズを加えただけの料理だが(60)、すでに当時、「このうえなく美味で上品なスープ」と大絶賛された。17世紀には、ナポリでも乾燥パスタが高級料理に使われることはまれで、北部の貴族の館では市民権さえ得ていなかった。17世紀に唯一、調理技法に関する書を著した料理人のバルトロメオ・ステファーニは、乾燥パスタを用いたレシピは書いておらず、祝宴でたまに詰め物パスタを出す程度だった。それでも、ラティーニが述べているように、ナポリ王国の専門の料理人が乾燥パスタを扱うようになったのは、ある意味では文化革命であり、この新たに切り開かれた道によって、やがてすばらしいナポリの伝統料理が生まれることになるのだ。ティンバッロ（パイ料理）、マッケローニのサルトゥ（プディング）などのパスタ料理は、貧しいナポリのマッケローニを美食の階層の頂点に押しあげ、当時の数少ないイタリア料理のなかでも輝かしいひと皿の仲間入りを果たした。その評判は、やがてアルプス山脈を越え、産声をあげたばかりのフランスの美食文学の正統性を認めることとなる。

◎ティンバッロの勝利

「マッケローニのパテは見たこともないが、誰でも食べられるものでもない。琥珀色の甘いアーモンドミルクで煮込み、仕上げにシナモンの粉、正真正銘のコリント（ギリシャ）の干しぶどう、レヴァントのピスタチオ、レモンの皮、上等のサラミを加え、ジェノヴァのパスタとともに盛りつける。これぞまさしく〝美味なる料理〟である。とにかくマッケローニはすばらしく、僧院でこのような料理が出されれば、それを習慣とするのは決して難しくない」(61)。ラバ神父がマッケローニのパテと出合ったのは、シチリアの貴族の食卓だったが、この料理はまさにティンバッロの一種である。これを食べれば、それまでパスタによい印象を抱いていなくても、たちまちパスタを気に入るはずだ。ラバ神父が18世紀初めにイタリアを訪れたときには、まだティンバッロは考案されていなかったが、似たような料理はすでに前世紀からあった。

クリシはマッケローニを「カルツォーネ（詰め物をしたピッツァ）」の詰め物にもできると述べている(62)。当時の皮を発酵させたピッツァ生地かどうかはわからないが、マッケローニを詰めてオーブンで焼いたものは、いかにもおいしそうである。その後、アントニオ・ラティーニが「骨を除いた七面鳥のパイ、マッケローニ詰め」という料理を考え出し(63)、そこから中世に流行した鶏のパテが生まれ、やがて、ヴィンチェンツォ・コッラードが一七七三年に出した『粋な料理人』で紹介するナポリの名物料理の誕生に至る——まずは低温の牛肉のブロードでマッケローニを軽く茹でてから、よく水を切り、チーズをたっぷり振りかけておく。深めの型に薄いパスタ生地、あるいは「砂糖抜きのやや厚い生地」を敷き、みじん切りにしたサルシッチャ、キノコ、トリュフ、プロシュットとマッケローニを混ぜて「たっぷりの濃厚な肉汁」で味つけしたものを詰める。そして生地で包み、オーブンで焼いてできあがりだ(64)。

同時代のイタリアの料理人と同じく、コッラードもフランス料理の影響を受けており、彼がアルプスの向こう側の料理の名前を拝借していても不思議ではない。フランスでは、いろいろな肉や魚を詰め、さまざまなソースで味つけをしたパイ料理が古くからつくられていた。だが、パスタ、とりわけマッケローニのティンバッロがナポリの誇る料理であることは間違いない。当時のフランスの料理人はティンバッロをつくっていた形跡はなく、彼らにとっては、マッケローニもヴェルミチェッリもラザーニャも、すべて「イタリアのパスタの一種」にすぎなかった。ヴィンチェンツォ・コッラードは何種類ものティンバッロのレシピを編み出しており、料理人としての腕前はもちろん、その創造性も疑う余地はない。「プロシュットのラザーニャ」「衣をまとったラヴァジュオーリ」「貴婦人のニョッキ」「トリュフ風味の米」など枚挙にいとまがないが、もうひとつ、「ポンパドゥール風マッケローニ」という料理を紹介しよう。この料理の名は、ルイ一五世の愛人で、おそらく料理人たちにも色目をつかった夫人に敬意を表してつけられた。味については、「マッケローニ詰め」のティンバッロとほとんど同じで、仔牛のひき肉、トリュフ、アーモンド、卵黄をマッケローニと混ぜ合わせて生地に詰める。

このナポリの偉大な料理人は、「食いしん坊のサルトゥ」をはじめて紹介したことでも知られる。これは型に入れて焼く料理の一種で、ブロードで煮たマッケローニを仔牛のレバー、すりおろしたチーズと混ぜ、深めの型に詰めて、ローストした野鳥のニワムシクイと交互に重ねていき、最後にモッツァレッラのような生チーズで蓋をして、オーブンでこんがり色づくまで焼く(65)。これは仏語でフロックコートを意味する「スルトゥ」から名づけられ、やはりナポリの名物料理のひとつである。当時はしばしばテーブルの中央に飾られ、まさにナポリ王国で花開いた美食文化を象徴するものだった。どちらの料理も、19世紀のイタリア料理が誇る傑作であり、上流社会にパスタを復権させた立役者といえよう。

当時のイタリアのおもな料理書には、「マッケローニのティンバッロ」をはじめとする多種多様なパスタ料理のレシピが載っていたが、多くの料理人はフランス料理に傾倒していた。その手腕と仕事ぶりで傑出していたのが、ジョヴァンニ・ヴィアラルディとフランチェスコ・シャプーゾのふたりのピエモンテの料理人だった。ヴィアラルディはサヴォイア家の「副料理長」を務め、いわゆるイタリア風の味にはこだわらず幅広い料理を考え出した――「サヴォイア風マッケローニのティンバッラ」「昔ながらのマッケローニ詰めティンバッラ」「ナポリ風に飾ったマッケローニのティンバッラ」そして「サルデーニャ風マッケローニのティンバッラ」「ジェノヴァ風幅広ラザーニャのティンバッラ」もある[66]。フランチェスコ・シャプーゾは「〝モングラス〟ソースのタリアテッレのティンバッロ」を考案したが、これはマッシュルームをたっぷり入れたフランスの有名なソースを用いた料理で、まさしく当時の流行を取り入れていた。だが、彼はもちろんイタリア風のソースで味つけをした、その名も「イタリア風ティンバッロのマッケローニ」も忘れてはいない。また、「フランス風マッケローニのティンバッロ」というのもあるが、これはマッケローニだけが「フランス風」で、ティンバッロは通常のレシピでつくられている[67]。

イタリア国家統一独立運動《リソルジメント》時代の料理であるティンバッロは、帝政時代・王政復古期のフランスにも広まり、アントナン・カレームをはじめ、当時の名だたるシェフから惜しみない称賛が寄せられた。カレームは自身の著、『パリの宮廷菓子職人』で、マッケローニのティンバッロにかなりのページを割き、「〝イタリア風〟や〝フランス風〟といった枠組みを越えた、際立った存在」と絶賛している。「ミラノ風マカロニのティンバル」から始まり、「狩人風マカロニのティンバル」「資本家のマカロニのティンバル」「船乗り風マカロニのティンバル」など、材料はすべて「本物のイタリアのマッケローニ」だ。この有名シェフがイタリアのパスタを薦めているのは、イタリアに対する好感からではなく、そのすぐれた品質、むらのない透きとった色合い、そして何よりも茹でても崩れない強さを評価していたからだ。それに対して、「われわれの製品はつやがなく灰色がかっていて、表面には筋が入り、茹でるとばらばらになってしまう」[68]。アレクサンドル・デュマ・ペール（大デュマ）もそうした品質を指摘し、食通たちはフランス産のマッケローニの穴に「注射器で魚や肉のソース」を入れることも辞さなかったと述べている[69]。

パスタを用いたすばらしい料理は、19世紀初めに世界中の美食家に認められる。こうした料理は特定の芸術家と結びついている場合が多い。ロッシーニは健啖家としてのエピソードには事欠かないが、彼がフォアグラを注射器でマッケローニに注入したという「マッケローニ伝説」が事実ではなくても、グリモ・ド・ラ・レニエールが口にして絶賛したというスープにみずからの名を冠した大胆な人物はたしかに実在した。一八〇四年の『食通年鑑』で、テーブルマナーにおいて功績のあった人物として、ムッシュー・カメラーニの名が献呈書簡に記されている。この人物は、オペラ＝コミック座（旧コメディ・イタリアン）の支配人で、マッケローニのスープの考案者でもある。美食文学の父レニエールはこう書いている。「イタリア人はこの極上のマッケローニのレシピを知っていて、誰もが一度は口にしたことがあり、ときには友人のためにみずからつくることもある。これほどすばらしいことがあるだろうか」。そのレシピの一部を紹介しよう。

何はさておき、本物のナポリのマッケローニを手に入れる。上質のパルミジャーノチーズ……上質のバター……まるまる太った鶏のレバー（ただし大きすぎないもの）、セロリ、畑で穫れた野菜、キャベツ、ニンジン、シロニンジン、カブ、ポロネギなどなど……。

まずはレバー、セロリ、その他の野菜をみじん切りにする。それらをバターとともにシチュウ鍋に入れて火にかける。そのあいだにマッケローニを湯通しして、胡椒と上質の香辛料を加えてから、じゅうぶんに湯を切る。食卓に出す耐熱性のスープ入れを用意する。底にマッケローニを敷きつめ、その上に火を通した具材をのせ、最後にすりおろしたチーズをかける。容器の深さに合わせて、この順番で層を重ねる。そして、弱火でぐつぐつ煮え立つまで火にかける(70)。

この「おいしいが、消化不良を引き起こす」料理は、グリモ・ド・ラ・レニエールによれば、「このうえなく高価で、あらゆるスープのなかで最も洗練されたものである」。

19世紀には、一八九〇年に刊行された『ロンバルディアの気どらない料理法』や、それより数十年早く編集された『正統派ジェノヴァ料理』といった美食術の本にもマッケローニの料理が多く登場した(71)。その後、フランスでより庶民的で手軽なグラタンが考案され、イタリアの食卓にも広まった。これは、イタリアで生産が盛んなチーズと相性がいいという理由もあるが、イタリア人が長年のあいだにパスタの味つけに工夫を凝らしてきた結果ともいえる。その情熱は、さすがの料理大国のフランスもかなわないだろう。

◎美味なるマッケローニ

パスタ料理の成功によって、イタリアは美食の世界において信用を築き、決して食通の舌を裏切ることなく揺るぎない名声を確立した。17～18世紀にかけてイタリアを訪れた観光客は、イタリア料理ではパスタが主役であることに気づき、なぜイタリア人がこれほど質素な食べ物に夢中になっているのか理解に苦しんだ。「こうしたスープを食べ慣れない者にとっては、とまどいを隠すことはできない」。一六七二年に出版された旅行記で、ジューヴァン・ド・ロッシュフォールは「生茹で」のパスタに不快感を隠さなかった(72)。有名な「ジェノヴァのパスタ」の生産拠点であるサンレモに立ち寄ったジャン＝バティスト・ラバも、はじめてパスタを口にして、まさに同じ感想をもった。このドミニコ会修道士が泊まった安宿では、「マッケローニという細かいパスタに埋もれた二羽の雌鳥が出てきて、おそらくたいしたごちそうにちがいない。だが、雌鳥にパスタのにおいが染みこんで、気持ちが悪くてとても食べられたものではない」。このにおいというのは、おそらくパスタを着色するために使われたサフランか何かだろう。そうはいっても、シチリアでマッケローニの料理を食べたラバ神父は、たちまちその魅力にとりつかれた。

　ラバは周囲の状況を注意深く観察し、いたるところで大量にパスタが消費されていることに驚いた。イタリア人にとって――なかには「パンよりも、マッケローニやその類のパスタを多く食べている人々もいた」――パスタは「日常」の食物だった。その多種多様な形に触れつつ、ラバはマッケローニのさまざまな調理法を解説している。ヴェルミチェッリは「馬のたてがみほどの小さな虫」「タリオリーニ」と「フェスターチ」は「リボン」状、「アンダリーニ」は小さなガラス球、スープ用の小型パスタはいろいろな形がある[73]。

　ラバ神父が泊まった宿のメニューに加えられていたことからも、当時からパスタは広く普及していたと思われる。事実、すでに市販品が出回って手軽に入手できたパスタは、イタリア人にとってごく当たり前の食べ物となっていた。ジューヴァン・ド・ロッシュフォールの有名な「マッケローニ、美味なるかな」という言葉がそれを表わしている。17世紀のピエモンテでリグーリア海岸のパスタが流通していたことは、グリエルミーノ・プラートのエピソードでも紹介したが、アスティのほとんどの家庭の台所では、不意の場合に備えて、何キロかの乾燥パスタが棚に入っていたことは間違いない。乾燥パスタは非常用の食品として、とくに交通の便の悪い地方の宿では重宝した。若い女性と連れ立ってフィレンツェからボローニャへ向かう途中で、カサノヴァはスカリカラーシノ（現エミーリア・ロマーニャのモンギドーロ）の宿屋に立ち寄った。時刻は午前一時で、ふたりともくたくただった。「空腹と寒さで死にそうだった」と、カサノヴァは振りかえっている。「何も食べるものはないと亭主はいった。だが、私には冗談にしか聞こえなかった。というのも、バター、卵、マッケローニ、米、パルミジャーノチーズ、パン、それに上等のワインがあったから。これだけあればごちそうがつくれることを、愚かにもこの亭主は知らないのだ」(74)。

備蓄品である一方で、乾燥パスタは食卓の楽しみでもあった。カサノヴァの時代には、イタリアのいたるところに「マッケローニ・クラブ」があり、裕福な文化人たちが即興でマッケローニの詩をつくったり、マッケローニの大食いに興じたりしていた。ヴェネツィアの近くのキオッジャに着いたカサノヴァは、いうまでもなく「マッケローニ・クラブ」の討論会に招かれて悪い気はしなかった。それどころか自作の詩を披露してクラブに敬意を表し、喜んで宴会に参加した。彼は「一一もの詩節」をつくり、「満場一致で会員に迎えられた」。その際のコメントは次のとおりである。「またひとり、食卓にすばらしき人物が加わり、料理の王ともいうべきマッケローニを心ゆくまで食する」(75)。

パスタの普及は思いもよらない地方にまで及び、たとえばトレントでもパスタが食べられていたようだ。フェリーチェ・リベラ司祭(一七三四〜九二)による18世紀末の手稿には、多彩なパスタ料理のレシピが記されている(76)。これらは独創的というよりも、明らかに郷土色が表われたものだ。なかでも興味深いのは「プーリアのマッケローニ」である。リベラは随所で「プーリアのパスタ」(77)という表現を用いており、そのことからも、パスタの商取引が国内のいたるところで行なわれていたことがうかがえる。18世紀にはパスタは一般的に使われるようになっていたが、イタリア人にとって、まだ生活必需品とはいえなかった。それでも、こうして広く受け入れられた事実は、やがてパスタがイタリア全土を席巻し、イタリア料理のいわば代名詞となることをじゅうぶんに予見させるものである。そうした意味では、ナポリ人の果たした先駆者的な役割は否定できないだろう。

◎ナポリの象徴的な食べ物

イタリア南部の王国の首都では、どちらかといえば静かに始まったマッケローニの「民主化」が18世紀初頭に実現する。当時のナポリでは、ある小噺が流行し、かの地を訪れた外国人は、旅の土産にその話を周囲にもっともらしく語って聞かせたものだった。王となったプルチネッラは、その地位に大衆的な食べ物はふさわしくないからと、マッケローニを出してもらえなかった。すると彼は即座に言い放った――「もう王なんかやめてやる」。プルチネッラというのは、イタリアの即興仮面劇《コメディア デッラルテ》に登場する道化師で、臆病で怠け者のくせに皮肉屋でずうずうしいキャラクターだが、マッケローニのために王位を放り出すのは、いかにも民衆のシンボルである彼らしいエピソードだ。それはさておき、この逸話はナポリで「マッケローニを大衆が日常的に食べている」ことを示している。それは、ジェローム・ド・ラランドが一七六五～六六年にイタリアを訪れた際に、まさに目にした光景でもある[78]。

もちろん、ここでいう大衆には、旅行者の目を引くようなぼろ着をまとった貧民や最下層市民《ラッザローネ》は含まれていないが、当時、マッケローニがそうした貧しい人々にも手が届く食べ物だったことは確かだ。そしておそらく、上質のパスタには縁のなかった貧民層が人口の大半を占めていたことが、19世紀のナポリ人がパンくずならぬ「パスタくず」、つまり「古くなったパスタの破片」と呼ばれたゆえんであろう。たとえそれが、「手頃な値段で貧しい人々に売られる酸味のあるものや、もっと貧乏な人がただ同然で手に入れられる」ような品質を重んじられないマッケローニを指すのではないにしても[79]。

シチリアに滞在後、ナポリに戻ったゲーテは、一七八七年五月二九日にこう記している。「マッケローニというのは、上質の小麦粉が原料のパスタのことだが、丁寧につくられていて、なめらかで、いろいろな形があり、いたるところで安く買うことができる」。鍋から取り出したばかりの湯気の立つマッケローニを売る商人を観察しながら、ゲーテは「たいていは単に湯で茹でて、そこにすりおろしたチーズをかけると、こくと風味が際立つ」と述べている[80]。繁盛している店では、住み込みで働く無数の「マッカロナーロ（マッケローニ職人）」の姿は、店の前で手づかみでマッケローニを食らう「ラッザローネ」とともに見慣れた光景となり、いずれもナポリの民間伝承には欠かせない存在だった。政治家であり作家のジュゼッペ・ゴラーニは、一七九三年に次のように書いている。「マッケローニの店へ行くと、あつあつのパスタを山盛りにした木の皿が出される。そこにすりおろしたチーズをかけ、うまく指に巻きつけて食べるが、これは外国人にはなかなか真似できない技である」(81)。

　こうした光景は、19世紀にナポリの魅力を外国人旅行者に伝えるために利用され、ガイドブックや文献などに引用された。ナポリ出身の古物研究家アンドレア・デ・イオーリオは、故郷に関するさまざまな書を記しているが、一八三五年の本には次のようなくだりがある。「ナポリ風に（すなわち手で）マッケローニを食べるところを見たければ、夕方頃にマッサの港やマリネッラ通り、ヴィカーリア通りへ行き、居酒屋の常連客をつかまえて、店主に代金を払うといい。彼らはあまり上品とはいえないが、高貴な食客のように無邪気に、喜びいさんで食べるだろう」(82)。

　誰もが挙げているのは、マッケローニの調理の簡単さである。ナポリの庶民は上流社会のように砂糖もシナモンも使わない。ゴラーニによれば、ブロードは「半リッブラの豚の脂を溶かして塩少々を加えた」ものだ(83)。そしてゲーテが記しているように、最後にすりおろしたチーズだけを振りかける。だが、このようにシンプルで飾らない食べ物であったからこそ、ナポリの人々はパスタのための味覚を育み、やがてパスタは「味つけの法則」に従った専門家の料理術によって磨きあげられ、映画作家のペーター・クーベルカがその風味をみごとに定義するに至るのである。

5―やわらかいパスタから硬いパスタへ

中世のパスタのレシピでは、大斎日には去勢雄鶏や肉のブロードで、四旬節には湯だけで煮込むと想定されていた。牛乳が使われることもあったが、パスタを下茹でしたあとに、最後に加える程度だった。いわく、「ヴェルミゼッリを戻し入れたあとは、牛乳を沸騰させてはならない」(84)。「牛乳のヴェルミチェッリ」のつくり方は、他のパスタ料理とはやや異なり、まずヴェルミチェッリを鶏または羊の脂で「くっつかないように」炒めて、そこに牛乳を「念のため三回に分けて」かき混ぜながら注ぎ入れる(85)。マルティーノは、「現代ローマ風マッケローニ（リボン状または紐状の二種類）」のレシピで、湯あるいはブロードをじゅうぶんに沸騰させてからパスタを茹でるよう勧めている(86)。それから彼は伝統的な方法に倣って、ふたたびマッケローニを長時間煮込んでいるが、こうした習慣は16世紀まで続く。

◎とろけるような食感

ヴェルミチェッリの茹で時間は一時間、シチリア風マッケローニは、レシピによって二時間、一時間、三〇分と異なる。この時間の幅が、それぞれのレシピを記した著者の地元に伝わる風習によるものなのか、あるいは時代とともに調理法が進化したことを示すのかは定かではない。あるいは著者の想像でなければ(87)、単なる写し間違いという可能性もなくはない。

詰め物パスタの場合は、それよりもやや短いが、それでも今日に比べればはるかに長い。マルティーノは、ラヴィオリの茹で時間を「主の祈りを四回」唱える程度とし、さらにそのあと「三〇分間茹でる」よう指示している(88)。唯一の例外は「皮なしの白いラヴィオリ」で、「形が崩れないように静かに茹で」、再沸騰する直前に引きあげることと記されている(89)。

乾燥パスタについては、これほど長時間茹でるのが妥当かどうかはわからない。パスタがじゅうぶん乾燥させたものだとしても――当時の製法では、その保証はないが――現在ではこれだけ長く茹でることはありえないからだ。詰め物パスタに関しても同様である。通常の皮なしのラヴィオリは軽く茹でるようには指示されていない。つまり、マルティーノをはじめ、当時の料理人たちは、食品の茹で方をきちんと理解して、あえてやわらかくとろけるような食感を意図していたと思われる。軟質小麦粉でつくった生パスタの場合、これはあながち間違いではない。小麦粉は、それ自体グルテンが少なく粒が細かいが、茹でると澱粉粒がばらばらになって粘り気を帯びる。これを古代の医師は「粘着性」と呼び、この性質のおかげでラザーニャは粥と同じカテゴリーに分類された[90]。これにちなんで、作家のジョヴァンニ・セルカンビ（一三四七～一四二四）の時代には、「マッケローニの水のごとく濁った」という表現が生まれ、覇気に欠けた人を意味するのに用いられた[91]。

今日では長すぎるように思える茹で時間は、当時広まっていた医学や栄養学の知識の影響も大きい。18世紀のカタロニア人の医師アルナルディ・ディ・ヴィッラノーヴァは、揚げたパスタや茹でたパスタ（とりわけマッケローニとヴェルミチェッリ）は便秘や腎臓結石を引き起こすため、食べ過ぎてはいけないと考えていた。そこで、それでもパスタが食べたい人に対しては、「長時間茹でて、アーモンドミルクとともに食べる」よう勧めた[92]。中世の料理人は、明らかにこうした考えに基づいており、マルティーノは「シチリア風マッケローニ」のレシピで、「どのパスタもよく茹でたほうがよいので、このマッケローニはたっぷり三〇分茹でること」と指示している[93]。

こうした傾向は数世紀のあいだ続き、やがて徐々に廃れていく。スカッピは「現代ローマ風マッカローニのスープ」で、パスタを三〇分下茹でするよう指示しているが、これはマルティーノがおそらく先人に倣って考えた茹で時間の半分だ。だが、スカッピは「味見」をするようにも勧めている。それでもマッケローニが硬いようなら、「じゅうぶんやわらかくなるまで」さらに茹でる必要がある。そして、それだけでは足りないといわんばかりに、パスタを皿に敷き、その上にすりおろしたチーズ、砂糖、シナモン、薔薇のエキスを振りかけ、それを交互に三層重ねてから、別の皿を引っくりかえして蓋にして、熱い灰の上でさらに三〇分加熱する(94)。このように弱火で煮込む技法は、17世紀のフランスで広く用いられていたが、イタリアでもスカッピの時代には知られ、とりわけ上流階級の料理人のあいだに広まっていたようだ。ドメニコ・ローモリも、あらかじめ鶏のブロードで煮込んだラヴィオリをふたたび火にかけている(95)。ルネッサンス時代の料理書では、多くの場合、茹で時間は指定されていないが、中世の茹で方を受け継ぎ、さらに手を加えている。したがって、やわらかいパスタがふつうで、詰め物パスタの場合、ローモリのように弱火で長時間煮込むことによって形が崩れずにすむ。とはいうものの、ローモリはラヴィオリのスープをつくる際には、パスタ生地を薄くのばし、「去勢雄鶏のブロードでミラノのチェルヴェッラータ（豚の脳みそのソーセージ）とともに煮込み……じゅうぶんに火を通し、パスタが水分を含んでふっくらとやわらかくなるまで」煮ている(96)。

17世紀初めになると、やわらかいパスタの人気は衰えはじめ、新たな料理の理論が宮廷の外で生まれた。ジョヴァンニ・デル・トゥルコのレシピには、より硬めのマッケローニに対するこだわりが感じられる。このフィレンツェの料理愛好家は、偉大なるスカッピの、砂糖や香辛料をふんだんに使った複雑すぎるレシピをわかりやすくすることがみずからの使命だと信じていた。そして、茹で時間を指定しないほうが「簡単」だと考え、マッケローニが茹であがったらすぐに火から下ろし、「パスタが締まって硬くなる」よう冷水に取ることを勧めている(97)。この方法は、おそらく近代の初期には普及していたと思われるが、のちに工業生産のパスタの調理法の標準となる。ジュゼッペ・プレッツォリーニは、この手法を異端だと考えていたが、一九五〇年代のアメリカでも依然として行なわれているのを目にしている。当時のイタリア料理においては、パスタを水で冷やすことも珍しくなく、家庭にいたっては20世紀末になってもこの習慣は廃れていなかった。

パスタの茹で時間は時代とともに少しずつ短くなるが、当時、やわらかなパスタの伝統を壊そうとしたジョヴァンニ・デル・トゥルコは、まさに孤軍奮闘だった。しかし17世紀末になると、生パスタと乾燥パスタの茹で方を区別する傾向が見られるようになる。アントニオ・ラティーニは、修道院でつくられている極細のパスタを使った「モニカのタリオリーニ」の名を汚すことのないように、「タリオリーニを上質のブロードに入れるが、細いため、茹ですぎないように注意すること」と明記している(98)。同じく崩れやすい生パスタについては、著者不明の『ピエモンテの料理人』(一七六六年)という書に記されている。生のタリアテッレを沸騰した湯でごく短時間茹で、デル・トゥルコのやり方に倣って、火の通りを止めるためにすぐに冷水に取る。そして、あとは例のごとく皿にパスタを敷き、溶かしたバターとすりおろしたチーズをのせてオーブンで焼く(99)。だが、まだ短く茹でる方法が主流になったわけではなかった。その半世紀後にも、フランチェスコ・シャプーゾは生のタリアテッレを沸騰した湯で一〇分間茹で、火から下ろして味つけをしたあとに、ふたたび炭火で一〇分加熱してから食卓に出すよう指示している(100)。

◎アル・デンテのパスタ

イタリアでは、沸騰した湯で茹でる場合も、弱火で煮込む場合も含めて、パスタを長時間加熱する方法は19世紀半ばまで一般的だったが、唯一例外だったのはナポリである。ナポリの料理人は、パスタの茹で時間を一時間にまで引き延ばすかわりに、ほどよく茹でた、現代の基準でも茹ですぎではないパスタを食卓に出した。だが、一部の外国人旅行者にとってはイタリアのパスタを茹で足りないと感じたようだった。17世紀半ばにイタリアを訪れたフランス人のジューヴァン・ド・ロッシュフォールは、生茹でのパスタが入った「このスープ」にとまどいを隠せなかった(101)。その一世紀後の『ピエモンテの料理人』では、「ヴェルミチェッリのスープ」をつくる際に、ヴェルミチェッリを比較的短い時間、下茹でしてからスープに入れ、蓋をして一五分ほど煮込んでいる。大きいパスタの場合は、煮込み時間が三〇分になる。シャプーゾは、マッケローニの茹で具合を指で触れて確かめることを勧めている。彼の「フランス風マッケローニ」――どこから見てもマッケローニのパイ――のレシピでは、最初にマッケローニを四五分茹でてから細かくつぶしている[102]。

このピエモンテの名料理人は、明らかにナポリの慣例には従っていない。ナポリの料理人は、昔から硬質小麦のセモリナ粉を使った乾燥パスタは、より麦の味が強いことを知っており、茹ですぎないのが暗黙の了解だったのだ。そうした習慣は、流行に感化された裕福な家庭で広く取り入れられた。その流行の象徴的な存在が「マッカロナーロ」で、彼らは昼夜の別なく、できたてのマッケローニを手頃な値段で通行人に提供した。手早く茹でる習慣は、おそらくそうした光景が当たり前だったナポリの通りで生まれたものにちがいない。そうすることで、新鮮さと「鞭」のようなしなやかさ、つまり弾力と歯ごたえを残したパスタを供することができたのだ。もっとも、誰もがそうしたパスタを好んだわけではない。ラティーニのように、「マッケローニ食い」の首都において、地元の慣習を意に介しない料理人もいた。「カリアリのマッケローニのスープ」[103]は、彼が唯一乾燥パスタを用いたレシピだが、マッケローニを茹でる際の指示はいっさい記されていない。それから一世紀半の時を経て、短い茹で時間はようやくナポリの上流階級に定着する。ブオンヴィチーノ（カラブリア）のイッポリート・カヴァルカンティ公爵は、一八三九年に出版した『料理の理論と実践』で、マッケローニやその他のパスタをナポリ式に調理する方法をはじめて世に知らしめた。それによると、「（ヴェルミチェッリは）青臭さが残るくらいに茹でる」のが適切で、「ブロードもしくは湯が完全に沸騰しないうちに」投入するよう指示されている。「さもないとパスタはゴムのようになり、風味がすべて失われる」[104]。イタリアが統一されると、パスタの工業生産の発展とともに、ナポリ式の茹で方は次第に全土に広まった。料理研究家のアルトゥージは、マッケローニの調理方法を改め、ナポリ風に「大きな鍋にたっぷりの湯を沸かし、茹ですぎないこと」と伝授している[105]。『料理の科学』の編集者お墨付きを得た茹で方は、やがて「アル・デンテ」という言葉とともに広く普及し、第一次世界大戦後は標準の調理法となる。20世紀後半には、爆発的に増えたイタリア料理店のおかげで、「アル・デンテ」パスタは世界中で人気を呼び、イタリアの美食文化を余すところなく伝える役割を果たすことになる。

6―パスタとさまざまなパートナー

パスタの味は組み合わせるソースによっても異なり、その香りや風味は無限ともいっていいほどだ。シンプルかつ不滅のトマトソースや、ティンバッロのような洗練された味つけ、多種多様な郷土料理や有名シェフの創作料理、伝統的な手法や手軽な調理――パスタ料理には星の数ほどのレシピがあり、それというのも、唯一無二の存在であるパスタが、料理する者によってどのようにも解釈できるからである。実際、自然なものにせよ、人間がつくり出したものにせよ、これほどの食物はほかにはないだろう。どう調理しようと、何と組み合わせようと、つねに変わらぬ存在感を示す食品――それがパスタなのである。生、乾燥、セモリナ粉を原料とするもの、小麦粉を原料とするもの、卵入り、ホウレン草入り、イカ墨入り……あるいはプレーン、手打ち、オートメーション工場での量産品。そのシンプルさゆえに、パスタの味はまさに変幻自在だ。それ自体は中間的な味であるため、パスタは繊細な香りを探知して、強すぎる調味をやわらげる働きももつ。そして他のあらゆる食材を受け入れ、それらの魅力まで引き出すのだ。おまけに誰でも簡単に調理することができ、ややこしい手順に頼らなくても、五感に訴え、栄養的にもすぐれた品質が損なわれることはない。

パスタと組み合わせる食材には、それぞれの背景がある。シンプルな味つけにせよ、手の込んだ料理にせよ、ひとつひとつが長い歴史のうちにパスタと出合い、特別な、あるいは定番のひと皿として、パスタ料理に豊かな風味を添えている。なかでも最も古いのは、パスタとチーズの組み合わせである。このまさに相思相愛のカップルは、パスタ料理の初期のころから人々に好まれてきた。その後、砂糖が普及すると、貴族社会の洗練された料理に振りかけられるようになり、その習慣は、良きにつけ悪しきにつけおよそ二世紀のあいだ続く。そして豊かな多様性の時代を迎え、そのなかでパスタ料理を制したのは、赤くて酸味のあるトマトソースだった。これに唯一抵抗したのが、バターや生クリームのやわらかい風味とバジリコ（バジル）の緑が優勢な地域である。

◎パスタとチーズ——世紀の婚礼

われわれの知るかぎり、最初のパスタ調味料はチーズである。初期のレシピが書かれる以前から、チーズは中世イタリア人の舌を満足させてきた。ジョヴァンニ・ダ・ラヴェンナという大食漢の修道士の冒険を描いた小説で、サリンベーネ・ダ・パルマは、「彼ほどチーズ味のラザーニャを、むさぼり食う男は見たことがない」と記している[106]。この小説が書かれたのは一二八四年、少なくともイタリア最古の料理本である『料理の書』が編纂される二〇年前のことだった。そして『料理の書』にも、「すりおろしたチーズ」を加えたラザーニャのレシピが載っている[107]。中世ではパスタをチーズで味つけするのが一般的で、すでに述べたように、イタリアの料理文化に特有の「ソースであえる」パスタにはとりわけ好んで用いられた。この切っても切り離せない関係は想像の世界にまで及ぶ。ボッカチオの『デカメロン』に登場するベンゴーディという理想郷では、肉のブロードで茹であがったばかりのマッケローニやラヴィオリが、すりおろしたパルミジャーノチーズの山の斜面を転がり落ちてくる[108]。

中世のパスタのレシピでは、すりおろしたチーズはしばしば香辛料と混ぜて使われている。『料理の書』のラザーニャのレシピでは、食べるときに好みに応じて香辛料を振りかけるとのみ記されているが、「クロセーティ」のレシピでは「ラザーニャのように、大量のすりおろしたチーズを加える」と指示されている[109]。通常は、チーズと香辛料は料理を食卓に出す直前に振りかける。たとえば、無名の修道士による手稿に書かれた「野菜のラヴィオリ」のレシピでは、「パスタを茹でて、水気をよく切ったら、いろいろな香辛料とチーズをたっぷり加える」よう勧めている(110)。香辛料の具体的な種類や量が指定されることはほとんどなかったが、なかには「甘い香辛料」という記述も見られる。すでに引用したが、ショウガとシナモン、クローブを混ぜて使う例もある(111)。14世紀の料理書にある「魚のスープのトルテッリ」(112)のレシピでは、「このトルテッリは黄色くして、香辛料をきかせ、すりおろしたチーズを加える必要がある」というふうに、より強い調子で指示している。黄色くするためには、もちろんサフランで着色する。

16世紀以降、パスタ料理がより手軽で大衆的になるにつれて、上流社会ではチーズに砂糖を加えて甘みをつけるようになった。18世紀初めにラバ神父が寝泊りした宿ではよく、熟成させたチーズのかかったパスタが出された。神父はその鋭い観察眼で、「ときには少量のシナモンと胡椒の粉がかかっていることもあった」と証言している(113)。当時、少なくともカサノヴァのような裕福な身分の人間は、チーズにバターを加えることも珍しくなかった。ヴェネツィアのピオンビ刑務所に放りこまれたカサノヴァは、みずからマッケローニをつくっている——実際には、別の囚人に脱走のための道具を隠した聖書を届ける口実だったが。「大天使ミカエルの祝日の日、ロレンツォは朝遅く、大きな鍋でマッケローニを茹ではじめた。私はすぐさまバターを火にかけて溶かし、あらかじめすりおろしておいたパルミジャーノチーズを振りかけた皿を二枚用意した」(114)。そしてグリモ・ド・ラ・レニエールは、チーズのかかったパスタを絶賛して、次のように書いている。「チーズ、とりわけパルミジャーノチーズはヴェルミチェッリにすばらしい風味を加え、他のどんな種類のパスタとも相性がよい。わが国でつくられたふたつの食物が運命的な再会を果たし、その結果、じつにみごとなスープが生まれたのだ」(115)。

より大衆的な料理では、バターのかわりにラードをブロードに加えた。ゴラーニによれば、18世紀の啓蒙時代のナポリのマッケローニは、もっぱら豚の脂とすりおろしたチーズを混ぜたブロードからつくるスープで味つけをするのみだった。『ローマの貴族政治』を著したダヴィド・シルヴァーニを信じれば、彼自身がやっていたように、マッケローニにすりつぶしたカチョカヴァッロ（南部の乳牛のチーズ）をかける食べ方は、統一直後のイタリアではまだ贅沢だった(116)。当時のパスタ料理は徐々にソースと組み合わされ、地方の裕福なブルジョア階級の料理として発展し、盛りつけを美しく飾る上流社会の料理法とは一線を画していた。ルネッサンス時代の料理人は、伝統的なチーズと香辛料の組み合わせを尊重しつつ、もっぱら甘みを加えたパスタをつくっており、この習慣は17世紀末まで続く。

◎甘いパスタ

16世紀のイタリアは、まさに砂糖の黄金時代だった。宮廷料理は総じて甘く、香辛料を加えることで、その風味がいっそう際立った。当時は、いまのように〝甘い〟と〝塩辛い〟の区別がなく、甘い料理と塩辛い料理がいっしょくたに食卓に出され、「デザート」の概念もまだ存在しなかった。洗練されたパスタ料理には時代の風潮が反映された。砂糖と香辛料、とりわけシナモンは、パスタの生地から仕上げの味つけまで、調理のあらゆる段階で用いられ、ラヴィオリやトルテッリなどの詰め物にも混ぜこまれた。

クリストフォロ・メッシスブーゴは、間違いなくこの宮廷料理の新たな流行を生み出した人物のひとりだ。16世紀前半にフェッラーラ（エミーリア・ロマーニャ）のエステ家で給仕頭を務めたメッシスブーゴにとって、砂糖と香辛料を用いない料理は上品で洗練されたものとはいえなかった。彼は材料の配合比率にもこだわり、完璧ともいえる料理で名声をほしいままにした。その序文に「祝宴にそれほど高貴ではない身分の客が交じっているとわかっていれば、砂糖や香辛料は三分の一の量ですむ」と記した著書では、メッシスブーゴは正餐の正統な技法だけでなく、宮廷社会における宴や催しの基本的な決まりごとについても述べている(117)。そして、中世から受け継がれたレシピを取りあげつつも、当時の流行の味を取り入れた料理を考案した。たとえば「現代ローマ風マッケローニ」という料理では、通常の小麦粉と水の生地に砂糖を三オンス（八五グラム）、卵三個、薔薇のエキスに浸したパンくずを加えており、このレシピは明らかにマルティーノにも影響を与えている。さらに、マルティーノがマッケローニに生バターで風味を出し、チーズと甘い香辛料を振りかけているのに対して、メッシスブーゴはすりおろしたチーズに砂糖とシナモンを惜しげもなく混ぜている[118]。「具だくさんのトルテレッティ、単品あるいは鴨、鳩、その他の鶏肉にのせて」という料理のレシピでは、依然として詰め物に砂糖と香辛料がふんだんに使われている。肉二リッブラ（六七二グラム）に対して、卵一一個、すりおろしたチーズが二リッブラ半（八三八グラム）、シナモン一オンス半（四二グラム）、干しぶどう一リッブラ半（五〇四グラム）、砂糖一リッブラ（三三六グラム）という配合だ。サフランで色づけした薄いパスタ生地のラヴィオリは、それだけで食卓に出すか、シナモンを一リッブラ振りかけた鶏肉にのせる[119]。「詰め物に砂糖は入れなくてもよい」とメッシスブーゴはつけ加えているが、これは、「それほど高貴ではない身分の客」のためにこの料理をつくる場合の助言である。

ルネッサンス時代の料理人は、チーズと香辛料を混ぜたものに砂糖を加えるか、もしくは香辛料のかわりにシナモンを使い、いずれにしても最後に振りかける手法を守っている。その後、一部の料理には砂糖とシナモンだけが用いられるようになる。スカッピのころになると、砂糖もシナモンも使い方が洗練され、彼のパスタのレシピを見れば、あいかわらず甘い料理が流行していたことがわかる。スカッピは、マルティーノやメッシスブーゴに触発されて、「現代ローマ風マッケローニのスープ」を自己流に解釈した。パンくずと砂糖をパスタ生地に混ぜこみ、下茹でしたマッケローニを、あらかじめすりおろしたチーズ、砂糖、シナモンを振りかけた皿に盛り、生チーズとバターの小片をあいだにはさんで全体に薔薇のエキスをかける。そして皿で蓋をして、一時間焼いてから食卓に出す[120]。

ルネッサンス時代の無数のレシピのなかには、まれに甘くないパスタ料理もある。ローモリの「茹でたラヴィオリ」

はチーズとシナモンのみ用いられているのに対して、「揚げたラヴィオリ」はそれに砂糖が加わった。そして、ソース、とりわけラグーソースと合わせたパスタも多く見られ、やがてソースそのものの調理がパスタ料理の新たな分野を築くことになる。

◎ソースいろいろ

ローモリの「野ウサギのパッパルデッレ」は、味をつけずに、「ペヴェラーダ（胡椒のソース）風味」の肉とともに供される。パッパルデッレは野ウサギのブロードで煮込むが、そのブロードは「黒くて血がいっぱい」入っていなければならない(121)。パスタを甘く味つけすることに消極的だったスカッピは、「四旬節のマッカローニ」に「クルミのペースト、ニンニク、胡椒、パン粉を湯で溶いた」〝ニンニクソース〟や、ハーブとやわらかくしたパンくずでつくった〝緑のソース〟を用いている。この緑のソースは酸味があり、しばしば茹でたりローストした肉や魚に添えられた(122)。

16世紀の終わり頃から、狭く限られた貴族社会の外で親しみやすい日常的な料理が発達した──パスタの最新の調理法と食べ方である。デル・トゥルコはすでに、砂糖をたっぷり使ったシナモンの香り漂う高級料理と区別して、少量のバターと「パルミジャーノチーズ」、シナモンだけで味つけをした「マッケローニ」や「ヴェネツィア風マッケローニ」を提案している(123)。だが、同じ時代にペルージャのサン・トンマーゾ修道院で料理を担当していた修道女、マリア・ヴィットーリア・デッラ・ヴェルデは、「タリエリーニ」や「マッケローニ」にしばしばクルミのソースを合わせた。このソースは、クルミをすり鉢でつぶして少量の熱湯でのばし、胡椒とサフランで風味をつけただけのもので、「これら（胡椒とサフラン）については、なくてもかまわない」と記されている。この修道女のつくったクルミのソースは、記録に残っている最初のパスタの調味法で、やがて地域ごとに発展する郷土料理の始まりともいえる。パルマのアペニン山脈地方では、ソースには伝統的にリコッタチーズを用い、おもに「ペガイ」というパスタに合わせる。これは小麦粉と栗粉を混ぜてつくったパスタで、クリスマスの正餐に出されるマルタッリャーティ(不ぞろいに切ったパスタ)の一種だ。今日のジェノヴァには、これと似たクルミと生クリームのソースがあり、一九三三年に出版された『農婦の日記』という本によれば、このソースはラツィオ州の「クルミのマッケローニ」に使われている。クルミはやわらかく煮てペースト状にし、パン粉と砂糖を混ぜてつくる(124)。

アスティの薬売り、グリエルミーノ・プラートは、自身の記した国内経済の書で、これ以外にもイタリア北部に伝わる習慣について取りあげている。特定の地域の料理法についてまとめたものとしては、これが現存する最古の文献であり、そこではさまざまなマッケローニ料理が紹介されている。マッケローニは、いずれも牛乳に浸したパン粉を小麦粉に混ぜてつくっており、他にはない創作料理も見られる。たとえば「鳥の内臓のフリカッセ」は、鴨のレバーを焼いてから、マルヴァジア(ブドウの品種)で香りをつけた少量の肉のブロードとともに鍋に入れてじっくり煮込む。「仔羊のラグー」は、骨付きの肉を細かく切り分け、少量のラードで焼き色をつけ、ブロードと白ワインとともに弱火で煮込む。まったくのオリジナルといえるのは、みじん切りの玉ねぎ、セロリ、ポロネギ、ニンジンを、細かく刻んだイタリアンパセリとともに炒め、茹でたインゲン豆にかけて食べる料理だ。あるいは、薄切りの玉ねぎをラードで炒めてから牛乳を注ぎ入れ、ゆっくりと煮詰めてソースをつくる。これでマッケローニをあえ、すりおろしたチーズ、胡椒、シナモンを振りかけてから食べるという料理もある。

肉類を控える小斎日には、グリエルミーノ・プラートは、スペインのアンチョビとインドの胡椒で味をつけた「ペペロンチーノ」というマッケローニ料理を薦めている。これにはチーズは使わず、生バターの上にマッケローニをのせて食べる。驚くのは、豚や鶏、ウサギの血を使ったソースだ。細かく砕いたマルツァパーネ(マジパン)やモスタッチョーロ(クッキー)に生の血を混ぜ、砂糖と干しぶどうで甘みを加えたものでマッケローニをあえる(125)。プラートの書の編集に携わったジャンルイジ・ベラによると、ピエモンテでは昔からさまざまな料理に生の血が使われ、なかでも「野ウサギの血のラザーニャ」は郷土料理として知られている。今日では、その伝統は失われつつあるが、少なくとも19世紀には、ミラノの名料理人、ジョヴァンニ・フェリーチェ・ルラーシが、当時のピエモンテやロンバルディアの料理にヒントを得て、「野ウサギの血を使ったラザーニャ」をつくっていた[126]。

グリエルミーノ・プラートの書にあるとおり、17世紀初めのピエモンテは、色彩に富んだ料理の宝庫であり、そこから地域ごとに異なるパスタ料理の調理法が生み出されることになる。そうした料理を一律に評価することはできないが、19世紀に登場した地方料理に関する文献は、地域色の強いさまざまな名物料理だけでなく、ソース、煮汁、シチュウなどのジャンルも幅広く網羅している。それらのなかには、地方の枠を超えて広く普及したものもある。その代表的なものが、トマトのペーストやソースである。

◎バジリコのような緑

ペーストの最初のレシピは、一八六三年に出版された『正統派ジェノヴァ料理』に掲載されたものであるのは間違いない。しかし中世にさかのぼると、この有名なジェノヴァのペーストの起源となる料理がたしかに存在した。マルティーノの手稿にある「ジェノヴァ風マッケローニ」では、初期のペーストともいうべきものが用いられている。マッケローニをつくる手順を図示したあとに、マルティーノはそれに添えるソースのつくり方を説明している。材料はパルミジャーノチーズ、硬すぎないプロヴァトゥーラ（水牛のチーズ）、細かく刻んだルッコラだが[127]、これはパスタの味つけにチーズと香りの強い野菜を用いた唯一のレシピである。バジリコもルッコラと同じく香りが強いが、中世ではまだ料理に使われていなかった。だが、このレシピがジェノヴァにちなんだものであることを考えると、バジリコを用いることもできるだろう。

19世紀半ばに『正統派ジェノヴァ料理』で紹介された「ニンニクとバジリコのペースト」は、今日われわれが思い描くものとは異なり、ニンニクを大量に入れるために香りが強く、一方で松の実は使われていない。レシピの作者が、このペーストは「小斎日のラザーニャ、タリアリーニ、ニョッキの味つけ」に適していると明記していることから、おそらくこうしたものはそれまでまったく存在しなかったのだろう。そして、作者の意図を示すかのように、続けて「ペーストのマッケローニ」のレシピが掲載されている[128]。

まさしく『正統派ジェノヴァ料理』の原型ともいうべきこのペーストは、他の地域には足を踏み入れたこともないといわんばかりに、ジェノヴァの料理としてすっかり定着した。実際、アルトゥージは『料理の科学』でこのペーストについてはいっさい触れておらず、前述の全二巻からなる『農婦の日記』も、一日ごとにさまざまな郷土料理を取りあげているにもかかわらず、ジェノヴァのペーストは登場しない。そして今日でもなお、リグーリア以外では、ほとんど用いられている形跡が見られない。わずかにフランスの海岸地方に「ピストゥ」と呼ばれる同じようなソースがあるだけで、これはパスタの入った冷製スープに加えられる。結局のところ、イタリア半島全域でパスタの重要なパートナーとなったのは、トマトソースをおいてほかにはなかった。

◎トマトソース、南部の色のパスタ

パスタがトマトと出合ったときには、すでに美食の伝統が確立されてから数世紀がたっていたが、このふたつが奏でるハーモニーは、いまになって考えると、あたかも運命のごとく海を越えて世界中を包みこんだ。そもそもの出合いは、いまもって謎に包まれており、あらゆる文献を当たっても間接的な記述さえ見当たらない。一般的には、この世紀のカップルはナポリの下町で誕生したとか、少なくともイタリア南部に起源があるなどといわれているが、どの説ももっともらしい。実際、この南米原産のすばらしい野菜がスペインに上陸し、旧大陸を征服したのであれば、

〃パスタに欠かせない材料〃という衣装をトマトにまとわせて宮廷へ送りこんだのはナポリである。そして、そのときからトマトとパスタは切っても切れない関係となり、料理研究家のジャンヌ・カローラ・フランチェスコーニにいわせれば「赤い糸で結ばれた恋人どうし」ということになる[129]。

当初、イタリア人にもスペイン人にも用心深い目で見られていたこの異国の食物に敬意を表したのは、マルケ州で生まれ、ナポリで育ったアントニオ・ラティーニの手柄だった。実際のところ、すでに一五九二年には、スペイン人の植物学者がトマトは料理に適していると主張して、ソースにするよう勧めていたのだが、料理人たちは誰ひとり耳を貸さなかった。そして、この野菜の存在は長いあいだ忘れ去られていたも同然だった[130]。いずれにしても、ラティーニの時代になっても、トマトはあいかわらず「スペイン産」と見なされ、まさしくスペインの使者として料理人たちに認識され、トマトを使った料理のレシピには、一貫して「スペイン風」の名がつけられた。

そういうわけで、ラティーニの料理書には「スペイン風トマトソース」のレシピがあり、二巻目では「その他のスペイン風ソースのつくり方」と題してバリエーションが紹介されている[131]。このソースは、いわばよく熟したトマトのサラダのようなもので、トマトを炭火で軽く焼いてから皮をむき、細かく刻んで、玉ねぎ、タイム、唐辛子のペーストを混ぜ、オリーブ油と酢と塩で味つけをする。この「ソース」は、イタリア人がはじめて完成させたトマト料理のレシピで、考案者（もしくは編集者）が「茹でた肉などに合わせるととてもおいしい」と紹介している。いわゆるトマトソースとは似ても似つかないものの、ラティーニは後継者たちが果敢に挑む長い道を切り開いたのだ。その一世紀後、ヴィンチェンツォ・コッラードが著書『粋な料理人』（一七七三年）でナポリ料理の新たな可能性を示したとき、並みいるライバルに打ち勝ったのはトマトだった。そして、調理におけるその応用範囲は驚くほど広がった。「トマトは魅力的な食材だ」と語ったコッラードは、さまざまな調理法を考え出した。たとえば「フリッテッラ（丸い揚げ菓子）」や「クロケット」、そして米やトリュフ、アンチョビなどの具材とともに詰め物にしたりと、じつに変化に富んでいて飽きない(132)。

それでも、トマトはまだパスタと組み合わされることはなかった。少なくとも当時の正式な料理の記録は残されていない。かといって、出合いがなかったとも言い切れない。興味深いことに、最初にトマトのピューレをパスタに合わせた例は、仏語の文献で見つかった。ナポレオン時代のその書は、グリモ・ド・ラ・レニエールによる『食通年鑑』(一八〇七年)で、そこには「ピューレやチーズなど、ヴェルミチェッリと混ぜられるものは、秋にはトマトで代用できる」と書かれている。レニエールは、イタリア風の料理でそれを実証した。「この果物もしくは野菜(どちらでも好きなように)の汁をスープに入れると、何ともいえない酸味が加わり、たいがい慣れれば好きになるものだ。とはいうものの、パスタよりも米との相性のほうがよい」(133)。

それから数十年後には、イッポリート・カヴァルカンティ公爵が「ヴェルミチェッリのティンパノ」のつくり方の秘訣を披露した。これは当時のナポリの名物料理で、詰め物にパスタとトマトを用いたはじめてのレシピである。食通で、ナポリ式の生活様式のよき理解者でもあった公爵は、「乾燥または生のトマト、とりわけこのすばらしき地方で多くつくられるピューレ」を使うよう助言し、重ねて保存用にトマトを瓶詰めにすることを勧めている(134)。当時のイタリアでは、たしかにトマトのピューレが広く普及していた。一八三二年に出版された『料理人および菓子職人のための手引書』では、パルマの「給仕人で蒸留酒製造者」のヴィンチェンツォ・アニョレッティが、さまざまなトマトピューレのレシピを提案している——「トマトのクーリ(ピューレ)」「乾燥させたトマト」「生トマトのピューレ」「乾燥トマトピューレのレシピ」「トマトのピューレ」「トマト果汁のピューレ」、はたまた「窯でつくるトマトピューレ」なるものもある。だが、パスタと組み合わせたレシピは依然として見当たらない。

したがって、トマトをパスタに引き合わせたのは、たしかにナポリ人ということになる。19世紀後半の運命的な出合いは、さまざまな地方料理の文献で裏づけられている。『正統派ジェノヴァ料理』の著者は、ラザーニャやニョッキをバジリコのペーストや「仔牛のソース」で味つけするのを好んだが、「トマトのシンプルなソース」のレシピも考案している。これはあらゆる料理に用いることを想定しており、おそらくそのなかにパスタも含まれていたにちがいない(135)。一八六三年出版の『ミラノの料理人』には「トマトのソース」のレシピが掲載され(136)、一八九〇年の『正統派ロンバルディア料理』(137)にも「スープに入れるトマトソース」がある。そして、その一年後にはアルトゥージの「聖典」が完成し、「ナポリ風マッケローニ」の味つけにトマトソースが使われていた(138)。こうして古くからの美食の伝統に認められたトマトソースは、パスタにとって欠かせない存在となり、新たに「緋色のマント」をまとったマッケローニは「世界中の国に向けて帆を上げた」(139)。

7—メニューのパスタ

さまざまな料理で見てきたように、パスタは「金持ちの食べ物」であると同時に「貧乏人の食べ物」でもあるが、これは食事におけるパスタの順序にもいえることだ。上流階級の食卓では、パスタは各種料理の並ぶメニューの一品であり、かつてはスープと同等だったのが、次第に「付け合わせ」的な要素が強まり、結局はスープと同様にイタリア式の食事に欠かせないプリモピアット(第一の皿)の座におさまった。それに対して貧民にとっては、もちろんメニューにあるものの、パスタはひと皿だけで食事となるものだった。

◎食いしん坊の料理、夢の食事

パスタだけの食事というのは、いまに始まったわけではなく、また貧しい人々に限った話でもない。中世に端を発して第二次世界大戦まで続き、今日、イタリアや各国の観光地で見かける「スパゲッティ専門店」は、その現代版ともいうべき存在である。中世の文学では、パスタは大食漢を満足させるごちそうとして描かれ、ひと皿料理の代表格だった。年代記作者のサリンベーネ・ダ・パルマは、自身の小説のなかで修道士ジョヴァンニ・ダ・ラヴェンナに大量のラザーニャを食べさせ、その姿をこき下ろしては楽しんだ(140)。ベンゴーディという ボッカチオの理想郷では、マッケローニやラヴィオリにわれ先にと群がる人々が象徴的に描かれている。そしてフランコ・サケッティは、ひと皿のマッケローニをふたりの主人公に分けさせた(付録2「大食漢を黙らせるパスタ」参照)。

作家のアルベルト・コンシーリオの定義によれば、ひと皿のマッケローニは「ナポリ人のメインディッシュ」である(141)。パスタは庶民の楽しみであり、スペイン副王は人気とりのために、人々にパスタを食べる機会を惜しみなく与えた。一六一七年一月一三日、ナポリ王国の副王、オッスーナ公爵は、ポッジョレアーレの庭園で貧民のために盛大な宴会を催した。年代記作者によると、人々は「閣下を褒め称えながら」マッケローニを食べたという(142)。18世紀には、「大衆」の食事といえば、ひと皿のマッケローニで、ジュゼッペ・ゴラーニによれば、人々は食事時に「寄り集まって、砂糖水の入った大きなグラスを片手に」大騒ぎをしていたという(143)。ダヴィド・シルヴァーニが一八七二年に出版した『ナポリ人の日常』には、「労働者はほとんど金を使わず、一日に一度、少量のカチョカヴァッロで味つけをしたマッケローニを三分の一キロと、オリーブ油と塩をかけた茹で野菜をわずかに食べるのみである」と書かれている(144)。しかし同じ時代に、マッケローニはナポリの富裕層の日常の食卓を彩る存在でもあった。

◎付け合わせと、去勢雄鶏のパスタ

アルトゥージは皮肉まじりにこう述べている――「ナポリ人は、イタリアの他の地域とは異なって「マッケローニに味つけをして、肉はパンと一緒に食べる」(145)。これはまったくの事実ではないが、ある意味では、ナポリ人の食事でいかにマッケローニが大事かということを言い当てている。それと同時に、当時はパスタが肉の付け合わせとして出されていたこともほのめかしている。これはナポリでは決して見られない光景だが、何世紀もの歴史がある習慣で、イタリア以外では今日まで続いている。ローモリの「野ウサギのパッパルデッレ添え」は、野ウサギのブロードで煮込んだパッパルデッレが深い皿によそわれ、肉の付け合わせとして出される(146)。だが、ローモリに代表されるルネッサンス時代の料理人は、茹でた鶏肉をパスタで覆うようにして盛りつける方法も考え出した。

18世紀の啓蒙時代まで続いたこの盛りつけ方は、15世紀末〜16世紀初めにかけてスペインで広まった。一五一七年に発表された『バルド』で、テオフィロ・フォレンゴは熱気にあふれた料理の場面を描いているが、そのなかで、ひとりが「小鴨に黄色いソースをかけ、スペインの習慣にしたがって、やわらかいラザーニャの上に広げた」(147)。マカロニック文学（自国語とラテン語の混交体で書かれた風刺作品）の旗手が、長いあいだスペインに支配されているナポリ王国について書いているかどうかは疑わしいが、こうした習慣がイタリアで広く普及していたのは事実である。フォレンゴと同じ時代のクリストフォロ・メッシスブーゴから、17世紀末に料理書を書いたアントニオ・ラティーニまで、イタリアの貴族に仕えた料理人や給仕人は、おしなべて「包まれた」鶏肉料理を出していた。「具だくさんのトルテレッティ、単品あるいは鴨、鳩、その他の鶏肉にのせて」以外にも、メッシスブーゴは「大斎日および小斎日向けのロンバルディア風トルテッリ」「ナポリ風マッケローニ」「ラザニュオーレ、本場の薄いタリアテッレ」などで肉を包む技法を用いている(148)。ドメニコ・ローモリは「マッケローニなどで包んだ去勢雄鶏の茹で肉」のレシピを考案したが、「など」というのは、たとえば「仔ヤギや鶏肉を詰めたラヴィオレッティ、アンノリーニ」で、要するに何でもかまわないという意味だ。もっとも、そうはいいつつも、「個人的には、やはりマッケローニを薦める」とつけ加えている。彼の『特別な教え』（一五六〇年）には、「茹で肉を包むためのトルテッリ」(149)というのもあるが、このレシピ名はパスタのかわりに他の食品を使えることを示唆している。スカッピの料理書にも、「いろいろな鶏肉の茹で方および調理法」の章に、去勢雄鶏のブロードで「トルテッリを茹で、それを鶏肉にのせて、チーズ、砂糖、シナモンを振りかけ……」というくだりがある(150)。弟子のフソリット・ダ・ナルミとともに肉切り名人として名を馳せたヴィンチェンツォ・チェルヴィオが一五八一年にまとめた『司厨長』では、大祝宴の席で「アノリーニで包んだ去勢雄鶏」「皮なしラヴィオリで包んだインド風七面鳥の茹で肉」「修道女のつくった去勢雄鶏のラヴィオリ」といったメニューを出したことが記録されている(151)。

鶏肉をパスタで包む手法は18世紀以降、広く用いられるようになり、安宿でさえもそうした料理が出された。ラバ神父がイタリア各地を旅してまわった際に、宿の主人に注文した鶏肉はマッケローニに埋もれていた。神父にとっては、有名なイタリアのマッケローニをはじめて口にする機会だったが、あいにく不愉快な思い出となったことは前述のとおりである。トレントのフェリーチェ・リベラ司祭による18世紀末の手稿のレシピ集には(152)「プーリアのマッケローニの牛肉煮込みがけ」という料理が載っており、こうした料理法があいかわらずイタリア全土で用いられていたことがうかがえる。

◎プリモピアットの誕生

近代の初期以降、料理の一分野となったパスタだが、メニューの一品目となったのは20世紀初めのことである。調理法や組み合わせる素材が少しずつ進化した結果、パスタはイタリアの食事でプリモピアット(第一の皿)の座についたのだ。控えめな特徴のせいで、パスタは長いあいだ雑多な役割を押しつけられてきた。だが、理由はイタリアをはじめ、ヨーロッパ諸国で19世紀後半まで主流だったメニューの構成によるところも大きい。大量の皿を運ばなければならない宴会は別にして、上流社会の毎日のメニューは、ルネッサンス時代にドメニコ・ローモリが定めたように、「アンティパスト(前菜)」「茹でた料理」「揚げた料理」「果物」の四品目から成り、それぞれ四～五皿の料理が出された。そして、パスタはメニューには含まれていたものの、それ以外の料理としてつくられ、たいていは「茹でた料理」と同時に、あるいは食事の最初に運ばれてきた。

このときから、パスタはすでに「プリモ」の予兆を示していたわけだが、ルネッサンス時代には、その位置づけはまだ定まらず、ローモリはパスタをさまざまな料理に組みこんでいた。「ローマ風パッパルデッレ」は「茹でた料理」もしくは「果物」とともに出されたが、これは今日の「デザート」に当たる甘い料理が「果物」に含まれていたためだ。それに対して、「フィレンツェ風マッケローニ」は「揚げた料理」とともに供された[153]。18世紀の上流社会では、パスタは食事の最初に出されるようになり、その習慣は19世紀に広まった。著者不明の『ピエモンテの料理人』では、パスタのスープはすべて「アントレ」もしくは「オードブル」であり、シャプーゾもそれに倣った。シャプーゾの時代のナポリでは、パスタはもっぱら食事の最初に出された。もっとも、そうした機会は上流階級の食事でもせいぜい週に二～三回で、パスタはメニューには含まれない、食事を補う料理として扱われた[154]。当時は、パスタがプリモピアットになることも、ましてや付け合わせとなることなど、誰ひとり想像しなかったにちがいない。だが、パスタは着実にみずからの道を歩んでいた。すでにアルトゥージは、パスタのスープを主要《プリモ》な地位に引きあげた。たとえ今日のような名がなくとも、パスタは〝プリモ〟の衣装をまとって登場したのだ。そして、その輝かしい未来については、もはやいうまでもないだろう。

第九章

中国──もうひとつのパスタの祖国

中国に関するこの章を、有名な『餅賦《へいふ》』の文で始めるというのは、じつにふさわしい。これは同時代の人々からの称賛を一身に浴びた偉大な文人束皙《そくせき》（二六四～三〇四？）の手によるものである。彼は二八一年に山西の魏の年代記である『竹林記』の編纂を任されたが、そこには紀元前三〇〇〇～前二九九年までの出来事が記録されている。また、束皙は読書の喜びや浮世離れした処世術、農民の悲哀、農業の振興など、さまざまなテーマの詩賦をつくっている。なかでもとくに長いのが『餅賦』である。

『礼記』や『周礼』の文献には、仲春の月に天子が麦を召し上がるとか、竹で編んだ高杯《たかつき》に煮麦を盛ると書かれているが、それらは餅《ビン》ではなく、『礼記』の内則篇に挙げられた多くの食品のなかにも餅は登場しない。したがって、麦を食べる習慣はあったようだが、餅がつくられるようになるのは、もう少しあとのことだろう。

「安乾《アンガン》」「粔籹《ジュリュ》」など薄皮のパスタ、　あるいは、「餢飳《ブトウ》」や爛、
狗舌（犬の舌）、豚耳（子豚の耳）、　それらは、各家庭、各地方でつくられ
剣帯（短剣の紐）と呼ばれるパスタ、　独自の様式と製造法がある

春三月の初旬、
陰が陽に席を譲ると
寒風も弱まる
そして陽気もよくなり
「饅頭《マントウ》」を用意して
友人を宴に招く季節となる

火の神が大地を支配すると
陽は最盛期を迎える
人は軽装になり、冷水で乾きを癒す
涼を求めて木陰に憩い
そのとき口にする「餅《ビン》」は
「薄壮《ボウツアン》」である

冬が盛りになると
早朝には霜が降りる
鼻水は氷柱になり
吐く息さえ凍てつく寒さ
身震いと空腹に苦しめられるとき
「湯餅《タンビン》」ほど価値あるものはない

食物には、それぞれ旬がある
それを大切にし、上手に味わう人がいる
そうでない人はその風味を
楽しむことができない
ただ「牢丸《ラオワン》」だけは
夏でも冬でも
季節を選ばず一年中つくられ
四季を通じて楽しめる

小麦粉は二度、ふるいにかける
雪のような白い粉が舞い散る
水とスープで生地を練りあげれば
腰と粘りが強くなり、つやも出てくる
牢丸の詰め物には赤身と脂身のバランスのよい
豚のばら肉と羊の腿肉
小石か首に飾る真珠の大きさに
細かく切り分け

みじん切りの生姜と葱
肉桂《シナモン》と挽いた木蓮《もくれん》
花薄荷《オレガノ》、山椒を加え
塩と薬味で味を調え
詰め物はひとつにまとめる

火にかけて水を沸騰させ
湯気が上がるのを待つあいだ
服の裾を折り、腕まくりをして
生地を練り、薄く広げ成形する
指で生地をはがし、さらに
手のひらにのせ、平らに引きのばす
慌しくつくると、だまが
星やあられのように降り注ぐ
餅《ビン》には余分な練り粉は
跡形も残っていない
上手に引きのばした生地はとても美しく
薄くて破れることなく
詰め物が透けて見え

春綿《まわた》のように柔らかく
秋練《ねりぎぬ》のように白い

湯気が深くなり、雲のごとく立ちのぼる
湯気とともに、牢丸の蒸しあがる香りが
遠くへ消え去る
その香気が遊人の食欲をそそる
空を噛む遊人に小姓たちは流し目を投げる
舌鼓を打ちながら、給仕や召し使いも
渇いた口につばを飲みこむ
蒸しあがった牢丸を象牙の箸でつかみ
黒き醤《ひしお》に浸す手は
獲物を狙う虎のごとく筋肉がこわばっている
膝と膝、肩と肩を突き合わせながら

料理がふるまわれるや
たちまち皿は空になる
料理人はてきぱきと仕事を続け
その手が休まることはない

また別の人から注文が届く　給仕は食卓まで三度《みたび》往復する
唇と歯は共鳴し　食欲の火を鎮めるために
口はいともたやすく飲みくだす

それまで粟粥を食べていた幸せな民が、なぜ小麦粉でつくったパスタを貪欲に食べるようになったのか。この疑問は、いまだに答えが見つからない。というのも、ある穀物から別の穀物へ消費が移った時期や、穀粒から粉へ食習慣が変わった時期がまったく推測できないからだ。中国人は、黄河流域ですでに小麦が広まっていた時代にも、あいかわらず粟を食べていた。したがって、中国における小麦粉食品の歴史は、まさに未知の食物がゆっくりと伝播し、普及していく過程である。ほぼ三〇〇〇年のあいだ、小麦は西方から東方へ[1]、そして後漢の時代（二五〜二二〇）からは北方から南方へと伝播していく。しかし、中国では異国の穀物であったはずの小麦は、紀元前1世紀まで、大麦や外国原産の他の穀物と合わせて麦《マイ》と呼ばれていた。そして、これらの穀物が区別されはじめたころに、おそらく小麦粉を原料にした新たな食物として、餅《ビン》という言葉が生まれる。この言葉は、まさに「餅」の文明が開化した紀元3世紀に、さまざまな文献に登場するようになる。そのため、「餅」という言葉はパスタ（麺類）だけでなく、饅頭やパンなど、小麦粉を練ってつくった食べ物全般を指した。

その後、一〇世紀以上ものあいだ、ある一定の形をした小麦製品を示していたのは、もっぱら「餅」という言葉だけだった。さらにその後、「餅」は小麦だけでなく、穀物を原料にしたあらゆる種類の料理、もしくは単に特定の形の食物を指す言葉となる。西暦紀元の初期に、餅が急激に広まったのは、小麦粉特有の性質のおかげである。つまり、グルテンによって強い水和性が生まれ、その練り粉はさまざまな形に成形できることが定着したからだ。6世紀には、「餅」の最初のレシピが確認されている。これは、当時の人々が小麦粉の特性を知りぬき、独自の調理法をもっていたことを意味する。そして、そのなかには練り粉を水に浸して澱粉を取り除き、弾力性に富んだパスタをつくる技術も含まれていた。

このように、時代の変遷とともに「餅」という言葉は多様化していったが、唐の末期（10世紀）頃からは、「餅」はもっぱら饅頭を指すようになり、少しずつ総称的な意味が失われた。そのころには、パスタはすでに麺《ミャン》と呼ばれ、この言葉は同時に「小麦粉」をも意味した。小麦粉のパスタは中国北部の食べ物と考えられていたが、10～12世紀初めには、首都を陥落させた蒙古族の軍事的圧力の影響によって、揚子江の全流域に広く普及することになる。そして、その過程でさまざまな料理法が融合して、じつに多くのパスタ料理が生まれた。小麦粉のパスタは、麺棒で薄くのばしてつくる技法が取り入れられ、いっそう洗練された食品になる。それと同時に、すでに多様化していたパスタの調理法も、南部の気候で育つすぐれた素材と出合って、新たな展開が生まれた。この時代に始まり、元朝末期から明朝（一三六八～一六四四）初頭にかけて、パスタはアラブ世界をはじめとする外国の料理書に登場し、モンゴルの宮廷ではパスタが奨励され、異国の食習慣に門戸が開かれた。だが、パスタの文明そのものに目立った変化は見られない。明朝時代には、パスタは一般的な食品となって中国全土に普及する。各地方では独自の料理が発展し、そうして誕生した特徴的な形の食物の名が、他の地方にまで伝わることもあった。このようにして、パスタは家庭の食卓や地方の美食文化にも姿を現わすようになる。中国におけるパスタの歴史は、ある意味では、この時点で一段落したともいえる。そのため、イタリアのようにパスタづくりが工業化に発展することはなく、20世紀に至るまで、家庭料理や職人の手作業の領域にとどまることになるのだ。

中国のパスタづくりの伝統は、おもに古代の歴史に由来する三つの特徴に基づいている。

①　中国は唯一の生パスタの文明の中心地であり、「生パスタ」という表現は、まさに文字どおりの意味に解釈

すべきである。つまり、食べる直前につくり、できあがったらすぐに調理するパスタを指す。また、中国では硬質小麦が知られておらず、そのことは少なからず乾燥パスタの生産の発展を妨げた。

② 中国人は、世界に先駆けてグルテンを小麦から分離させる方法を発見し、その弾力性と栄養価の点から、グルテンはとりわけ菜食主義者向けの料理に応用された。

③ 穀物澱粉やマメ科植物の澱粉、ジャガイモなどの根茎類、小麦とは異なる穀物の粉などから食用パスタの製造技術を編み出したのも、やはり中国人である。

この中国人のすばらしい才能、すなわち、さまざまな食品を生み出す穀物の潜在能力を突きとめ、その価値を認める能力には、小麦のような材料からたちまち長所を引き出した古代人の知恵を見て取ることができる。そして、小麦粉を練ってつくった食物を指す「餅」という言葉がさまざまな文献に現われはじめたころから、中国人は辞書で万象の意味を解説し、こうした新たな食品の存在理由を解き明かす努力を重ねてきたのである。

1―パスタ、パン、饅頭――「餅」の実例

中国の文人は、一般に実用主義的かつ体系的に物事を考える傾向にあり、ときにはごく世俗的なものまで、あらゆる事物の起源に疑問を抱く。そうした彼らの結論が、食用パスタの起源はそれほど古くまではさかのぼらないということだ。その根拠としては、「小麦粉」を意味する「麺《ミャン》」という言葉や、古代にはパン、乾パン、饅頭なども示した「餅」という言葉が、儒教の古典である「五書」にいっさい登場しないことを挙げている(2)。これらの典籍は、紀元前9～前7世紀、および前4～前3世紀にかけて編集されたもので、19世紀以前には中国最古の崇高なる

古典と考えられていた。こうした典籍に言葉が見当たらないということは、すなわちそれが「新たな」事物であったことを意味する。これは、あくまで小麦でつくられた食物の場合で、中国古来の穀物である粟を使った穀物料理の名称は、そうした典籍に何度も引用されている。仮に、当時の文人たちが現代世界に生きていたならば、持ち前の好奇心から、19世紀末に多数の断片が発掘された「甲骨文字」を参照して[3]、すぐさま古典の書の研究を始めたにちがいない。それらの書は紀元前14〜前11世紀のもので、牛の骨や亀の甲羅に刻まれている。中国最古の典籍ともいえる象形文字の古代文書には、「パスタ」や、小麦の「粉」をほのめかす言葉は刻まれていないが、粟や小麦、大麦といった穀物を示す言葉は繰り返し登場する。

この種の料理の存在を示す最初の文献は、孔子と肩を並べる孟子の教えをまとめた『孟子』である[4]。そのなかに、数えきれないほどの牛と羊を所有する富豪の大地主の奇妙な物語が収められている。その大地主は、どんな望みも叶えられるほど豊かな生活をしていたが、誰かがつくった「餅」を見て、喉から手が出るほど欲しくなる[5]。だが、それほどまでに欲望をかき立てられた「餅」がどんなものであったのか、その特徴については何も記されていない。その寓話は、悔い改めない大食漢を主人公にしたたとえ話で、広大な領地を支配しても未開拓のままなら、近隣諸国を羨望してはならないことを未熟な王子に諭す教訓譚でもある。だが、これは文字どおり教訓的で、当時、「餅」が人々の食欲をそそり、富裕層にも珍重されていたことを私たちに教えてくれる。

そうした状況については、紀元前1世紀に前漢の史游《しゅう》が編集した『急就篇《きゅうしゅうへん》』という教科書にくわしく書かれている。子どもたちにもわかりやすく、代々受け継がれる書籍に記されていることからも、すでに当時、「餅」がかなり普及していたと推測される。将来、文人となるかもしれない中国の子どもたちが、身近なものを覚えて社会に出るために利用し、能書家たちは運筆法を学ぶために用いたこの短い教育書は、いったいわれわれに何を語りかけているのだろうか。韻を踏んだ形式で短く列挙された食品のなかには、穀物を用いた四つの料理が登場する[6]。まずは「餅」。そして、おそらく粟を原料にしたと考えられる「タルト」の一種[7]、穀粒のままの（すりつぶすことない）小麦もしくは大麦の料理、そして大豆の甘いスープである。古典の注釈者である顔師古《がんしこ》（五八一〜六四五、唐の学者で北斉の顔之推《がんしすい》の孫）は、これら料理の決まりごとや調理法について、興味深い解説をつけ加えている――いわく、穀粒のままの小麦（大麦）の料理と大豆の甘いスープは、おそらく農民や田舎人の料理であるのに対して、粟の「タルト」と「餅」は、特権階級向けの高級料理である。また、「餅」の調理法については、小麦粉、「麺」、水を混ぜ合わせ、それを蒸して調理すると解説している[8]。さらに補足として、「餅」の材料は完全に統一されているとも明記している。

では、「餅」という言葉が最初に現われて以来、その説明のなかで繰り返される特徴について、ここでもう一度見てみよう。当時の辞書である『方言』（前漢末期の揚雄《ようゆう》の編集）によれば、このころの「餅」という言葉には、方言ともいうべきふたつの同義語が存在していた。だが、あいにくこれらの呼称がどの地方で使われていたのかはわからない[9]。実際、時代の変遷とともに、「餅」という名称はより限定的になる。紀元2世紀初めには、後漢の学者許慎《きょしん》によって、中国ではじめての本格的な漢学辞典が編集されたが、その『説文解字《せつもんかいじ》』（単一漢字と複合漢字の解説）で[10]、「餅」は「小麦粉のタルト」と説明されている[11]。他に適切な言葉がないため、ここでは「タルト」を使うことにするが、この言葉は紀元前4〜前3世紀の『周礼』でも定められているように、古代には王族の特権だった粟を原料とする洗練された料理を示していた[12]。この解説のおかげで、「タルト」と同じく「餅」が穀物を原料とする「独自の形」の食べ物であることがわかる。

やがて3世紀初頭になると、後漢の劉熙《りゅうき》編集による辞典、『釈名《しゃくみょう》』（名前の解釈）で記されているように、「餅」は北部の中国人の食習慣に取り入れられる。この辞典の著者は、「名前の修正」[13]という儒教の古い教義の精神にのっとって、「現実」とその「名称」とを一致させようと努力した。そして、言葉によって表現される現実について、そこに道徳的な正義を見出し、言葉の神秘を明らかにしようとする[14]。劉熙によれば、「餅」という食物は小麦粉と水を「よく混ぜ合わせた」練り粉から生み出される。さらに彼は、「X＋餅（〝X〟によって性質が決まる）」という形態論的なモデルにしたがってつくられた「餅」を少なくとも七つ挙げている――亀の甲羅の形に似た「異国風の餅（胡餅《フウピン》）」、「蒸した餅（蒸餅《ツェンピン》）」、「スープに入った餅（湯餅《タンピン》）」、「蠏の形をした餅（蠏餅《シーピン》）」、「髄の形をした（あるいは髄を原料にした）餅（髄餅《スイピン》）」、「金の（塊の形をした）餅（金餅《ジンピン》）」(15、「投げ縄の（形をした）餅（索餅《スォーピン》）」である。さらにその注釈には、「これらの〝餅〟はすべてその形態によって命名されたものである」と明記されている(16。だが、実際には最初の三つの名前は、むしろその調理法を示している。これは別の典籍に記された「餅」の歴史でも裏づけられる。つまり、「異国風の餅」はタルトの一種の乾パン、「蒸した餅」は発酵させてから蒸した〝丸型の小さなパン（パニーニ）〟、「スープに入った餅」はスープで煮込んだスパゲッティであることがわかる。いずれにしても、この3世紀初めの辞典によれば、「餅」には小麦粉と水で練ってつくる料理という共通の特徴があるものの、その言葉で示される料理は、じつに多種多様であることを覚えておく必要がある。

その数十年後に発表された、偉大な歴史家、束晳《そくせき》の『餅賦』を見れば、もはや疑問の余地はない。すなわち、中国の北部では明らかに「餅」の食文化が普及していたのである。束晳が挙げた一三の「餅」のなかには、餢飳《ブトウ》、安乾《アンガン》、薄壮《ボウツアン》、起溲《キソウ》といった不可解なものもある一方で、「狗舌（犬の舌）」「豚耳（子豚の耳）」「剣帯（短剣の紐）」「案盛（小さな杯）」「燭（ロウソク）」など、身のまわりの物を示す名前もある。ひょっとしたら、これらは時間と空間を飛び越えて、「リングエ・ディ・パッセロ（スズメの舌）」「オレッキエッテ（小さな耳）」「ナストゥリ（リボン）」「コンキリエ（貝殻）」「カンデーレ（ロウソク）」といったイタリアのパスタの名前に影響を与えているのかもしれない(17。

こうして、西暦紀元の初期から「餅」が存在していたことは実証されたが、その実体は、当時の「食用パスタ」の概念をはるかに超えたものだった。古代中国人にとって重要なのは、パスタに用いる材料の性質だった。彼らは、小麦粉と水を混ぜてつくった食物の存在だけでなく、材料を一定の割合で配合して練ったものの物理的な性質も熟知していた。たとえば西洋のように、発酵か無発酵かの区別を考えずに、小麦粉を捏ねてつくったものをひとくくりに「パスタ」と分類しているのは、たとえ必要であるにせよ、まったく合理的ではない。そのため中国のパスタとその歴史においては、まずは「餅」という集合体をばらばらに分解し、その進化をたどり、いわゆる「食用パスタ」の概念が食品の一カテゴリーに分類されるようになった時期を突きとめる必要がある。

2 文明の顕著な特徴

前漢時代（紀元前二〇六〜紀元八）から、「餅」と呼ばれる小麦のパスタや饅頭、パンが存在していたことは間違いないが、当時のつくり方や利用法、価値といった重要なことは何ひとつわかっていない。その謎をひもとく鍵とおぼしき束皙の詩賦をはじめ、詩人が多くの漢籍を残しているが、ただ教訓的な作品を鑑賞するだけでは、社会現象ともいうべきこの食文化を理解することはできない。紀元前3〜紀元5世紀までの出来事を記した年代記や歴史書、文学書をひもとくと、「餅」が注目すべき料理であり、餅にまつわる話題が(18)、人々の食物に対する感受性や美食文化を知るための指標であることがわかる。すなわち「餅」なくしては真の食文化は生まれなかったということだ。10世紀初頭に編集された初期百科全書の「食物」篇にも引用されている「餅」は、肉や酒とともに、万人に認められた食物と見なされた。そして、百科全書家たちの思惑どおり、漢の時代（紀元前二〇六〜紀元二二〇）と三国時代（二二〇〜二八〇）には、「餅」と肉と酒は、まぎれもなく中国北部の食生活のシンボルとなっていた。それを象徴するもののひとつに、前漢の高祖、劉邦（在位は紀元前二〇二〜前一九五）の逸話がある。たがいに疎遠になったことを悩んでいた父親のために、劉邦は、都の城壁内に父の故郷である江蘇《こうそ》を忠実に再現した村をつくろうとした。少し前まで身分の卑しい農夫だった父親は、孝行息子のおかげで、故郷の村の住人や友人を訪ねたり、ことあるごとに肉屋や酒屋、「餅」の商人を呼び寄せたりして、ふたたび生きる喜びを見出すようになった。ここで語られる人物たち、そして象徴的な三つの飲食物だけで、田園生活の雰囲気はじゅうぶんに伝わる。この逸話の作者は、さぞ苦心して、これが実話であると後世の年代記作家に信じさせようとしたにちがいない。しかし、紀元前二〇二年に即位した前漢の高祖の時代に、すなわち「餅」の商人が登場するのは眉唾ものである。やがては一般的になる職業とはいえ、当時の資料には、まだ「餅」という言葉がほとんど使われていないからだ。

後世の歴史家が、偉大な人物に関する出来事や、歴史の道徳的な側面を強調する目的で語ったエピソードを記した資料では、明記されている場合を除き、「餅」という言葉がパスタを指すのか、あるいは饅頭、パンなどを指すのかを判断するのは難しい。だが、食物の特性よりも、それが存在しているかどうかがむしろ重要となる場合もある。というのも、ときに食物は人々の生活様式や倫理観、性格をほのめかし、そこから推測されることが歴史的事実の深遠な意味を示すこともあるからだ。つまり年代記作家にとって、「餅」について語ることは、隠喩によって当時の政治的動向を後世に伝え、それが道徳的に非難すべき行為かどうかを判断させるという意味があるのだ。

こうした視点での解釈は、歴史的な文献の重要性を理解するために必要となるが、それと同時に、「餅」が長い時間をかけて進化する過程を追うこともできる。その昔、「餅」は明らかに皇帝の特権的な食物であったが、時とともに「餅」を食べる習慣が社会の下層階級にも広まり、食習慣における「餅」の位置づけも変化していった。最初は、食事のとき以外でも自由に食べられるごちそうだったが、その後、「餅」は基本的な食物としてメニューに加えられ、ときには空腹を抱えた貧民にとって不可欠な日々の糧になることもあった。

◎皇帝の特権

古代の皇帝の食卓では、「粟のタルト」が副菜と考えられていたように、おそらく「餅」も、漢代の宮廷料理では付け合わせだったと思われる。つまり、栄養摂取のためというよりは、むしろ箸休めのちょっとした間食で、いわば嗜好品のようなものだった。たとえば、前漢の宣帝に「餅」を届けたある商人は、帝から功績を称えられ、たいそうな金持ちになったというエピソードがある(19)。また、宋代(九六〇〜一二七九)(20)の年代記作家によれば、宣帝はのちに「餅」商人を援助するまでになったという。宣帝が愛好したのは「胡餅《フウピン》」で、その三世紀後にこのタルトは霊帝(在位一六八〜一八九)にもこよなく愛好されている。前述のエピソードが、宣帝の食欲よりも、富豪になった「餅」商人を強調しているとしても、食べ物に限らない霊帝の異国趣味は政務の執行を妨げ、神聖な皇帝としての権威を損なうものだったと、後世の歴史家たちは解釈した。だが、これは完全に誤解である。宣帝の場合を見てもわかるとおり、「異国風の乾パン(胡餅)」に対する過度の情熱は、決して政務を妨げることはなかった。

わずか八歳の幼い質帝《しってい》(在位一四五〜一四六)(21)が毒殺された原因も、「スープに入った餅」に隠されていた。こうした料理には毒を盛りやすく、ひとり分ずつ器によそう習慣が犯罪計画を成功へと導いた。前述のように、当時は食事以外でも「餅」を食べることがあり、質帝の非業の死を記した文献でもそれが裏づけられている。質帝は空腹をまぎらわそうと、毒見役もいないまま、死を招くその料理を食べたあとで気分が悪くなった。苦しくなった質帝は助けを求めたものの、すでに手遅れで、息を引き取る間際に自分の口にした食物を家族に告げたというのである。この逸話は、皇帝の毒殺という重罪を糺す目的で語られているが、犯人は捕らえられたのちに自害するという後日談まである。質帝が食べたのは「煮餅《ツウピン》(文字どおり訳せば、煮た餅)」で、西洋人の感覚ではパスタ料理の一種といえるものである。察するところ、その種の料理は皇帝暗殺の常套手段だったようだ。というのも、およそ二世紀後にも、別の皇帝が、質帝と同様の手口で毒殺されているからである(22)。

◎美食と世俗性

後漢の滅亡後は、「餅」はもはや皇帝だけの特別な料理ではなかった。王子や官吏たちもこれ見よがしに「餅」に熱狂し、歴史家は大いに幻滅を覚えることになる。西晋の偉大な官僚、鄭和《ていわ》（一九九〜二七八）も「餅」に夢中になったひとりだが、そこに大金を費やしたとしても、威信を失うことはなかった。彼は、「蒸餅《ツェンピン》（蒸した小型の丸いパン）」がすっかり蒸しあがり、ふっくらとふくらんだパンの真ん中に割れ目が入るまで、それを箸にはさんで口にしなかったという[23]。また、紀元三三四〜三四九年まで後趙を統治した石虎《せきこ》も、鄭和に負けてはいない。彼もふっくらとふくらんだ「蒸餅」の魅力にとりつかれ、とりわけドライフルーツを詰めた餅を好んだ。その後、石虎は幸運の女神に見放され、牢獄で朽ち果てる運命を迎えるが、失われた喜びを思い出してはしばし心の慰めとしたという。それと同時に、蒸し方が足りずにふくらんでいない「蒸餅」を粗末に扱ったことを後悔したという[24]。因果応報、石虎も遊蕩にふけった報いを受けることになったのである。

後漢末期にはきわめて重要な役割をもっていたと思われる「異国風の乾パン（胡餅）」については、手短に解説するにとどめよう。文献によると、ときには一万個にも及ぶ「胡餅」の豪華な贈り物が記録されている。しかし客観的に見れば、そのような法外な贈り物自体が、ある意味で価値の低いものであったことを示唆している[25]。実際、当時の「餅」や「胡餅」「蒸餅」などは、美食文化での評判が高かったとはいえ、それだけではたいした価値がなかった。領地の貴族が小さな「餅」と引き換えに官吏の地位を示す勲章を与えたと聞かされると、後漢の武将で詩人の曹操（一五五〜二二〇）は耳を疑い、腹の皮がよじれるほど大笑いしたという話も、そうした風潮を反映している[26]。また、3世紀の著名な書家、王羲之（三〇七〜三六一？）は、あるとき、だらしのない服装で寝台に横たわり、「異国風の乾パン」をつまみながら、舅《しゅうと》の使者を家に迎えた[27]。だが、あえて礼儀作法を無視しただけのことはあった。というのも、使者から報告を受けた舅は、型破りな娘婿の態度をおもしろがったからだ(28)。このふたつのエピソードでは、いずれも「餅」が社会的な地位や身分が入りこむ余地がない、平凡で親しみやすいものの象徴として語られている。

とはいうものの、人々を喜ばせるこのささやかな食物の「社会的地位」は過小評価されていた。当時、すでに「餅」は誰もが食べたいとき食べられるものであると同時に、食習慣においても不可欠な存在だった。つまり、「餅」は金持ちの宴で供される一方で(29)、貧民にとっては生きるための日々の糧でもあった。

◎祝祭と日常生活

そうした宴のひとつが年代記にも記録されている。おそらく「餅」の料理が重要な役割を演じたからであろう。三国時代にも同じ風潮が見られる。漢王朝の滅亡後、中国は三つの国に分割されるが、全領土を支配して統一国家再建を目論み、覇者が容赦なくしのぎを削っていた。偽りの連合を結び、ときには永遠の忠誠を誓う権謀術数が横行し、終わりなき戦国の世に入ったのである(30)。三国のひとつ、呉の国王である孫権《そんけん》は、公衆の面前で恥をかかせようと目論んで、同盟国の密使を宴の席に招いた。密使である費禕《ひい》が孫権の招待に応じて、指定の場所に姿を現わしたとき、他の招待客はすでにテーブルに就き、彼には少しも注意を払うことなく食事を楽しんでいた。費禕は不愉快になって腹を立てたが、とにかく席に就き、とある詩を引用して、自分が招かれざる客であると訴えようとした。しかし孫権の使節、諸葛恪《しょかつかく》が同じく詩で切りかえし、宴が気に入らなければ国に帰るよう暗に迫ったので、費禕は観念せざるをえなかった。そして、文献には次のように記されている。「だしぬけに、費禕は〝餅〟を食べるのをやめて、筆を持参させると、即興で小麦に関する詩賦を書きはじめた……」(31)。思いもよらぬ行動で、すかさず好機をとらえた費禕は、自国が孫権の勇敢な同志であると同時に、自分も武将としての闘志が少しも詩心を失わせないことを印象づけようとした。そしてすぐに食べるのをやめ、餅の原材料(小麦)を称賛しはじめた。諸葛恪に対して、受けて立たざるをえない勝負を挑んだのだ。そうとなれば、諸葛恪も黙ってはいない。彼は筆をとると、費禕に応えるかたちで、回転式の挽き臼について詩賦を書きはじめた。この勝負は、ともにすぐれた詩才を発揮したふたりの招待客への惜しみない称賛で幕を閉じることになった。当時の教養人の常識ではあるが、ふたりとも食事という平凡な主題でも、即興で詩賦をつくって応酬することができたわけだ。この場合、「餅」の練り粉に必要な小麦粉をつくる挽き臼が、宴の料理から着想を得た小麦というテーマに応えている。ちなみに、挽き臼が小麦を粉々にすりつぶして小麦粉にしてしまうため(32)、この勝負は諸葛恪の勝ちだといわれる(33)。孫権が費禕に仕掛けた策略において、はからずも「餅」が担うことになった重要な役割は、美味なる食べ物としての名声ではなく、ひとつの食材に対する人間の英知が示した象徴的な価値によってもたらされた。実際、諸葛恪と費禕の詩才を競う勝負は、小麦が最後にはパスタになる製造過程に見立てることができる。原材料となる小麦の穀粒、それを粉に挽くために欠かせない挽き臼――これらはパスタづくりには欠かせず、それ自体が多彩な可能性をもつ小麦粉を生み出すのだ。

「餅」は、王族の宴の席で輝かしい詩才を披露するきっかけとなるだけではなく、人間の生死を左右するほどの力ももっていた。「串に刺した」(34)たった一本の「蒸餅」で歓喜に満たされたという晋朝(二六五～四一九)の貧しい文人王玄《おうげん》の場合がそうである。その日、彼の妻は具合が悪く、青白い顔でいまにも倒れそうだったが、その蒸餅で飢えを満たすことができた。おそらく、少しは顔色もよくなったにちがいない。「串に刺した」独自の形の「餅」は、持ち運びに便利で、旅にも携帯できたことを示唆しているが、もちろんこれは商売用であり、家庭でつくられたものではないだろう。紀元1世紀後半に、前漢の宣帝に信頼された商人がいたことはすでに述べたが、「餅」の商人の存在を確認できるのは、その文献が最初である。その後、時代の移り変わりとともに、ますます多くの商人が登場する。

◎「餅」の商人による小商い

「餅」はさまざまな目的で取引される商品ともいえるが、いずれにしても、前漢から始まったとされるこの商売は、一部の地方に限定されていた。漢の歴史書である『漢書』の経済篇では(35)、周期的に国家の専売品となった酒類の製造と販売に関する記述が延々と続くが、それとは対照的に、「餅」についてまったく言及されていない。

実際には、「餅」を売っていたのは、商売の社会でも最も地位の低い商人だったが、くわしいことは何ひとつわかっていない。歴史家は、しばしばこうした商人に対して侮蔑や嘲笑を隠さない。それは、彼らがみじめな姿で屋台や露天での商売に満足し、とくに野心もなく、ただ小銭を貯めこむことだけを目的としていたからだ。歴史的な視点から見れば、このような商人は、ある意味で、商人階級に対する文人たちの怒りの矛先にされていたともいえる。国民の生活に不可欠な農業など、国家の重要な政務をないがしろにして、商人たちはもっぱら自分の利益のために政治を利用している――当時、文人たちのあいだには、そうした義憤が渦巻いていた。前漢から後漢にかけての皇帝空位時代に王位を奪いとった王莽《おうもう》（在九～二三）は、貨幣制度改革や経済改革を進めたが、歴史家の班固《はんこ》（三二～九二）は、そうした無益な政治改革が貧しい「餅」の商人たちの運命を左右したと指摘している(36)。商売の世界の底辺にいた「餅」の商人たちが、たとえ王莽の政治改革で利益を得たとしても、それより上の階層で、大量の商取引によって私腹を肥やした人間も少なくなかったはずだ。

文献資料に「餅」の商人がたびたび登場するのは、あくまで政治的な問題を記録するための手段に過ぎず(37)、実際に取引されていた商品についても、彼らの職業に関することも、具体的にはいっさい記述されていない。はたして彼らは、みずから「餅」をつくっていたのか、それとも他者がつくった製品の小売業者だったのか。

いずれにしても、「餅」の商人の社会的地位と取引される商品との矛盾に注目する必要があるだろう。「餅」がそれを売りさばく者に対する偏見から免れていたのは、いったいどういうわけか。実際には、そうした不名誉な偏見から完全に免れているわけではないが、それについては、「餅」の登場する逸話、とりわけ皇帝の美食の対象から庶民の食べ物に至る、「社会的地位」の変化を示したエピソードで説明がつくだろう。そして、かたや饅頭や蒸した小型の丸いパン（蒸餅）、かたや箸を使う料理、スープで煮込んだパスタと、「大衆的」な「餅」と、王族の食習慣に関わる「餅」とを区別する必要もある。事実、「餅」の商人たちは、おそらくパスタではなく、饅頭や「蒸餅」を売っていたと考えられている。

歴史家以上に「餅」の記述に勤しみ、とりわけいつでもすぐに食べられるパスタ料理に関心を抱いていた詩人たちの言葉に耳を傾ければ、さまざまな事実が浮かびあがってくる。そして、彼らの好んだ「餅」は商取引の対象にはならないものだった。

3　文人サロンの喜楽

紀元3世紀頃から「餅」は文学のテーマになったが、これはひとえに美食文化での「社会的地位」向上のおかげである。だが、文人たちの詩的な着想は、孫権のエピソードが示すとおり、その時代の状況と結びつけて考えなければならない。当時の教養人は、みずからの詩才を披露するために、「賦」と呼ばれる詩賦を即興でつくる能力が要求された。つまり、目前にある物をすかさず題材に取りあげる本物の詩才だけでなく、インスピレーションや即興性も重視されたのである(38)。

周囲の状況を詠んでいるかどうかは別にしても、「餅」に関する詩や引用句を見れば、美食の習慣や食生活におけるこの食物の社会的地位がわかる。また、はじめて「餅」のレシピが登場したのは、6世紀に賈思勰《かしきょう》が編集した

『斉民要術《さいみんようじゅつ》』（農業技術全書）だが、それ以前のパスタの製法や技術を示唆しているのも、そうした詩や引用句である。

実際、束皙の詩賦や「餅」を詠んだ詩は、新たな時代の幕開けを告げた。歴史的資料では、漢代末期から三国時代にかけて、穀物を原料とする「餅」がさまざまな顔をもっていたことを示している。つまり、「餅」は誰もが軽食として気軽に食べていた一方で、屋敷の主人が招待客をもてなすために製造業者に注文し、祝宴のメニューにも含まれていた料理でもあった。だが、歴史家たちは、「餅」が何かを知るための目印や手がかり、状況証拠として登場する逸話を引用することはあっても、それらの食物自体には関心を示さなかった。

ところが、束皙の詩賦をはじめ、「餅」について詠まれた一連の詩はまったく異なる。そうした詩は、わざわざ「餅」を題材に選び、直接あるいは隠喩を用いて表現しているだけでなく、日常の食生活や美食の習慣なども明らかにしている。そして、「餅」を食べることは、純粋に食の楽しみを追求する一方で、決して道徳の堕落ではなく、文人たちの耽美主義的な行為として、ときに中傷を受けることはあったものの、あくまでひとつの流行だったと解釈することもできる。

束皙の詩賦で最も印象深いのは、さまざまな「餅」が叙情性たっぷりに描かれていることである。春には宴の席で「饅頭《マントウ》」を食べる[39]。秋の日暮れに温かい食事を欲したら、友人たちに「起溲《キソウ》」をふるまう。冬の凍てつく夜明けに寄り集まれば、一杯の「湯餅《タンビン》」で元気を取り戻す。ラヴィオリのごとく美味なソースで味つけされた「牢丸《ラオワン》」は、仲間どうしで肘と肘をぶつけながら箸を伸ばし、むさぼるように食べる。こうした詩賦には、四季の移り変わりに彩られた日常生活が鮮やかに描かれている。そして、「清談《キンタン》」という、3世紀頃から文人たちのサロンで流行した形式にとらわれない自由な討論を思い起こさせる[40]。ユーモアと機知に富んだ参加者たちは、酒を酌み交わし、ごちそうに舌鼓を打ちながら（おそらくそこには〝餅〟も含まれていたにちがいない）、知的な会話を楽しんでいたのである。

◎道楽の美学

いずれにしても、これらの詩賦によって表わされた美食への情熱は、あたかも美を称える価値のある唯一のものであるといわんばかりに、パスタにまつわる体験を物語っている。だが、もちろんそれだけでは空腹は満たされない。そのため、束晳や彼と同時代の弘君挙《こうくんきょ》の作品のように(41)、ときには「スープに入ったスパゲティ(湯餅《タンピン》)」が必要となる。

料理人が茶餅(茶で煎じた餅)をつくるとき
葱を油で揚げ、煎じた茶を絹で濾して
軽い羽毛で小麦粉を払い取り
適度な硬さになるまで粉を捏ね
そのあと水の中で生地を引きのばし
秋絹のように白く細い紐状にする
椀の半分までよそったスープに
パスタを一気に入れる
続けて一〇杯の椀を空けると
口もとには笑みが浮かび
身体の緊張が解けてくる

この詩には、食べる満足感が表われている一方で、調理の具体的な作業、流れるような手際、そして紐状に長く引きのばされたパスタの美しさにも焦点が当てられている。ある意味では、こうした技法が食べる喜びを生み出しているともいえる。束皙は、「牢丸」というパスタの調理法や詰め物づくりについても、長い詩行で詠んでいる。そこでは、食べたことのない人たちの食欲をもそそるようなたくみな表現が用いられているが、とりわけ特徴ある味や風味の表現は見当たらない。

　題材となるパスタの種類はさまざまだが、弘君挙の語るパスタは明らかに「長く引きのばしたパスタ」であり、「牢丸」のようなラヴィオリ型のパスタではない。束皙もまた、うまく比喩を利用して読む者にイメージを喚起させている。たとえば、小麦粉を原料にしたパスタのつくり方は、明らかに絹糸のそれと類似している。つまり、束皙のパスタは柔らかさや白さを思い起こさせ、弘君挙は紐状のパスタの長さや細さをイメージさせる。束皙は、おそらく西晋の著名な政治家で哲学者の傅玄《ふげん》（二一七～二七八）の詩から着想を得たにちがいない(42)。傅玄は、まだ名前はないものの、弘君挙と同様の方法でつくる料理について、彼よりも前に詩に詠んでいた。

すなわち、三種の肉で風味をそえたスープ
第五の月（仲夏の月）の小麦粉があり
パスタを一気に水の中に浸し
長い紐状に引きのばす
そのパスタの軽さは風に浮かぶ羽毛にまさる
それは繭からつむぐ糸のごとく細く
魯国の生糸のごとく美しく輝いている

弘君挙の詩と同じく、傅玄の詩に詠まれているパスタは、中国語では「水引餅《シュイインビン》」と呼ばれる「水の中で引きのばしたパスタ」で、これは6世紀のレシピでも用いられているが、換喩《かんゆ》という技法でパスタの種類を表わす比喩表現である。

パスタ成形を蚕の繭から糸を紡ぎ出すさまにたとえるのは、ごく自然でわかりやすい。実際、湯に浸した繭から一本の糸を紡ぎ出すように、水の中で「水引《シュイイン》」が行なわれ、このふたつの作業はよく似通っている。さらに、繭からつくられた貴重な産物と並べることで、たとえ便宜的であるにせよ、そのパスタもきわめて価値のあるものだったことを示している。

この繭と絹糸のイメージは、単に「餅」を語るときだけでなく、かつて多くの詩が世の風潮に逆らったときにも不可欠だった。迂単《うたん》は、同時代の順応主義を批判して、「嫌悪する餅の詩賦への序文」を書いた(43)。4世紀、東晋の時代に生きたこの文人は、誰もが称賛してやまない食物、すなわち「餅」を食べたあとで、束皙がそのやわらかさや白さを絹にたとえたことを思い出し、みずからの幻滅を表わすために筆を執ったわけだ(44)。

◎知識と神話の狭間で

そのほぼ一世紀後に、梁の才ある歴史家で詩人の呉均《ごきん》(四六九〜五二〇)(45)によって書かれた『餅論』は、ある意味で、具体的かつ尊い見解によって先駆者たちをいい負かしている。この著作では、のちの劉宋(四二〇〜七九)の建国者である劉裕《りょうゆう》と、後秦(三八四〜四一七)の皇帝に仕え、宮廷の飲食を司る役目を担った上級官僚との対話が紹介されている。架空の人物である官僚の成紀《せいき》は智者であり、そのエピソードは、かのカラファ枢機卿の「教養のある」給仕頭を思い出させる——イタリア旅行中のモンテーニュを大いに楽しませたという給仕頭のことだ(46)。それにしても、成紀は何と才に長けた人物であったことか。「最も季節にふさわしい料理は何か?」と劉裕に尋ねられた成紀は、知恵を働かせて次のように論じ立てた。

いまは仲秋の月
蝉の鳴き声も聞かれず
早朝は軟風さわやかで
夜も涼しくなってきた
こんな季節に
思い浮かぶ言葉はただひとつ、
それは「餅」である！

「みごとだ！」との皇帝の大げさな賛辞に勇気づけられ、成紀は難解な議論の形式でその詩を続け、「餅」の調理に不可欠であると思われる材料を延々と挙げて、わざわざ原産地までつけ加えている。たとえば、洛陽の水車で粉に挽いた安定《アンディン》の小麦、河東《ホートン》の葱、隴西《ロンシー》の仔牛、武漢《ウーハン》の仔羊、張掖《チャンイエ》の黒インゲン豆の薬味、洞庭《ドンティン》の陳皮《ちんぴ》、肇慶《ザオチン》の四川胡椒、貴州《グエヂョウ》の塩といった具合だ[47]。さらに彼は、美食の詩にふさわしい言葉で締めくくっている。

華山《ホワシャン》の翡翠を粉にしたようにきめ細かく
梁甫《りょうほ》の銀を練ったように白く
口に入れる前にその香りに酔いしれ
ひと目見ただけで、汝の心は揺れ動く

結局、その詩はふたたび「みごとだ！」と繰り返す皇帝の賛辞で幕を閉じている。

呉均の『餅論』では、「餅」に対する称賛の語調が変化している。もはや「餅」が目新しいものではないため、読む者は、詩的な表現による調理法の秘密を知る必要がないのだ。一方で呉均は、「餅」がどんな種類のものかは述べていないが、小麦粉や肉、薬味といった材料を挙げており、それが詰め物パスタであることが推測できる。先に引用した詩賦とは異なり、この呉均の詩は、舞いあがる小麦粉や、ときには肉汁が滴り落ちる詰め物といった具体的な調理には言及しておらず、繭から糸を紡ぐような作業についても触れていない。その詩は、まさに神話の世界である。つまり「餅」は単に小麦からつくられた食物ではなく、安定《アンディン》の小麦のように極上のものからつくられ、使われる材料もすべて神格化されている。武漢で飼育された仔羊、そのひき肉は洞庭湖の名高い陳皮《ちんぴ》で香りづけされる。同様に、それらの色彩や繊細さも、絹糸のように人間の手が生み出した産物と単純に比較することはできない。何しろ、「餅」のきめ細かさは中国で最も美しい崋山の翡翠のようであり、その際立った白さは梁甫の銀を練ったようだというのだから。呉均がひたすら言葉の美しさを求め、きわめて貴重な鉱物にたとえているこの二行は例外だが、「餅」の調理に必要な材料を挙げている貴重な文章は、古代にその起源をもつ美食文化に由来している。

呉均の筆によって創作された詩人の成紀は、呂不韋《りょふい》の手による哲学的な百科全書、『呂氏春秋』に基づく美食の伝統を受け継いでいる。呂不韋というのは、秦の始皇帝の愛顧を失って、紀元前二三五年にみずから命を絶った豪商である。この名高い著書の「基本となる味覚」と題された章には(48)、商（殷）王朝（紀元前16～前11世紀）の有徳の皇帝、湯《たん》王の英雄物語が語られている。湯王は聡明な料理人伊尹《いいん》を宰相に抜擢するほどの炯眼《けいがん》の持ち主であった（伊尹は湯王を助け、夏《か》の桀王を討ち、湯王は殷王朝を建国した）。伊尹は、ほかならぬ料理法のたとえを用いて、湯王に政治の教訓を授けたという。美味なる料理をつくるには、すなわち国をうまく治めるには、人水をうまく使いこなすことで五つの味を知り、それらを陰と陽の働きにより動植物界の要素と調和させる必要があることを説いた。そして、伊尹が列挙した極上の産物は、まさに中国の地図をたどるものだった。

同様に、宮廷の飲食を司る高官、成紀によって描き出された美食料理の地図を見れば、まさに気分は華北地方周遊の旅である。華中で生産されるミカンを除き、翡翠や銀も含めた他の材料はすべて、東晋（三一七～四二〇）の都である建康（南京）よりはるかに北方の華北地方の特産物である(49)。東晋は、成紀の新たな君主、劉裕が権力を掌握して、新王朝の宋を建国する以前に仕えていた王朝で、その首都、建康は揚子江南岸に位置する。劉裕が成紀に与えた賛辞は高い評判を呼び、小麦粉パスタの発祥地でもある華北の特産物の「餅」が、人々に好んで食べられるようになる。

ところで、この詩の著者である呉均は華南出身であり、建康で経歴を積んでいる。その彼がなぜこのような逸話を引用して、詩を詠む必要があったのだろうか。単に華北でよく知られた料理を賞味する華南の食文化を表現しているのか、あるいは皇帝のすぐれた審美眼にかなった成紀の知恵に対する称賛なのだろうか。呉均はこの詩で、ささやかな幸運に支えられた俗物主義に対する風刺や、必然的に少数派となった料理法の探求は意図していない。君主たちが日頃、口にしていた洗練された料理を挙げる一方で、「倹約家」であった彼自身は、粗食にも嘆くことなく満足しなければならなかった。

君主の厨房では肉が腐敗している
一方、私は麩《ふすま》を見ても鼻をゆがめることはない
君主はヤマウズラを口にするが
私にはそんな資格はない
倹約家である私の胃袋が
君主の腹の中にあれば

> どのように感じるのか知りたいものだ[50]

貧しい家に生まれた呉均が、異彩を放って成功するに至り、かつては貧しかった文人が、折りにふれて感じた怒りや世の不条理をみごとに表現したために名を馳せた――そうしたいきさつを彼の伝記からうかがい知ることができる。

いずれにしても、5世紀末に呉均によって書かれた『餅論』は、文人たちのあいだに「餅」が広く普及し、華南地方にまで知られていたことを裏づけている。そうした事実は、すでに束皙の詩賦や、それ以前の文献にも記されているとおり、いうまでもなく「餅」が民衆の常食となっていたことを示している。

◎四季それぞれの「餅」

『餅論』では、成紀のエピソードは「餅」と季節の関係、とりわけ秋についてくわしく述べるくだりから始まっていた。つまり、「餅」はその中身や形に応じて、それぞれにふさわしい季節に食べる必要があり、西暦紀元の初期から、そうした習慣が「理論化」されていたのである。

崔寔《さいしょく》（一一〇～七〇）によって編纂された農事の暦である『四民月令』は[51]、「（一年の）第五の月は、まだ秋の初めにはほど遠い」ことだけでなく、「スープで煮た餅」[52]や「水で練った餅」[53]も食べるにはふさわしくないことを教えてくれる。その注釈には、次のような助言が記されている。

> 夏は喉の渇きを覚える季節であるが、このふたつの「餅」を食べてから水を飲むと、「餅」が（胃の中で）硬くなり、消化不良を起こすことになる（……）。試しにそれらの「餅」を水に浸してみるとよい。ただし、穀物酢[54]で練っ

た餅は[54]、ひとたび水に浸せば分解してしまう。

つまり、旬の季節以外に「餅」を食べると、健康に害を及ぼす恐れがあるということだ。この注釈は、そのことを警告している。小麦粉を水で練った「餅」や、スープで煮た「餅」は消化に悪く、とりわけ水が誘因となる。暑い夏には水を飲む機会が多いため、要注意というわけだ。そのかわり小麦粉を酢で練った餅は水中で分解する性質があり、胃の中で容易に消化される。ある意味では、「パン」や「発酵させたパスタ」と同じ原理だ。酢で練った「餅」は、おそらく酵素の作用をもつ「酢」が生地を「固まりにくく柔軟にして」、消化しやすくするのである。

季節ごとに異なる「餅」を食べる習慣は一般に広がり、夏の盛りに「スープに入れたスパゲティ」を食べるはめになった魏の哲学者何晏《かあん》（一九〇～二四九）の試練は、逆にめずらしいこととして文献に記録されている。聡明で端整な顔立ちのこの若き哲学者は、「無名論」と「無為論」を提唱して世間の注目を浴び、そのうえ肌が磁器のように白かったことで、称賛と羨望の的になっていた。魏の初代皇帝、文帝（一八七～二二六、詩人の曹丕《そうひ》）は何晏を快く思わず、当時流行していたように、何晏も白粉《おしろい》を塗っているのではないかと疑っていた[55]。そこで文帝は、自分の目でそれを確かめるために、「スープに入れたスパゲッティ（湯餅《タンピン》）」を何晏に食べさせようと考えて、夏の訪れを待った。「湯餅」は、束皙がその詩賦で厳寒に耐えるために薦めている冬の料理である。やがて、何晏は夏の暑さに加え、スープの熱さで大粒の汗を流しながら、じっと我慢して皇帝からの贈り物を食べた。そして、この若者が袖をまくって額の汗をぬぐったとき、皇帝の調査官と居合わせた民は、まぎれもない証拠を目の当たりにして、彼の肌の白さが天の授かり物であることを確信した[56]。このエピソードは、束皙がその詩賦を詠む数十年前にさかのぼると思われるが、古来、季節に応じてさまざまな種類の「餅」を食べる習慣があったことを示している。

果物が季節の到来を知らせるのと同じく、気候を考慮し、しかも縁起をかつぐ「餅」もまた独自の時を刻んでいる。たとえば、夏の始まりはサクランボの実ではなく「薄壮《ボウツァン》」が告げ、秋になって大量の落ち葉をかき集めるとき、客に「起溲《キソウ》」をふるまえば心が癒やされる。だが、束晳がそれぞれの「餅」のふさわしい季節を尊重するのは、むしろそこに利益を見出しているからと思える。『四民月令』の著者とは違って、束晳は季節外れの「餅」を食べることが健康を害すると述べているわけではない。束晳にとっては、そうした食べ方は単なる的外れであり、しかるべき季節と「餅」が一致することでしか恩恵を享受できないというだけだ。つまり、束晳が求めているのは、食べるものに注意を払い、栄養となるものを食べて健康を保つ「食養生」の考えであり、そのなかでは、四季の変化や人間の寿命、気候と場所、食物間の矛盾と調和などによって、食習慣を定める日常生活の規範が生まれるのだ。このような「宇宙の秩序」という考え方は、人々の生活の細部にまで影響を及ぼし、統一王朝の建国前夜に中国で生まれた古代の宇宙観と一致している(57)。そして、それは現代に至るまで、多かれ少なかれ中国人に内在する象徴的な考え方になっている。

ところで、束晳は詩に託した教訓のなかで、理論を振りかざすことも、何かを禁ずることもしていない。むしろ、季節ごとの「餅」に満足できない愛好家に対して、一年中食べることのできる「牢丸《ラオワン》」を薦めている。たとえ束晳のいう「〝餅〟の旬」が、おそらく当時の生活習慣を反映しているにせよ、結局のところ、それは本質的に栄養学的、美食的な考えに基づくものであり、美食への飽くなき欲求に応えることなのである。一方、同時代でも他の著作では、通常の「餅」、あるいは特別な「餅」を季節に合わせて食べることには、不調をなだめる意味がこめられている。たとえば、「病気を予防するためには、第一〇の月の二日目に〝餅〟を食べればよい」(58)。ただし、これらの料理が奉納物となれば、もはや食べる者の不調とは関わりがなくなる。

4 祭礼の「餅」

古代では、粟や米の「タルト」といった穀物を原料にした食物を奉納物として用いることは、まれだった。宮廷の祭礼儀式では、奉納物といえば肉類か酒類で、血生臭い生贄はかならずしも献上されず、干し肉や果物などが添えられた。だが、じつのところ、奉納物についてくわしく説明している文献はほとんどない(59)。

一方、ごく一般的に執り行なわれる祭礼での奉納物については、かなり明らかになっている。前漢末期から後漢初期にかけて活躍した学者桓譚《かんたん》は、栄誉を称えるために孔子の陵墓を訪れる巡礼者の集団について書き残している。「最も高い社会階層の人々は雄牛、羊、鶏類、豚などを祭壇に供えているが、それ以外は酒、干し肉、〝寒具《ひがし》〟などを奉納して敬意を表している」(60)。「寒具」とは、米か粟を原料にして油で揚げた菓子の一種で、すでに紀元前4世紀頃には存在し(61)、6世紀頃からその調理法の文献が残されている(62)。実際には、奉納物や生贄の特徴は、奉納者の社会的地位や執り行なわれる儀式の状況によってさまざまだ。皇帝に対しては、「貴い生贄」として屠殺された雄牛や羊、豚を捧げるなど(63)、年中行事や家庭行事の際に奉納されるごく平凡な供物とはまったく異なり、「奉納物の料理」の違いが、そのまま社会階層の差を表わしていることになる。

漢王朝の崩壊後、中国が分割統治された四世紀のあいだ（三国、晋、南北朝時代）、すでに文人や一般民衆の日常生活にも広まっていた「餅」は、家庭行事や年中行事の奉納物にも加えられていた。これは『個別の儀式の手引き』(64)でも示されており、今日では、そうした習慣のほとんどは失われているが、なかには復活しているものもある(65)。これらの文献からは、紀元前2世紀～紀元4世紀にかけて、「餅」がふつうに祭礼で奉納されるようになるまでの経緯がわかる。束晳の詩賦にもあるように、「餅」は四季の移り変わりに応じて食べられていたが、これらの料理の奉納は暦によって定められていた。残念ながら、季節に応じて奉納する「餅」や、その他のものに対して、一般的な法則を見出すことは難しい。それでも、ある程度の決まりは確認できる。「乳餅《ルビン》（牛乳の餅）」は夏の奉納物、「白環餅《バイファンビン》（羊を象った白い餅）」は冬に奉納され、「饅頭《マントウ》（丸型の小さなパン）」は春の奉納物である[66]。こうした定義は文献によって多少は異なるものの、本書で前述した「餅」の名前も登場する。たとえば、冬には「水引《シュイイン》（餅）」[67]、春には「髄餅《スイビン》（髄の形をした餅）」、一年中、季節を問わず奉納された「牢丸《ラオワン》」と「安乾《アンガン》」[68]、そして夏に奉納される「蒸餅《ツェンビン》」[69]といった具合だ。「餅」の種類を列挙した『個別の儀式の手引き』の定義からは、奉納物としての「餅」の本来の役割はわからないものの、他の食物の代役としての価値は評価できる。というのも、「餅」は季節の果物[70]や調理した肉類、腸詰の肉、干し肉などのかわりに奉納されていたからだ[71]。「水引（餅）」のように、広い意味で「パスタ料理」と呼べるものも含めて、あらゆる種類の「餅」が他の食物の代役とされた。

これらの規定は、6世紀に編纂された『荊楚《けいそ》歳時記（中国の中心都市の祭礼年鑑）』とは異なって、あくまで季節単位であり、正確な期日を指示しているわけではない。また『荊楚歳時記』では、「餅」を食べること自体に儀式的な価値があるとされている。つまり、宗教的・魔術的な意味合いをもたせつつ、「餅」を口にすることが祭礼の象徴となっていた。「湯餅《タンビン》」の場合は、「盛夏三伏（夏の極暑の期間）」に食べると定められ、それが厄除けになると考えられていた[72]。だが、奉納された食物をその効能と結びつけて考えることは難しい。束皙の『餅賦』によれば、「湯餅」は原則として冬の料理であり、それは何晏の話からも明らかだ。したがって、「湯餅」が盛夏の祭礼に用いられるのは奇妙に思われる。こうした明らかな矛盾は注釈者を混乱させ、すでに『荊楚歳時記』の時代にも、その点については疑問視されていた。さらに、董勛《とうじゅん》という人物によると、第七の月、陽の盛期に粟が実りを迎えるころは、粟粥をつくるのがならわしだが、「華北の食習慣では、すでに湯餅がつくられ、粟粥を調理する習慣は失われてしまった」という[73]。だが、このような食習慣の変化にはとくに利点が見つからず、それを解説した文献も見当たらない。現代では、いわば「季節外れ」の「餅」を食べるような規定は、保健衛生上の理由からかもしれないと考える歴史家もいる。中国古代の医学理論では、酷暑の季節に熱いスープを飲んで大汗をかくことは、体内から不吉な霊気を追い出す効能があると見なされた。したがって「湯餅」には厄除けの効果があると信じられていたのだろう。中国研究家で、とりわけ中国祭礼史の大家であるダーク・ボッドは[74]、漢王朝以降、こうした食習慣が広く普及する際に、「三伏」の厄払いの意味が薄れて定着したのではないかと考えている。前漢時代には、祖先の墓地で年に二回、厄払いの儀式を行なって、祖先に敬意を払わなければならなかった。つまり、真夏の「盛夏三伏」と年頭の「三元」において、あらゆる災いと前年の厄難を祓い清める「大厄祓いの儀」が執り行なわれる。いずれの儀式も同じような意味をもち、互いに補い合いながら調和のとれた一年間を構成する。したがって、ダーク・ボッドの意見では、盛夏に「湯餅」を食べることは「厄除け」だったが、この平凡な料理が厳寒の季節の象徴であることから、遠まわしに冬の「大厄祓いの儀」の大切な意義を示す手段だったとも考えられる。しかし、これは単なる仮説にすぎない。華北に起源をもつ「湯餅」には、やがてさまざまなバリエーションが現われ、まぎれもなく中国人の美食文化になくてはならない料理となる。それこそ、まさにここで取りあげている「餅」の本来の形である。この「餅」という言葉が正しくは何を指しているのかはいまだ曖昧であるため、その形こそが重要なのだ。束皙の『餅賦』をはじめ、さまざまな詩賦で「餅」のくわしい調理法を知ることはできるが、その魅力の秘密はあいかわらず謎に包まれたままである。

5―パスタの魅力とその原型

最初に「餅」のレシピが登場したのは6世紀のことだったが、その歴史は波乱に満ちたものだった[75]。数世紀のあいだに「餅」の調理法が変化した理由については、とりわけ西洋の古典世界と比較すると、さまざまな疑問点が挙げられる。たとえば、中国を原産地としない、外来の穀物である小麦を使った料理が、文献に記録されているかぎり、それまで皇帝の特権だった粟の珍味の地位を奪うことになったのはなぜか。詩賦でこれほどまでに称賛される「餅」の魅力とは、いったいどのようなものなのか。

だが、一連の文献に目を通すと、「餅」の外観や形、調理法や材料に関する記録が豊富である一方で、これらの料理の味についての評価が乏しいことに気づく。詩人たちは、欲望を満たそうとする美食の衝動はほのめかすにとどめ、料理のつくり方やその色調、さまざまに変わりうる形についてははっきりと書き記している。このような矛盾は、かならずしも偶然ではなく、まして、ありがちな詩の修辞法によるものでもない。ここでは、詩の表現様式は長い伝統を受け継ぎ、中国最古の辞書に記された「餅」の定義にまでさかのぼる。そして、教訓を目的とした詩賦の著者たちは、とりわけ「餅」の特徴、すなわちさまざまな形に変化して、その価値に応じた名で呼ばれることに関心を抱いていた。彼らは何も形だけに興味があったわけではないが、その外観は味覚よりも重視された。古代から、まさに「基本となる味覚（五味）」の理論を発展させてきた中国の食文化において、その味覚や栄養価ではなく、形によって食物を分類する傾向を理解するには、おそらく小麦粉を用いた料理の総称である「餅」という言葉の語源を明らかにする必要がある。

◎「餅」、素材への影響

一九七三年、絹布に書かれた医学に関する古代の手稿が発見された。その手稿は最近になって出版されたが、注目すべきは、「餅」に関して新たな記述が含まれていたことである。実際にこの三〇年間、中国では考古学上のさまざまな発見があり、古代史に対する考え方は一変したといっても過言でない。日を追うごとに、洞窟内で貴重な資料が発見され、目下のところ解読作業が続けられている。そこには、手工芸品に限らず、今日まで知られていなかった未編集の文書や新たな漢籍なども含まれている。たとえば、漢王朝については、数ヵ所の皇帝の陵墓から多くの重要な埋葬物や、書籍、手稿類などが発見された。「餅」に関する記述は、絹布に書かれた医学の処方書に残されている。この医学書は三〇〇余りの処方箋からなり、湖内の馬王堆《まおうたい》古墳にある代州の貴族の子息の陵墓で、他の医学関係の文献とともに発見された。墳墓の碑文に記された日付のおかげで、この書の執筆は紀元前一六八年までさかのぼることがわかり(76)、絹布そのものが破れている以外は、当時のまま保存されていた。これはきわめてまれなケースだ。現存する古代の文献は、時の経過とともに破損して、一部が欠落することが多く、そのうえほぼ二〇〇〇年にわたって何度も注釈が加えられているために判読しづらい。この医学書が発見されるまでは、「餅」について記されている最古の書は、紀元前1世紀の前漢の史游による『急就篇《きゅうしゅうへん》』という注釈書だった。また、儒学者孟子の教えをまとめた『孟子』は、執筆された正確な年代が特定できず、「餅」の記述が『急就篇』より以前のものかどうかは断言できないが、いずれにしても、「餅」は権力者が美食の欲望を満たすものとして描かれている。

馬王堆古墳で発見された医学の処方書『五十二病房（五二種の病気に対する処方箋）』では、「餅」という文字が登場するのは、ただ一度だけである(77)。その言葉の意味は、傷の治療のために示された処方箋の図表からもわかるように、明らかにパスタやパンとは無関係だ。これは借用語でもなければ誤植でもなく、まして文献のページが入れ替わっているわけでもなく、おそらく古代のごく初期に用いられていた「新たな」意味を示すものと思われる。では、小麦粉の生地を捏ねる台やパンの捏ね箱といったものとは縁のない医学書において、「餅」はどのような意味があったのだろうか。興味深いことに、ここで使われている「餅」は、「つくられたもの」ではなく、「行為」を表わしている。つまり、あるものの名を指し示す名詞ではなく、動詞なのだ。具体的には、薬効成分を含む粉末を混ぜ合わせ、パスタのように練りあげたものを「寄せ集める」、または「小さくひとつにまとめる」という行為を指している。その行為の目的はいうまでもない——まとめたものを木炭の火で焙って、「薬用パスタ」から丸薬をつくるのだ。実際、このような古代の調剤術に示されているように、漢方薬の専門店では煎じ薬、膏薬、丸薬などをしばしば見かける。こうした薬の起源は、紀元前3世紀にまでさかのぼるとされるが、「餅」がこのような形で用いられるとは、まさに新たな発見だった。したがって、小麦粉の料理ではなく、後世のどんな記録とも相容れない語義を目の当たりにすると、この「餅」という言葉の語源の解釈について疑問が生じる。やわらかな素材を「ひとつにまとめる」行為と、小麦粉を練ってつくる食品とのあいだに、いったいどのような関係があるのか。

◎「餅」の定義

どのような仮説を立てるにせよ、まずは辞書に記された初期の定義を考える必要がある。3世紀初頭の辞書である『釈名』では、編者（後漢の劉熙）は、その形から名前を思い起こす「餅」を列挙したうえで、注釈として「餅」という言葉には「小麦粉を練り固めるために水を含ませる」意味もあると記している。彼にとっては、「餅」という食べ物の名前には、小麦粉と水を混ぜて練りあげる作業も含まれていたのである。さらに「粟のタルト」を示す別の言葉の注釈では、「小さくひとつにまとめ」たり、タルトの形に成形したりする行為を示すのに「餅」の文字が用いられている(78)。この辞書では、「餅」という言葉は、パスタ類、パン、タルトなどの小麦食品を総称するものとして、さらには穀物の粉と水で生地をつくるなど、ある種の食材に対する一定の行為を示すものとして解釈されているのである。さらに時代を一世紀さかのぼり、後漢の許慎による中国最古の辞書、『説文解字』を注意深く読めば、「餅」という言葉は、その注釈に限っていえば、通常の意味以外にも、あるものを暗示する意味で使われていることがわかる(79)。許慎は、あたかもこの意味を「予見」していて、わざわざ説明する必要はないと判断したようだ——そこで使われている「餅」は、酵母（ピンク）のようなものを指していた。したがって、「餅」という言葉は、穀物酒を醸造するための条件となるものを意味しているのだ。そして形は、ある意味では発酵して寄せ集められ、ひとつにまとまっているといえる。酵母の製造法はこの時代（後漢）にはどの文献にも見当たらないが、約四世紀後には、鋳型で圧縮して形成された酵母と（こちらが〝ピンク〟と呼ばれるもの）、比較的粉状の天然酵母に分かれた製造法が文献に残されている(80)。

したがって、古代の辞書の行間を読み解けば、前後の文脈から、「餅」という言葉がすでに知られている意味から離れ、「ひとつにまとめて、（さまざまに変化する）形にする」といった「作業法」と、その作業の結果つくられた、それぞれ独自の形をしたものを示していることが推測される。それにしても、手作業によって生み出されるこの人工的な形とは、いったいどのようなものだったのか。つまり、初期の「餅」はどんな形をしていたのだろうか。

◎手のひらから生まれた形

だが奇妙なことに、紀元前2～紀元2世紀初めにかけて編纂された最古の辞書類を丹念に調べてみても、これらの「餅」、あるいは同類のものについて、その形を明らかにする手がかりはいっさい見当たらない。一方、2世紀以降の文献では、「餅」の形が多種多様で、身のまわりのあらゆる物を真似ていることが強調されている。もっとも、この場合、特定の形をもたない丸薬や酵母は含まれていない。そうした「餅」がつくられるたびに、辞書に名前が列挙され、それらの形は一定の規則性を示すこととなった。現代の中国では、「餅」の意味、とりわけその形については明快である――丸くて平らな形をした、あらゆる種類の食品で、通常は穀物を原料としたものを指す。大きさは関係なく、ただ丸くて平らであれば、ビスケット、タルト、パン、グレープなどはすべて「餅」と呼ばれる。

それでは、酒を醸造するための酵母、あるいは薬屋の丸薬のように、あとで使うためにとりあえず小さくまとめる場合には、「餅」の形はどのようにしてつくられたのか。その疑問を解くには、いったん薬屋の捏ね鉢や、酒の醸造所を離れて、冶金工へ目を向ける必要がある。このまったく新たな視点によって、「餅の原型」に関する疑問にひと筋の光明がさすだろう。さいわいにも、すぐに消えてしまう酵母や丸薬とは違って、冶金術は時を経ても朽ちることのない技術である。最近になって、前漢から戦国時代（紀元前四〇三〜前二二一）の古代貨幣が楚《そ》王朝の遺跡で発見され、考古学者の研究によって、その小さな金塊が「金餅《ジンビン》（金の乾パン）」と呼ばれていたことが明らかになった。直径四〜六センチ、平均して二四〇〜二五〇グラムの貨幣は、たしかに小さなタルト菓子に似ている。「金餅」という言葉は、紀元前3世紀以降の辞書の概説書に初めて登場し(81)、その後の文献にも何度も繰り返し登場する。この貨幣が金《きん》の測量単位であったことが記されているが、ある中国の古銭研究家によれば、この貨幣は実際には通貨として使われていなかったという(82)。つまり当初、「金の乾パン」は小さな装飾品や宝石類など、別の製品をつくるための原材料だったというのだ。幸運なことに、この手のひらサイズの、中央が少しふくらんだ平らで丸い金属は、「餅」という言葉が広く普及する以前に存在していた。いうなれば、これこそわれわれの探し求めていた「餅」の原型であり、「餅」という言葉が示す食品を特徴づけているのだ。その特徴というのは、タルト菓子や乾パンのような平らな円盤の形である。この小さな金塊は、単に鋳型に流し込んでつくられたものにすぎず、たしかに小麦粉や水を混ぜ合わせる技術と何の関係もない。だが、両手を用いてつくる乾パンと似ているだけで、「餅」と名づけられたという事実は、この「重ねた両手の手のひらのくぼみから自然に生み出された」形こそが最高だと考えられていた何よりの証拠である。ある意味では、この「原型」が、酒用の酵母のように無形で拡散するものとは異なり、「形」の起源そのものといえるかもしれない。したがって、形体概念を象徴する「餅」という言葉は、それ以降つくられるあらゆる種類のパスタの原型となり、その無限性を表わしている。これによって、「餅」という言葉を定義する際に、その唯一の形（＝円盤形）と、日用品に似せて無限にもなりうるパスタの形が矛盾しているように思われた点も解決する。

◎小麦粉の練り粉——変形する素材

だが、まだ問題は残されている。すでに述べたように、「餅」の製造には人の手という道具が不可欠であるが、原材料となる小麦粉もおろそかにはできない。だが、何といってもこの素材の加工が大きな意味をもつのは、古代中国のきわめて重要な活動を支える技術と比較した場合であろう——つまり、粘土による塑像術と、とりわけ青銅器の冶金術である。いずれも、素材のもつ展性や造形、鋳造が欠かせず、人々がこれらの技術にヒントを得て、小麦から食材を生み出す具体的かつ想像的な方法を学んだ可能性は大いにある。小麦粉は原材料として考えられ、同じ視点から、小麦粉を原料とする練り粉が、まさに人工物をつくるのにうってつけの素材として利用されたわけである。

では、小麦粉のパスタと陶芸用の粘土を比較することはできるだろうか。粘土と同じく、調理する（窯で焼く）前にさまざまな形に成形できる小麦は、秦から漢の時代にかけて、中国人にとって新たな素材となり、哲学者ガストン・バシュラールの言葉を借りると、「捏ね職人の思索《コギト》」に刺激を与えることになった(83)。一方でこの時代には、紀元前二一〇年に亡くなった秦の始皇帝の永遠の安らぎを守るべく、頭部、胴体、四肢から成る鋳型によって七〇〇〇体もの兵士の塑像がつくられた。これらは一九七四年に始皇帝の墳墓の内部で偶然に見つかったものである(84)。こうした塑像に比べると、小麦粉の練り粉を細工して成形することは平凡に思われるが、このふたつに共通する特徴がある——材料をよく混ぜ合わせて、ひとつにまとめておくことだ。小麦の場合、まずは両手を合わせ、手のひらのくぼみを鋳型に見立てて生地の理想的な形をつくる。それから、身のまわりのものの形を真似て、小さな食材を次々と生み出していく。これは明らかに次元は異なるものの、楚代の墳墓で発見された「金餅」の成型と同じである(85)。ラヴィオリの詰め物を包む薄いパスタをつくる作業と、轆轤《ろくろ》で成形するための粘土を準備する作業は、驚くほど似通っている。材料をよく練り上げ、練り粉もしくは粘土を楕円形にまとめて、そこから均一の「円盤状」の小片をつくり、前者は麺棒で薄くのばし、後者は轆轤で成形するというわけだ(86。このように中国では、人の手と、練り粉のように自由に形を変えられる素材とのあいだに、独自の密接な関係が存在している。

中国人にとっては、粟や米の粉、澱粉などの練り粉の粘着性はすでに大事な要素だが、彼らはそれと同じ特質をもつ小麦粉に新たな魅力を見出したにちがいない。小麦はグルテンを含むため、適量の水と混ぜ合わせれば、粘土のように自由に形づくることができ、調理しても崩れないさまざまな形の食材を生み出すことができたのである。初期の辞書編纂者たちは、まさにこの際立った特質に強い関心を抱いた。彼らは、言葉と現実が矛盾しないよう、「正しい」名称をつけることに配慮を欠かさない。だからこそ「餅」の定義において——のちには詩賦や文書において——「餅」の外観と実質にこだわりつづけたのである。

「餅」という言葉の示す丸くて平らな形は深い意味をもち、やがて他の穀物粉や澱粉を原料とする食材だけでなく、平らな円盤状であれば、どんな食材をも表わすようになる。その顕著な例を、紀元6世紀の最初の「餅」のレシピ集で見ることができる。

6—初期のレシピ

「餅のつくり方」というタイトルで集められた一五のレシピは、『斉民要術』(斉の民衆のための基本的な諸技術)に収められている。これは、紀元6世紀半ばに記された中国で最初の農業技術書である。全一〇巻から成るこの大著は、四分の三が農業に関する内容で、酒、保存食品といったものから、本格的な料理まで(87、じつに三〇〇に及ぶ「農民のための」レシピが掲載されている。また、これは中国初の料理の技術書でもあり、著者の賈思勰が当時の最高の料理や産物を解説しているという意味では、美食趣味の傾向もあるといえるだろう[88]。「餅」というタイトルのついたレシピはきわめて多彩であり[89]、パスタ類、パンなど、もっぱら穀物を原料とする料理が幅広く紹介されている。

実際には、この章の一五のレシピのうち、いわゆる「小麦のパスタ」に当たるのは三つのみである。賈思勰の編集によるこの「技術全書」には、それ以外にも「白いパン(白餅《バイピン》)」、小羊の肉を詰めた小さな丸型パン(焼餅《シャオピン》)、髄脂と蜜を練り込んだタルト(髄餅《スウピン》)、小麦粉や米粉を原料にした揚げ菓子、オムレツ、澱粉を用いた細かいパスタ、さらには「餅風の細切りの豚皮」などのレシピが収められている。豚皮の「餅」は、15世紀のイタリアの料理人マルティーノの「山羊の皮のラザーニャ」を思い出させるが、おそらく豚皮のゼラチンに似せた澱粉のパスタだと思われる。広い意味で使われている「餅」という言葉が示す料理はさまざまで、「餅」のもつ深い意味が文字どおり再現されている。これらの料理の材料はそれぞれ異なるが、すべて一定の形をしており、あらためて「餅」という言葉の幅広さを実感させられる。たとえば揚げ菓子などは、明らかに丸い円盤状とわかるが、他のものも、説明を読めば容易に形を特定することができる。

丸型の小さなパンをつくるための練り粉と思われるものを忙しそうに用意する民衆が描かれた北魏の時代の絵がある。これは甘粛省の嘉峪関《かよくかん》にある第三号墳墓で発見された二枚の壁画で[90]、目下、専門家の手で分析されている最中だ。その壁画には、まさに練り粉をつくるようにひざまずいた人々が描き出されている。さらに、一方の絵には、奥の方に発酵段階のパンのような丸いものをのせた大皿が見受けられる[91]。

前述のとおり、『斉民要術』には三つのパスタのレシピが掲載されているが、もうひとつ、そこにつけ加えるべきレシピがある。それは、単に小麦粉を原料にしているからという理由だけではない。著者は、これらをふたつに分類している。まずは「水引（水中で引きのばされた餅）」と「餺飥《ボトゥオ》」、そして「切麺《チエンミエン》（短く切ったパスタ）」と「烙杅《ラオソウ》」である。
これらのパスタはどのようにつくられたのだろうか。

◎水中で引きのばす

「水引」と「餺飥」は同じ原料の練り粉でつくられていた。どちらも、目の細かいふるいにかけた小麦粉と冷やした肉のスープを混ぜ合わせたものだ。ただし、形は異なる。「水引」は、その名前が示すように細くて長いが、「餺飥」はそれよりずっと短くて幅が広い。調理法は独特で、地中海世界では同じようなものは見当たらない。「水引」は、ちょうど「ニラの葉」のように薄く平らで幅が狭く[92]、生地を小分けして細い棒状にのばしてから、一ピエーデ（約二九・六センチ）ほどの長さに切り分け[93]、水に浸す[94]。一方、「餺飥」も「水引」とまったく同じ手順だが、棒状にのばす際に、より太く、人間の親指ほどの太さにする点と、約二インチ（六センチ）の長さに切り分ける点が異なる[95]。これを水に浸したあと（残念ながら、浸す時間については記されていない）、「餺飥」は指で「非常に薄く」平らに仕上げるよう指示されている。その後、「水引」も「餺飥」も強火で沸かした湯で茹でるが、著者によれば、「白く輝くように美しいばかりでなく、このうえなく喉ごしがよく、口に入れると何とも美味である」という。

このパスタは、風味や特質のみならず、見た目の美しさでも評価されている。中国人の美食談話では、とりわけ「喉ごしのよさ」が評判となった。ここで注目したいのが、生地を水に浸すという調理法である。「水引」は「水中で引きのばしたパスタ」と呼ばれるだけに、この作業が重要となる。では、いったい何のために水に浸したりするのか。実際、著者が記しているとおり、このパスタは輝くように白く、しかも喉ごしがよい。生地を水に浸すことで小麦粉の澱粉が洗い流される。その結果、グルテンを多く含むパスタとなり、いっそう弾力性と光沢が増して、熱湯で茹でても粘り気がなく、表面がよりなめらかになるわけだ。純粋なグルテンに似た物質の製法については後述するが、18世紀初頭にボローニャのヤコポ・バルトロメオ・ベッカーリがその栄養特性を発見する何世紀も前に、中国人はすでにこの成分の価値に気づき、早くもそれを利用していたのである。

◎短く切り分け、保存用に乾燥させる

「切麺《チエンミエン》」と「烙杅《ラオソウ》」は、同じカテゴリーに分類されるものの、その調理法はまったく異なる。「切麺」は、本来の定義に従えば、小麦を原料にした食用パスタに属する。かなり硬めに練りあげた生地を小指ほどの太さに小分けして、その後、さらに小麦粉を加えて捏ねてから細い棒状にし、将棋の駒の大きさに切り分ける。そして、ふるいにかけて余分な小麦粉を取り除いてから蒸籠で蒸す。蒸しあがったら、冷やすために、清潔な筵《むしろ》に並べて陰干しにするが、この際、麺が筵に張りつかないように何度も裏がえす。最後にそれを袋に入れ、乾燥させて出来上がりだ。食べるときには、麺を熱湯で茹でてから、肉のスープ（〝フォ〟）で味つけする。「切麺」は保存食として、必要に応じて調理する。「烙杅」もあらかじめ火を加えてから天日干しにするため、「切麺」と同じく保存食として利用される。だが、材料は小麦だけではなく、蒸したあとに水に浸して柔らかくした粟の穀粒も用いる。それを水切りして乾燥させてから、小麦粉と練り合わせるのだ。そして、できあがった生地をソラ豆大に成形し、天日干しにする。乾燥させた「烙杅」は必要に応じて熱湯で茹で、じゅうぶんに湯切りしてから、「切麺」と同じく肉のスープで味つけする。

◎卓越した製法

これらの三つのレシピでは（「烙杅」を加えると四つ）、すでにそれぞれが独自に発展したパスタ料理のつくり方を示しているが、その分類は16世紀のイタリアの料理書ときわめて似ている。長い「水引」と短い「餺飥」は、いわずと知れた生パスタであり、できあがってすぐに調理される。一方、「切麺」や、その名前が「粥《ツォウ》」という言葉と関連

している「烙杍」は、いわば乾燥パスタであり、肉のスープを加えて調理される。この調理法は、13世紀のアラブ・アンダルシア世界の「パスティーナ（スープに入れる小型パスタ）」と似ている。

「烙杍」についていえば、その名前も製法も単純ではない。当時の中国パスタの名前は、「引きのばす」や「短く切る」といった製法を表わすものが一般的だが、「烙杍（*luo-suo*）」や「餺飥（*bo-tuo*）」などは、そのパスタを表わす以外にとくに意味はなく(96、しかも、どちらも音節ごとに韻を踏んでいる。これらの言葉は、典型的な中国語の発音とはいいがたく、外国語に起源を求める説さえあるが、これははっきりとした根拠のあるものではない(97。だが、束皙は『餅賦』の序文で、ある種のパスタは「遠い地方」からもたらされたものであると明言している。「遠い地方」とは、具体的にはどこを指すのか。そして、仮にそれらのパスタが「烙杍」や「餺飥」だとしたら、その名前の特徴的な響きから、音声学的な起源を外国に求めることはできるのか。とはいうものの、4〜6世紀にかけて、中国は南北朝に分割統治され、中央アジアとも深い関係があった。賈思勰が農業技術書を著した時代の北魏（三八六〜五三四）は、もともと中央アジアの遊牧民、鮮卑《せんぴ》族の国家である。6世紀以降、完全に中国に同化されると、北魏の支配階級は遊牧民の出自をうまく隠そうとした。したがって賈思勰の農業技術書（中国の伝統を受け継ぐ「百科全書」であると同時に、後世にとっては信頼できる「参考書」でもある）も、もとを正せば異国のものである以上、近隣諸国の影響を自由に受け入れたとしてもおかしくない。だが、これで「烙杍」についての疑問がすべて解決したわけではない。

　奇妙なことに、「烙杍」という言葉は、賈思勰以降の世に受け継がれることなく、この調理法も文献から消え去っている。それでも、ユーラシア大陸の極東に、穀粒の形を残した「パスティーナ」の調理法が存在していたこと自体は興味深い。7世紀以降に、この種のパスタがスペインや北アフリカでも確認されていることを考えると、今日でも地中海沿岸地域にさまざまな様式で存在するこれらの料理が、いかに普遍性をもっているかがわかる(98。小麦粉あるいはセモリナ粉でつくられるこのパスタは、その製法だけでなく、料理法も含めて、本当にクスクスや他のパスタ類に影響を与えたのだろうか。その点について専門家たちはいまだに議論を重ねている。だが、そもそも用語に関する疑問が立ちはだかっているため、議論は思うように進まない。用語については、過去の辞書を参照しなければならず、しかもクスクスにせよ、他のパスタ料理にせよ、これらに共通する定義がどの文献にもくわしく解説されていないからだ。ともあれ食料として用いられるこれら「見せかけ」の穀粒は、さまざまな変遷を経て、穀粒から小麦粉へと原料が変わっていく穀物料理の進化を証明している。円錐形やイモ虫といった、あらゆる形を人工的に再現した小型のパスタから、薄片、リボン、ガラス球、円盤など典型的な形のパスタに至るまで、その進化は決して途切れることはなかった。

『斉民要術』に記されたパスタのレシピでは、さまざまな「餅」の調理法が紹介されているが、束晳が称賛したような「牢丸」など、いわゆる詰め物パスタは含まれていない。そのかわり、それまで知られていなかった調理法も多く含まれおり、小麦粉の「餅」が他の穀物でつくられる同種の料理に大いにヒントを与えたことがわかる。

◎澱粉を原料にしたパスタ

賈思勰の農業全書には、小麦以外の穀物を用いたパスタの製法が記され、しかも世界に先駆けた詳細な解説であったため、この分野において、中国の名声を世界中に轟かせることとなった。すでに述べたように、「烙杄」は粟の穀粒を使った料理である。だが、それ以外にも、粟の澱粉〝粉《フエン》〟のパスタをつくるレシピがふたつ紹介されている。澱粉を用いた生地は弾力性に欠け、茹でる前に成形することができないので、うまく形づくるために、通常の練り粉とは異なる方法を見つけ出す必要があった。すなわち、熱湯の中で生地を部分的にゼラチン状にしながら成形する方法で、これは今日でも用いられている。具体的には、柔らかい生地をふるいに通し、細い棒状になったものをそのまま熱湯に落とす。湯の中で固まった澱粉の「ヴェルミチェッリ」は、保存するために水を切って乾燥させる。

ここで、澱粉のパスタ（粉餅《フェンビン》）のつくり方を紹介しよう。

肝心なのは、肉のスープを沸騰させ、上質の澱粉を混ぜることである（質の悪い澱粉を使うと、出来上がりの舌触りが悪く、品質が落ちる。また、じゅうぶんに沸騰したスープでなければ、パスタが生煮えで食べられない）。「羊の形のパスタ」をつくるには、まず澱粉と肉のスープを混ぜ合わせて硬めの生地をつくり、それから柔らかく均質にするために、手の力を込めて捏ねる。さらにスープを加え、望ましい硬さになるまで捏ねつづける。次に、雄牛の角《つの》を用意して、大き目の匙になるよう横半分に切る。そこに麻ひもが一本通るほどの丸い小さな穴を六～七つ開ける。「水引」のパスタの場合には、別の角を用意し、そこにニラの葉が通ほどの小さな割れ目を二～四つ入れる。さらに約三〇センチ四方と一五センチ四方の正方形に切った二枚の薄絹を用意し、角の大きさに応じてその絹布を筒状にして、角の縁にその絹布を縫いつける（そのためには角の縁に穴を開け、縫い目からパスタが抜け出さないように細かく縫いつける必要がある。この道具は、使用後にきれいに水洗いし、水気を切って干しておくと、二〇年余り使いつづけることができる）。そして、角に澱粉のパスタを詰め、絹布の四隅を手で絞り、熱湯の上でパスタを角の穴から押し出して茹であげる。

仕上げに、肉のスープで味つけをし、発酵乳や練りゴマのソースで調味すれば、これらのパスタは玉《ぎょく》のように白く輝き、舌の上でとろけるような柔らかくもちもちした食感が味わえる。これは小麦のパスタに劣らず、すこぶる美味である（このパスタは「押し出しパスタ（榔餅）」とも呼ばれる。発酵乳のソースを用いない場合には、生地は肉のスープではなく、真水で練ること）。

「豚皮」を模したパスタのレシピも紹介しておく必要があるだろう。これは湯で薄めて粥状にした粟の澱粉でつくる。言葉で説明するのは簡単だが、実際はそれほど容易ではない。まず、金属製の丸い盆を用意し、湯を沸騰させた鍋の上にその盆をのせる。それから、盆の上に大さじ一杯分の粥を流し入れ、手早くかきまぜながら、クレープをつくる要領で丸く均一にのばす。熱が通ってクレープが固まれば、盆からはがし、熱湯に入れて茹でる。こうすれば、ちょうど豚の皮のように半透明でゼラチン状の薄片ができる。最後に、その薄片を好みの大きさに切り分けて味つけすれば完成だ。この種の料理は種類が豊富で、やがて広く大衆の支持を得るようになる。レシピは比較的簡単だが、他の食材を包んだり、工夫をこらした詰め物の皮としても利用できる。中に具を詰めれば、その素材の持ち味も生かされて、より複雑な風味を楽しむことができる。

この新たな調理法は、小麦粉の練り粉にも応用することができる。「餅」に対する高い評価と、その調理法が、他の穀物、とりわけ古代より受け継がれてきた粟の調理に対する中国人の創作意欲を刺激したことは疑う余地がない。賈思勰の時代には、粟の澱粉、とりわけ上質の白い粉は化粧品であると考えられていた。その肌の白さを「磁器」と称えられた哲学者の何晏の物語にもあるように、当時の粟の澱粉はもっぱら白粉であり、顔だけでなく肩にも塗られていたのである(99)。

『斉民要術』には澱粉の製法が載っているが、これは明らかに特殊であり、食物篇ではなく化粧品のつくり方を解説した章に記されている。発酵過程を含め、その製造過程が長く複雑だった粟の澱粉は、このうえなく貴重なものだった。それを料理に利用することは、『斉民要術』の著者も注記に示しているとおり、一種の贅沢であったことがわかる。「客人に贈呈する〝餅〟もその澱粉からつくられる」と記されているほどだ(100)。そしてこの注記は、パスタが一般に宴席の料理となっていた『餅賦』をどこか思い起こさせる。

要するに、『斉民要術』は、原料となる穀物の種類によって異なる料理の技法を初めて大衆向けに記したテキストなのである。これによって、華南だけでなく、華北においても穀物を原料とするさまざまな料理が存在していたことが裏づけられる。実際、粟の澱粉の特殊な製造技術は米の澱粉にも応用され、小麦より米に慣れ親しんでいた華南の人々も、華北民の味覚を堪能するようになったのである。

7―全国区の「餅」の人気

パスタをはじめ、小麦粉を原料とする料理は、南北朝時代（四二〇～五八一）の末期から10世紀の北宋時代にかけて、およそ四〇〇年のあいだに広まり、庶民の生活に根づいた食べ物となった。それは、華北だけなく、華南でも小麦の栽培が盛んになったからにほかならない。唐の時代から、揚子江の中・下流域では米と麦の輪作が始まり、北宋以降、小麦の栽培は華南へ広がって、次第に粟の栽培に取って代わるようになった(101)。唐代（六一八～九〇七）には、河川や灌漑水路の流域、あるいは首都長安の城壁内にも多数の水車小屋が建てられ、質の異なる小麦粉が生産されるようになった。こうした製粉所は寺院や富裕層、皇族などが所有し、彼らは本格的な経済活動を行なうことで、課税を通して国家に巨額の利益をもたらした(102)。

さらにこの時代には、パスタがつくられていたことを証明する絵が描かれている。北京近郊の陵墓で発見された壁画は遼の時代（九三七～五八）のものだが(103)、これを見るかぎり、もはや疑いの余地はない。壁に描かれた女性は、床に置いた低い台の上で、まさにパスタの生地を練っているのである。粉を捏ねる女性（図24）は、やや前かがみになり、あたかも職人が力をこめているかのように、腕をむき出しにして作業に励んでいる。宋代から元代（一二七一～一三六八）にかけて壁画に描かれた食物を研究している日本の研究者、田中淡が強調しているように、料理をテーマにした絵画には、男女が対等な立場で描かれているものが多いが、パスタに関しては、とりわけ生地を捏ねるのは、もっぱら女性に限られているようだ。

ところが、まぎれもない証拠が壁画に残され、製粉業も発展していたにもかかわらず――これはパスタの製造が盛んだったことを示している――この時代には、それより以前に比べてパスタに関する記録は少ない。これは、は

図24●生地を捏ねる女性。北京南部の洗马长（Ximachang）、洋桥村で発見された趙徳鈞の墓の壁画（田中淡『古代中国画像の割烹と飲食』より）

たしてパスタが一般的になった結果と見るべきなのだろうか。詩に詠まれている例もまれで、「槐《えんじゅ》の葉をしぼった冷製パスタ（槐葉冷淘《ファイエレンタオ》）」のように、その高雅さで有名なものは例外だ。これは宮中で夏に供されたパスタで、唐代の大詩人杜甫（七一二〜七〇）の詩からヒントを得たものである(104)。

青青高槐葉　採掇付中廚
　高い槐の葉を集め　料理人に託した
新麵來近市　汁滓宛相俱
　市場から新しい小麦粉が届き　葉の絞り汁を混ぜ
入鼎資過熟　加餐愁欲無……
　大鍋で調理させ　食べるなり悩みも消え去った……

唐代の文献には「餺飥」も見受けられるが、食べ物の定義について八五六年に書かれた料理書『膳夫経手録』(105)によれば、唐代になると、この言葉はより広い意味をもつようになった。さらに、「餺飥」から「不托《ブトゥオ》」へと綴りが変化して、北魏の時代のように長くのばしたパスタだけでなく、太く短いパスタも指している。「不托」が表わすパスタはそれだけではない。襞《ひだ》のついた薄い幅広パスタ、細長い紐状のパスタ（帯而長者）、木の葉のように四角いラザーニャ（方而葉者）、短く切った分厚いパスタ（厚而切者）といったものも含まれている。そして、「それらは異なる名前をもつが、すべて〝不托〟の部類に属する」と記されている。『膳夫経手録』には、他にも「鶻突不托《グトゥブトゥオ》（猛禽類の攻撃）」という驚くような名前の料理のレシピも載っている。「細く切った仔牛の生肉を〝不托〟で包み、椀の底に入れて、五香で香りをつけたスープを注ぐ。仕上げにバターと四川胡椒を加えて、よく混ぜる」。この料理は、細切りにした生肉と茹でた細型パスタに熱いスープを注ぐヴェトナムの「フォー」に似ている。熱の通り具合が絶妙な「フォー」は、薔薇色に染まった肉がとてもやわらかく、じつに食欲をそそる料理である。それにしても、この奇妙な名前の料理は、暗に獲物の上に舞い降りる猛禽類を示しているのだろうか。あるいは、肉を包みこんだ「不托」を猛禽類に見立てているのだろうか。いずれにしても、こうした高尚な比喩は、唐代においてもパスタが文人たちの興味を誘っていたことを物語っている。

短いながらも、示唆に富んだ内容のこの書は、パスタ料理の用語と定義について、いくつかの興味深い事実を示している。まず第一に、広い意味で使われている「不托」にあたかも取って代わられたかのように、「餅」という言葉が見当たらないこと。そして、のちに「食用パスタ」を指す一般的な語となる「麺《ミヤン》（小麦粉）」という文字が、「切麺《キーミヤン》（切った麺）」という複合語で使われていること。したがって唐の時代は、二種類のパスタ、すなわち丸型の小さなパンや乾パンなどと、麺類や食用パスタとの過渡期であったことは間違いない。そのために、食用パスタ全般を指すのに「餅」という言葉が用いられなくなったというわけだ。

もうひとつ重要な事実がある。日本の著名な仏教の僧侶、円仁（慈覚大師、七九四〜八六四）が「不托」を食べていたことである。中国滞在中の彼の日記に、多くのパスタ類についての記述がある。それによると、八三九〜四〇年にかけて、三度ほど「不托」をふるまわれたという。これは少しばかり特別な機会だろう。日頃は質素な精進料理を食べていた円仁だったが、出されたパスタを大変気に入り、喜んだ唐の役人は彼のためにわざわざ調理させたのだ[106]。

「餺飥（あるいは、不托）」をはじめ、あらゆる種類の「餅」が、唐と国境を接するはるか西域や、ゴビ砂漠との境界線上に位置する敦煌のオアシス都市や、中央アジアとインド、中国を結ぶ隊商路などで食べられていた。祝祭の期間には、昔から異国風の乾パンとして知られる「胡餅《フビン》」や「冷淘《レンタオ》」、その他にも今日では確認が難しい名前の「餅」が飛ぶように売れた[107]。こうした事実は、4〜10世紀にかけて都市部の僧院で記録された帳簿によって明らかになった。これらの手書きの帳簿は、日常生活や宗教儀式について記された三〇〇〇冊以上の文書のなかから、一八九九年に再発見されたものである。それ以前は11世紀の文献が最古であったため、こうした帳簿は研究者にとって計り知れないほど貴重な資料となった[108]。一九五九年、西域でも広くパスタ類が消費されていたことを証明するかのように、敦煌の北西七〇〇キロメートル、新疆のトルファン近郊の阿斯塔那古墓《アスターナ》で、化石化した唐代のラヴィオリの完全形が発見された（図25）。これは、今日われわれが食べてい

図25●ラヴィオリと「餛飩」の化石。1959年に新疆ウイグル自治区のトルファンで発見された唐代（618〜907）の阿斯塔那古墓群より出土。自治区博物館所蔵（Tan Qiguang『トルファンの唐代出土品』より）

るパスタとよく似ているが、「餛飩《フンドゥン》」と呼ばれるものである(109)。興味深いのは、このラヴィオリが中央アジアの砂漠で完全な形で保存されていたことだけでなく、のちの宋代に広まる「餛飩」という言葉が、わずかながら唐代にも使われていたという事実である。実際、「餛飩」はいくつかの文献に登場するが(110)、なかには、宮中のメニューに二四品目もの異なる「餛飩」が含まれていたという記述も残っている。それによると、「餛飩」はすべて花の形をしており、さまざまな具が詰められていたという(111)。

中国文化の影響下で、パスタ文明が広大な領域で発展していたという事実は、パスタがすでに日常生活や祭儀に不可欠なものとなっていたことを物語っている。唐代の詩によれば、当時は「湯餅宴《タンビンヤン》(スープに入れたパスタの宴)」と呼ばれる風習があった。これは男児の誕生を祝福する儀式である(112)。また、円仁の日記をはじめ、さまざまな文献に記されているように、生パスタを調理して客人をもてなす習慣もあり、これは6世紀から始まって、のちの宋代にまで受け継がれた。

8　南部の風土に順応した北部のパスタ料理

宋の時代(九六〇～一二七九)になると、パスタの歴史は急展開を見せる(113)。10世紀に木版印刷による出版が盛んになったため、当時の文献は多数残っており、いずれも保存状態がよいおかげで、パスタの革新的な歩みをたどるのは容易である。この時代、一一二六年に北宋の首都が開封から揚子江南部の臨安(杭州)へ移され、その後、一二七九年には中国全土がモンゴルの勢力下に置かれるという、まさに波瀾万丈の世紀を迎えていた。宋の時代が幕開けを告げると、異民族の圧迫がたえまなく続き――10世紀に始まって、一二七六年の臨安陥落で最高潮に達する――首都の移転によって、中国文明の中心は次第に南部へと移っていった。それと同時に、中国人の食習慣や嗜好にも変化が見られ、いうまでもなくパスタもその影響を受ける。もともと北部の食べ物であったパスタは、必然的に南部に順応することになった。こうして、北部地方から大量に押し寄せてきた移民や、その食習慣の影響を受け、南宋（一一二七〜一二七九）の初期には小麦の価格が急騰する。そこで、政府は対策に乗り出した。南部では、すでに小麦が広く栽培されていたが、そうした農家すべてに対して、税を免除するという条件で栽培を奨励した。その結果、この地における小麦の栽培面積は飛躍的に拡大する(114)。

◎もはや「餅」とは別物のパスタ

この政策によって小麦はいっそう量産され、宋のふたつの首都で広く売られていた練り菓子やさまざまなパスタ類を「餅」という言葉で総称するのがますます難しくなったことは間違いない。宋代には、パスタ全般を示す語として、あいかわらず「餅」が使われていたが、それは文献の著者が過去の言葉に愛着を抱いていたからにすぎない。また、唐代にはスープに入ったパスタを指していた「餺飥」も、「麺」という言葉にその座を明け渡した。『事物起源』の編纂者である高承《こうしょう》は、みずからの時代には「餺飥」が「麺」の同義語として使われていたことを明言している(115)。実際、宋代の文献にも「餺飥」という言葉は登場するが、かつてのようにパスタ類の総称としての意味は失われている。

この時代には、「餅」と呼ばれる料理と、「麺」という言葉が示す料理は、すでにはっきりと区別されていた。それを示す記述が、宋の古都、開封にまつわる年代記に残されている。「餅」は、今日では「パン屋」や「ケーキ屋」と呼ばれる店、つまり焼き窯を備え、毎日さまざまな種類の菓子を製造する店でつくられていた。一方の「麺」は、文字どおり「麺食店《ミャンシーディアン》」と呼ばれる専門のレストランで出され、「三鮮麺《サンジャンミャン》（三つの新鮮な食材が入ったスパゲッティ）」や

「鶏絲麺《ジシミャン》（鶏のスープのスパゲッティ）といった料理がメニューに並んでいた。「餅」とは対照的に、「麺」はさらに調理が必要なため、市販されることはまれだった。当時、「麺」の生地を捏ねるのは家庭の主婦か、もしくは職人であり、いずれも出来たてを食べることを前提につくられた。宋の時代には、「麺」は基本的に生パスタだった。11〜13世紀にかけて編集された料理書では、『斉民要術』に記されていた保存用の乾燥パスタの伝統は忘れ去られているようだ。

　当時の料理書には、手軽につくれるものから詰め物パスタまで、多種多様の生パスタのレシピが掲載されている。小麦粉を用いた簡単なパスタとしては、「肐膣《グドウ》」、「麺」「淘」「不托」などがあり、最初のふたつ以外のレシピは明らかになっている。一方、詰め物パスタは「餛飩《フンドゥン》」と呼ばれ、これはスープに入れて調理する小型のラヴィオリを指し、今日でも同じ名前のパスタが存在する。

◎さまざまな形

　文献に登場する四種類の「麺」のなかで、最もよく見られるのは「水中でなめらかにしたパスタ（水滑麺《シュイファミャン》）」である(116)。つくり方は、6世紀の「水引」とほぼ同じで、丸めた生地を、澱粉を取り除いてなめらかにするために水に浸す。北宋時代の『中饋録《ちゅうきろく》』によれば、丸めた生地をいったん水から取り出して長くのばし、すぐに沸騰した湯で茹でる。生地をのばす際には、両手で手早く行なう。味つけは、それまでのやり方や、『斉民要術』に記されているように肉のスープを用いるレシピとは異なり、発酵乳や練りゴマを使っている。また、ゴマやアーモンドのペーストだけでなく、メンマ、味噌漬けのキュウリ、酒に漬けたナス、ショウガ、ニラ、さいの目に切ったキュウリ、それにさまざまな野菜の酢漬けなどが具として用いられている。現代手に入れられる版の注釈によれば、この料理書の著者（呉夫人）は中国南部浙江省の出身で、肉や乳製品を多用した北部の料理に、ためらうことなく「南部の痕跡」を残している。宋代には、もうひとつ興味深い「麺」があり、のちの元代に広く普及するが、その生地は小麦粉と植物の絞り汁を混ぜてつくられる。そうした麺のひとつに、薬からヒントを得た「蕪のパスタ（烙芙麺《ルオフーミャン》）」というのがある。これは蕪を押しつぶして、その絞り汁を小麦粉に混ぜて練りあげる。このレシピは、南宋の林洪《りんこう》が記した『山家清供』（山中で簡素に生きる人々）で紹介されている(117)。当時、「蕪のパスタ」は白髪を防ぐともっぱらの評判だったが、林洪はそれを信じていなかった。乾燥させた百合根の粉を用いた「百合根のパスタ（百合麺《バイヘミャン》）」もそうだが、こうしたパスタは薬膳料理であり、日常食であったかどうかは定かではない。俗世の喧騒から逃れて隠遁生活を送った林洪は、一般にはほとんど知られていないものの、その著書において、みずからの意に賛同する者に対して、簡素ながら洗練された生活の規律を提唱した。彼はそうした生活のなかで、自然で健康に役立つ「植物を使った料理」に興味を抱くようになった。『山家清供』で模範とされている過去の偉人たちと同じく、自然は林洪にとって詩的なインスピレーションの源泉だった。宋代の語彙に通じているにもかかわらず、パスタを表現するのに「餅」や「湯餅」といった古風な言葉を用いているのは、宋代の詩人では林洪のほかにはほとんどいない。

杜甫が「槐葉冷淘《ファイエレンタオ》」にまつわる詩を書いてからというもの、冷製パスタは評判を呼び、大衆のあいだで流行した。林洪も『山家清供』でその杜甫の詩を引用している。「冷淘」というパスタは遠く敦煌でも食べられており、南宋の時代には臨安（杭州）の露店でも売られていたことが文献に記されている。ちなみに、「淘《タオ》」という呼称の由来は、南宋の陳元靚《ちんげんせい》が編集した『事林広記』(118)に収められた「翠縷冷淘《クイルーレンタオ》（緑色の細い冷製パスタ）」のレシピを見ればすぐにわかる。「淘」という言葉は動詞で、現代でも「ふるいの中で洗う」という意味をもつ。この言葉は、不純物を取り除いて砂金を洗い出したり、米を炊く前に研ぐときにも使われる。『事林広記』には、槐の若葉の絞り汁で粉を練り、それを薄くのばして細く切り分ける方法や、味つけなどの調理法が記されている。「淘」は一度茹でてから、米と同じく「冷水に浸す」必要がある。これは冷やしてから皿に盛りつける、典型的な夏の料理だが、林洪が「自愛淘《ツィアイタオ》」（私の好きな淘）」と題するレシピ集で示しているように、温かいまま食べてもかまわない。また、美食家であったこの隠遁者は、「淘」を甘酢のたれ、ニラ、酢漬け野菜、あるいは豆腐や乳製品で味つけすることを好んだという。

宋代では、「餺飥」という言葉は「麺」の同義語だったと考えられる。というのも、どちらも小麦粉に、植物の絞り汁のように水以外の液体を混ぜた生地でつくるからだ。前述の『事林広記』では、小麦粉と生の小エビの絞り汁を混ぜてつくる「赤いタリアテッレ（紅絲餺飥《ホンシボトゥオ》）」が紹介されている。このパスタは茹でているあいだに透明になり、やがてほんのり赤みを帯びてくる。この赤色の秘密は、煮つめた鶏のスープに、すりつぶした小エビから抽出したエキスを加えた味つけである。この手の込んだパスタのレシピを見てもわかるように、「餺飥」という名称は洗練されたパスタ料理を指していることが推測できる。いずれにしても、偉大な詩人陸游《りくゆう》（一一二五～一二一〇）の「空腹を抱え、早朝に酢漬け野菜を添えた美味な〝麺〟を食べると気分が晴れる」と題された一篇の短詩を読むと、「餺飥」が「麺」と同じものであることは疑いの余地がない。その詩によれば、陸游が空腹を満たし、天の授かり物と称えた「餺飥」が「麺」であることがわかる(119)。

◎混沌の隠喩としてのラヴィオリ「餛飩《フンドゥン》」

宋代には、すでに「餛飩」を専門に扱う店も現われ、「餛飩」の美食法が登場するのも時間の問題だった。この薄皮で包んだ小さなラヴィオリをスープで煮込んだ料理は、今日では「雲呑《ウォントン》」という名前の広東料理として有名になっている。宋の時代には、形も詰め物もさまざまな「餛飩」があった。『中饋録』でも解説されているように、そのレシピは詰め物を包む薄皮づくりから始まる。まず、小麦粉と塩水を混ぜ合わせて練り、しばらく寝かせてからふたたび捏ねる。その後、生地を小分けにして、インゲン豆の澱粉をたっぷり振りかけた台の上に薄くのばし、正方形に切り分ける。これは詰め物を包む薄皮をつくる古典的な方法で、この薄皮は今日でも中国の食材店で手に入る。この薄皮は「餛飩の皮」と呼ばれているが、当時は別のパスタをつくる際にも利用されていた。たとえば『山家清供』の「スモモの花形のスープ入りパスタ（梅花湯餅《メイファタンビン》）」のように、小さな花の形に切り分けることもあった。

「白いスモモの実」を水に浸してから、白檀の粉末、小麦粉と混ぜ合わせて練る。その生地を薄くのばして「餛飩」の包皮のように切る。さらに直径一・五センチの鉄の抜き型を用いてスモモの花の形に抜く。それを沸騰した湯で茹でてから、よく澄んだ鶏のスープに入れて仕上げる。

　このパスタの場合、林洪はパスタの形を重視して、その形を引き立てるように調理することで美食料理を実現している。そのために、パスタの味つけには口当たりが軽く、よく澄んだ鶏のスープが最適なのである。

　林洪のレシピには、グレディチア（マメ科の植物）の種子ほどの大きさもない「餛飩」もある[120]。『山家清供』では、レシピの数が少ないうえに、詰め物は野菜中心であるため、パスタの味そのものよりも形が重要となる。そして、ここでも「餛飩」の形が基本的な役割を演じているのだ[121]。それは「餛飩」という名前からも推察できる。この言葉には、食物自体の特徴を示す意味も含まれているが、同じく「フンドゥン」と発音される別の語には、はるか古代にさかのぼる哲学的な意味が含まれている。それは、世界の始まり以前の「混沌《カオス》」という意味だ。したがって、「詰め物パスタ（ラヴィオリ）」という意味の「餛飩」という言葉には、薄皮に詰め物を閉じこめている状態、つまり、天地がまだ分かれていなかったころのように、それぞれの要素の完全な結びつきによる不可分な状態という意味が、掛け言葉のごとく暗黙のうちに含まれているわけである[122]。

　「餛飩」はレストランで食べる料理と見なされ、開封でも臨安でも専門の店で出された。しかし林洪の書を読めば、他のスープ入りパスタと同じく、「餛飩」も簡素な食生活に欠かせないものとなっていたことがわかる。したがって、林洪は俗世間からは隔絶していたものの、友人たちと集い、会話や音楽を楽しみ、詩を詠んで過ごしており、社会生活から切り離されていたわけではない。こうした友人との集いには、決まって美食をたしなむ機会がともない、「餛飩」がその主役を演じていた。

◎華北の文人の伝統的なパスタと華南の技術革新

実際、パスタ料理、とりわけかつて「湯餅」と呼ばれていたスープ入りのパスタは、唐の時代と同じく、友人や客にふるまう宴席の食べ物だった。林洪は「梅花湯餅」のレシピで、招待客には二〇〇皿以上のパスタをふるまうよう勧めている。また、「白檀の根の餛飩（春耕餛飩《チュンゲンフンドゥン》）」は[123]、山間の住居を訪れた客にふるまわれたが、そのとき林洪はそれぞれに一〇皿ずつ用意したという。あるときには江西に住む知人の家に招待され、いつも「餺飥」が出された昔の生活を思い出して、細かく刻んだメンマと蕨の芽を詰めた「餺飥」に郷愁の念をつのらせる。そして玄関の日陰に座り、香木の芳しい新芽を加えた煎茶を仲間とともに味わう。こうした文人たちの集いでは、古くからパスタ料理を食べる伝統が受け継がれていたように思われる——ちょうど9世紀前に、束皙が『餅賦』で回想しているように。

その一方で、パスタ料理を食べることで季節の風情を味わう習慣は薄れていたようだ。『武林旧事』（南宋の周密の書で、武林地区の繁盛記）では[124]、冬至の期間に「餺飥」を食べる習慣は、もはや格言のなかでのことだと言い切っている。美食家にとっては洗練された贅沢な料理だったが、一方で「餺飥」はすでに庶民の料理となり、宴席で客をもてなすためのものではなかった。一部ではそうした習慣が残っていたものの、「餺飥」は格言になるほど大衆化し、宴席の料理であったことはもはや伝承になろうとしていた。

だが、食習慣の点から見ると、宋代はパスタの歴史に新たな風を吹きこんだ時代でもあった。これまで引用してきた文献は、すべて中国南部で書かれたものであり、料理についても、その食材や味覚の傾向は、6世紀に北部、おそらく山東で編纂された『斉民要術』とはまったく異なっている。この違いについては、『中饋録』の「水滑麺」のレシピで著者が提唱した野菜ベースの味つけからも明らかだ。多くの料理書が示しているように、パスタ料理やその味つけに新たな傾向が生まれたのは宋代である。ごく初期のパスタ料理では、上質の肉を使用することが多かったのに対して、この時代にはスープの種類が増えただけでなく、野菜も豊富に使われるようになった。中国も杭州まで南下すれば、肥沃な揚子江流域に温暖多湿で緑豊かな土地が広がり、野菜や米づくりだけでなく、新鮮な魚介類でも知られている。したがって、福建など沿岸地域に特有の生の小エビの「絞り汁」を用いた「紅絲餺飥」にも驚くことはない。『事林広記』を記した陳元靚も、この地の出身である[125]。では、「餺飥」とはつくり方が異なるものの、束晳がその詩に詠んだ「牢丸」のようなラヴィオリがいっさいの文献から姿を消したのはなぜなのだろうか。束晳が詠んだ「牢丸」は、円盤状の生地に細かく刻んで薬味で香りをつけた上質の肉を詰め、ひとつずつ手で成形してつくられた。今日、華北地方で食べられている「餃子《チャオツィ》」のように、おそらく「牢丸」もかなり大きかったにちがいない。だが、こうしたパスタは華南人にはあまり評価されなかった。その傾向はいまでもあるが、彼らは、もっと薄くのばした生地と消化のよい具を好む。すでに南宋の時代には、南部の民は「分厚すぎる」北部のパスタにほとんど関心を示さず、とりわけ文人たちは、小麦粉(麺)のパスタは健康を害することはないにせよ、「消化に悪い」と考えて、米のヴェルミチェッリ(細いパスタ)を好んだのである[126]。「餺飥」は、こうした薄くて軽い、しかも詰め物も洗練されたパスタに対する嗜好にうってつけだった。林洪にとっては、「皮」と呼ばれる「餺飥」の生地は木の葉のごとく薄くなければならず、その形は今日にまで受け継がれている。「梅花湯餅」は、まさに薄皮のパスタでなければ実現できない料理だった。

はっきりとした記録が残っているわけではないが、華南人の薄いパスタに対する嗜好は、麺棒を使用することでも裏づけられる。「餺飥」をつくる際にも、まさにこの道具を使う。レシピでは、「練り粉を薄くのばす」という意味の「擀《がん》」という動詞を用いて強調されている。また、生地がくっつかないように作業台に澱粉を振ることも、生地の薄さを示す証拠であろう[127]。一方、北部では、パスタの成形はもっぱら手で行ない、そうした道具はいっさい使用されなかった。したがって、麺棒や澱粉を利用することによって、北部の手作業による伝統が消え去ることになったわけだ。だが、南部の影響を受けて、いまでは皮の縁を小さな麺棒でのばすことはあっても、華北地方では昔の精神がそのまま受け継がれ、今日でも詰め物パスタはひとつずつ手づくりしている。そして、林洪が客にふるまった「梅花湯餅」のように、遊び心のある形のパスタをつくるためには抜き型を使うのだ。

◎グルテンの発見とグルテンのパスタ

水に「浸して」パスタをつくる手法は、小麦粉のパスタから澱粉を取り除くための第一歩だと考えられる。6世紀の『斉民要術』にも示されているとおり、中国人は古代から粟の澱粉を抽出する複雑な技を習得していた。したがって、他の穀物粉に比べて格段にグルテンの含有率が高い小麦粉に魅せられ、それでつくったパスタの弾力性の秘密を暴こうとしても驚くことではない。食材を科学的に分析して澱粉を得た中国人は、ごく早い時期に「麺筋《ミャンジン》（文字どおり訳せば、小麦粉の筋肉）」と呼ばれるグルテンを取り出すことに成功し、それを美食法にも応用して、さらに栄養学的な利点も理解するに至った。最初にグルテンの抽出方法について言及されているのは11世紀だが、不思議なことに、それは鋼の精錬にたとえられている。北宋中期の科学者沈括《しんかつ》（一〇三一～九五）は、その著書『夢溪筆談』において、小麦粉にある「神経」もしくは「筋肉」を、鉄の心臓にある鋼にたとえて、「そこに筋肉がつくまで小麦粉を水洗いする」ように、鉄は鋼にまで精錬できると語っている[128]。沈括は読者が理解してくれると確信して、このたとえを用いた。つまり、グルテンは当時すでに広く知られており、一般的な食材と考えられていたことが推察できる。実際、その数年後に書かれた他の書には、北宋の時代にはグルテンが広まっていたことが明記されている。また、南宋の時代には、首都臨安や華南の諸都市でグルテンが売られていた。だが、グルテンは菜食生活を送る僧侶のために、まず仏教寺院で利用され、その後、民衆のあいだに広まった[129]。実際、中国では、グルテンを用いたあらゆる食物は、植物性の食物のみを用いる精進料理で肉のかわりに使われるようになる。

だが、特別な料理にとって不可欠な素材であるにせよ、グルテンは調理の前に多くの加工過程を必要とする。つまり、この粘着性のある灰色の物質は、さまざまな技法や発酵過程を経て基本的な素材となり、肉の味と食感を再現するには、ふたたび複雑なレシピにしたがって調理されるのだ。このように、グルテンはきわめて多面的な価値をもつ唯一の食材となり、肉の料理を非の打ちどころなく模倣できるため、菜食主義者にとっては、まさに理想の材料だった。今日でも、寺院やレストランの菜食主義者向けのメニューには、肉料理の名がつけられていながら、植物性の素材、とくにグルテンでつくった料理が並んでいる[130]。

いずれにしても、宋代の末期には中国に蒙古族の支配が及び、パスタの歴史の新たな幕開けを迎えることになる。すなわち、征服者の文化的な影響下で、パスタの数と種類が増えるのだ。そして文化面だけでなく、食物や料理の世界でも、新たに流入したものが中国化されるにつれ、互いに融合することになる。

9—新たな風味、様式、料理

元朝（一二七一～一三六八）初頭から15世紀半ばまでの期間は、中国全土において、一時的にパスタの消費が拡大した。この時期にパスタ料理の種類が豊富に思えるのは、料理に関する資料が数多く残されているからで、15世紀以降は、とりわけ当時普及していた外国のレシピが姿を消したことで、パスタの種類は減少する。その一方で、各地方の特色は維持され、一部の地域に限られていたものの、むしろパスタ料理のレパートリーは増えることになる。

◎伝統と新たな領域

元朝の料理書には、宋代と同じパスタ名も見られるが、新たに生み出された種類や製法の解説も記されている。実際、それまで知られていなかったパスタが数多く登場する。なかでも「麺」の種類はじつに豊富で、宋代の「水の中でなめらかにしたパスタ（水滑麺）」、「赤いタリアテッレ（紅絲麺）」以外にも、次のような種類が加わっている。「（綱状の）スパゲッティ（策麺《スオミャン》）」、「緑のタリアテッレ（翠縷麺《クイリューミャン》）」、「（帯状の）フェットチーネ（経帯麺《ジンダイミャン》）」、「山芋のパスタ（山薬麺《シャンヤオミャン》）」(131、「吊るしたパスタ（掛麺《グアミャン》）」、「小さな手のひら型のパスタ（托掌麺《トゥオツァンミャン》）」、「鶏脚のパスタ（鶏足麺《ジツァミャン》）」、「手で丸めたパスタ（手搓麺《シュクオミャン》）」、「切ったパスタ（裁麺《ジーミャン》）」、「細いパスタ（細麺《シーミャン》）」、「鉤形のパスタ（鉤麺《ゴウミャン》）」など、どれも印象深い名前の「麺」である。これらは大部分がその形、色、製法から名づけられたものだ。

一方、「餺飥」については、15世紀初めの家事全般に関する百科全書、『居家必要事類全集』(132で確認できるだけだが、「山芋餺飥《シャンユボトゥオ》」や「玲瓏餺飥《レイロウボトゥオオ》（金と翡翠の餺飥）」のレシピを見るかぎり、とくに共通の特徴は見当たらない。むしろ、これらの「餺飥」という名称には、多彩な用語と料理を表現したいと考える著者の思惑がこめられているような気がする。また、「淘《タオ》」という名前も登場するが、詩人の杜甫を思わせる緑色の「淘」は一度現われただけで、その他はほとんどが白い「淘」である。これらは、あたかもパスタよりソースが重要だといわんばかりに、洗練された方法でつくられている。有名な元代の画家、倪瓚《げいさん》は、著書の『雲林堂吟詩制度』(133で「淘」のすばらしいレシピを残している――四川胡椒で香りをつけ、ゼリーで固めた魚と合わせた「淘」だ。また、前述の『居家必要事類全集』の著者は、鰻の形と色を模して揚げたグルテンを野菜の特製ソースで食べるよう勧めている。

実際、この時代には目新しい趣向が次々と生まれた。つくり方は定かではないが、宋代から知られている「棊子《キーズィ》（囲碁の石）」というパスティーネだ。この「棊子」は、まさに『斉民要術』にある「切麺」の形に似ている。元代になると、「棊子」という名称は本来の意味を失い、単に「パスティーネ」を指す用語となる(134)。具体的には、「釘頭棊子《ディントウキーズィ》」、「銭眼棊子《キャンヤンキーズィ》」——この名前の由来は中国の古銭にある四角い小さな穴で、この穴に紐を通して首飾りのようにして保存された——「象嵌棊子《ジャンヤンキーズィ》」、「柳眼棊子《リウヤンキーズィ》」といった名前が見られる。さらに『居家必要事類全集』では、「米心棊子《ミシンキーズィ》」のレシピが紹介されている。それによれば、余分な小麦粉を払うために何度もふるいにかけてから、ごく薄くのばした生地を細かく切り分ける。「細かく切り分けて」米粒の芯より小さくするために、この名前がつけられた。「棊子」は沸騰した湯で茹でてから、パスタとスープをよそった器ごと冷水に取って、それ以上パスタに熱が入るのを防ぐ。また、この「パスティーネ」のレシピには、6世紀のように保存するために乾燥させる必要はないと記されている。

一方、詰め物パスタについてはあいかわらず「餛飩」が人気だったが、さまざまに形を変え、ときには小さな枕の形をしたものも現われた。画家の倪瓚は、「餛飩」の正しい調理法についてくわしく解説している。それによると、熱湯で茹でる前に、もう一度湯をかき混ぜてから「餛飩」を投入するが、鍋は蓋をしてはいけない。そして、「餛飩」が浮きあがってきたら茹であがったしるしで、そのあとは「餛飩」に触れてはならない。だが、この時代に最も注目すべきは、束晳の『餅賦』にも登場する「牢丸」の伝統に則って、蒸気で熱する多種多様の詰め物パスタが現われたことだろう。この種のパスタには、饅頭《マントウ》、角児《チャオアル》（餃児）、包子《パオツィ》などがある。こうした料理の伝統は今日にも受け継がれ、三角形の「角」や「包子」は大衆に人気の点心であり、「饅頭」は詰め物をした丸い小型のパン全般を指す。当時は、これらはすべて同じ生地でつくられており、そのレシピは『居家必要事類全集』に収められている。この著者は、とりわけ詰め物を重視しており、生にせよ、加熱するにせよ、季節や様式に応じて無限の組み合わせがあることを示している。

◎異国の風味

蒙古族が中国を支配したことで、とりわけ宮廷料理に外国から大量のレシピがもちこまれた。華北の料理も大きな影響を受けて、やがて互いに融合する。それについては、当時、皇帝のお抱え栄養学者だった忽思慧《フスフィ》によって14世紀に編纂された『飲膳正要《いんぜんせいよう》』に示されている[135]。この本には、外国語（トルコ語、モンゴル語、アラブ・ペルシャ語）もたびたび登場し、中国以外の美食料理のレシピも多く収められている。たとえば、他の文献にもしばしば取りあげられた「禿禿麻失《トゥートゥーマーシー》」という料理がある。「禿禿麻失」もしくは禿禿麻思《トゥートゥーマースー》」という言葉は、「パスタ」という意味のトルコ語の「tutumac（トゥトゥマック）」の発音を借りた語であると思われる。中世にはアラビア語やペルシャ語でも同じ言葉が使われていたことがわかっており、アジアの各地でも、この名前のついたさまざまな料理があったようだ。この言葉は、今日でもアジアや東欧（アルメニア、クロアチア、ルーマニア）など多くの言語で、パスタ類の食品を指すのに用いられている[136]。一方、『居家必要事類全集』では、「禿禿麻失」は回教徒のレシピの章に分類されており、まぎれもなく異国料理として扱われている。具体的には「水滑麺」と同じ製法で、生地を小さく丸めたものを水に浸し、手の上で薄いタルト状に成形する。『飲膳正要』や高麗人向けの漢籍の手引書によると、この「西洋風パスタ」は、茹でたあとにニンニク、細かく刻んだバジリコ[137]、発酵乳、そして宋代の中国で好まれたヨーグルトの一種などを混ぜ合わせて調味するため、トルコもしくはアラブ・ペルシャ料理からヒントを得ている可能性もある。こうした味つけは、とりわけ13世紀のバグダッドに起源をもつアラビア料理に多用されている[138]。

「禿禿麻失」は元朝のすべての料理書に収められているわけではないが、皇帝お抱えの栄養学者の著書で取りあげられたのには理由がある。というのも、忽思慧は広大な帝国内にある「山海の珍味」を皇帝に紹介することが義務づけられていた。また、高麗人向けの漢籍の手引書の場合、彼らに対して中国への旅を誘っていること、そして高麗には異国の料理を重んじる食文化があることから、「禿禿麻失」が紹介されていても不思議ではない。実際、これらの著者の視点は、反俗の画家、倪瓚のそれとは異なっている。倪瓚の料理は華南地方の伝統にヒントを得たもので、北部の寒冷な大草原地帯からやってきた征服者の食習慣はいっさい受け入れようとはしなかった。一方、元朝よりもあとに出版された『居家必要事類全集』は、異国料理のレシピの集大成として書かれていたため、「禿禿麻失」も取りあげられていた。つまり著者は、先人たちに敬意を表しつつも、世界に目を向ける広い視野に立っていたというわけだ。さらに、『居家必要事類全集』では、モンゴルの生活様式や食習慣が新たな明朝の宮廷でも好まれていたという噂についても触れている。ところがどういうわけか、15世紀以降、「禿禿麻失」はあらゆる料理書から姿を消している。

◎小麦粉以外の原料

元朝の時代には、パスタの種類は小麦粉を用いた伝統的なものだけではなかった。もちろん、小麦粉はしばしば単独で用いられていたが、マメ科の植物の澱粉や、他の穀物粉、植物の絞り汁、仔羊の血、茹でた野菜のピューレ、仔羊の腎臓の脂肪、細切りの生肉などと組み合わされることもあった。実際、パスタにはさまざまな植物の澱粉を混ぜることが可能である。『飲膳正要』には、中国で古くから珍重され、その薬効成分で知られるスイレン科の植物の澱粉を混ぜたパスタのレシピが少なくとも五つある。さらに元朝では、「粉《フェン》」と呼ばれる澱粉を用いたパスタの伝統も受け継がれている。倪瓚が書き残したパスタのレシピは詳細が省かれているものの、北魏の『斉民要術』を参照すれば、その調理法がわかる。すなわち、澱粉を煮た濃厚な粥を裏ごしし、できあがったヴェルミチェッリを、灰の入った水を沸騰させた鍋にじかに落として凝固させる。一方、『飲膳正要』で紹介された「粉」のパスタは、本来は穀物または大豆の粉や澱粉を混ぜ合わせるが、まれに澱粉のみでつくられることもあった。だが、残念ながらレシピは記されていないため、どのような料理であったかは想像するしかない。

澱粉で薄皮のパスタをつくる伝統は『斉民要術』に記録されているが、今日でも「粉皮《フェンピ》」と呼ばれ、元朝の料理書にもさまざまな料理が紹介されている。そのひとつが「嚢仔《ドウツィ》（袋）」という名のついた詰め物パスタである。『居家必要事類全集』に記されているように、「皮」は小麦粉とグルテンを含んだ澱粉を適度に配合してつくる。それらを温水で練り合わせ、小麦粉の生地と同じく薄くのばし、中に具を詰めて蒸気で蒸すというわけだ。この料理書では、薄皮のパスタはさまざまな用途があり、あらゆる詰め物パスタに利用されている。すでに述べたとおり、詰め物には無限の組み合わせがあるため、この種のパスタ料理の全体像をとらえることは難しい。

◎湿ったパスタ、乾いたパスタ

『居家必要事類全集』では、パスタのレシピは「湿ったパスタ料理」と「乾いたパスタ料理」と題されたふたつの章に分かれている。異なるのは調理法だ。「湿った」パスタは水、もしくはスープで調理するのに対して、「乾いた」パスタは蒸気で熱する。「餛飩」は除いて、「麺」「棊子」「餺飥」といった詰め物をしないものはすべて「湿った」パスタであり、「饅頭」「角児（餃児）」「包子」「嚢子」などは「乾いた」パスタで、中に具が詰められる。中国では詰め物の有無の違いにすぎないが、これがイタリアのパスタの分類、つまり「スープ入りパスタ」と「ソースであえるパスタ」の区別に似ていることは興味深い。さらに、その形とは無関係に、詰め物をしないパスタにはさまざまな種類があり、ソースをかけて食べることもあるが、スープで煮込む調理法が好まれ、その食習慣は今日まで続いている。その結果、詰め物パスタは「餛飩」を除いて蒸気で蒸すのである。

◎技術革新

茹でる、蒸すといった調理法の違いは、パスタの製造技術にも大きな影響を与えた。たとえば、ふつうのパスタは冷たい井戸水で練ってつくるが、蒸気で調理するパスタは、蒸しやすくするために、沸騰した湯で生地を練って下ごしらえをした。

こうした細部にこだわる技術は、とりわけ元朝の料理書に多く見られる。まるでパスタの商品カタログのように、調理法よりも材料を強調した『飲膳正要』は別にしても、一般の料理書では、生地を練る方法についてくわしく説明されている。生地を水に浸す時間や水の温度、捏ねる時間や生地の硬さ、生地がくっつかないように台に澱粉（片栗粉）を振りかける手法、成形方法など、パスタづくりに必要な情報が網羅されているのだ。

したがって、『居家必要事類全集』は教科書として役立つ。おそらく、生地を水に浸す時間がはじめて記された書であり、「水滑麺」については二時間と定められている。また、当時はほとんど知られていなかった道具も取りあげられている。宋代には麺棒が使われていたと考えられるが、この全集では、そうした道具は「拈碌鎚《グルチュイ》（圧延機）」と呼ばれていた。それだけではない。小麦粉と水を混ぜ合わせたあと、生地が硬くなって作業ができなくなることがある。その場合、著者は「凹棒《アオバン》」という生地を「捏ねる」ための棒を使うよう勧めている。これは、ちょうど当時のヨーロッパでパンの生地をつくっていたのと同様に、作業台に回転軸で固定した棒をペンチのように動かして、生地を押しつぶしながら幾度となく捏ねる仕掛けになっている。「経帯麺《てったいめん》」の生地は、あいだを置かずに二度「凹棒」に通して、一〇〇回ほど押しつぶして練りあげる。『居家必要事類全集』では、生地を捏ねるリズミカルな作業の様子がくわしく描かれている。たとえば「水滑麺《すいかめん》」の場合は次のとおりである。

上質の小麦粉を用いること。春、夏、秋には、汲みたての井戸水を用意して、塩と油を加えておく。まず、小麦粉と水をしっとりやわらかくなるまで混ぜ合わせ、少しずつ水に馴染ませながら全体をひとつにまとめる。そして、生地を作業台からはがして油を加え、水で湿らす。さらに、こぶしで一〇〇～二〇〇回ほど捏ねる。パン生地のようにやわらかくなるまで、この作業を三～四回繰り返す。その後、生地を平らな面に置いて、凹棒を用いて一〇〇回ほど押しつぶしながら練る。凹棒がなければ、程よい硬さになるまで、こぶしで一〇〇回ほど捏ねればじゅうぶんだ。そこまで練りあげれば、生地をのばして、指の太さの筒状に成形できる。茹でる前に、成形した生地を二時間、新しい水に浸し、適度な状態になるのを待つ。パスタの幅は、好みに応じて細くも広くもできる。また、冬にはぬるい水に生地を浸すこと。

元の時代にはもうひとつ、生パスタをつくる重要な道具が登場する。それは、中国語で「河漏《ヘロウ》」と呼ばれる小型の手動押出機である。これを用いてつくるパスタにも、同じ名前がつけられている（河漏麺《ヘロウミヤン》）(139)。この麺は、14世紀の王禎《おうてい》の『農書』で、蕎麦に関する章に記録されている。蕎麦は「万里の長城」で境界を画する山西省や河北省で栽培される、典型的な華北の穀物である。『農書』では、この道具について触れてはいないが、とりわけ蕎麦粉は捏ねにくく、成形も難しいことから、この麺の名前が道具に由来することは間違いない。小型の押出機を使うと、スパゲッティのような細い麺が簡単につくれる。成形されたパスタをそのまま鍋に落として茹でられるように、この道具は湯を沸騰させた鍋の上に据えつけられる。これは今日でも華北地方の田舎で利用されており、華北は小麦をはじめ、さまざまな穀物を用いたパスタの食文化が根強く残っている(140)。

その他にも、パスタのつくり方について、かなり詳細な記述が残されている。たとえば画家の倪瓚は、「パスタを茹でる際（煮麺《ツーミヤン》）」にどうすべきか、つまり「生パスタの調理法」について解説している。昼にパスタが食べたくなれば、生地をじゅうぶんに捏ね、寝かせたあとに、ふたたび適度な硬さになるまで練りあげるため、早朝から準備を始めなければならない。パスタを茹でるには、沸騰した湯に投入して、すばやくかき混ぜる。パスタの表面が透きとおってきたら、いったん鍋を火から下ろし、鍋に蓋をして、しばらく休ませる。そして、再度鍋を火にかけて、湯を沸騰させてから、パスタを取り出して湯を切る。あとは味つけをするのみだ。

このように、14～15世紀にかけて書かれた料理書には、後世に伝承される前に、何度となく試され、実践されてきた一般的な処理法や技法を用いたパスタ料理が記録されている。詳細で確かなレシピは、その著者の観察力がすぐれ、料理に熟達していたことを物語っているにほかならない。この時代の技術水準は高く、まさに美食法を体現しているといえるが、その基盤となっているのは、中国北部に起源をもつ食文化が南部に伝わり、さまざまに変化して、あらゆる伝統が融合したという事実である。元朝の揚州地方の料理に影響を受けた倪瓚の書は別にしても、その他の料理書は、パスタ製造の技法と習慣が融合して、その結果、豊かになったということを物語っている。北部の滋養に富んだパスタは、野菜を中心とした南部の味つけによって変化した。本来、人間の手はパスタづくりの基本的な道具だったが、麺棒の出現で、パスタづくりは完成の域に達する。麺棒によって、生地をきわめて薄くのばすことが可能になり、そうしたパスタは南部の人々の味覚に通じていた。もともと融合して築かれた食文化に、外国料理が加わっても不思議でなく、「禿禿麻失《トゥートゥーマーシー》」もそうした料理のひとつだった。こうした融合の影響は長く続かなかったが、すでに豊富なレパートリーに、新たにパスタの種類をつけ加えることができたのは、パスタ料理を好む人々ならではの手柄だったのではないだろうか。

10─歴史の終焉、豊かな郷土料理

明代（一三六八～一六四四）の初めには、中国におけるパスタ、とりわけ小麦粉を原料とするパスタの歴史は終焉を迎える。すでにパスタの世界はじゅうぶん発展し、一部の興味深い変革——たとえば明代の名高い卵麺[141]、「伊府麺《イフーミャン》」の創作——を除いて、それ以上の展開は見られなくなった。「伊府麺」は、乾隆帝（在一七三五〜九五）の時代に揚州の偉大な文人である料理人が考案したとされ、調理する前に二度（茹でて油で揚げる）下ごしらえをする卵麺の一種で、やがて工業生産される即席麺の元祖と考えることができるだろう[142]。西暦紀元の初期までさかのぼる歴史をたどれば、パスタの技術革新のおかげで、数えきれないほど豊かな遺産がもたらされた。基本的には、20世紀に入るまでパスタは工業生産の対象となることはなく、家庭や職人の手でつくられていた。実際、工業規模の製粉工場が上海に誕生するのは、ようやく19世紀の末期になってからであり、一九一三年には、中国全土で大工場の数は五〇を超える[143]。それまで、一度として硬質小麦を栽培したことも、セモリナ粉を使ったこともない中国において、生パスタの一大文明が築かれ、それが東アジア全域に広まる。中国北部では米の栽培が拡大し、黄河の南部には「小麦のスパゲッティ」が普及したが、北部のパスタには独自の痕跡が残されることになる。つまり、パスタは中国全土で消費されていたが、その歴史に由来する素朴な印象がたえずつきまとっていた。そして、澱粉を用いたパスタは、あらゆる土地でさまざまな形で消費され、口当たりが軽く消化がよいために評判を呼ぶことになる。

一方で、明代初めから、詰め物パスタの具材や調理法も地域ごとに多種多様となり、無数の複雑な味のハーモニーを生み出す。詰め物の有無にかかわらず、今日、最も一般的なパスタの調理法は、スープに入れる方法である。生パスタ、もしくは下茹でしたパスタをさっと湯がいてから、香草、野菜、落とし卵、薄切りの魚、甲殻類、肉片などとともにスープに入れて軽く煮る。あらゆる具材がひとつの料理をつくりあげ、そのなかでパスタはもちろん主役だ。各地方には、それぞれの特産物を用いたスープ入りパスタの名物料理がある。

いうまでもなく、パスタの調理法はそれだけではない。濃厚なソースで味つけしたり、パスタと具材をすべて混ぜ合わせる方法もある。たとえば、パスタを肉や野菜と一緒に炒めて食べたり、油で揚げたり、あるいはパスタを茹でて食べる直前にソースをかけたりといった具合だ。もうひとつ、夏の盛りに行商人が売り歩く冷たいパスタもつけ加えておこう。これは、京都の夏の風物詩である、カラシで風味を添えて氷入りのつゆで食べる極細のスパゲッティ（素麺）ほど洗練されてはいないが、いずれにしても、季節にふさわしいパスタ料理といえる。ここでも、季節とパスタの相性を重視する伝統が受け継がれている。

◎出来たてを食す生パスタ

現代の中国の食品市場では、麻袋に入った軟質小麦でつくった白っぽいファルファッレやコンキリエッテ、あるいは原料のサツマイモや山芋、ソラ豆、インゲン豆などの色を思わせる緑、灰色、白、黄のタリアテッレなどの各種乾燥パスタだけでなく、中国人の食生活に欠かせない小麦粉の生パスタも売られている。一九八〇年の門戸開放以前は、小麦は米とともに貴重な穀物であり、北部の貧しい農村では、小麦を原料とする生パスタは誰もが憧れるごちそうだった。そして、詰め物パスタは富と繁栄を象徴する食べ物だと考えられていた。たとえ詰め物が野菜だけであっても、皮と具が一体となった料理は、もはや昔のように原初の「混沌《カオス》」ではなく、じゅうぶんにバランスのとれた食事を意味していた。つまり椀に盛られた米とおかずのように、おいしい付け合わせのある穀物料理といった位置づけだった。

山西省や陝西省のように、パスタの長い伝統をもつ北部の地方では、詰め物パスタは大切な仲間とともに過ごす機会に欠かせず、またこれほど宴席を飾るのにふさわしい料理はない。他の生パスタと同様に、詰め物パスタは出来たてを食べる。何かの機会に、誰かのために、わざわざつくる料理というわけだ。そのまぎれもない新鮮さは、できあがってから食べるまでの時間が短いことが何よりの証拠だが、それはまた他人に対する心遣いと、特別な日を祝う気持ちの表われでもある。年中行事がよい例だろう。たとえば、中国の正月（春節）には家族全員が集まって詰め物パスタを食べるが、それが家族の親密さや絆の象徴となっている。また、友人と集まったり、客を招いたりするのも、おおぜいで生パスタの料理を囲む最高の機会である。このように、特別な料理と結びついた北部の食文化は、一部の農村では言語にかわる伝達手段ともなっている。たとえば陝西省北部の村では、日常的に食べている「餛飩」が、若い男女が婚礼を挙げるために欠かせない目印の役割を果たす。仲人によって選ばれたふたりが結ばれるかどうかは、見合いの席でふるまわれる食事に「餛飩」が出るか出ないかによって決まる。詰め物のないただのパスタは、すなわち断わりの返事を意味する。仲人は料理を見るだけで、どちらかに結婚の意思がないことを瞬時に悟るのだ。逆に婚約が成立した場合、食事の最後の一品に「餛飩」の豪華な料理が出される。そして婚礼の日には、新郎は新婦の家を訪れる前に、幸運のしるしとして椀いっぱいの「餛飩」を食べなければならない(144)。

このように、中国の北部には独特の伝統行事がある。唐代には、跡取りの男児の誕生を祝うために「スープに入れたパスタ」の祝宴が催されたが、こうした風習は中国各地に伝わっている。たとえば、祖父母の誕生日を祝う食事では、家族や友人が長寿を喜ぶ意味をこめて、かならずスープに入った麺が出される。ここでも、パスタの果たす役割は大きい。生パスタは家庭の食卓や小さなレストラン、露店など、どこでも食べることができる。三度の食事だけでなく、間食（小食《シャオシ》）として、ちょっとした空腹を満たすためにも口にする。北京には、あらゆる種類の詰め物パスタを食べさせる専門のレストランがあるが、露店でも、職人が客の目の前でパスタづくりを実演してくれる。詰め物パスタの大きさは一定ではなく、重さもひとつが三〇〇グラムを下回ることはない。あまりの大きさに食欲も萎えるほどだ。中国の都市には、いたるところに詰め物パスタや麺料理を食べさせる麺食店があり、見つけるのにそれほど苦労することはない。こうした場所でも、パスタづくりは客の目の届くところで行なわれる。料理人のそばには「窩《ウォク》」と呼ばれる底が半球形の中華鍋が置かれ、中には沸騰した湯またはスープが入っている。料理人は、まるで魔法のように両手を使いながら、麺が出来上がったと同時に鍋に入れて茹でる。ここには生パスタ独自の食文化が息づいている。新鮮さを保つ配慮は、パスタづくりと調理を同時に行なうことに表われている。つまり、「調理」という行為にパスタづくりと茹でる作業が含まれ、それぞれのあいだに無駄な時間はいっさいない。そのためには、手づくりという万能さを駆使した特殊技能が必要とされるのだ。

◎熟練の手仕事と名人芸

この伝統を表わしているのが「削麺《シャオミャン》」である。鍋の上で生地をカンナで削り、スープの中に直接散らしていくというもので、職人は、楕円形の硬い生地を左手に、柄のない曲がった大きな刃を右手にもち、生地を円錐形の薄片に削っていく。適度な力で削られたパスタ片が、沸騰したスープ鍋に次々と飛びこむようにするわけだ。形も厚さも均一に、すばやく削らなければならないため、かなり高度な熟練技を要する。うまく削る秘訣は、刃の角度と料理人のリズミカルな動作に隠されている。この「削麺」ほど「新鮮」な料理はない。削られたパスタはやや分厚いものの、もちもちして歯ごたえのある風味を楽しめる。

中国のパスタの歴史が示してきたように、この種のパスタをつくるには手作業が不可欠である。このように、イタリアと中国の詰め物パスタは、基本となる考え方は似ているものの、その製法は根本的に異なっている。イタリアのラヴィオリは、薄くのばしたパスタ生地に具をのせてから、均一の形に切り分けるが、中国の「餃子《チャオツィ》」は生地を指で小さくちぎり、それを薄く丸い形にのばして、ひとつずつ手作業で具を包んでいく。また削麺は特殊な刃物を必要とするが、その技術を左右するのは手の動きである。それ以外の場合も、まさに手が万能の道具のごとく使われている。

この意味では、「拉麺《ラーミャン》」や「線麺《シエンミャン》」の技法は特筆に値する。露店でもしばしば見られるように、街頭で麺打ちが始まると、客や通行人から感嘆の声があがる。作業の原理はごく単純であるが、実際に行なうのは至難の業だ。何

図26●引きのばしてつくる「拉麺」や「線麺」。Hu Shinian 氏の大胆な技法に注目（山西省の〈山西麺食〉にて、Wang Changxin 撮影）

度となく生地を長くのばしながら折りたたんで細い紐状にするわけだが、すべては均質で弾力性に富んだ生地を引きのばす技法にかかっている。最初は生地を両手で長く広げ、生地はそれ自体の重みでねじれながら垂れ下がって、いっそう弾力を増す。その後、ふたたび生地を両手で広げては、ふたつに折りたたみ、細い麺状になるまでさらに長くのばすという手順を何度も繰り返す。麺の太さと長さは折りたたみ作業の回数によって決まる。これは街角の麺食店でもふつうに見かける光景で、六回の折りたたみ作業で六四本の「麺条」ができる（二の六乗＝六四）。このような麺打ちは、家庭ではほとんど見られず、職人の仕事であり、その技はときには驚異的でさえある。何度も折りたたんで麺が長くなれば、それだけ麺条の数が増え、さらに細い麺ができあがるわけだ。この作業を一二回繰り返せば、料理人の両手のあいだには四〇九六本もの驚くほど細いみごとな麺条が生み出される（二の一二乗＝四〇九六、図26）。この「カペッリ・ダンジェロ（天使の髪）」を思わせる極細パスタは「竜髯麺《ロンシュイミャン》」と呼ばれるもので、そのままでは沸騰した湯で茹でることができず、麺打ちのあと、すぐに油で揚げて白砂糖を振りかける。単純な手作業による、これほどみごとな麺打ちの技は、世界広しといえども中国以外には見当たらない。この技法が最初に文献に記されているのは一五〇四年のことで、宋許の『宋氏養生部』という書でごく簡単に解説されている(145)。

今日では、熟練職人による麺打ちの技法はさらに洗練されたものとなっている。小麦のパスタ文明発祥の地、山西省の最近の料理書では、さまざまな種類の麺が紹介されている(146)。「竜髯麺」やシンプルな麺条以外にも、同じ技法で「穴の開いた」長麺や、「詰め物をした」長麺をつくることができる。長く引きのばした麺全体に穴を開けるようにした独自の生地に、「穴の開いた」麺の場合は少量の砂糖を、「詰め物をした」麺の場合は肉の具を入れる。麺を茹でているあいだに砂糖が溶け、その部分が空洞となって新たな風味が生まれる。肉の具の場合は、茹でる際に生地に味が染みて、何とも美味な麺に仕上がる。これらはいわば美食の極みであり、いうまでもなく大事な行事のときにだけつくられる特別な料理で、料理人には特殊技能が要求される。福建省の南部には、透けて見えるほど薄くのばした生地を何枚も重ねた「棊子麺」、つまり「パスタのチェスボード」と呼ばれる料理もある(147)。こうした複雑な技法は各地に伝わり、高級料理の調理法となっている。熟練した料理人は、小麦粉、水、食塩などを独自の比率で配合している。

中国北部の小麦粉を用いたパスタ料理を挙げればきりがないが、その名前もまた興味深い——「球片《キューピャン》（小型のニョッキ）」、「擦格豆《カゲドウ》（すりおろしたパスタ）」、「河漏《ヘロウ》（押し出しパスタ）」、「割拓《ゲトウオ》（開いたマッケローニ）」、「猫耳朶《マオエルドウオ》（猫の耳）」、「柳麺《リュエミャン》（柳葉のパスタ）」……。これらはすべて手作業で成形して、すぐに沸騰した湯で茹でる。山西省などでは、ほとんどすべての穀物がパスタとして食されるほどパスタ文化が根づいている。

◎あらゆる穀物──薔薇色、灰色、黄色のパスタ

実際、中国では澱粉を含め、あらゆる種類の植物からパスタがつくられる。すでに宋や元の時代に、澱粉を含んだ植物の根を使って、滋養に富んだパスタ料理がつくられていたのは前述のとおりだ。山西省などでは、燕麦、蕎麦、モロコシ、粟、トウモロコシといった「粗末」な穀物が、何世紀にもわたって、上品な穀物とされる小麦粉を補うために栽培され、それらの粉が生パスタづくりに用いられた。同様に、日本の「蕎麦」、イタリアのヴァルテッリーナ（ロンバルディア渓谷）の「ピンツォケーリ」は蕎麦粉、トスカーナやアペニン山脈の「ペガイ」は干した栗の粉でつくられるが、中国ではこうした粉がはるかに大量に利用されている。また、成形しやすくするために、これらの雑穀の粉に小麦粉を混ぜる場合もあり、そうして生まれたのが「餻牢《カオラオ》」である（図27）。これは山西省の名物料理で、燕麦の粉を使った独特の形のパスタだ。高さ二センチほど、小さな手袋を広げたような形で、色は灰色がかった薄褐色をしている。蒸籠にひとつずつ上向きに並べて詰め、蒸してから食卓に運ばれ、濃厚なスープと醤油を混ぜた特製ソースをかけて食べる。これ以外にも燕麦の粉を混ぜた小麦粉でつくるパスタがあり、成形には熟練した技と複雑な下処理を必要とする。「赤い小麦粉」と呼ばれるモロコシの粉も、小麦粉や他の穀物粉と混ぜて使われる。「擦片《カピャン》」は生地をすりおろしてつくるが、モロコシの粉を用いたパスタは、粉と同じく薔薇色に染まる。また、珍重される暗緑色のパスタは、小麦粉を混ぜた蕎麦粉でつくる。「蕎麺《キャオミャン》」は、つやのある薄い生地をさまざまな形に切り分け、ひき肉や豆腐とともに食べるが、味を引き立てるために酢も欠かせない。沸騰したスープの上で生地を裏ごししてそのまま茹でる「河漏」は、蕎麦粉だけでつくられる。さらに驚いたことに、トウモロコシの粉を用いたものまである。澱粉と混ぜ合わせることの多いトウモロコシ粉からは、「玉米絲条《ユミシチャオ》」などがつくられる。これは四～五ミリほどの厚さの「タリアテッレ」で、できあがったらすかさず茹でる。「小米涼粉《シャオミリャンフェン》」など、昔ながらの粟

図27●燕麦の粉でつくる「餻牢」。専門職人のCui Xigui氏がみごとな手さばきを披露する（山西省の〈山西麺食〉にて、Wang Changxin撮影）

粉を使ったパスタは、粥状にしたものを冷やし固めてから切り分け、カラシやニンニクで風味をつけたドレッシングで調味する。

この「小米涼粉」などは、形式や技法はさておき、素材の特徴を生かしてつくられる料理である。実際、これは厳密な意味ではパスタといえないが、小麦粉のパスタと同様に調理され、見た目もよく似ている。フランスの農学者パルマンティエは、民衆に不人気のジャガイモを自国にもちこむために、その澱粉でパンをつくらざるをえなかったが、中国人も同じで、たとえパスタの材料に適していなくても、あの手この手であらゆる穀物からパスタをつくろうとした。今日、「自然食」へと回帰する運動は中国にも及んでおり、かつては雑穀を使った農民食と見なされていたパスタ料理が、栄養価の面から再評価されている。そして、小麦粉のパスタよりも素朴で、独特の癖のある風味は、長い伝統に育まれたものとして称賛されているのである。

◎即席麺の王国

今日、中国を旅行する人は、その名のとおり〝便利な麺〟である「方便麺《ファンビャンミャン》」を避けて通ることはできないだろう。それは文字どおり「即席の麺」で、いたるところで見かけるが、とりわけ駅ではかならずと言っていいほど売られている。近年、中国は市場が自由化されて、国民の生活水準は格段に向上し、生活様式も大きく変化した。それにつれて即席麺の需要も増加しており、その傾向は今後も続くと思われる。

即席麺は一九五八年八月二五日、日本人の安藤百福によって発明された。以来、日本ではその日が「即席ラーメン記念日」になっているが、間もなく即席麺は大量生産されるようになり、日本をはじめ、韓国、中国、台湾など東アジアに広く普及して大きな成功を収めてきた(148)。中国大陸で即席麺の消費が拡大したのは一九八〇年代に入ってからだが、中国はすぐさま日本から一〇〇組以上もの製麺設備を輸入した。中国南部の大都市には四〇あまりの製造工場が建設され、一九九五年には、その数は中国全土で二〇〇〇を超えるまでになった。そのころから即席麺の生産は年平均七〇%の勢いで増加し、今日では年間一二億食分が生産されており、アジアにおける最も重要な生産拠点となっている。

では、この即席麺とは具体的にどのようなものか。最も有名な製品は、日本の日清食品「カップヌードル」だが、これは調理および味つけをして乾燥させた麺が密閉したプラスチックの容器に詰められたものである。食べるときには、この容器に適量の熱湯を注ぎ、数分間待つだけで、水分を吸収して本来の状態に戻り、熱いスープに入った麺ができあがるというわけだ。工業生産の技術は興味深い。この場合は、油で揚げた数種の食材の物理化学的な変化を観察して生み出されたものだが、ここに製造過程の巧妙な仕掛けがすべて隠されている。じつは、この麺は蒸気もしくは熱湯で下処理するだけでなく、熱風で乾燥させたのち、さらに一四〇〜一五〇度の油で七、八秒間、揚げている。この最後の工程で、麺の組織にミクロの穴が開き、水分が吸収されやすくなるのである(149)。異なる温度で、続けて麺を熱処理するというこの原理は、中国ではすでになじみ深かった。18世紀に揚州の官吏を務めた文人によって考案された「伊府麺《イフーミャン》」のつくり方が、これと同じ手法を用いていたからだ。だが、工業生産の製造工程は、一般にいわれているように、日本の安藤百福(150)、あるいは日本に移住した中国人の陳栄泰の手で確立されたものである。ちなみに、陳栄泰という人物は、自分こそが即席麺の発明の父であり、一九五〇年代の末期にはじめて日本市場にもちこんだと主張している。

中身によって、さまざまにデザインされた小さなプラスチック容器は、中国人の日常生活だけでなく、旅行者にとって欠かせないものとなった。多くの人々が、レストランや食堂で出される料理よりも、電車の中で即席麺を食べるほうを好む。ある意味では、肉や野菜の定食が「容器に入った麺」に姿を変えてしまったともいえる。伝統的な食文化の歴史において、即席麺ほど安価で便利なものはないだろう。誰でも手軽につくれ、どこにでも持ち運べ、一瞬のうちに温かい料理に変身するのだから。ここで、少しくわしく見てみよう。即席麺を食べる中国人はまず、即席麺の容器のふたを開け、中に入っているプラスチックのフォークをきちんとかたわらに置き、調味料の入ったいくつかの小袋を破って、好みの味になるように麺に振りかけてから、いつも持ち歩いている魔法瓶から熱い湯を容器に注ぎこむ。そこからが苦難の待ち時間の始まりだ。つまり、できるだけ隙間ができないように容器のふたを閉めて、麺がほぐれるまで一〇分あまり待たなければならない。やがて、おもむろに容器のふたを開け、たっぷりのスープに香り立つ麺をフォークにからめる。そして、いよいよ実食の儀式が始まる。中国人は自分の好みと各人各様のリズムで麺を食べるが、日本人と中国人の食文化の比較研究を行なっている北京大学の賈煇絢《ジャフイファン》教授の説によれば、即席麺の発祥の地である日本では、人々はあたかもジャズのようなリズムで食べるという。麺をふた口すすっては、野菜をひと口食べ、そこでゆっくりとスープを飲み、少しあいだを置いてから、もう一度最初から繰り返し、中身がなくなるまでそうやって食べつづけるのだ(151)。

即席麺に対する中国人の熱意は、長年のあいだ待ち望んできた近代化への道を歩む意志を反映したものである。これは、中国における穀物を用いたパスタ料理の長い歴史にも通じる。その歴史は、食物の調理と消費が表裏一体となった文化によってもたらされ、人々の日常生活を方向づける羅針盤の役割を果たしている。中国の食文化では、パスタ料理が重要な位置を占めているが、それはパスタが穀物中心の食生活に溶けこみ、人々の糧となり、喜びとなっているからである。さまざまなパスタ料理が消費され、それが人の血となり、肉となる。また、パスタは気軽な間食として人々を満足させる。その形態が最小限主義《ミニマリズム》にも合致する即席麺は、これらふたつの特徴を併せもっている。つまり、パスタ料理には当然の温かい料理であると同時に、食べたいときに自分だけの料理がすぐに手に入り、しかもそれが胃も心も満たすのだ。即席麺は、干からびて麺の生命を失ったかのように見える工業製品にすぎない。だが、その一方で、熟練技によってのみ生み出される、傷みやすい新鮮さが売り物の生パスタの伝統を受け継ぐものは、この即席麺をおいてほかにはないだろう。

即席麺は、まさに近未来の食事を実現したものといえるが、中国人はそれで満足しているわけではない。北部では、天津市農業局の研究センターによって、将来有望な硬質小麦の実験栽培が数年前から進められている。野心的な企業家たちが、新たに市場の大きな需要に応えるべく、イタリアのマッケローニを彷彿させる「通心麺《トンシンミャン》(穴の開いたパスタ)」の生産に意欲を燃やしているのだ。その証拠に、パスタ専門誌には数々の写真が掲載され、そのことを証明しているが、そうした企業家たちは、こぞってイタリア風パスタの美点を褒め称えている(152)。

付録

パスタにまつわる言葉

長い歴史のなかで、パスタの世界は「想像上の博物館」を築きあげた。そこには、叙述文学にインスピレーションを与えつづけた夢と現実が大切に保管されている。中世の年代記作家も現代の小説家も、旅行作家もマカロニック詩の詠み人も、ありとあらゆる文人が文化の真髄ともいえるマカロニック文学をあざやかに紡いできた。ここでは、そのなかのパスタにまつわる文章を紹介したい。

1 パスタ——理想郷の佳肴

中世のイタリアで民衆が毎日のように食べていたパスタは、ボッカチオの時代には食い道楽を象徴するものだった。

ベンゴーディというところは、まさに酒池肉林の世界である。そこには、すりおろしたパルミジャーノチーズでできた山があり、その頂にいる人々がマッケローニやラヴィオリを鶏のブロードで茹でていて、茹であがったものを麓に投げ落とす。下で待ち受けている者は、いくらでも好きなだけ食べてもよい。（『デカメロン』第八日第三話より）

2 大食漢を黙らせるパスタ

食い道楽の話題をもうひとつ。ボッカチオを崇拝してやまないフランコ・サケッティは、同時代の人々の慎みのなさを指摘するのにパスタを用いた。

あるところにノッド・ダンドレアという、とてつもない大食漢の男がいた。ひとたび食欲をかき立てられると、どんなに熱いものでも構わずに、どんどん口に詰めこんだものだった（……）。

あるとき、ジョヴァンニ・カーショというお人よしの男と連れ立って店に入った。席につくなり、茹でたてあつあつのマッケローニが運ばれてきた。それを見て、ジョヴァンニは胸を撫で下ろした。「これだけ大盛りなら、いくらノッドが大食いでも、ふたりでひと皿でじゅうぶんだろう」ところが、ノッドはものすごい勢いでマッケローニを食べはじめ、ジョヴァンニがやっとフォークに巻きつけて、いざ食べようとしたときには、彼はすでに六口目だった。まだ湯気の立ったマッケローニが、どんどん彼の口の中に消えていくのを見て、ジョヴァンニは「このままでは、おれの分も食べられてしまう」と不安になった。そこで、ノッドがもうひと口ほおばると同時に、ジョヴァンニはマッケローニを手でつかんで、足元に寝そべっていた犬にむかって投げた。何度かそうするうちに、やっとノッドが気づいた。「どういうつもりだ？」ジョヴァンニはいいかえした。「おまえこそ、どういうつもりだ？　おれの分まで食べられてしまうくらいなら、犬にやったほうがましだ」だが、ノッドは意に介さずに食べつづけた。ジョヴァンニは犬にやりつづけた。ついにノッドは根負けした。「わかったよ。ゆっくり食べるから、犬にやるのはやめてくれ」「じゃあ、こうするとしよう。おまえがひと口食べるごとに、おれはふた口食べる。何しろ、おれはまだひと口も食べていないんだ」と、ジョヴァンニ。ノッドは抗議したが、ジョヴァンニは譲らなかった。「おれがふた口食べるあいだに、ひと口以上食べたら、おれの分を残らず犬にやるぞ」ノッドはしぶしぶうなずいて、人並みの速さで食べると約束した。生まれてこのかた、彼はゆっくり食べたことなどなく、自分より速く食べる人物を見たこともなかった。

この話を聞いて、その場に居合わせた客は大笑いした。そして、マッケローニをろくに噛まずに飲みこんでいた人たちは、ゆっくり食べざるをえなかった。（『三百の物語』第一二四話より、14世紀末）

3　パスタへの郷愁

オルテンシオ・ランドは、空想の世界でイタリアを旅してまわりながら、各地方の名物料理を次々と挙げた。その物語の主人公は「孤立した王国」の住人で、シチリアのマッケローニに感動した放浪者を案内してまわる。

本当にきみがうらやましい。風向きさえよければ、ひと月もしないうちに恵み豊かなシチリアへ着いて、尊き名を冠したマッケローニを食べることができるのだから。丸々太った鶏と新鮮なチーズとともに煮こんで、バターと牛乳で味をつけ、極上の砂糖とシナモンをたっぷり振りかけたマッケローニ。ああ、思い出しただけで口の中に唾がたまってきた。かつてあれを食べていたときには、アリストクセノスのように嘆いたものだった。神はなぜ私に鶴の首を与えてくれなかったのかと。そうすれば、もっとマッケローニを飲みこむ感触を楽しめたものを。このちっぽけな体を恨まずにはいられなかった。（『イタリアおよび諸地域の最も特筆すべき、最も途方もない事物』P.9,1533. ヴェネツィア、1994. ボロ

ーニャ)

4　つくる楽しみ、語る楽しみ

パスタづくりと、その薀蓄《うんちく》にかけては、イタリアの料理人の右に出る者はいない。すでにルネッサンス時代に、植物学者のコスタンツォ・フェリーチは彼らの無限の想像力に敬意を表している。

それにしても、小麦粉から何と多くの料理が生まれたことか。焼いたパン、煮たパン、すりおろしたパン、その他にもじつにさまざまな料理がある。ブロードかただの水で小麦粉を捏ねて、油、胡桃やアーモンドのペースト、牛乳、チーズ、胡椒や他の香辛料といったもので味をつけるだけのものなのに。紙のごとく薄いもの、大きなもの、丸い形のもの、長くて中が空洞のもの、細い糸状、小さいかけらと、形を挙げればきりがない。そうした違いによって、ラッサーニャ、ラッサニョーラ、ティラータ、マカローニ、いろいろな形にのばしたカヴァドーリ、ストレンゲ、タリアテッリ、ヴェルミチェッリ、グラネッティなどなど、ひとつひとつに異なる名前がついている。(『食べられる野菜や植物』P.117, 1565, 1986. ウルビーノ)

5　マッケローニ・クラブ

その冒険に満ちた長い人生のあいだに、ジャコモ・カサノヴァはキオッジャでマッケローニ・クラブの存在を知った。これは詩人の集まりだが、参加者たちがマッケローニをテーマに即興詩をつくって競うにぎやかな宴会で、最後はたらふくマッケローニを食べておひらきとなる。

扉を開けてカフェに入る。パドヴァで勉強したという若い医師がまっすぐやってきて、私を抱きしめた。そして、隣で店をやっている薬屋を紹介して、彼と一緒にいれば国中の名士と知り合いになれると請け合った。少しして、だしぬけに盲目の太ったドミニコ会修道士が近づいてきた。ヴェネツィアでは有名だという彼は〝コルシーニ〟と名乗り、このうえなく礼儀正しく挨拶をしていった。ちょうどよいときに来た、会合のあとでピクニックがあり、ひとりずつ詩を披露することになっているのだと。この私を会合に参加させてくれるばかりか、みんなの前で詩を詠むという栄誉を与えてくれるのだ。私はありがたく招待に応じ、十篇の自作の詩を読みあげると、クラブの会員に迎え入れられた。そのあと食卓へ行って、私は会員にふさわしく大

量のマッケローニをたいらげた。（『我が生涯の物語』第一巻八章 P.187, 1984. ミラノ）

6 「ピオンビ」風マッケローニ

カサノヴァは天才詩人で健啖家というだけではなく、料理の腕前もみごとだった。ヴェネツィアの「ピオンビ」の牢獄に放りこまれたカサノヴァは、長い錐を手に入れて、監獄仲間に渡そうとしたが、何も考えずに大きな聖書に隠そうとすると、聖書に穴がふたつ開いてしまい……。

そこで、今度はカンヌキを聖書に隠してバルビ神父に渡すことにした。それならロレンツォにも気づかれまい。彼には、大天使ミカエルの祝日にバターとパルミジャーノ風味のマッケローニをふた皿つくって祝いたいと言ってある。ひと皿は、私に本を貸してくれた人物へのお礼として。ちなみにロレンツォは、そのツェッキーノ金貨三枚分の価値のある本を読みたいと言っている。私は彼に、マッケローニを盛った皿を運ぶよういいつけた。私は自分用にもっと大きな皿を持っていくから、と。ロレンツォはいわれたとおりにすると約束した。その日を待つあいだに、私はカンヌキを紙に包んで、ちょうど両端が穴を埋めるように、聖書の背表紙の裏側に隠した。聖書の上にバターがたっぷりのマッケローニの皿をのせれば、ロレンツォは料理がこぼれないかどうかに気をとられて、聖書には目を向けないに決まっている。バルビ神父には、ロレンツォからマッケローニを受けとる際に、皿だけでなく、くれぐれも聖書と一緒に受けとるようにいいふくめた。皿を先に渡せば、ロレンツォは聖書の穴に気づくにちがいない。

さて、いよいよ大天使ミカエルの祝日の日、ロレンツォが朝早く、マッケローニを茹でるための大きな鍋を持って私の独房にやってきた。私はすぐさまバターを火にかけて溶かし、ロレンツォがあらかじめすりおろして持ってきたパルミジャーノチーズを二枚の皿に振りかけた。そして穴杓子を取って、神父の皿にバターとチーズがからむようにマッケローニを盛りつける。皿の隅では、マッケローニがバターの中で泳いでいる。皿の直径は聖書の二倍ほどあった。私は独房の入口近くに置いてあった聖書を裏返して、その上に皿をのせると、ロレンツォに手を出すよう命じ、バターが聖書にこぼれないように注意しながら渡した。（『我が生涯の物語』第二巻三章 P.77）

7 ナポリの饗宴

マッケローニはナポリ人の生活にすっかり定着し、人々がひしめき合い、たえず活気にあふれたこの首都において、さまざまな伝承を生み出した。民俗学者のカルロ・ティート・ダルボーノに、19世紀半ばのナポリの饗宴の殿堂、すなわち大衆食堂を案内してもらおう。

マッカローニと聞くと、外国人はとりも直さずナポリの民衆をイメージする。この有名なナポリのマッカローニは、空気のきれいな場所でつくられている。ナポリ海岸沿いのポルティチや風光明媚なふたつのトッレ（トッレ・アヌンツィアータとトッレ・デル・グレーコ）などには製造所が数多くある。だが、そのワインとともに最も有名なのはグラニャーノのパスタで、なかでも「ツィーテ」という名の円筒形のパスタが人気だ。

最近では、パスタづくりにはもっぱら水力式の機械が使われている。これは数ある機械のなかでも性能がすぐれている。この機械でつくったパスタは真っ白いだけでなく、きめが細かく、しっかりと穴が開いていて、しかもセモリナ粉の香りが強すぎない。すばらしい水と気候が、われわれのマッカローニにこのうえない風味をもたらすのだ。これればかりは、他の地方は逆立ちしてもかなうまい。ナポリのパスタに重い税がかけられているローマでは、マッカローニに卵を混ぜて食べ、フィレンツェ、正確にはトスカーナではわれわれのマッカローニを真似たカンネローニを食べている。手軽で栄養豊富、しかも安いパスタは、ポレンタとは比べものにならないほどすばらしい食べ物だ。高級な店ではさまざまな味つけをして出されるものの、ナポリ人はたいていチーズをかけて食べる。食堂には、マッカローニの湯気がもうもうと立ちこめている。そしてチーズが山と盛られた白い皿。チーズはまるでエジプトのピラミッドのようにそびえ立ち、麓には上品にあしらった胡椒、頂にはトマトが（なければ赤い花が）誇らしげにのっている。席につくと、若さと引き替えに貫禄を身につけた、赤ら顔で太った店主が片手であつあつのマッケローニの皿を運んできて、もう片方の手で無造作にチーズをつかんでマッケローニに振りかける。店は子どもたち、忙しすぎて立ち食いをしている男、幼い子にマッカローニを与える母親、物乞いする浮浪者であふれかえっている。ときには、チーズを振りかけたマッカローニは赤や茶色の帽子をかぶることもある。店主がチーズの上にトマトソースやラグーをかけるのだ。いつでもはかったようにきっちり同じ分量だけ。おかげで客から文句が出たことはほとんどない。何しろ店主のモットーは〝公平〟で、その手はものさし、目はコンパスともいわれている。万が一、マッカローニが一、二本多く盛られている皿があったとしたら、それは小さな女の子のためである。たとえ女に色じかけで迫られても、チンピラに脅されても、乱暴者に喧嘩をけしかけられても、店主は顔色ひとつ変えない。

彼はたえず店の様子に気を配り、数学も代数も会計も何ひとつ知らなくても、客が食べたマッカローニの皿数は頭で覚えている。

もっとも、客のほうはそんな店主の公平さを褒め称えたりはしない。本物の「マッカローニ食い」は、他の食べ物にはいっさい見向きもしないのだ。彼らは気どったシェフに死刑を宣告し、グレービーソースに戦いを挑み、ブロードに悪態をつく。医師を目の前にすると死期が近づいているのではないかと考えてしまう人のように、「マッカローニ食い」は、ブロードを出されたらいまにも息絶えそうになる。マッカローニやヴェルミチェッリは、とにかくパルミジャーノに限る。カラブリアやトスカーナのチーズでもかまわない。ラグーや酸っぱいトマトソースがかかっていればうれしい。ラグーもトマトソースもなければ、シンプルにチーズだけでマッカローニを食べる。「マッカローニ食い」は二本の指をフォークかわりにして、手のひら半分ほどの量のマッカローニを口に運ぶ。そして、いかにも慣れたふうに、ほんのわずか手首を回して口の中にすべりこませる。もちろん服には染みひとつつけたりしない。紳士の場合には、皿の上でフォークを回転させてパスタを巻きつけ、すばやく食べる。「マッカローニ食い」はいつでも腹をすかせ、朝も昼も夜もマッカローニしか食べないという者さえいるが、さすがにフランスの画家、ヴェルネの絵に描かれているように、息絶えたばかりの死体の上でマッカローニを食べる猛者はいないだろう。ナポリ人の素朴な食べ物にかける情熱は、からかわれることはあっても、決して人を侮辱したり怖がらせたりすることはない。（F・ド・ブルカー監修『大衆食堂』、「文書や絵画におけるナポリの風習」P.671,1955. ミラノ）

8 工場の伊達男

産業革命以前から、ナポリのパスタの評判は海を越えて広まり、19世紀初めには、ロンドンの新聞社がその製造方法に興味を示した。

極上のマッケローニは硬質小麦でつくられるが、それよりも質の劣るものには、しばしば軟質小麦が混ぜられる。パン用の小麦よりもやや粗めに挽いた小麦が、細長い紐状のパスタになるまでの過程は、意外にも単純である。小麦粉と水を混ぜてつくった生地を桶に入れ、重い角材で捏ねる。このピストンのような角材はレバーの機能を持った棒に固定され、てこの原理で動く。角材のそばの支点から棒の先端までは、およそ八～一〇ピエディ（二・四四～三・〇五メートル）の長さである。

ひとりまたは複数の男性が棒の端に腰かけ、思いきり体重をかけてから、床を蹴りあげてレバーを跳ねあげる。その様子は、どう見てもシーソーで遊んでいるようにしか思えず、外国人の目には、こうした仕掛けをいくつも備えた大工場で、裸同然の男がしゃがんだり跳びあがったりしている姿は滑稽でさえある。じゅうぶんに捏ねた生地は、パスタの種類によって異なる穴から押し出される。穴の直径は、大きな順にマッケローニ、ヴェルミチェッリ、フィデリーニとなっている。（有用知識普及協会『ペニーマガジン』より、1830.／ヴィンチェンツォ・アネージ訳「スパゲッティにまつわる話」、1975.）

9―労働者から見たパスタ産業

労働組合の代表を務めたオッディーノ・モルガーリは、トッレ・アヌンツィアータの小麦業界が産業化される苦難の道のりを労働者とともに目の当たりにした。その報告からは、19世紀末にこの都市を包みこんでいた熱気が伝わってくる。

トッレ・アヌンツィアータはパスタ産業の都市である。ロシアから蒸気船で届く小麦、それを陸揚げする三〇〇名の港湾労働者――荷降ろし、荷造り、運搬、計量などの作業を行なう者や船乗りたち、小麦をセモリナ粉に加工する五〇〇名の製粉業者、一四の大きな蒸気式製粉機、セモリナ粉からパスタをつくる八〇〇名のパスタ職人、五四のパスタ工房、機械を管理・修理する二〇〇名の機械工、火炊き、大工、同じく海から燃料を供給する炭焼き、荷車で店を出す三〇〇名の「広場の隊商」、パスタをナポリへ運ぶ一〇〇名の御者、積荷を列車にのせる五〇名の鉄道員、小舟にのせて海路から荷を運ぶ船乗り、そして製品となって帰ってきた小麦を受け取り、とりわけアメリカ行きの大型船に積みこむ前述の港湾労働者。

このように、トッレ・アヌンツィアータではおよそ三〇〇〇もの人間が（家族を含めれば一万人以上）パスタ産業に携わって生活している。その職種は二〇以上に及ぶものの、それぞれが密接に関わっているため、ひとつが滞ると全体がとまってしまう。そして、いまや大規模なストライキが発生し、都市の機能は完全にストップした。新聞社はこれまでと同様、この事態を報じる義務がある。（ローマの日刊紙『ラヴァンティ』一九〇四年四月二七日号）

10　マッケローニ称賛

最後に、詩人のヤコポ・アンドレア・ヴィットレッリが、その晩年にマッケローニを称えて詠んだ作品の一部を紹介する。この詩「ラ・マッケロネイデ」は、美食と文学のすばらしい出合いを機につくられたもので、キオッジャでのジャコモ・カサノヴァも登場する。すべての登場人物は、このとりわけ美味なる食べ物の栄誉を称えている。

プルチネッラ、一風変わった知恵者
その大きな鼻、背中に並んだこぶ
口を開けば格言が飛び出し、大胆不敵にいい返す
どこから見ても怠け者
冬は炉辺でぬくぬくと
たえまなく口を動かす
蝋燭が消えるまで、糸車を回したり
帽子の羽飾りをむしったりしながら
いまから語るのは、かのマッケローニの
誰も知らない始まり
静寂の扉を開こう　錆びついた扉を
歓びの調べを奏でるために
霧に覆われた国を出て
打ち沈む人々に慰めを与えよ
ああ、ベルニ神父、貴方の竪琴
われを目覚めさせたその甘美なる姿（……）

何とも気楽なプルチネッラ
無為に過ごさぬ怠け者
ふるいにかけた小麦、清流の水
手に取って、しばし考える
書きとめる間もなく練りあがり
できるかぎり薄くのばす
続いて、ふたたび巻けば
細いマッケローニとなる

これは過ぎし日の手業
かつてマッケローニを生み出していたころの
いまや道具がずらりと並ぶ
宴を重ねるごとに洗練される

プーリアからもリグーリアからも
あらゆる国から船が着き
海岸を埋め尽くす
二度と目にせぬ品を積んで

鍋いっぱいの水が
煮え立ったらそれが合図
穴に湯をくぐらせて
ついに茹であがり
すかさずバターとチーズをまぶす
はるばる取り寄せたロディジャーノを
かのローディまで伝わらんことを願って
試しに口に入れてみる

ひと口食べれば、たちまち天にも昇り
声をあげて厨房から出る
さあさあ、このにおいをかいでみるといい
いまさらながらに驚かされる
ひとり、またひとりと食堂に駆けつけ
見るなり、あんぐり口を開ける
マッケローニの上をフォークが飛び交い
たちまち喧嘩が始まる（……）

陽気な友は、まばたきもせずに
ましてや噛むことなく、マッケローニを丸呑みする
無駄口はいっさいたたかず
あごはすっかりバターにまみれて
にこやかな男がひとり
おどけ者たちが騒ぐなか
愛する静寂は楽しくも破られ
にぎやかな声の波にのみこまれる（……）

これほどまでに心を楽しませる食べ物が
いまだかつて存在しただろうか？
われらがプルチネッラは夢見心地で黙りこみ
居合わせた友は、ひとり残らず
拍手を送った、いつまでも絶えることなく
その味は二度と忘れがたく
マッケローニは永遠に心に刻まれる

（デステファニス『原典版注釈付き小詩集』第七巻より「ラ・マッケロネイデ」、1832、ミラノ）

監修者あとがき

飯塚　茂雄

「パスタ」という言葉が日本で一般的に使われるようになってから、まだ三〇年も経っていないであろう。それまでは、「スパゲッティ」「マカロニ」に代表されており、総称としては「マカロニ類」であった（現在でも法的には「マカロニ類」である）。

日本での「パスタ」の歴史の始まりは、江戸時代末期・幕末の頃、横浜の外国人居留地にもたらされたのが最初と言われ、また明治一六年に現在の長崎市にフランス人宣教師マリク・マリ・ド・ロ神父によってマカロニ工場が建設されたとの記録もある。それでも一五〇年程度の歴史であり、乾燥パスタの本格的な企業生産は一九五五年（昭和三〇年）からであって、まだ六〇年にも満たない。当時は「パスタ」の調理方法もほとんど知られていない中、その消費の普及・拡大には相当の苦労もあったとの事である。

日本における「パスタ」の消費は一九五五年を契機に伸張を続け、現在では主食としての一角を占めるまでに成長した。現在（二〇一一年）、国内生産量はおよそ一六万トン、輸入品を加えた国民一人当たりの年間消費量は約二キログラムである（いずれも統計上のマカロニ類）。この消費量は、一食の標準重量を乾燥パスタで一〇〇グラムとすると（茹で上げた時のほぼ一人前の重量に相当）、大人から子供まで年間二〇回「パスタ」を食べている事になる。人間は一年間に約一〇〇〇回の食事を摂るわけであり、したがって日本での「パスタ」の主食に占める割合は二％程度と言える（主食の摂取量そのものが減少しており、この指数はもう少し高いかも知れないが）。まだ、〝一角〟の所以である。

全世界での乾燥パスタの生産量は、二〇一〇年の推定値で一二八〇万トンに及び、イタリアを擁するEUがその内の三七%を占めるが、次いで多いのが日本人の一般的イメージ（パスタ＝洋食）と異なり中南米（本書には、その経緯も記されている）、次いで北米・その他欧州の順であり、日本を含むアジアは、アフリカよりも少ない二%程度である。「パスタ」は現在世界中で生産されているワールドワイドな食となったのである。

一方で消費量は、イタリアでは一人当たり年間約二八キロ（ほぼ一日一食！）、二位がベネズエラの一二・七キロ、三位が米国で九キロ、その他の個人消費量上位国でも五キロ程度（毎週一回程度）はざらであり（社団法人日本パスタ協会調べ）、日本でもまだまだ「パスタ」の消費量は、伸びる余地があるとも言える。

こうして「パスタ」を日常に感じられるようになった現在の日本人であるが、「パスタ」という言葉を何げなく使っていても、その生い立ちから現在に至るまでを知りえる機会は少ない。

本書では、「パスタ」の深遠な歴史を、麦から始まる序奏を経て「パスタ」の現在に至るまで、時間軸に沿って網羅的に捉えており、しかもその範囲は、原料・種類・調理方法にとどまらず、生産機械や技術さらには「パスタ」を取り巻く社会情勢や文化、企業活動、国際的動向にまで及ぶ多面的なものであり、これまで断片的なあるいは散逸された情報しか持ち得なかった「パスタ」の歴史の、正に総括・通史と言える書である。

本書の監修を通じて、技術的用語等に関してはともかく、一冊の中に収められた溢れんばかりの歴史を、一気に飲み干したような大きな喜びであり、これほどの全体史に巡り会えたことは幸いであった。

訳者あとがき

清水　由貴子

「パスタ」という言葉を聞いて、みなさんはどのような料理を思い浮かべるだろうか？　最も身近で、トマト味から塩味、クリーム系などバリエーションも豊富なスパゲッティ類（カッペリーニ、リングイネ、タリアテッレ etc. を含む）か？　それともペンネやフジッリなどのショートパスタ派か？　ラヴィオリやトルテッリーニといった詰め物パスタも捨てがたい。店ではかならずニョッキを注文する、という方もいらっしゃるかもしれない。

ひと昔前までは「スパゲッティ」とひと括りにされ、種類もミートソースとナポリタン、その他わずか数種類に限られていたものだ。ところが八〇年代のバブル期を経て、石を投げればイタリア料理店に当たるほどのイタリア料理ブームが到来した。気がつけば私たちは「パスタ」という言葉を当たり前のように使い、それと同時に味付けの種類や形が飛躍的に増えたパスタを、ごく自然に受け入れた。

さいわいなことに、ブームが終わってもイタリア料理は日本の食文化に定着し、現地で修業を重ねた気鋭のシェフ（イタリア風に言えば「クォーコ」）たちが本場の料理を出す店も巷《ちまた》に増えている。おかげで、シエナのピーチやシチリアのカサレッチェなど、いまも日々新たなパスタとの出合いに胸をときめかすことができる。

そもそも「パスタ」という言葉の意味は、いわゆる食用パスタのみにとどまらない。本書でもたびたび登場する、小麦粉をこねた練り粉や生地も意味し、そこから派生して、生地を焼いて作ったケーキやパイ、タルトなども含んでいる。また、食べ物だけに限らず、練り歯磨きなどのペースト状のものも指す。さらには人間の気質や体質、性分といった意味も持っているが、これは気質が練り粉のようにさまざまに形を変えることに由来するのか、語源に想像をめぐらすだけでも興味は尽きない。

イタリア語で「前菜」を意味する「アンティパスト」に「パスタ」をかけた、「アンティパス・タ」という何とも遊び心にあふれた序文で始まる本書では、真偽のほどが定かではない伝説も含めて、パスタの歴史が包括的にまとめられている。二〇〇〇年に出版されて以来、この分野においては他書の追随を許さず、英語にも翻訳されて広く読まれている、いわば聖書《バイブル》的な存在である。

著者のシルヴァーノ・セルヴェンティ氏は、ヨーロッパ文化史と、スローフードを中心とした食文化の研究を専門とし、一方のフランソワーズ・サバン女史は宋代史および中国の食文化、古典中国語を研究しているが、ヨーロッパの食文化にも造詣が深い。私生活でも夫婦であるふたりの共同研究が、このようなすぐれた歴史書となって実を結んだと言えよう。

具体的には、古代小麦の品種から始まり、アラブやギリシャ・ローマ世界との関連、祖国イタリアにおける紆余曲折を経た発展の歴史、ヨーロッパ諸国をはじめ、海を越えてアメリカ大陸にまで伝播する過程、そして独自の文化が育まれた中国の事情がくわしく解説されており、一読すれば世間並みのパスタ博士になれることは間違いない。

唯一、つけ加えることがあるとすれば、それはわが国におけるパスタの歴史である。日本にはじめてパスタが紹介されたのは幕末ごろで、『たべもの起源事典』（岡田哲／東京堂出版）によれば、明治五年（一八七二年）に外交で活躍した公卿、沢宣嘉が横浜の外国人居留地に西洋料理店の開店願いを出し、その申請書に「マカロニは素麺と訳すの類」とあった。同じ年、仮名垣魯文の『西洋料理通』にも「マカロニー」の記述が見られる。

実物がお目見えしたのは、明治二八年（一八九五年）、新橋の東洋軒というレストランでイタリア帰りのシェフがマカロニを持ち帰ってメニューに加えたのが最初だと言われている。生産については、新潟の石附吉治という人物が始めたとされるが、少量生産で普及には至らなかった。その後、昭和二〇年ごろまではパスタは高級品だったが、戦後の復興とともに日本人の食事が洋風化し、昭和二九年に「オーマイ」、翌三〇年には「マ・マーマカロニ」の二大ブランドが誕生して大量生産が開始される。それから現在に至るパスタ人気については前述のとおりである。日本人にこれほどパスタが受け入れられたのは、うどんや蕎麦、素麺の文化があったからだと言う人や、明太子や納豆でアレンジした「和風パスタ」は邪道であるとと言う人など、とかくパスタについては一家言をもつ人が多い。冷蔵庫に何もなくても、オリーブ油とニンニク、塩、それに少量の唐辛子さえあれば、リストランテのメニューにも並ぶ立派なひと皿ができるパスタの偉大さを否定する者はけっしていないだろう。

最後に、本書の監修を快く引き受けてくださったマ・マーマカロニ株式会社 生産管理部の飯塚茂雄さん、小矢島聡さん、出版にご尽力くださった翻訳会社リベルと原書房の永易三和さんに心から感謝を捧げたい。

Serventi, *Ravioli cristallins et tagliatelle rouges* および Sabban, *Court Cuisinein Fourteenth-Century Impenàl China*, Sabban, La diète parfaite d'un lettréretiré から引用

114. Zhu Ruixi, Songdai shehui yanjiu, p.3
115.『事物起源』p.333
116.「水中ですべらせたパスタ」という言い方もできる
117. Sabban, La diète parfaite d'un lettré retiré
118. Hu Daojing, Yuan zhixun kanben 'Shilin guangji' jieti, pp.236-252
119. Lu You, fiannan shigao, pp.2357 以降
120. 梅檀の根の「餛飩」
121. A Ying, Mantan hundun, pp.9 以降
122. Girardot, *Myth & Meaning in Early Taoïsm*, pp.29-38
123. 注 120 参照
124.『武林旧事』p.45 以降
125. Hu Daojing, *Yuan zhixun kanben*, pp.236 以降
126. Qian Zhongshu, *Guanzhuibian*, pp.1169 以降
127. フランスやイタリアでは, パスタづくりに使用するのと同じ粉を使う
128.『夢渓筆談』p.33
129. Kui Ming, *Tan 'mianjin'*, p.22
130. Miao Guobin, *Zhongguo mianjin cai* のレシピを参照
131. 学名 *Dioscorea opposita* Thunb. このパスタは, トスカーナのルニジャーナ地方の「テスタローリ」(クレープ状の小麦粉の料理) と同じようにつくる
132. この百科事典は考えられているほど古くはない. 元まではさかのぼらず, せいぜい明代初期のものと思われる. 最近の研究では, 編纂者は熊宗立 (1409 ～ 1482) であるとされている (Fang Yanshou, *Mingdai keshujia*, pp.228-243)
133. Wang-Anderson, *Ni Tsan and His Cloud Forest Hall Collection*, pp.24-41; Sabban, *Some Remarks about the translation*, pp.38-41
134. 漢字の表記も, すぐに食物とわかるように変わった
135. Sabban, *Court Cuisine; Buell-Anderson, A Soup for the Qan*
136. Perry, *Annexe*, pp.625 以降
137. 中国語の植物事典では「香りのよい草」と定義され, ミントと区別されていない
138. Arberry, *A Bagdad Cookery Book*
139. *Nongshu, baigu pu jizhier, qiaomai*, pp.98 ,516
140. 石毛直道『文化麺類学ことはじめ』p.55 の写真参照
141.『宋氏養生部』p.37 以降
142. Qiu Pangtong, *Zhongguo miandian shi*, p.116
143. 同書 p.115.Qu Hua, *Zhongguo liangshi jiagong*, pp.748-751 を参照
144. Shi Yaozeng, *Hundun he Guanzhong*, pp.66 以降
145. *Songshi yangshengbu*, p.39 および Qiu Pangtong, *Zhongguo miandian shi*, pp.96 以降
146. Wang Changxin *et al.*, *Shanxi mianshi*
147. Zheng Jianye, *Zhongguo miantiao*, p.298
148. この部分に関しては, Jia Huixuan, *Zhong Ri yinshi wenhua*, pp.11-121 より引用
149. Zheng Jianye, *Zhongguo miantiao*, pp.300 以降
150. 石毛直道『文化麺類学ことはじめ』p.283, p.183 以降
151. Jia Huixuan, *ZhongRi yinshi wenhua*, pp.116 以降
152. Chen Ju *et al.*, *Jiasu yingli sciaomai*, pp.13 以降

66.『太平御覧』p.3820 に記されている「祭義」,「祭法」:(Qiu Pangtong, *Zhongguo miandian shi*, p.29)
67. 同上「祭統」3a
68. 同上「祭法」1b
69. 同上 p.3820「祭義」
70. 栗, ミカン, 杏(「祭法」2a), サトウキビ, サクランボ, 枇杷, 柿(「祭統」2b, 3a)
71.「スン」,「ツェ」,「シャン」,「フ」などが知られているが, 雉やウサギといった野禽獣の「サラミ」も供えられた(「祭法」2a)
72.『荊楚歳時記』p.104 以降
73. 同上 p.104(Wen lisu, 3a)
74. Bodde, *Festivals in Classical China*, pp.325,322
75. この段落の内容については, Sabban, *Quand la forme transcende l' objet* より引用
76. Pirazzoli-t'Serstevens, *Mawangdui, les tombes d'une maison noble*, pp.83 -96. および Franzini, *Les écrits médicaux de Mawangdui*, pp.108 以降を参照
77. Sabban, *Quand la forme transcende l' objet*, pp.809-810, および Harper, *Early Chinese Medicai Literature*, p.224 を参照
78.「(粟の) 乾いた粉を蒸して湿らせ,「餅」のように集めて丸める」(『釈名』p.204 以降)
79. Sabban, *De la Main à la pâte*, pp.119 以降
80.『斉民要術』p.478 ~ 500
81. Sabban, *Quand la forme transcende l'objet*, p.814
82. 同書 p.815.「金餅」は数が限られていたため, 漢の時代には流通せず, 中国の貨幣の歴史にもほとんど登場しない
83. Bachelard, *La terre et les reveries de la volonté*, p.79 を参照
84. Ledderose-Schlombs, *Jenseits der Grossen Mauer* を参照
85. 粘土だけでなく, 木材, 青銅, 石についても当てはまる(Rawson, *Mysteries of Ancient China*, p.22)
86. パスタづくりと製陶の比較については, Ledderose, *Ten Thousand Things* を参照
87. Sabban, *Suivre les temps du ciel*, pp.81-108
88. Sabban, *L'ordre alimentaire du Qimin yaoshu*
89.『斉民要術』p.82, p.32 ~ 640
90. 田中淡『古代中国画像の割烹と飲食』p.250 以降, Wang Renxiang, *Min yi shi wei tian*, p.172
91. 同上
92. 学名 *allium fistulosum* L.. 平たくて細長い葉はタリエリーニによく似ている
93. フィート.『斉民要術』によれば, 当時の 1 ピエーデは約 24.2 ~ 24.5 センチ
94. 石毛直道『文化麺類学ことはじめ』(講談社)に, この製法の写真が掲載されている
95. この時代の親指は, 足の 10 分の 1(注 93 参照)
96. この語源をめぐって後世の文人が議論を戦わせている .Zhang Menglun, *Han Wei yinshi-kao*, p.34, 注 1 に引用されている例を参照
97. この点については, Li Bin, *Shuo botuo*, p.14 と Wang Longxue, *Ye shuo botuo*, pp.15 以降で意見が食い違う
98. クスクス, ブルグルなど
99. 漢王朝の事情については Qu Duizhi, *Han-dai fengsu*, p.310 を参照
100.『斉民要術』p.52, p.72
101. Chen Weiming, T*ang Song yinshi wenhua chutan*, pp.3 以降
102. Gemet, *Les aspects économiques du bouddhisme en Chine*, pp.13 8-146
103. 田中淡『古代中国画像の割烹と飲食』p.249
104. Qiu Pangtong, *Zhongguo miandian shi*, p.39 で引用
105. *Shanfujing shoulu*. Tao Zhengang ed altri, *Zhongguo pengrenwenxian tiyao*, p.24 も参照
106. Ennin, *Journal d'un Voyageur en Chine*, pp.102, 129, 172. Ennin, *Nittô-guhô-junrei-kôki*, t.113, 6/4/839, p.194; 15/8/839, p.20; 21/4/840, p.227 も参照
107. Trombert, *La fête du 8e jour du 2e mois à Dunhuang*, pp.25-72
108. Trombert, *Le crédit à Dunhuang*, p.1
109. Tan Qiguang, *Tulufan chutu de Tangdai nang, jiaozi, hundun*, pp.12 以降
110. Hong Guangzhu, *Zhongguo shipin keji shigao*, p.40 では『北戸録』にも登場すると記されている
111. Wei Quyuan, *Shang Shaoweishi, Qingyztu, «danlongjin rusu»*, p.7 で引用
112. Yun Feng, *Miantiao guqu*, p.9
113. この部分については, おもに Sabban-

る
33.『三国志』p.1430
34.「串」という言葉は車軸を指すため,「蒸餅」はひとつずつではなく,穴をあけ,いくつかまとめて棒のようなものに刺さっていたものと思われる(『太平御覧』p.3818b)
35.『漢書食貨志』p.214, 1117 〜 1149
36.『 漢 書 』cap.99, *Wang Mang zhuan*, t.12, p.4123, ZhangMenglun, *Han Wei yinshikao*, p.33
37. Li Hu, *Han Tang yinshi*, pp.212 以降
38. *The Fu of T'ao Ch'ien*, p.66, では,著者は3人の若者を引き合わせ,各人の目前に置いたものを題材に「賦」を詠ませた——ひとり目は犬,ふたり目は簾,3人目は矢である.同じような話は, *Beitang shuehao*, cap.102. 3b, p.425. にも収められている.当時の作家にとって,こうした詩の形式は「日常的なものを主要な題材に選び,その姿かたちについて,これ以上は何も言えないというほどまで言い尽くす」という性質のものだった(Hightower, 同書, p.65)
39. 今日では「饅頭」は蒸したパンを指すが,当時はどうだったのだろうか
40. Kawakatsu, *Sie Ling-yun et le Che-ehouo sin-yu*, pp.172 以降
41. 弘君挙は晋王朝(265 〜 419)の時代に『食檄』を書いたが,間食としての「餅」についてはほとんど触れられていない. 『太平御覧』, p.3820 b
42. Fu Xuan, Qimo, p.1723 b, *Beitang shuehao*, 144-15b, p.304 および Knechtges, *A Literary-Feast*, p.63 の該当ヵ所の翻訳文書.傅玄の生涯については, *Zhongguowenxuejia cidian*, p.162 と Needham, *Scienee and Civilisation in China*, p.39 を参照
43.*Shishuo xinyu jiaojian*, p.141 参照.迂単自身,非常にすぐれた「賦」をつくっている.その生涯については, *Shishuo xinyu jiaojian*, p.141 を参照
44. Yu Chan, *Ebing fu xu*, p.1680 a ; Knechtges, *A Literary Feast*, p.64 も参照
45. 呉均『餅論』p.3306b. 呉均の生涯は Wu-Jun in *Zhongguo wenxuejia cidian*, p.342, *Liangshu, wenxuezhuan*, cap.49, p.698 を参照
46. モンテーニュ『エセー』p.330 以降
47. この部分は版によって違いがあるため,解釈が難しい.それについては,最新版の Wang Renxiang, *Taiping yulan.yinshi bu*, pp.527 でも指摘されている
48. *Lüshi chunqiu jiaoshi*, pp.739-766; Wang Liqi 他 , *Lüshi chunqiubenwei pian*, pp.6-11; Kamenarovic, *Printemps et automnes de Lü Buwei*, pp.216-221
49. 甘粛, 山西, 陝西, 山東
50. WuJun, *Shiyi*, p.3306 a
51. Simin yueling, IV mese, p.34; Pirazzoli-t'Serstevens, *La Chine des Han*, pp.175-180 参照
52. 中国語で「煮餅」
53. 中国語で「水溲餅」
54. 中国語で「雀喘餅」
55. Qu Duizhi, Handai fengsu, p.310
56. この逸話は,『世説新語』p.333,『荊楚歳時記』p.104,『初学記』p.643,『太平御覧』p.3819b, 魯迅『故事新編』p.133 など,さまざまな書で引用されている
57. Cheng, *Histoire de la pensée chinoise*, pp.237-254 参照
58. *Chuxueji*, p.643; Wang Renxiang, *Taiping yulan. yinshi bu*, p.517;『斉民要術』p.511
59. ダーク・ボッドが強調しているように(*Festivals in Classical China*, p.65),漢の時代には正月の行事で食べ物が神に供えられた
60.『太平御覧』p.3822a, Wang Renxiang, *Taiping yulan.yinshi bu*, p.542
61.「楚の初代皇帝,桓玄(369 〜 404)は絵画や書を愛し,それらを客人が来るたびに見せていた.あるとき,そうしたものに興味のない客が,寒具を食べ終えるやいなや書や絵を手に取って,それらに染みをつけてしまった.桓玄はひどく後悔し,それからというもの,絵を見せるときには,われわれに手を洗わせた」(Drège, *Les bibliothèques en Chine au temps des manuscrits*, p.163)
62.『斉民要術』p.634
63. 奉納物に関する決まりごとは『史記』や『漢書』にも記されている(Bujard, Le *'Traité des sacrifices' du Hanshu*, p.3)
64. Ebrey, *Confucianism and Family Rituals*, pp.37-40
65. これらの一部が *Yuhan shanfang ji yishu, Yili lei* で検証されている

131. Latini, *Lo scalco*, I, p.444, II, p.162
132. Corrado, *Il cuoco galante*, pp.139 以降
133. Grimod de la Reynière, *L'Almanach des Gourmands*, 1807（Vol. V）, p.103
134. Cavalcanti, *Cucina teorico-pratica*, pp.438 以降
135. *La vera cuciniera genovese*, p.29
136. *Il cuoco milanese e la cuciniera piemontese, lombarda, veneta*, p.52
137. *La vera cucina lombarda*, p.84
138. Artusi, *La scienza*, ricette nn.125, 85
139. Francesconi, *La cucina napoletana*, p.95
140. 本書 p267 を参照
141. Consiglio, *Storia dei maccheroni*, p.22
142. Bulifon, 同書 , p.40 で引用
143. Gorani, Bouvier e Laffargue, *La vie napolitaine*, p.61 で引用
144. Silvagni, Papa, *Civiltà in cucina*, p.14 で引用
145. Artusi, *La scienza*, ricetta n.85
146. Romoli, *La singolar dottrina*, libro V, cap.56
147. Brano tratto da *Baldus*, in Montanari, *Nuovo Convivio*, pp.15 以降
148. Messisbugo, *Libro Novo*, pp.51 以降
149. Romoli, *La singolar dottrina*, libro V, cap.46, 同書巻末のメニュー一覧
150. Scappi, *Opera*, cap.221
151. Cervio, *Il trinciante*, pp.89 以降 , 133
152. Libera, *L'arte della cucina*, p.64
153. Romoli, *La singolar dottrina*, libro IV, pp.51, 55, 111
154. Silvagni, *Scene della vita napoletana*, p.13

第９章

1. 本書「はじめに」参照
2. Sabban, *De la Main à la pâte*, p.107
3. Bottéro, *Les trente premières années du déchzffrement des inscriptionsoraculaires*, pp.73-99
4. Graham, *Motzu*, pp.336-341
5.『墨子間詁』p.399：Mei Yi -Pao, *The Ethical and Political Works of Motse*, pp.220 以降
6. *Jijiupian*, 2, p.132.「穀物」という言葉は古代中国の意味で解釈すべきである . したがって , 通常の意味に加えて , 本文中にもあるとおりマメ科の植物も含む
7. Sabban, *De la Main à la pâte*, p.107
8. 古代では , 粟のタルトは「皇帝の料理」と考えられていた .Sabban, *Quand la forme transcende l' objet*, p.798
9.『方言箋疏』p.809 以降
10. タイトルの訳は , *Sémantisme et classification dans l'écriture chinoise*, p.48. より引用
11. Sabban, *De la Main à la pâte*, pp.117 以降 ; *Shuowen Jiezi*, p.219
12. Sabban, *Quand la forme transcende l'objet*, p.798
13. Cheng, *Histoire de la pensée chinoise*, pp.139-147
14. Miller, *Shih ming*, p.424
15. 漢の時代の金塊は饅頭の形をしていた
16.『釈名』p.204 以降
17. *Pastario ovvero atlante delle paste alimentari italiane*
18. それぞれ１世紀と５世紀に編纂された , 前漢・後漢のふたつの『王朝の歴史』が , 10 世紀初頭の中国初の百科事典をはじめ , のちのさまざまな文学に影響を与えた（*Beitangshuchao*, cap. *jiu shi*, «vino e cibo»; *Yiwen leijiu*, cap.*shiwu*, «alimenti»;*Chuxueji*, cap. 26, sez.11-17; *Taiping yulan*, sez.*yinshi bu*, «parte sull'alimentazione»）
19.『太平御覧』, p.3818 a;『漢書』cap.8
20. Li Hu, *Han Tang yinshi*, p.212 で引用
21. 当時の宮廷ではたえず陰謀が渦巻いており , ８歳という年齢は温情の対象にはならなかった：*Hou Haushu*, cap.6, Zhidiji, t.II, p.282
22. 306 年 , 晋王朝の２代皇帝の恵帝が餅を食べて命を落とし , おそらく毒を盛られたものと思われる：*Jinsbu*, cap. 4, *Huidzji*, t.I, p.108
23.『初学記』p.643
24.『太平御覧』p.3819a「十六国」
25. 王粲（177 ～ 217）の『英雄記』の逸話を参照 .『太平御覧』p.3818b
26.『太平御覧』p.3818b「魏略」
27. 晋の上級官僚 , 郗鑒（269 ～ 339）
28.『太平御覧』p.3818b
29. 梁の武帝のひらいた「餅の祝宴」のエピソード（『太平御覧』p.3818b）
30. この点については , Levi, *Les Trois Royaumes*, pp.173-207 を参照
31. 実際には小麦ではなく大麦
32. この逸話は費禕の伝記にすべて記されてい

erna, pp.314 以降
67. Chapusot, *La cucina sana*, fasc. I, p.120; fasc. I, p.XIII; fasc.IV, p.143; fasc. IV, p.147
68. Carême, *Le pâtissier royal parisien*, I, cap.9, pp.122-129
69. Dumas, *Le Grand Dictionnaire de Cuisine*, "*Macaroni*"
70. Grimod de la Reynière, *L'Almanach des gourmands*, 1804（Vol. IV）, p.I, e ricetta p.26
71. 代表的なのが, *La Vera Cuciniera genovese*, p.255, *La vera cucina lombarda*, p.156
72. Jouvin de Rochefort, *Le voyageur d'Europe*, I, p.369
73. Labat, *Voyage*, II, pp.41 以降
74. カサノヴァ『我が生涯の物語』第2巻39章 p.984
75. 同上 第1巻8章 p.187
76. Libera, *L'arte della cucina*
77. 同上 p.153, 55
78. Lalande, *Voyage d'un français en Italie*, VI, pp.393 以降
79. Spatuzzi e Somma, *Saggi igienici e medici sull'alimentazione*, p.59
80. ゲーテ『イタリア紀行』, p.378
81. Gorani, Bouvier e Laffargue, *La vie napolitaine au XVIIIe siècle*, p.61 から引用
82. De Jorio, *Indicazioni del più rimarcabile in Napoli e contorni, "Maccheroni"*
83. Gorani, Bouvier e Laffargue, *La vie napolitaine*, p.6l から引用
84. Martino, p.184
85. ロンドン, ウェルカム図書館, ms 211, cap.30
86. Martino, pp.105, 183, 237
87. 同上 p.107, 183, 237
88. 同上 p.107, 186, 236
89. 同上 p.187, 236
90. Laurioux, *Des lasagnes romaines aux vermicelles arabes*, p.204
91. Sercambi, Grieco, *La pasta fresca tra storia, cultura, tradizione*, p.18 で引用
92. Arnaldi di Villanova, *Opera medica Omnia* X.I., p.437, Galoppini, *Le commerce des pâtes alimentairesdans les Aduanas Sardas*, p.125 で引用
93. Martino, p.183
94. Scappi, *Opera*, cap.174
95. Romoli, *La singolar dottrina*, libro V, cap.75
96. 同上
97. Del Turco, *Epulario*, p.28
98. Latini, Lo scaleo, I, p.301
99. *Il cuoco piemontese perfezionato a Parigi*, p.66
100. Chapusot, *La cucina sana*, fasc. I, p.119
101. Jouvin de Rochefort, *Le Voyageur*, I, p.369
102. *Il cuoco piemontese perfezionato a Parigi*, p.66; Chapusot, La rucinasana, fasc.I, p.118
103. Latini, *Lo scaleo*, p.300
104. Cavalcanti, *La cucina teorico-pratica*, pp.96, 456
105. Artusi, *La scienza*, ricetta n.85
106. Salimbene, *Cronica*, II, p.808
107. 『料理の書』III 10
108. ボッカチオ『デカメロン』第8日3話
109. 『料理の書』III 10 以降
110. Frati, *Libro di cucina*, p.135
111. 同　書, p.40: «specie dolce per assay cosse bone e fine»
112. Morpurgo, *LVII ricette*, p.16
113. Labat, *Voyage*, II, p.44
114. カサノヴァ『我が生涯の物語』第2巻3章, pp.77 以降
115. *Almanach des gourmands*, 1807（Vol. V）, p.103
116. Papa, *Civiltà in cucina*, p.14
117. Messisbugo, *Libro Novo*, p.39r
118. 同書, p.52; Martino, pp.105, 183, 237
119. Messisbugo, *Libro Novo*, p.51. 1オンス＝28グラム, 1リッブラ＝12オンス＝336グラム
120. Scappi, *Opera*, cap.174
121. Romoli, *La singolar dottrina*, libro III, capp.75, 56
122. Scappi, *Opera*, cap.255
123. Del Turco, *Epulario*, p.28
124. *Il diario della massaia*, I, p.29
125. Prato, *Il clypeo*, pp.154, 146-154
126. Luraschi, *Nuovo cuoco milanese*, p.133
127. Martino, p.184
128. *La vera cuciniera genovese*, pp.33, 80
129. Francesconi, *La cucina napoletana*, p.95
130. Gregorio de los Rios, Grewe, *The ArrivaI of the Tomato in Spain* and Italy, p.73 で引用

oux, *L'apparition et la diffusion des pâtes sèches en Italie*, pp.101-108.「クリスペッリ」,「クインクイネッリ」,「シンキネッリ」,「リカプロプリイ」,「グアンティ」については,詰め物の有無,パスタ生地の材料や調理法の違いによってさまざまなバージョンがあるため,本書の冒頭に記した定義には当てはまらず,したがってここではパスタ料理に含めない
6. Martino, in Benporat, *La cucina italiana del Quattrocento*, p.142
7. 同上 p.188, 237
8. Scappi, *Opera*, cap.172, p.69
9. *Il cuoco piemontese perfezionato a Parigi*, p.66
10. Guerrini, *Frammento di un libro di cucina*, p.28
11. Scappi, *Opera*, cap.176
12. Nebbia, *Il cuoco maceratese*, pp.193-198
13. Rossetti, *Dello Scaleo*, p.510
14. Crisci, *La lucerna de' corteggiani*, p.302;「枢機卿のごちそう」という表現は, *Voyage du Père Labat*, V, p.41 でも用いられている
15. Morpurgo, *LVII ricette di un libro di cucina*, p.24
16. 『料理の書』II 66:(Tria ianuensis);Zambrini, *Libro della cucina del secolo XIV*, p.87
17. Martino, pp.107, 183, 237
18. このテーマについては, Capatti-Montanari, *La cucina italiana*, p.119
19. 『料理の書』III 10
20. *Anonimo meridionale* B, p.42; Zambrini, *Libro della cucina*, p.77; Frati, *Libro di cucina* del secolo XIV, p.20
21. Zambrini, *Libro della cucina*, p.77
22. Chapusot, *La cucina sana et elegante*, fasc.I, p.117
23. 『料理の書』III 11
24. 本書第 1 章 p.19 参照
25. Romoli, *La singolar dottrina*, libro IV, pp.11, 114, 118
26. Gosetti, *La grande cucina regionale italiana*, pp.182 以降
27. Romoli, *La singolar dottrina*, libro V, p.15l
28. 同上 第 4 巻 p.50 以降, p.96 参照. パッパルデッレについては Rossetti, *Dello Scaleo*, p.510 から引用
29. コモ歴史協会, 整理番号なし, fol.26r(ラッツェリーニおよびグラナータにより現在編集中)
30. Siithold, *Manoscritto lucano*, p.35, 注 53
31. Scappi, *Opera*, cap.175
32. Latini, *Lo scalco alla moderna*, I, p.301
33. Chapusot, *Lo cucina sana*, fasc. I, p.119
34. Lancellotti, *Lo scaleo pratico*, p.2
35. Del Turco, *Epulario*, pp.27 以降
36. Morpurgo, *LVII ricette*, p.24
37. Guerrini, *Frammento*, p.38
38. Redon-Laurioux, *Inventaire*, in *Constitution*, pp.58 以降; e in Id., *L'apparition et la diffusion*, pp.104 以降
39. Morpurgo, *LVII ricette*, p.24
40. Martino, p.186
41. Guerrini, *Frammento*, p.38
42. Salimbene, *Cronaca*, II, p.797
43. Martino, p.236
44. Scappi, *Opera*, cap.18l
45. Romoli, *La singolar dottrina*, libro V, cap.75
46. Artusi, *La scienza, ricette* n.98, 99
47. Scappi, *Opera*, cap.178
48. Gosetti, *La grande cucina regionale italiana*, p.238
49. Latini, *Lo scaleo*, I, p.300
50. Spaggiari, *L'anolino di Parma, mito e tradizione*
51. Artusi, *La scienza*, ricetta n. 54
52. Mastro Presciutto, *Gastronomia parmense*, p.87
53. コモ歴史協会, 22v
54. Del Turco, *Epulario*, p.23
55. Lancelot de Casteau, *Ouverture de cuisine*, pp.78 以降
56. Bruni, *Ricette di sua Maestà il Raviolo*
57. Prato, *Il clypeo del gentiluomo*, p.154
58. Crisci, *La lucerna*, p.302
59. Vedi cap.IX, pp.391 以降
60. Latini, *Lo scalco*, I, p.300
61. Labat, *Voyage*, V, p.41
62. Crisci, *La lucerna*, p.303
63. Latini, *Lo scalco*, I, p.355
64. Corrado, *Il cuoco galante*, pp.164 以降
65. 同書 p.168
66. Vialardi, *Trattato di cucina, pasticceria mod-*

64. Carr, *International Trade*, p.8
65. Portesi, *L'industria*, p.44

第 7 章

1. Agnesi, *È tempo di pasta*, p.86
2. Rovetta, *Industria del pastificio*（1929）, pp.824, Portesi, *L'industria*, p.42　他の国々に関する状況もこの 2 冊で解説している
3. Portesi, *L'industria*, p.42
4. UNIPI, 1999 年度統括表 , tab.26, p.69
5. Grillot e Mouzay, *Les pâtes*, p.30
6. Portesi, *L'industria*, p.42; Rovetta, *Industria del pastificio*（1929）, pp.824 以降
7. Grillot e Mouzay, *Les pâtes*, p.30
8. 同上：*La filière céréalière française*, p.45
9. Portesi, *L'industria*, pp.35. 著者によれば , 1936 年の正確なパスタの生産量は 596,681 トンだった . 調査（1333 の工場が稼働 , 268 が閉鎖）の結果は , 1929 年のロヴェッタの統計とほぼ一致している（工場数は 1600 で , 小規模の工房も含めると 1820）
10. この数字は次の資料で確認できる：Portesi, L'industria, p.34, 製粉およびパスタ業界年報（1971 年）parte I, p.292, UNIPI, 1999 年度統括表 , tab.27, p.70
11. 同上
12. Portesi, *L'industria*, p.36; UNIPI, 1999 年度統括表 , tab.35, p.80
13. Abenante 他 , *Disegno di legge*, 1968 年 10 月 17 日（アニェーロ・アベナンテ氏より提供）
14. Zagli, *L'industria della pastificazione in Italia*, pp.139 以降
15. Portesi, *L'industria*, p.36
16. 同書 p.35
17. 同書 p.36
18. Buitoni, *Storia di un imprenditore*; Portesi, *L'industria*, p.36; UNIPI, 1999 年度統括表 , tab.35, p.80
19. Agnesi, *È tempo di pasta*, pp.9 以降 ; Basile, *Euro Tavola, La rivoluzionealimentare difine millennio*, p.45
20. Ganapini e Gonizzi, *Barilla*, p.163
21. 同書 p.234
22. Zagli, *L'industria*, p.173
23. Rovetta, *Industria del pastificio*（1908）, pp.177-181
24. Heuzé, *Exposition Universelle de 1878 à Paris*, pp.129 以降
25. 同書 p.180 以降
26. Feiker, Foreword, in Carr, *International Trade in Macaroni Products*
27. Wood, *Foods of the Foreign Born in Relation to Health*; Prezzolini, *Maccheroni & C.*, p.86 参照
28. 同上 p.119
29. Renaud, *Le régime santé*, pp.66-70
30. Prezzolini, *Maccheroni & C.*, pp.245 以降
31. 1933 年 6 月 22 日付法令第 874 号「食用パスタの販売に関する規定」, 1888 年 12 月 22 日付法令第 5849 号：Portesi, *L'industria*, pp.343 以降 ,349 以降
32. 製粉およびパスタ業界年報（1971 年 12 月）parte II, pp.60 以降
33. Grillot e Mouzay, *Les pâtes*, p.51.1957 年 5 月 27 日公布 , 1957 年 5 月 30 日付の官報第 189 号で通達
34. Portesi, *L'industria*, pp.351 以降
35. 穀物 , 製粉 , パン , 食用パスタ業界における労働および商売の規定（1967 年 7 月 4 日付の法令第 580 号 , 1967 年 7 月 29 日付の官報第 189 号で通達）
36.『ラ・スタンパ』1992 年 11 月 20 日 ,『ケース＆カントリー』1993 年 10 月 ,『パノラマ』1985 年 12 月 8 日 ,『トゥットトゥーリズモ』1997 年 3 月 ,『ガンベロ・ロッソ』1998 年 3 月など
37. Basile, *Euro Tavola*, pp.146 以降
38. Rovetta, *Industria del pastificio*（1929）, pp.320, 316 以降
39. 全国生パスタ生産者協会（APPF）会長のジュスト・ボネット博士による情報提供
40. 同上
41. Basile, *Euro Tavola*, p.278
42. 同書 p.277

第 8 章

1. Kubelka, in *Pastario*, p.9
2. Artusi, *La scienza in cucina*, ricette 85, 87, 100
3. La Ceda, *La pasta e la pizza*, p.9
4. Portesi, *L'industria della pasta alimentare*, p.36
5. Redon-Laurioux, *Constitution d'une nouvelle catégorie culinaire?*, pp.51-60, Redon-Lauri-

6. Rovetta, *Industria del pastificio*（1929）, pp.824 以降
7. Heuzé, *Exposition* Universelle de 1878 à Paris, pp.29, 134
8. Portesi, *L'industria*, p.42
9. Heuzé, *Exposition*, p.134
10. ロシア料理については, Chamberlain, *The Food and Cooking of Russia*, pp.71, 227 以降を参照 . ウズベキスタン料理の参考文献はロシア語のものしか手に入らない
11. Rovetta, *Industria del pastificio*（1929）, pp.824 以降
12. Picard, *Exposition Universelle Internationale de 1889 à Paris*, p.38
13. Carleton, *Macaroni*, p.12
14. Malouin, *Description et détails des arts du meunier, du vermicelier*, p.95; Diderot e D' Alembert, *Encyclopédie, "Noudles "* または "*Nudeln*"
15. Régnault-Desroziers, *Exposition Universelle de 1900 à Paris*, p.190
16. Portesi, *L'industria*, p.42
17. Picard, *Exposition*（1891）, pp.25, 32
18. 同書 p.23
19. Régnault-Desroziers, *Exposition*, p.196
20. Rovetta, *Industria del pastificio*（1929）pp.824 , Carr, *International Trade*, p.18.1925 年のアルゼンチンの工場数に関して, ロヴェッタは 330, カーは 30 と食い違っている . これは, ロヴェッタが職人も含めたすべての製造業者を数えたのに対して, カーは工業生産規模の大工場のみを対象としたためで, 他国についても同様である
21. Portesi, *L'industria*, p.46
22. UNIPI, *Tavole statistiche* 1999, p.78
23. *Tresor de santé*, I, p.22
24. Savary des Bruslons, *Dictionnaire raisonné de Commerce*, II（F-Z）
25. Malouin, *Description et détails*, p.107
26. 同書 p.95
27. Grimod de la Reynière, *L'Almanach des gourmands*, 1806（Vo. IV）, p.263
28. 同書（1807 年版）p.333
29. Léopold, *Dictionnaire universel-portatif de commerce*, voci "*Macaronise Vermicelles*"
30. オーヴェルニュ地方のパスタ産業については, フィリップ・ハイマン氏より情報提供
31. Héricart de Thury, *Rapport sur les produits de l'industrie française*, p.417
32. Guillaumin, *Dictionnaire du commerce et des marchandises, "Petitsalimentaires"*
33. Husson, *Les consommations de Pans*（1875）, p.383
34. Heuzé, *Exposition*, p.129
35. Husson, *Les consommations de Paris*（1856）, p.315
36. Heuzé, *Exposition*, p.129
37. 1930 年代のブルッソン・ジュンヌ社のカタログ
38. Husson, *Les consommations de Paris*（1856）, p.315
39. Betocchi, *Forze produttive della provincia di Napoli*, p.163
40. Picard, *Exposition*（1891）, pp.16 以降
41. Louise, «Le Parisien», 1984 年 7 月 30 日月曜
42. Heuzé, *Exposition*, p.129; Picard, *Exposition*（1891）, p.17
43. Régnault-Desroziers, *Exposition*, p.173
44. Grillot e Mouzay, *Les pâtes*, p.33
45. 1922 年のアルベルティーニ社のカタログ
46. Grillot e Mouzay, *Les pâtes*, p.35
47. 同書 p.32
48. Heuzé, *Exposition*, p.134
49. Malaval e Oberlé, *L'histoire des pâtes en Alsace*, p.13 で引用
50. 同書 p.26
51. 同書 p.38
52. Picard, *Exposition*（1891）, p.16
53. Prezzolini, *Maccheroni & C.*, pp.36 以降
54. ナポリ国立文書館 , MAIC, Fascio 284/44; ヴィンチェンツォ・マンツェティの小型押出機については, 本書第 5 章の注 17 を参照
55. Davis, *The U.S. Pasta Industry Turns 150*
56. Carleton, *Macaroni*, p.19
57. Davis, *The U.S. Pasta Industry*
58. Carr, *International Trade*, p.7
59. Rovetta, *Industria del pastificio*（1929）, pp.824 以降
60. Carr, *International Trade*, pp.1, 8
61. Carleton, *Macaroni*, p.21
62. Portesi, *L'industria*, p.44
63. UNIPI, 1999 年度統括表 , tab.32, p.77

11. Morgari, *Relazione*
12. *Industria della macinazione dei cereali*, pp.36-51
13. *Atti del comitato dell'inchiesta industriale, da Aliberti, L'industriamolitoria meridionale*, pp.21 以降から引用
14. Galanti, *Per D.Nola di Paolo Fenizio contro il comune di Gragnanopresso la consulta di Stato*（1845）, Gargiulo e Quintavalle, *L'industriadella pastificazione a Torre Annunziata e Gragnano*, p.159 から引用
15. Morgari, *Relazione*
16. 本書 p66,87,89 および図 2,3,4,5 を参照
17. ナポリ国立文書館 , MAIC, fasc.592/43. ちなみに文書 285/42 には , 1858 年にジェナーロ・ヴァンデンヘンドによる手紙も含まれ , 今後 10 年間 , ベルギーで特許を取得した新たな「パスタ用捏ね機」の独占権を要求している . それに対して 284/44 では , 1857 年にヴィンチェンツォ・マンツェッティが「携帯用押出機の分野への参入」を求めている
18. ナポリ国立文書館 , MAIC, fasc.277/45
19. Spadaccini, *Novello e Grande Stabilimento di Paste coll'Uomo di Bronzo*
20. De Jorio, *Indicazioni del più rimarcabile in Napoli e contorni, voce Maccheroni*
21. De Rosa, *Un secolo d'industria a Napoli*（*1860-1979*）, pp.223 以降
22. Rovetta, *Industria del pastificio*（1929）, p.202
23. Portesi, *L'industria della pasta*, p.199
24. Rovetta, *Industria del pastificio*（1929）, p.208
25. 同書 p.392
26. 本書第 4 章 p117 を参照
27. Rovetta, *Industria del pastificio*（1908）, p.116
28. Rovetta, *Industria del pastificio*（1929）, p.423
29. Picard, *Exposition Universelle de 1900 à Paris*, 1906, III, p.362
30. Ceschina, *Primo contributo allo studio dell' essiccazione*, pp.75 以降
31. 同書 p.26 以降 , p.66
32. Rovetta, *Industria del pastificio*（1929）, p.414
33. Orsini Natale, *Francesca e Nunziata*, p.338
34. Rovetta, *Industria del pastificio*（1929）, p.818
35. Picard, *Exposition*（1906）, p.217
36. Rovetta, *Industria del pastificio*（1908）, p.202
37. Picard, *Exposition*（1906）, p.217
38. Sada, *Spaghetti*, pp.121-131
39. Rovetta, *Industria del pastificio*（1929）, p.817
40. Portesi, *L'industria della pasta*, pp.36 以降
41. Dati, *Origini storiche di Torre Annunziata*
42. Rovetta, *Industria del pastificio*（1908）, p.119
43. Fusco, *Pagine di storia viste dalla parte degli sconfitti*
44. Godby, *Italian scenery*
45. Montanari, *La fame e l'abbondanza*, p.13
46. *L'industrie italienne des pâtes alimentaires*, in «Journal de la meunerie», n. 613, 1935 年 2 月
47. 本書第 6 章 6, 特に p.200 以降を参照
48. Rovetta, *Industria del pastificio*（1929）, p.123
49. 同上
50. 同書 p.28 以降
51. Rovetta, *Industria del pastificio*（1908）, pp.170-175
52. 同書 p.104
53. Rovetta, *Industria del pastificio*（1921）, p.45
54. Feiker, Foreword, in Carr, *International Trade in Macaroni Products*
55. Rovetta, *Industria del pastificio*（1921）, pp.199, 201; 1910 年のパリにおける伊勢エビの価格は , 1 キロ当たり 5.50 ～ 6 フランで , 100 フラン出せば鳩を 100 羽買うことができた（『ル・ポトフ』1910 年 12 月 23 日号）
56. Rovetta, *Industria del pastificio*（1921）, pp.199, 201
57. 同書 p.192
58. 同書 p.213
59. Rovetta, *Industria del pastificio*（1929）, p.315
60. Rovetta, *Industria del pastificio*（1908）, p.102; Rovetta（1921）, p.214; Rovetta（1929）, pp.332 以降
61. *Antico Catalogo Barilla*, in Agnesi, È tempo di pasta, p.36
62. Capatti, *Le goût du nouveau*, p.75

第 6 章

1. Prezzolini, *Maccheroni & C.*, p.15
2. 同書 p.13：Carleton, *Macaroni Wheats*
3. Rovetta, *Industria del pastificio*（1929）, pp.824 以降
4. Portesi, *L'industria della pasta alimentare*, p.41
5. Carr, *International Trade in Macaroni Products*, p.7

35. Lalande, *Voyage*, VI, p.393
36. Malouin, *Description et détails*, p.108
37. Rovetta, *Industria del pastificio*（1928）, pp.396-397
38. Ceschina, *Primo contributo*, pp.8-19
39. Rovetta, *Industria del pastificio*（1928）, p.396
40. Betocchi, *Forze produttive della provincia di Napoli*, II, p.163
41. 500 立方メートル，すなわち 40 万キロ．小麦 1000 キロで約 800 キロの小麦粉ができるため，1 年 365 日稼働したと仮定して，パスタの生産量は 1 日平均 900 キロとなる．マロワンの試算による押出機の 125 キロとは程遠い
42. *L'Italie économique en 1867*, voce *Pâtes*
43. *Strade ferrate dal Varo al Piemonte*, in «Il Pensiero»; Agnesi, *Alcune notizie*, p.146 参照
44. 同書 p.146, 157
45. Canale, *Storia dell'Esposizione fatta in Genova nel settembre 1846*, cfr. Agnesi, *Alcune notizie*, p.145
46. Heuzé, *Exposition Universelle Internationale de 1878 à Paris.Rapport surles céréales, les produits farineux et leurs dérivés*, p.132; Sada, *Spaghetti*, p.57
47. Galanti, *Della descrizione geografica e politica delle Sicilie*, p.269; Giargiulo e Quintavalle, *L'industria della pastificazione*, pp.158 以降参照．ガランティの提示した数字が正しいとすると，1793 年には年産 16,242,500 キロとなる．だが，実際は 1862 年のポルトマウリツィオでも 47,470,00 キロにとどまった
48. De Jorio, *Indicazioni del più rimarcabile in Napoli e contorni, Maccheroni*
49. «Penny Magazine of Useful Knowledge»; Agnesi, *Alcune notizie*, p.130 参照
50. ナポリ国立文書館，MAIC, fasc.844．Liguori, *Cenni storicocritici della città di Gragnano e luoghi contigui*, p.54
51. Betocchi, *Forze produttive*, II, p.163
52. Malouin, *Description et détails*, p.107
53. Lalande, *Voyage*, VI, cap.XIX, p.386. ローマでは 1 リッブラ＝339 グラム
54. Portesi, *L'industria*, p.27
55. Crisci, *La lucerna de' corteggiani*, p.302; Labat, *Voyage*, II, pp.40-45
56. Targioni Tozzetti, *Sitologia*, p.31
57. Libro Rosso, *Privilegi dell'Università di Molfetta*, t.II, Periodo aragonese, pp.220 以降
58. Libera, *L'arte della cucina*, p.40
59. Corrado, *Notiziario*, p.121
60. Chapusot, *La cucina sana et elegante*, fasc.I, p.117, fasc.«Estate», p.6
61. Malouin, *Description et détails*, p.107; Grimod de la Reynière, *Almanachdes gourmands*, 1807（V annata）, p.103
62. *Le nouveau et parfait Maistre d'hostel royal*, pp.262 以降
63. Grimod de la Reynière, *L'Almanach*, 1806（IV annata）, p.263
64. 同書，1808（VI annata）, p.282
65. Carème, *Le patissier royal*, I, p.122
66. Godby, *Italian scenery, Representing the Manners*
67. ナポリ郷土歴史協会，ms.N.29A, 13, foll. 366r-367v：Alifano, *Il grano, il pane e la politica annonaria a Napoli*, p.37
68. Lalande, *Voyage*, VI, p.124 で 1742 年の国勢調査を引用
69. Gorani, *Memorie segrete e critiche delle corti;* Bouvier e Laffargue, *La vie napolitaine au XVIIIe siècle*, p.61 参照

第 5 章

1. Alvino, *Viaggio da Napoli a Castellammare*, p.267
2. Sada, *Spaghetti*, p.68
3. Petroni, *Della storia di Bari*（*1860-1895*）, p.262
4. *Atti del Comitato dell'Inchiesta industriale*, Aliberti, *L'industria molitoria meridionale nel sec. XIX*, p.23 から引用
5. Petroni, *Della storia di Bari*, p.263
6. *Notizie sulle condizioni industriali della provincia di Napoli*, p.75
7. Rovetta, *Industria del pastificio*（1908）, p.202
8. Aliberti, *L'industria molitoria meridionale*, p.7
9. *All'illustre Agostino Bertani-Deputato al Parlamento - I Gragnanesi*, 1878, Aliberti, *L'industria molitoria meridionale*, pp.36 以降参照
10. Betocchi, *Forze produttive della provincia di Napoli*, p.165

bando 4, fol.55. 同書 ,a.1609, bando 7, fol.6 t

43. Scappi, *Opera*, I, p. 3v
44. バーリ国立文書館 , 結婚に関する条項（1592 ～ 1606）：Sada, *Spaghetti*, pp.59 以降
45. Branca, *Le Macchine*, 初版
46. Capra, *La nuova architettura militare*, pp. 124, 126
47. Sada, *Spaghetti*, p.56
48. Malouin, *Description et détails*, p.103
49. Rosenberger, *Les pâtes*, p.97
50. Messisbugo, *Libro Nuovo*, p.6v: «schrizzotto per li vermicelli, ingegnoper li maccheroni»
51. Labat, *Voyage du Père Labat en Espagne et en Italie entre 1706 et 1716*, II, p.42
52. Malouin, *Description et détails*, p.302
53. Portesi, *L'industria*, p.29
54. Galoppini, *Le commerce* des pâtes alimentaires dans les Aduanas Sardas, p.112
55. Agnesi, *Alcune notizie*, p.77; Portesi, *L'industria*, p.29
56. ナポリ歴史資料館 , *Assisae*, t.9, 1576, fol. 199 t e fol.9I
57. Basile, *Il racconto dei racconti, IX*, p.4
58. Petraccone, *Bottegai*
59. ナポリ国立文書館 , 公証人F・モンタナーロによる公正証書 1023/3. Petraccone, *Bottegai*
60. Coniglio, *Annona e calmieri*, pp.182 以降
61. ナポリ歴史資料館 , *Assisae*, t.9（1576）, fol.199t
62. Jouvin de Rochefort, *Le voyageur d'Europe*, I, p.369

第4章

1. Labat, *Voyage du Père Labat en Espagne et en Italie entre 1706 et 1716*, II, p.45
2. 1996 年にカーヴァ・ディ・ティッレーニ（カンパーニャ）のアヴァリアーノ社より出版
3. Gargiulo-Quintavalle, *L'industria della pastificazione*, p.154
4. 同上
5. Liguori, *Gragnano: memorie archeologiche e storiche*, pp.228 以降
6. Pottesi, *L'industria della pasta alimentare*, p.25
7. 1635 年の禁止令については , Fusco, *Pagine di storia viste dalla parte degli sconfitti*, p.237 で概説している
8. Lalande, *Voyage d'un français en Italie*, VI, p.393
9. Abbé Saint-Non, *Voyage pittoresque ou description de Naples et de Sicile*, vol. 1, p.234
10. Galanti, *Della descrizione geografica e politica delle Sicilie*, p.269; Giustiniani, *Dizionario geografico ragionato del Regno di Napoli*（1797-1805）, III, p.209
11. Liguori, *Gragnano*, p.231
12. ナポリ国立文書館 , MAIC, fasc. 844
13. Agnesi, *Alcune notizie*, pp.98 以降
14. インペリアル市立図書館 , *Relazione sul commercio di Portomaurizio*（18 世紀初め）, Agnesi, *Alcune notizie*, p.112
15. Corrado, *Notiziario delle produzioni particolari del Regno di Napoli*, pp.114-148
16. バーリ国立文書館 , 土地台帳（1753）t, 12：Sada, *Spaghetti*, p.67 を参照
17. トリノ市営資料館 , 統制価格（1788）：Agnesi, *Alcune notizie*, p.105; *Il cuoco piemontese perfezionato a Parigi*, pp. 66 および 321 を参照
18. Delsante, *Pastifici a Parma*, p.50
19. 同書 p.51
20. Malouin, *Description et détails*, pp.95-111
21. 同書 p.101
22. Rovetta, *Industria del pastificio*（1908）, p.9
23. Ceschina, *Primo contributo allo studio dell'essiccazione delle paste alimentari*, p.18
24. Lalande, *Voyage*, VI, p.393
25. Malouin, *Description et détails*, p.107
26. 同上 . パスタの現在の名称については , *Pastario*, p.29 を参照
27. 本書 p117 以降を参照
28. Malouin, *Description et détails*, p.110
29. Labat, *Voyage*, II, pp.40 以降
30. Corrado, *Notiziario*, p.121
31. Santoliquido, *Relazione de'saggi delle manifatture esposte alla mostra del 1841 e proposta de' premi*, Sada, *Spaghetti*, pp.65 以降参照
32. Giustiniani, *Nuova collezione*, t.II, a.1665, bando 13, fol. 200
33. Chabrol, *Statistica delle provincie di Savona, di Oneglia, di Acqui*, t.II, p.290
34. 同上

cfr. Sada, *Spaghetti*, p.58

53. ミラノ図書館, ms Z 226 (sup.), Sada, *Spaghetti*, p.57 で引用; Bevere, *Ordigni ed utensili per l'esercizio di arti e industrie, mezzi di trasporto ed armi* も参照

54. Manetti, *Delle specie diverse difrumento e di pane,* p.53

55. Soderini, *Trattato de agricoltura*, p.109

56. Crescenzi, *De agricoltura volgare*, p.130

57. Malouin, *Description et détatis des arts du meunier, du vermicelier et duboulanger,* p.103

第3章

1. Despars, *Primus Canonis Avic.principls cum explain* (1498), アヴィケンナによる注釈L. I, f.3, d.II, cap.7, Laurioux, *Des lasagnes romaine-saux vermicelles arabes*, p.214 で引用

2. ナポリ市歴史資料館（ＡＳＭＮ）*Assisae*, t.5 (1572), foll.145 以降

3. Prato, *Il Clypeo del gentilhuomo*, p.154

4. Chabrol, *Statistica delle provincie di Savona, di Oneglia, di Acqui*, t. II, p.290

5. Rovetta, *Industria del pastificio* (1929), pp.28 以降

6. *Biblioteca di Campagna ò sia Raccolta di memorie,* t. II, p.61

7. ASMN, *Assisae*, t.9, 1576, fol.199 t

8. Giustiniani, *Nuova collezione delle prammatiche del Regno di Napoli*, t. II, a.1604, bando 6, fol.121

9. Estienne e Liebault, *La maison rustique*, I, 5

10. *Tresor de santé*, I, p.22

11. Giacchero, *Storia economica del Settecento genovese*, p.278

12. *Biblioteca di Campagna*, t.II, p.6I

13. Malouin, *Description et détail des arts du meunier, du vermicellier*, p.98

14. Scappi, *Opera*, II, cap.153

15. Targioni Tozzetti, *Sitologia*, att.I, pp.8 および 25

16. Lalande, *Voyage d'un français en Italie*, vol.VI, p.393

17. Coniglio, *Annona e calmieri napoletani durante la dominazione spagnuola*, p.42

18. Alifano, *Il grano, il pane e la politica annonaria a Napoli nel Settecento*, pp. 35 以降

19. Coniglio, *Annona e calmieri,* pp.124, 129, 117; Di Cieco, *Le istituzioni annonarie nel Regno di Napoli*, p.532

20. Giustiniani, *Nuova collezione*, t.II, a.1713, bando 15, fol. 16, Fusco, *Pagine di storia viste dalla parte degli sconfitti*, p.215, doc.22 で概要を引用

21. Giustiniani, sintesi dei bandi in Fusco, *Pagine di storia*, p.208, doc.15

22. ASMN, *Assisae*, t.5, 1572, follo 145 以降

23. p.99 で概要を引用

24. Giacchero, *Storia economica*, p.278

25. Majetti, *Associazioni di arti e mestieri*

26.「戦争, 飢饉, 不作で小麦が不足している際には, タラッリ, スサメッリ, チェップーレ, マカルーネ, トリイ・ヴェルミチェッリおよびその他のパスタは製造してはならない. ただし疫病の場合は除く」1509年1月25日付の通達：Giustiniani, *Nuova collezione*, t.II, pp.166

27. Sereni, *Note di storia dell' alimentazione nel Mezzogiorno*, p.338

28. Giustiniani, *Nuova collezione*, t.II, a.1598, bando 5, fol.188 t

29. Agnesi, *Alcune notizie*, p.75

30. Giacchero, *Storia economica*, p.278

31. Agnesi, *Alcune notizie*, p.70

32. Sada, *Spaghetti e compagni*, p.52

33. Garzoni, *La piazza universale di tutte le professioni*, p.544

34. Portesi, *L'industria della pasta alimentare*, p.26

35. ローマ, カサナテンセ図書館, Agnesi, *Alcune notizie*, p.70 で引用

36.『料理の書』II 10

37. 本書 p.48 参照; Maggiore e Perni, *La popolazione di Sicilia e di Palermo*, pp.564, 568

38. Coniglio, *Annona e calmieri,* tavv. XIV および XV, pp.182 以降, figg.8 と 9, pp.192 以降

39. Aiello, *Breve discorso sopra l'imminente peste nel regno di Napoli l'anno1575-76-77*, in *Petraccone, Bottegai e piccoli commercianti a Napoli*

40. 同上

41. Di Cicco, *L' istituzioni annonarie nel Regno di Napoli*, p.535, 注 29

42. Giustiniani, *Nuova collezione*, t.II,a.1587,

Città nostra de Molfetta, Neapolis, XVIII Iunii XCLXXII», Sada, *Spaghetti*, pp.38 以降

13. Statuti e Consuetudini dell'Università di Bisceglie, Sada, *Spaghetti*, p.38 で引用
14. Galoppini, *Le commerce* des *pâtes* alimentalres dans les Aduanas Sardas, pp.111-127
15. Pegolotti, *Pratica della mercatura*, p.297; Gual Camarena, El primer manual hispanlco de mercadeia（siglo XV）p.82, Galoppini, *Le commerce*, p.118 で引用
16. *Covarrubias, Tesoro de la lengua castellana o espanōla*, p.592 b. Rosenberger, *Les pâtes*, p.97 で引用
17. Galoppini, *Le commerce*, p.116; カリアリのカンターラはバルセロナと同様，104 リッブラ（約 41.6 キロ）
18. *Annales d'Avlgnon et du Comptat*（1926）, pp.40-63. Flandrin, *Les pâtes dans la cuisine provençale*, p.70, グラッセ商業資料館 BB1, f.24v,cit.：Stouff, *Ravitaillement et alimentatlon en Provence*, p.51
19. *Tresor de santé*, libro I, p.23
20. Flandrin, *Les pâtes*, pp.70 以降
21. Sanchez Martinez, *Commercio nazari y plrateria catalano-aragoneza*, doc.7, p.85, Rosenberger, *Les pâtes*, pp.97 以降で引用
22. *Registrum Curlae Archlep. Januensis*, in «Atti liguri», Il, 2; *Liber jurlumrepublicae januensis*, in «Historia patriae Monumenta», t.VII, IX, 1854-1857, Sada, *Spaghetti*, p.23 で引用
23. Sereni, *Note di storia*, p.336; Sada, *Spaghetti*, pp.23 以降
24. Ferrante-Olla Repetto, *L'alimentazione a Cagliari nel* '400, p.1480
25. Galoppini, *Le commerce*, p.117
26. *Llber de coquina II 66: Tria ianuensis*; Zambrini, *Libro della cucina*, p.87
27. 本書第 8 章 2 参照
28. *El primer manual hispanico*, p.82, Galoppini, *Le commerce*, p.118
29. カリアリ国立文書館，AAR, t. B 8, n.8, Ferrante-Olla Repetto, *L'alimentazione a Cagliari*, p.1480
30. Galoppini, *Le commerce*, p.124
31. *Pragmatlca IV* «de officio Magistri Portulani de maestro Portolano Requirens», Sereni, *Note di storia*, p.336 で引用
32. Bitossi, *L'alimentazione delle forze armate della Repubblica di Genova*, p.805
33. ジェノヴァ国立文書館，Agnesi, *Alcune notizie*, p.33 で引用
34. Rosenberger, *Les pâtes*, p.83
35. Galoppini, *Le commerce*, p.126
36. Capasso, *Breve cronaca di G.De Spenis*, Sada, *Spaghetti*, p.43 で引用
37. Redon-Laurioux, *Constitution*, p.53
38. Velluti, «Cronache di Firenze dal 1367 al 1370»
39. Redon-Laurioux, *L'apparition*, p.102
40. *Statuta victualium civitatis et ducatus Mediolani*, 1421, cap.183, in Agnesi, *Alcune notizie*, p.42
41. 同書 p.75
42. フィレンツェ国立文書館，サンタ・マリア・ヌオーヴァ 4390, f.3v, cit.：Pinto, *Il libro del Biadaiuolo*, p.33
43.『料理の書』III 3. これ以外にも，マルティーノの手稿に「セモリナ粉の調理法」という題でプーリアの料理が紹介されている（マルティーノ p.182）. その後については，スカッピ『料理術』t. II,, cap.153 参照
44. *Biblioteca di Campagna ò sia Raccolta di memorie, osservazioni ed esperienzeagrarie*, t. II, p.61
45. Rodinson, *Recherches sur les documents arabes relatifs à la cuisine*, pp96-164; Rosenberger, *Les pâtes*, pp.78-98
46. Opsomer, *L'art de vivre en santé*, p.11
47. Ibn Butlam, *Kitab Taqwîm as-sihha*.（健康年鑑）には，翻訳の場所，日付はおろか，訳者名さえ記されていない. 訳者については，のちにフラグ・ベン・サレムと判明し，翻訳されたのは 13 世紀後半頃と判明：Opsomer, *L'art de vivre*, p.19 参照
48. 同書 p.23
49. Cogliati Arano, *Taculnum sanitatis*, pp.86, 138
50. Martino, pp.107, 183, 237
51. 同書 p.183
52. *Codice Diplomatico Barese*, t.I, a.1215; ゼッカ文書館 a. 1314; *Chartularium cupersanensa*, a cura di Morea, p.145, ゼッカ文書館, a.1269;

dans les Aduanas Sardas, pp.111- 127
67. 同書 p.123
68. Grewe, *Libre de Sent Sovi*, pp.182 以降 ; Rosenberger, *Les pâtes*, p.97; Laurioux, *Des lasagnes*, pp.212 以降
69. Corominas, *Diccionario critico étimológico de la lengua castellana*, pp.515 以降
70. Kosover, *Food and Beverages*, pp.60 以降
71. *Dictionnaire encyclopédique du Judaïsme*, pp.423 以降 ; Bahloul, Le culte, pp.164 以降
72. Darmesteter-Blondheim, *Les gloses françaises dans les commentaires talmudiques*, p.142
73. 転訛については , シュムエル・ブニムがコソヴァーの研究した西イディッシュ語をもとに解説している . 注 72 の書では「trijes」のみ取りあげているが , この種の語は 1200 語以上にものぼり , とてもすべては検証できないため , コソヴァーの説を信じるしかない
74. Perry, *Notes on persian Pasta*, p.48
75. Kosover, *Food and Beverages*, pp.69 以降
76. ロジャー・サバンの証言による
77. 1420 〜 40 年にかけてフランス北部で書かれた『食物の料理方法』など .Redon-Laurioux, *L'apparition*, p.103 参照
78. Rosenberger, *Les pâtes*, pp.85 以降
79. *Dictionnaire encyclopédique du Judaïsme* pp.1237 以降
80. Galoppini, *Le commerce*
81. Rosenberger, *Les pâtes*, p.83
82. 同書 p.82
83. Martino, pp.108, 184
84. Morpurgo, *LVII ricette*, p.24; Zambrini, *Libro della cucina del secolo XIV*, p.87; Guerrini, *Frammento*, p.28
85. Morpurgo, *LVII ricette*, p.24
86. Perry, *The oldest Mediteranean Noodle*, pp.42 以降
87. *Dictionnaire encyclopédique du Judaïsme* , p.1226
88. 例外はカタロニア語の料理書に載っているレシピで , その伝統は地中海中部に起源を持つ .Grewe, *Libre de Sent Sovi* 参照
89. フランス語や英語の「マカロニ」の語源 . つくり方はイタリア風のラザーニャと同じく茹でてからチーズとバターで味をつける . *The Forme of Cury*, p.18 参照
90. Redon-Laurioux, *Constitution*, pp.58 以降参照
91. Scappi, *Opera*
92. Garzoni, *Piazza universale di tutte le professioni del mondo*, pp.297 以降
93. Martino, pp.108, 183
94. Nicoud, *Aux origines d'une médecine préventive*, p.7
95. 1481 年のベネデット・レグアルダーティ『Libellus de conservatione sanitatis』(1435 〜 38 年にかけて編纂)をウーゴ・ベンツィが翻訳 .Redon-Laurioux, *L'apparition*, p.101 および注 2. 参照
96. M.Savonarola, *Trattato utilissimo di molte regole*, p.4

第 2 章

1. Idrisi, *Il libro di Ruggero*, p.38
2. Plinio, *Naturalis Historia* XVIII 7
3. Columella, *De Re Rustica* II 9
4. Aymard-Bresc, *Nourritures et consommation en Sicile entre XIVe et XVIlle siècle*, p.593
5. パレルモ国立文書館 , 法廷記録 No.25, 布告 10:Sada, *Spaghetti e compagni*, p.37
6. Perriello Zampelli, *Mulini e costruzioni idrauliche nella costiera amalfitana* 参照
7. ピサ国立文書館 , サンタ・キアーラ病院 2545:Herlihy, *Pisa nel Duecento. Vita economica e sociale di una città italiana nel Medioevo*, p.71, 注 15 と , Lopez, *Chi ha inventato gli spaghetti?*, pp.382 以降
8. Miniero Riccio, *Archivio statale delle provincie Napoletane*, VII, fasc.I, p.28, Sada, *Spaghetti*, p.36 で引用
9. ジェノヴァ国立文書館:*Alcune notizie sugli spaghetti*, p.33
10. 『料理の書』II 66 «Tria ianuensis»
11. Zambrini, *Libro della cucina del secolo XIV*, p.87; Martino, *Macharoni alla zenovese, o veramente tagliarini, in Benporat, Cucina italiana del Quattrocento*, p.183
12. *Libro Rosso. Privilegi dell'Università di Molfetta*, t. II, Periodo aragonese, pp.220 以降; «Littera regia de Vermicellis et similibus per loca ex trahendis, etc. Rex Siciliae, et. Mastro Portulano per la Università et homini della

20. Laurioux, *Des lasagnes*, p.203
21. 同書 p.205
22. I Cronache 23, 29, Laurioux, *Des lasagnes*, p.205
23. Laurioux, *Des lasagnes*, p.205 および注 35,37
24. 同書 p.204
25. 同書 p.208
26. *Talmud de Jérusalem*, pp.275 以降．この翻訳ではギリシャ・ラテン語の「イトゥリウム」が使われているが，セレーニの意見は異なる．「9 世紀以降，シリアではパスタを指すのに〝イトゥリア〟が用いられていたが，『バビロニア・タルムード』では同じ意味でアラム語が確認できる」（Sereni, *Note di storia*, p.329）．*The oldest Mediterranean Noodle*, p.44 も参照
27. Sereni, *Note di storia*, p.330, ripreso da Laurioux, *Des lasagnes*, p.210.Duval, *La littérature syriaque*, pp.297 以降も参照
28. Redon-Laurioux, *Constitution*, p.60 によれば，3 冊の料理書で再現可能なレシピは「ヴェルミチェッリのトゥリア」，「イアヌエンシス（ジェノヴァ）のトゥリア」，「ジェノヴァのトゥリア」の 3 つのみ
29. Nicoud, *L'adaptation du discours diététique*, p.217
30. I Corinzi 5, 6-8; Fabre-Vassas, *L'azyme des Juifs et l'hostie des Chrétiens*, p.190
31. *Le Pentateuque*
32. *Le Pentateuque*, *Lévitique* 8, 26
33. *Talmud de Jérusalem*, pp.275 以降
34. *Dictionnaire encyclopédique du Judaisme*, "*Talmud*", pp.984 以降
35. *Talmud de Jérusalem*, p.276
36. 『エルサレム・タルムード』のフランス語の翻訳者，モーセ・シュワブは，「イトゥリウム」をフランス語の「ヌイユ」（タリアテッレ）と訳しているが，現代ヘブライ語では，パスタを総称して「itriyot」
37. この「取り分け」は神に対する奉納物に関する規定で定められている．Laurioux, *Des lasagnes*, p.205
38. *Talmud de Jérusalem*, p.274
39. Fabre-Vassas, *L'azyme*, p.189
40. *Liber de coquina*, III 10 e V 5, 9
41. Redon-Laurioux, *Constitution*, pp.58 以降および Redon-Laurioux, *L'apparition et la diffusion des pâtes*, p.104
42. Martino, in Benporat, *La cucina italiana del Quattrocento*, p.187
43. Rodinson, *Sur l'étymologie de 'losange'*, pp.430 以降 ; Hieatt, *An Ordinance of Pottage*, p.89
44. Rodinson, *Sur l'étymologie*, pp.426-429
45. 同書 p.434
46. Vollenweider. *Der Einfluss der italienischen auf die franzosischen Kochkunst*, pp.440-443
47. Flandrin, *Les pâtes dans la cuisine provençale*, p.67
48. マルティーノの「空気をたっぷり含ませたフリッテッレ」では，パスタは「厚すぎず，ラザーニャと同じくらいに薄くする」と指示されているが，完成した料理はラザーニャとは異なる
49. これは現代の呼称で，中世ではさまざまな名前で呼ばれていた．Redon-Laurioux, *Constitution*, pp.58 以降．Redon-Laurioux, *L'apparition*, pp.104 以降
50. Cfr. le ipotesi di Vollenweider, *Der Einfluss*, pp.440-443
51. Frati, *Libro di cucina del secolo XIV*, pp.34 以降 ; Guerrini, *Frammento di un libro di cucina*, p.44
52. Martino, pp.107, 186, 236
53. 同書 p.186
54. 『料理の書』III 11
55. Redon-Laurioux, *L'apparition*, pp.104, 108 注 49
56. Martino, pp.105, 183, 237
57. 同書 p.183 以降
58. 同書 p.105
59. Boccaccio, *Decameron* VIII 3
60. Vollenweider, *Der Einfluss*, p.432
61. Sacchetti, *Il trecentonovelle*, Novella CXXIV
62. Morpurgo, *LVII ricette*, p.24
63. Rosenberger, *Les pâtes*, p.88
64. Sekelli, *L'art culinaire à travers l'Algérie*, p.298; Bahloul, *Le culte de la Table Dressée*, pp.160 以降
65. 16 世紀の〝*Tesoro de la lengua castellana o española*〟の著者，コヴァルビアス（*Les pâtes*, p.97 注 47）
66. Galoppini, *Le commerce des pâtes alimentaires*

[注 釈]

プロローグ

1. Heun M.e A., *Site of Einkorn Wheat*, pp.1312-1313
2. 「Triticum」とその系統種の現在の呼称については, Chauvet, *Inventaire des plantes alimentaires*; Simmonds, *Evolution of Crop Plants*, pp.117-120 参照
3. Perlès, *Le strategie alimentari*, p.22; Währen, *Die Entwicklungsstationen vom Korn zum Brot*
4. Moritz, *Grain-mills and Flour in classical Antiquity*, pp.147-148; André, *L'alimentation* et la cuisine à Rome, p.58
5. André, *L'alimentation*, p.57
6. 同上 ; Blanc e Nercessian, *La cuisine romaine antique*, pp.80-89
7. André, *L'alimentation*, p.55
8. Amouretti, *La mouture des céréales*, pp.33-48
9. André, *L'alimentation*, p.52
10. Columella, citato in: Targioni Tozzetti, *Sitologia*, p.9
11. Blanc e Nercessian, *La cuisine romaine antique*, pp.80-89
12. Salza Prina Ricotti, *L'arte del convito nell' antica Roma*, p.9（写真）
13. Blanc e Nercessian, *La cuisine romaine antique*, pp.80-89
14. Drège, *La via della seta*, pp.16-2l
15. Li Fan *et al.*, *Gansusheng Minlexian*, pp.56-69
16. Hsu Cho-yun, *Han Agriculture*, p.85, p.244
17. Shih Shêng-Han, *On «Fan Shêng-chih shu»*, p.17
18. Bray, *Agriculture*, p.443
19. つねに大麦も小麦も「麦《マイ》」と表記されている
20. Wei Si, *Woguo yuanxing shimo*, p.27
21. Amouretti, *La mouture des céréales*
22. 「餅《ピン》」の語義的変遷の詳細については, Sabban, *De la Main à la pâte* を参照

第 1 章

1. Prezzolini, *Maccheroni & C.*, p.228
2. La Cecla, *La pasta e la pizza*, p.62; *Alberini, Maccheroni e spaghetti*, p.42
3. Lando, Catalogo, pp.126, 260
4. Lopez, *Chi ha inventato gli spaghetti?*, pp.381-383
5. Sada, *Spaghetti e compagni*. ローゼンバーガーの影響を受けた考察は, *Les pâtes dans le monde Musulman*, p.91 を参照
6. Rosenberger, *Les pâtes*, p.91; Mangeot, *L'orge au Ladakh*, p.135
7. Vedi le fotografie in Nickles, *La cuisine du Moyen-Orient*, pp.104-106（写真）
8. Corbier, *La fava e la murena*, p.167
9. Maurizio, *Histoire de l'alimentation végétale*, pp.484-486
10. Montanari, *Sistemi alimentari e modelli di civiltà*, p.76
11. Corbier, *La fava e la murena*, p.167
12. Montanari, *Sistemi alimentari*, p.81「パンとワインを神聖化し……キリスト教は新たにローマの食品の価格基準を強化して, 中世から受け継がれている精神をあらためて強調した」
13. Redon-Laurioux, *Constitution d'une nouvelle catégorie culinaire?*, p.52
14. Sereni, *Note di storia dell'alimentazione nel Mezzogiorno*, pp.324-331
15. Laurioux, *Des lasagnes aux vermicelles arabes*, pp.212-214
16. Rodinson, *Les influences de la civilisation musulmane*, pp.492-493. その後, 1958 年に, *Note di storia*, pp.325-326 で引き継がれ, さまざまな説が派生したのち, 1995 年に, *Des lasagnes*, pp.199-215 にふたたび登場している
17. Sereni, *Note di storia*, pp.325-326; Laurioux, *Des lasagnes*, p.203
18. Ateneo, III 113a-d, XIV 647c; Laurioux, *Des lasagnes*, p.203
19. *Nouvelle biographie générale*, ではこの分類に否定的だが, 1 世紀半ばにはすでに分類されていたとする説もある . *Paulys Realencyclopädie des classischen Altertumswissenschaft* も参照

di), Zhongguo shangye chubanshe, Pechino 1985.

Qiu Pangtong, *Zhongguo miandian shi*, Qingdao chubanshe, Qingdao 1995.

Qu Duizhi, *Handai fengsu zhidu shi*, Shanghai wenyi chubanshe, Shanghai 1991 [1928].

Qu Hua, *Zhongguo liangshi jiagong de lishi yange yu fazhan fangxiang, Shoujie Zhongguo yinshi wenhua guoji yantaohui (The First International Symposium on Chinese Dietetic Culture, collected papers)*, Pechino luglio 1991, pp. 748-751.

San Guo zhi, Chen Shou (233-297), comp., cap. 64, 19, vol. V, Zhonghua shuju, Pechino 1975 [1956], p. 1430.

Shanfujing shoulu, Bilinlangguan congshu, bingbu.

Shi Yaozeng, *Hundun he Guanzhong Dongfu minsu*, in «Minsu yanjiu», 1992, 4, pp. 66-67.

Shiming, Liu Xi (200), comp., *Shiming shu zheng bu*, Wang Xianqian (1842-1918) (a cura di), cap. 4, Shanghai guji chubanshe, Shanghai 1984.

Shishuo xinyu jiaojian, Xu Zhen'e (a cura di), vol. I, *Wenxuepian* 79, Zhongghua shuju, Pechino 1984, p. 141.

Shiwu jiyuan, Gao Cheng, comp., Wang Yunwu (a cura di), Shangwu yinshuguan, 4, p. 333 (*Congshu jicheng*).

Shu Xi, *Bingfu*, in Yan Kejun (1762-1843) (a cura di), *Quan Shanggu Sandai Qin Han Sanguo Liuchao wen. Quan Jinwen*, vol. II, cap. 87, Zhonghua shuju, Pechino 1987 [1958], p. 1962 b.

Shuowen jiezi, Xu Shen (124), comp., *Shuowen jiezi zhu*, Duan Yucai (1735-1815) (a cura di), Shanghai guji chlibanshe, Shanghai 1988 [1981].

Simin yueling, Cui Shi (110-170), comp., Shi Shenghan (a cura di), Zhonghua shuju chubanshe, Pechino 1965.

Songshi yangshengbu, Song Xu (fl. 1504), Tao Wentai (a cura di), Zhongguo shangye chubanshe, Pechino 1989.

Taiping yulan, Li Fang (925-996), comp., vol. IV, cap. 860, sez. 18, *yinshi bu*, Zhonghua shuju, Pechino 1985 [1960], pp. 3818-3820.

Tan Qiguang, *Tulufan chutu de Tangdai nang, jiaozi; hundun ji huashi dianxin*, in «Zhongguo pengren», 1987, 11, pp. 12 sg.

Tanaka, Tan, *Kodai Chûgoku gazô no kappô to inshoku*, in Ishige Naomichi (a cura di), *Higashi Ajia no shokuji bunka*, Heibonsha, Tokyo 1986, pp. 245-316.

Tao Zhengang *et al.*, *Zhongguo pengren wenxian tiyao*, Zhongguo shangye chubanshe, Pechino 1986.

Wang Changxin *et al.*, *Shanxi mianshi*, Shanxi kexue jishu chubanshe, Taiyuan 1999.

Wang Liqi *et al.*, *Lüshi chunqiu benwei pian*, Zhongguo shangye chubanshe, Pechino 1983 (*Zhongguo pengren guji congkan*).

Wang Longxue, *Ye shuo botuo*, in «Zhongguo pengren», 1991, 11, pp. 15 sg.

Wang Renxiang, *Min yi shi wei tian. Zhongguo yinshi wenhua*, vol. I, Zhonghua shliju, Pechino 1989.

Wang Renxiang, *Taiping yulan. yinshi bu*, Zhongguo shangye chubanshe, Pechino 1993 (*Zhongguo pengren guji congkan*).

Wei Si, *Woguo yuanxing shimo qiyuan lishi chutan*, in «Zhongguo nongshi», 1987, 1, pp. 26-29.

Wen lisu, Dong Xun (Wei settentrionali), *Yuhan shanfang ji yishu, Yili lei.*

Wu Jun, *Bingshuo*, in Yan Kejun (1762-1843) (a cura di), *Quan Shanggu Sandai Qin Han Sanguo Liuchao wen. Quan Liangwen*, vol. IV, cap. 16, Zhonghua shuju, Pechino 1987 [1958], p. 3306 b.

Wu Jun, *Shiyi*, in Yan Kejun (1762-1843) (a cura di), *Quan Shanggu Sandai Qin Han Sanguo Liuchao wen. Quan Liangwen*, vol. IV, cap. 16, Zhonghua shuju, Pechino 1987 [1958], p. 3306 a.

Wulin jiushi, cap. 3, *Dongzhi, Zhejiang* renmin chubanshe, Hangzhou 1984.

Yiwen leiju, Ouyang Xun (557-641), comp., vol. II, cap. 72, Zhonghua shuju, Pechino 1965, p. 1241.

Yu Chan, *Ebing fu xu*, in Yan Kejun (1762-1843) (a cura di), *Quan Shanggu Sandai Qin Han Sanguo Liuchao wen. Quan Jinwen*, vol. II, cap. 38, Zhonghua shuju, Pechino 1987 [1958], p. 1680 a.

Yuhan shanfang ji yishu, Yili lei, Ma Guohan (1794-1857) (a cura di).

Yun Feng, *Miantiao guqu*, in «Zhongguo pengren», 1987, 11, p. 9. (Za)*jifa*, Lu Chen (284-350), comp., *Yuhan shanfang ji yishu, Yili lei.*

Zhang Menglun, *Han Wei yinshi kao*, Lanzhou daxue chubanshe, Lanzhou 1988.

Zheng Jianye, *Zhongguo miantiao zhizuo jiyi yuanliu xilun*, in Li Shijing (a cura di), *Zhonghua shiyuan*, vol. 9, Zhongguo kexue chubanshe, Pechino 1996.

Zhongguo wenxuejia cidian, gudai, I, Sichuan renmin chubanshe, Chengdu 1980.

Zhu Ruixi, *Songdai shehui yanjiu*, Zhongzhou shuhuashe chuban, Henan sheng 1983.

2. 和書、中国書

A Ying, *Mantan hundun*, in «Zhongguo pengren», 9 (1990), pp. 9 sg.

Beitang shuchao, Yu Shinan (558-638), comp., cap. 142, *jiu shi*, «vino e cibo»; cap. 102; cap. 144, Guji chubanshe, Tianjin 1988, pp. 633-670.

Chen Ju *et al.*, *Jiasu yingli sciaomai scin pinzhong jiagong changyehua de kaifa*, in «Zhongguo shiiou yu yingyang» [Food & Nutrition in China], 1997, 3, pp. 13-15.

Chen Weiming, *Tang Song yinshi wenhua chutan*, Zhongguo shangye chubanshe, Pechino 1993.

Chuxueji, Xu Jian (659-729), comp., vol. II, cap. 26, sez. 17, Zhonghua shuju, Pechino 1962, pp. 642-644.

Ennin, *Nittô-guhô-junrei-kôkz; 838-846*, Bussho-kankôkai (a cura di), Dainihon-bukkyô-zensho, rist. Tokyo 1917.

Fang Yanshou, *Mingdai keshujia Xiong Zongli shukao*, in «Wenxian», 1987, 1, pp. 228-243.

Fangyan jianshu, Qian Yi (a cura di) [prefazione dell'ed. 1851], cap. 13, 412 b., vol. II, Guji chubanshe, Shanghai 1984, p. 806.

Fu Xuan (217-278), *Qimo*, in Yan Kejun (1762-1843) (a cura di), *Quan Shanggu Sandai Qin Han Sanguo Liuchao wen. Quan Jinwen* [1958], vol. II, 46, Zhonghua shuju, Pechino 1987, p. 1723 b.

Hanshu, Ban Gu (32-92), comp., Zhonghua shuju, Pechino 1990 [1962]

Hong Guangzhu, *Zhongguo shipin keji shigao*, Zhongguo shangye chubanshe, Pechino 1984.

Hou Hanshu, Fan ye (395-445), comp., Zhonghua shuju, Pechino 1987 [1965]

Hu Daojing, *Yuan zhixun kanben 'Shilin guangji' jieti*, in Hu Daojing (a cura di), *Nongshu. Nongshi lunji*, Nongye chubanshe, Pechino 1985, pp. 236-252.

Huan Tan, *Xinlun*, in Yan Kejun (1762-1843) (a cura di), *Quan Shanggu Sandai Qin Han Sanguo Liuchao wen. Quan Hanwen*, vol. I, 14, Zhonghua shuju, Pechino 1987 [1958], p. 544 a.

Ishige Naomichi, *Bunka menrui gaku mendan*, Hudeiamu komienikeshyon kabushiki kaisha / Foodeum Communication Corporation, Tokyo 1994.

Jia Huixuan, *ZhongRi yinshi wenhua bijiao yanjiu*, Beijing daxue chubanshe, Pechino 1999.

Jidian, Fan Wang (301-365), comp., in *Yuhan shanfang ji yishu, Yili lei.*

Jijiupian, Shi You (?48-?32), comp., Wang Yunwu (a cura di), cap. 2, Shangwu yinshuguan, Taibei 1965, pp. 132-133 (*Congshu jicheng jianbian*).

Jing Chu suishzji, Zong Lin (sec. VI), comp., *Jing Chu suishiji yizhu*, Tan Lin (a cura di), Hubei renmin chubanshe, s.l. 1985.

Jinshu, Fang Xuanling (578-648), Zhonghua shuju, Pechino 1974.

Kui Ming, Tan '*mianjin*', in «Zhongguo pengren», 1988, 9, p. 22.

Li Bin, *Shuo botuo*: in «Zhongguo pengren», 1991, 3, p. 14.

Li Fan *et al.*, *Gansusheng Minlexian Donghuishan Xinshiqi yizhi gu nongye yicun xin faxian*, in «Nongye kaogu», 1989, 1, pp. 56-69.

Li Hu, Han *Tang yinshi wenhua shi*, Shifan daxue chubanshe, Pechino 1998, pp. 70-77 e pp. 212-218.

Liangshu, Yao Silian (637), comp., Zhonghua shuju chubanshe, Pechino 1973.

Lu Xun, *Lu Xun quanji*, vol. IX, Renmin wenxue chubanshe, Pechino 1973.

Lu You (1125-1210), *Jiannan shigao jiaozhu*, Qian Zhonglian (a cura di), vol. V, Shanghai guji chubanshe, Shanghai 1985.

Lüshi chunqiu jiaoshi, Chen Qiyou (a cura di), vol. I, Benwei, Xuelin chubanshe, Shanghai 1994.

Mengqi bitan, Shen Gua (1031-1095), comp., *Mengqi bitan quan yi*, Li Wenze *et al.*, trad., Bashu shushe, Chengdu 1996.

Miao Guobin, *Zhongguo mianjin cai*, Heilongjiang kexue jishu chubanshe, Haerbin 1999.

Mozi jiangu, Sun Yirang (1848-1908), comp., vol. II, cap. 11, *Gengzhu*, 46, Zhonghua shuju, Pechino 1986, p. 399.

Nongshu, Wang Zhen (fl. 1295-1304), comp., *DongLu Wangshi nongshu yizhu*, Miao Qiyu (a cura di), Shanghai guji chubanshe, Shanghai 1994.

Qian Zhongshu, *Guanzhuibian*, vol. III, Zhonghua shuju, Pechino 1979.

Qimin yaoshu, Jia Sixie (530-540), comp., *Qimin yaoshu jiaoshi*, Miao Qiyu (a cura di), Zhongguo nongye chubanshe, II ed., Pechino 1998.

Qingyilu, Tao Gu (?-970), comp., Li Yimin *et al.* (a cura

Plants, Longman, London-New York 1979.
Skinner R.P., *Semolina and Macaroni*, Government Printing Office, Washington 1902.
Soderini G.V., *Trattato de agricoltura*, Firenze 1811 (I ed. del ms. del XVI secolo).
Spadaccini C., *Novello e Grande Stabilimento di Paste coll'Uomo di Bronzo,* Napoli 1833, n. ed. a cura di L. Mancusi Sorrentino, Dante & Descartes, Napoli 1998.
Spaggiari P., *L'anolino di Parma, mito e tradizione*, Guatteri, Reggio Emilia 1988.
Spatuzzi A.-Somma L., *Saggi igienici e medici sull'alimentazione del popolo minuto di Napoli*, Stamperia della R. Università, Napoli 1863.
Stefani B., *L'Arte di ben cucinare,* Mantova 1662, rist. Arnaldo Forni, Sala Bolognese 1978.
Stefanile M., *Invito ai maccheroni*, Montanino, Napoli s.d.
Stefanile M., *Partenope in cucina*, Edizioni di G. e M. Benincasa, Napoli 1988.
Stouff L., *Ravitaillement et alimentation en Provence aux XIVe et XVe siècles*, Paris-La Haye 1971.
Süthold M. (a cura di), *Manoscritto lucano*, Librairie Droz, Genève 1994.
Talmud de Jérusalem (Le), tradotto in fr. da Moïse Schwab, Maisonneuve et Larose, Paris 1977.
Tanara V., *L'Economia del cittadino in villa,* Venezia 1651.
Targioni-Tozzetti G., *Sitologia, ovvero raccolta di osservazionz, di esperienze e ragionamenti sopra la natura e qualità dei grani e delle farine per il panificio*, Livorno 1765.
T. D. G., *In lode de' Maccheroni e de' Pomidori, Napoli 1831. Tedeschini et al., Barilla*, Parma 1990.
Thresor de santé ou mesnage de la vie humaine (Le), Lyon 1607.
Traglia G. (a cura di), *Il lunario della pasta*, Casa editrice Ceschina, Milano 1956.
Trombert É., *Le crédit à Dunhuang. Vie matérielle et société en Chine médiévale*, Collège de France-Institut des Hautes Études Chinoises, Paris 1995.
Trombert É., *La fête du 8e jour du 2e mois à Dunhuang d'après les comptes des monastères*, in J.-P. Drège (a cura di), *De Dunhuang au Japon. Études chinoises et bouddhiques offertes à Michel Soymié*, Droz, Paris 1996, pp. 25-72.
«Unigrains», giugno 1998.
U.N.I.P.I. (Unione Nazionale Industriali Pastai Italiani), *Tavole statistiche*, Roma 1994 e 1999 (2 voll.).
Vanossi L., *Bibliografia italiana sulla farina, sulla pasta e sul pane*, Editrice Tecnica Molitoria, Pinerolo 1964.
Velluti D., *La cronica domestica di Donato Vellutz; scritta fra il 1367 e il 1370, con le addizioni di Paolo Velluti scritte fra il 1555 e il 1560, dai manoscritti originali*, a cura di I. del Lungo e G. Volpi, Firenze 1914.
Vera cucina italiana:(La), Istituto Editoriale Italiano, Milano 1934.
Vera cucina lombarda senza pretese ridotta all'ultimo gusto (La), Milano 1890, rist. Arnaldo Forni, Sala Bolognese 1991.
Vialardi G., *Trattato di cucina. Pasticceria moderna*, Torino 1854, rist. Arnaldo Forni, Sala Bolognese 1986.
Vittorelli J.A., *La Maccheroneide, in Raccolta di poemetti didascalici originali e tradotti*, vol. XII, Destefanis, Milano 1823.
Vollenweider A., *Der Einfluss der italienischen auf die französische Kochkunst im Spiegel der Sprache (Historischer Überblick)*, in «Vox Romanica», 22/1, 22/2 (1964), pp. 59-88 e pp. 397-443.
Wang T.-Anderson E.N., *Ni Tsan and His Cloud Forest Hall Collection of Rules for Drinking and Eating*, in «Petits Propos Culinaires», 60 (1998), pp. 24-41.
Währen M., *Die Entwicklungsstationen vom Korn zum Brot im 5. und 4. Jahrtausend, in* «Getreide, Mehl und Brot», Bochum 1985, 39, pp. 373-379.
Wood B.M., *Foods of the Foreign Born in Relation to Health*, Boston 1922.
Zagli N., *L'industria della pastzficazione in Italia: Il caso Barilla (1947-1997)*, tesi di laurea, Università degli Studi di Firenze, Firenze 1997 (dattiloscritto).
Zambrini F. (a cura di), *Libro della cucina del secolo XIV*, Bologna 1968 [1863].

Romoli D., *La singolar dottrina,* Venezia 1560.

Rosenberger B. *Les pâtes dans le monde Musulman,* in «Médiévales», n°16-17 (1989), pp. 77-98.

Rosenberger B., *Diverses manières de consommer les céréales dans le Maghreb précolonial,* in *La Alimentación en las culturas islámicas,* Estudios ordenados por M. Marín y D. Waines, Agencia Espanõla de la Cooperación internacional, Madrid 1994.

Rossetti G.B., *Dello Scaleo,* Ferrara 1584, rist. Arnaldo Forni, Sala Bolognese 1991.

Rovetta R, *Industria del pastificio,* Hoepli, Milano 1908, II ed. 1921, III ed. 1929.

Sabban F., *Court Cuisine in Fourteenth-Century Imperial China: Some Culinary Aspects of Hu Sihui's Yinshan zhengyao,* in «Food & Foodways», 1986, vol. I/2, pp. 161-196.

Sabban F., *De la Main à la pate. Réflexion sur l'origine des pâtes alimentaires et les transformations du blé en Chine ancienne (IIIe siècle avo f.-C.-VIe siècle ap. f.-C),* in «L'homme», 113 (1990), pp. 102-137.

Sabban F., *L'ordre alimentaire du Qimin yaoshu déchiffré dans son sommaire,* manoscritto inedito.

Sabban F., *La diète parfaite d'un lettré retiré sous les Song du Sud,* in «Études chinoises», XVI (1997), 1, pp. 7-58.

Sabban F., *Quand la lorme transcende l' objet. Histoire des pâtes alimentaires en Chine ancienne (IIIe siècle av. f.-C.-IIIe siècle ap. J.C),* in «Annales. HSS», 4 (2000), pp. 791-824.

Sabban F., *'Suivre les temps du ciel': économie ménagère et gestion du temps dans la Chine du VIe siècle,* in M. Aymard-C. Grignon-F. Sabban (a cura di), *Le temps de manger. Alimentation, emploi du temps et rythmes sociaux,* Éditions de la Maison des sciences de l'homme-Institut National de la Recherche Agronomique, Paris 1993, pp. 81-108.

Sabban F., *Some Remarks about the translation of Yunlintang yinshi zhidu ji published in PPC 60,* in «Petits Propos Culinaires», 61 (1999), pp. 38-41.

Sabban-Serventi F., *Ravioli cristallins et tagliatelle rouges: les pâtes chinoises entre XIIe et XIVe siècle,* in «Médiévales», 16-17 (1989), pp. 29-50.

Sabban F.-Serventi S., *A tavola nel Rinascimento,* Laterza, Roma Bari 1996.

Sabban F.-Serventi S., *La gastronomie au Grand Siècle,* Stock, Paris 1998.

Sacchetti F., *Il Trecentonovelle,* a cura di A. Lanza, Sansoni, Firenze 1984.

Sada L., *Spaghetti e compagni,* Edizioni del Centro Libraio, Bari Santo Spirito 1982.

Sada L.-Valente V. (a cura di), *Liber de coquina. Libro della cucina del XIII secolo. Il capostipite meridionale della cucina italiana,* Bari 1995.

Salimbene De Adam, *Cronica,* Laterza, Bari 1966 (2 voll.).

Salza Prina Ricotti E., *L'arte del convito nell' antica Roma,* L'Erma di Bretschneider Roma 1983.

Sanchez Martinez M., *Commercio nazari y piratería catalano-aragoneza,* in *Relationes de la Peninsula iberica con el Magreb (Siglos XIII-XVI). Actas del coloquio,* a cura di M. García Arenal-M.J. Viguera, Madrid 1988.

Savary des Bruslons J., *Dictionnaire raisonné de Commerce,* Paris 1723.

Savonarola M., *Trattato utilissimo di molte regole per conservare la sanità,* Gli eredi di G. Paduano, Venezia 1554.

Scappi B., *Opera,* Venezia 1570, rist. Arnaldo Forni, Sala Bolognese 1981.

Seigneurie A., *Annuaire général de l'épicerie française et des industries annexes,* Paris 1898.

Sekelli Z., *L'art culinaire à travers l'Algérie,* Entreprise nationale du livre, Alger 1988.

Sereni E., *Note di storia dell'alimentazione nel Mezzogiorno: I napoletani da 'mangiafoglia' a 'mangiamaccheroni',* in *Terra nuova e buoi rossi,* Einaudi, Torino 1981 (da Cronache meridionali, 1958).

Sgruttendio F., *La tiorba a taccone de Felippo Sgruttendio descafa to,* Napoli 1783.

Shih Shêng-Han, On *«Fan Shêng-chih shu». An Agriculturist Book of China Written by Fan Shêng-chih in the First Century B.C.,* Science Press, Pechino 1963.

Sigaut F., *Moulins, industrie et société,* in «Culture technique», 16, 1986.

Silvagni D., *Scene della vita napoletana,* Napoli 1872.

Simmonds N.W. (a cura di), *Evolution of Crop*

cura di), *A Soup lor the Qan.*

Perry C., *Notes on Persian Pasta,* in «Petits Propos Culinaires», 10, pp. 48 sg.

Perry C., *The oldest Mediterranean Noodle*: A Cautionary Tale, in «Petits Propos Culinaires», 9, pp. 42-44.

Petraccone C., *Bottegai e piccoli commercianti a Napoli nella prima metà del XVII secolo,* in «Archivio Storico per le Province Napoletane», III serie, XVII (1978).

Petroni G., *Della Storia di Bari* (1860-1895), a cura di V. Roppo, Bari 1912.

Picard A., *Exposition universelle internationale de 1889 à Paris-Rapport du jury inter-national,* Imprimeric Nationale, Paris 1891.

Picard A., *Exposition Universelle de 1900 à Paris: Le bilan d'un siècle (1801-1900),* Imprimerie Nationale, Paris 1906.

Pinto G., *Il libro del Biadaiuolo. Carestie e Annona a Firenze dalla metà del '200 al 1348,* Olschki, Firenze 1978.

Pirazzoli-t'Serstevens *M., La Chine des Han. Histoire et Civilisation,* Office du Livre S.A., Fribourg 1982.

Pirazzoli-t'Serstevens M., *Mawangdui, les tombes d'une maison noble, in Chine antique. Voyage de l'âme. Trésors archéologiques de la province du Hunan (XIIIe siècle avo J.-C.-IIe siècle ap. J.-C.),* Abbaye de Daoulas-Musée Provincial du Hunan, Changsha 1992, pp. 83-107.

Platina B., *Il piacere onesto e la buona salute,* a cura di E. Faccioli, Einaudi, Torino 1985 (I ed. latina: De *honesta voluptate et valetudine,* Roma 1474).

Platine B., *Platine en François,* Paris 1539.

Portesi G., *L'industria della pasta alimentare,* Editrice Molini d'Italia, Roma 1957.

«Pot-au-feu (Le)», n. 23, dicembre 1910, in vol. 1909-1910 (numeri 1-23).

Pozzolini Siciliani C., *Napoli e dintorni,* Morano, Napoli 1880.

Prato G., *Il clypeo del gentilhuomo,* a cura di G. Bera, Sagittario editore, Asti 1996.

Prezzolini G., *Maccheroni & C.,* Longanesi, Milano 1957.

«Qualité blé dur», contributi presentati al convegno Perspectives blé dur, Toulouse-Labège 26 nov. 1996, Institut Technique des Céréales et des Fourrages (ITCF), Paris 1996.

Rawson J., *Mysteries of Ancient China. New Discoveries from the Early Dynasties,* British Museum Press, London 1996.

Rebora G., *La cucina medievale italiana tra oriente e occidente, in Studi in onore di Luigi Bulferetti,* «Miscellanea di Storia ligure», 19 (1987), numeri 1-2, pp. 1431-1578.

Redon O.-Sabban F.-Serventi S., *A tavola nel Medioevo,* Laterza, Roma-Bari 1994.

Redon O.-Laurioux B., *Constitution d'une nouvelle catégorie culinaire?,* in «Médiévales», n°16-17 (1989), pp. 51-60.

Redon O.-Laurioux B., *L'apparition et la diffusion des pâtes sèches en Italie (XIIIe-XVIe siècles), in D. Meeks*-D. Garcia, T*echniques et économie antiques et médiévales: le temps de l'innovation,* Errance, Paris (Colloque international, Aix-en-Provence 21-23 mai 1996), pp. 101-108.

Regnault-Desroziers P., *Exposition universelle internationale de 1900 à Paris, Rapport du jury international,* Imprimerie Nationale, Paris 1902.

Renaud S., *Le régime santé,* Odile Jacob, Paris 1995.

Renaudin C., *La fabrication des pâtes alimen-taires,* Dunod, Paris 1951.

Reuleux F., *Chimico della vita quotidiana,* Torino 1889.

«Revue de la Meunerie (La)», n°578, 1932.

Rodinson M., *Les influences de la civi-lisation musulmane sur la civilisation européenne médiévale dans les domai-nes de la consommation et de la dist-raction: l'alimentation,* in Atti dell' Accademia Nazionale dei Lincei (Convegno Oriente e Occidente nel Medioevo Roma 5-15 aprile 1969), Accademia Nazionale dei Lincei, Roma 1971, pp. 479-499.

Rodinson M., *Recherches sur les documents arabes relatifs à la cuisine,* in «Revue des Études islamiques», 1949, Librairie orientaliste Paul Geuthner, Paris 1950, pp. 95-164:

Rodinson M., *Sur l'étymologie du mot 'losange',* in *Studi orientalistici in onore di Giorgio Levi della Vida,* Istituto per l'Oriente, Roma 1956, pp. 425-435.

Guide, pp. 424-428.
Minestre italiane, Società Italiana dei Prodotti alimentari Maggi, Milano s.d. (1922-1925 ca.).
Molinari Pradella A., *La cucina ligure*, Newton Compton Editori, Roma 1996.
Montaigne M. de, *Saggi*, a cura di V. Enrico, vol. I, Mondadori, Milano 1946.
Montanari M., *Sistemi alimentari e modelli di civiltà*, in J.-L. Flandrin-M. Montanari, *Storia dell'alimentazione*, pp. 73-82.
Montanari M., *Convivio*, Laterza, Roma-Bari 1989.
Montanari M., *Nuovo convivio*, Laterza, Roma-Bari 1991.
Montanari M., *La fame e l'abbondanza*, Laterza, Roma-Bari 1993.
Morgari O., *Relazione sulla rivolta degli operai dell'industria della pastificazione di Torre Annunziata del 1878*, in «L'Avanti», 27 aprile 1904.
Moritz L.A., *'Husked' and 'naked' grain*, in «The Classical Quartedy», n.s., 5 (vol. 49), pp. 129-134.
Moritz L.A., *Grain-mills and Flour in classical Antiquity*, Oxford University Press, Oxford 1958.
Morpurgo S., LVII *ricette di un libro di cucina del buon secolo della lingua*, Bologna 1890.
Müller B., *Pasta al dente. Geschichte Namen Rezepte*, Hugendubel, Miinchen 1995.
Mulon M., *Deux traités inédits d'art culinaire médiéval*, in «Bulletin philologique et historique», 1971, pp. 369-435.
Nebbia A., *Il cuoco maceratese*, Macerata, 1786, rist. Edizioni del gruppo 83, Macerata 1994.
Needham J., *Science and Civilisation in China. Physics and physical Technology*, vol. IV/2, Mechanical Engineering, Cambridge University Press, Cambridge 1962.
Nickles H.G., *La cuisine du Moyen-Orient*, Time-Life, collana «Les cuisines à travers le monde», s.l. 1970.
Nicoud M., *L'adaptation du discours diététique aux pratiques alimentaires: l'eiemple de Barnabas de Reggio*, Mélanges de l'École Française de, Rome, Moyen Âge, 107 (1995) 1, pp. 207-23 l.
Nicoud M., *Aux origines d'une médecine préventive: Les traités de diététique en Italie et en France (XIII-XVe siècles)*, tesi di dottorato, École Pratique des hautes Études, IV section, Paris 1998.
Nola R de, *Libro de cozina*, Toledo 1525.
Notizie sulle condizioni industriali della provincia di Napoli, in «Annali di Statistica», fasc. XXXV, Roma 1891.
Nouveau et parfait Maistre d'hostel royal (Le), Paris 1662.
Oertel F., *Die Teigwarenfabrication*, Wien-Leipzig 1906.
Opsomer C. (a cura di), *L'art de vivre en santé: Images et recettes du Moyen Âge, Édition du Tacuinum sanitatis (manuscrit 1041)*, Editions du Perron, Liège 1991.
Orsini Natale M., *Francesca e Nunziata*, Avagliano Editore, Cava dei Tirreni 1996.
Paleari Henssler M., *Bibliografia latino-italiana di gastronomia*, Chimera Editore, Milano 1998 (2 voll.).
Papa S., *Civiltà in cucina, Napoli-Parigi*; 1832, Garzanti, Milano 1987.
Pasta fresca tra storia, cultura, tradizione (La), Farpasta '93, Rimini 16-18 maggio 1993, Atti della tavola rotonda promossa dai Pastai Italiani Associati, Nuova Editrice, Padova 1994.
Pastario ovvero atlante delle paste alimentari italiane, a cura di E. Medaglini e F. Gosetti, Bibliotheca culinaria, Lodi 1997 (prima ed. Alessi 1985).
Paulys Realencyclopädie des classischen Altertumswissenschaft, Alfred Drückenmüller, Stuttgart 1937.
Pegolotti F.B., *Pratica della mercatura*, a cura di A. Evans, Cambridge (Mass.) 1936.
Pentateuque (Le), corredato dal commentario di Rachi tradotto in fr. a cura di J. Bloch, E. Munk, I. Salzer, E. Gugenheim, Fondation Odette S. Levy, Paris 1965.
Perlès C., *Le strategie alimentari nella preistoria, in Flandrin-Montanari, Storia dell'alimentazione*, pp. 12-25.
Perriello Zampelli E., *Mulini e costruzioni idrauliche nella costiera amalfitana, in La Facoltà di architettura di Napoli*, E.S.I., Napoli 1959.
Perry C., Annexe, in P.D. Buell-E.N. Anderson (a

Lavoratori a Napoli dall'Unità d'Italia al secondo dopoguerra, Napoli 1995.
Lawson N.-Bassignana P., *Il museo immaginario della pasta*, Umberto Allemandi & C., Roma 1995.
Ledderose L., *Ten Thousand Things. Module and Mass Production in Chinese Art*, Princeton University Press, Princeton 2000.
Ledderose L.-Schlombs A. (a cura di), *Jenseits der Grossen Mauer: Der Erste Kaiser von China und seine Terrakotta-Armee*, Bertelsmann Lexikon Verlag, München 1990.
Lemery L., *Traité des aliments*, Paris 1702 (2 voll.).
Léopold, *Dictionnaire universel portatif de commerce*, Paris 1819.
Levi J., *Les Trois Royaumes ou le roman rattrapé par l'histoire*, in J.Levi, *La Chine romanesque. Fictions d'Orient et d'Occident*, Le Seuil, Paris 1995, pp. 173-210.
Liber de coquina. Libro della cucina del XIII secolo, a cura M. Mulon, *Deux traités inédits d'art culinaire médiéval*, in «Bulletin Philologique et Historique», 1968 (1971), I, pp. 396-420.
Libera D.P., *L'arte della cucina. Manoscritto trentino di cucina e pasticceria del XVIII secolo*, a cura di A. Mazzoni, Arnaldo Forni, Sala Bolognese 1996.
Libro Rosso. Privilegi dell'Università di Molfetta, a cura di D. Magrone, Trani 1902.
Liguori A., *Gragnano, memorie archeologiche e storiche*, Pompei 1955.
Liguori F.S., *Cenni storico-critici della città di Gragnano e luoghi contigui*, Napoli 1863.
Loewe M., *Early Chinese Texts. A Biblio-graphical Guide*, The Society for the Study of Early China-University of California, Berkeley 1993.
Lombardi M, *Napoli in miniatura*, Tipografia Cannavacciuoli, Napoli 1847.
London, Library of the Wellcome Institute of the History of Medecine, ms 211.
Lopez R., *Chi ha inventato gli spaghetti?, in Su e giù per la Storia di Genova*, Genova 1975, pp. 381-383.
Luraschi G.P., *Nuovò cuoco milanese*, Milano 1853, rist. Arnaldo Forni, Sala Bolognèse 1980.
Maggiore-Perni, *La popolazione di Sicilia e di Palermo dal X al XVIII secolo*, Palermo 1892.
Majetti R., *Corporazioni di arti e mestieri napolitane dal XIV al XIX secolo*, Napoli 1885.
Malaval C.-Oberlé R., *L'histoire des pâtes en Aisace*, Vetter Editions, Bouxwiller 1996.
Malouin P.-J., *Description et détails des arts du meunier, du vermicelier et du boulenger, Paris 1767, rist. Editions du Roc de Bourzac*, Bayac 1995.
Manetti S., *Delle specie diverse difrumento e di pane*, Firenze 1765.
Mangeot C., *L'orge au Ladakh, in M.-C. Bataille-Benguigui-F. Cousin, Cuisines. Reflets des Sociétés*, Sépia-Musée de l'Homme, Paris 1996, pp. 127-144.
Manifatture in Campania. Dalla produzione artigiana alla grande industria, Guida editori, Napoli 1983.
Marinetti P.T.-Fillìa, *La cuisine futuriste*, A.-M. Métailié, Paris 1982.
Martino, *Libro de arte coquinaria,* a cura di C. Benporat, *Cucina italiana del Quattrocento* (ed. di tre manoscritti).
Massonio S., *Archidippo ovvero dell'insalata e dell'uso di essa*, Venezia 1627, n. ed. Artes, Milano 1990.
Mastro Presciutto (P. Botti), *Gastronomia parmense*, Parma 1953.
Maurizio A., *Histoire de l'alimentation végétale depuis la préhistoire jusqu' à nos jours*, trad. di F. Gidon, Payot, Paris 1932.
Mayer C.-A., *La vie populaire à Naples à l'âge romanlique*, trad. it. di L. Croce, *Vita popolare a Napoli nell' età romantica*, Laterza, Bari 1948.
Mazzei, *Panorama dell'industria della pastificazione*, in «Mulini d'Italia», 10 (1954).
Mazzoni A. (a cura di), *L'Arte della cucina di don Felice Libera, Manoscritto trentino di cucina e pasticceria del XVIII secolo*, Arnaldo Forni, Sala Bolognese 1986.
Mei Yi-Pao, *The Ethical and Political Works of Motse*, trad., XI, 46, Probsthain, London 1929.
Messisbugo C., *Libro Novo nel qual s'insegna à far d'ogni sorte di vivanda secondo la diversità de i tempi; cosi di carne come di pesce*, Venezia 1557, rist. Arnaldo Forni, Sala Bolognese 1980.
Miller R.A., *Shih ming*, in Michael Loewe (a cura di), *Early Chinese Texts. A Biblio-graphical*

Medical Manuscripts, Kegan Paul International, New York 1998.

Hericart De Thury L.E.F., *Rapport sur les produits de l'industrie Irançaise*, Imprimerie royale, Paris 1828.

Herlihy D., *Pisa nel Duecento. Vita economica e sociale di una città italiana nel Medioevo*, Nistri-Lischi, Pisa 1990.

Heun M. e A, *Site of Einkorn Wheat Domestication Identified by DNA Fingerprint*, in «Science», 278 (1997), pp. 1312-1313.

Heuzé G., *Exposition Universelle Internationale de 1878 à Paris, Rapport sur les céréales, les produits farineux et leurs dérivés*, Imprimerie nationale, Paris 1881.

Hieatt C.B. (a cura di), *An Ordinance of Pottage. An Edition of the Fifteenth Century Culinary Recipes in Yale University's Ms Beinecke 163*, Prospect Book, London 1988.

Hightower J.R, *The Fu of T'ao Ch'ien*, in J.L.Bishop (a cura di), *Studies in Chinese Literature*, Harvard University Press, Cambridge (Mass.) 1965, pp. 45-108.

Hsu Cho-yun, *Han Agriculture. The Formation of Early Chinese Agrarian Economy (206 B.C.-A. D.220)*, The University of Washington Press, Washington 1980.

Husson A, *Les consommations de Paris*, Hachette, Paris 1856, n. ed. 1875.

Ibn al-Beithar, *Traité des Simples*, trad. fr. ed ed. a cura di L. Ledere, Paris 1887-1888 (3 voll.).

Ibn Razin Tujibi, *Fudalat al-Kiwan Fi Tayabat at-Tàam wa al Alwam*, trad. fr. ed ed. a cura di M. Mezzine e L. Benkirane col titolo *Les délices de la table et les meilleurs genres des mets*, Publications Association Fès-Saïs, Fès 1997.

Idrisi, *Il libro di Ruggero*, a cura di U. Rizzitano, Flaccovio, Palermo s.d. (ma 1966).

«Industries des céréales», n°88, luglio-agosto-settembre 1994, e n°89, ottobre 1994.

Italie économique en 1867(L'). Avec un aperçu des industries italiennes à l'Exposition universelle de Paris, Firenze 1867.

Joefer (a cura di), *Nouvelle biographie générale depuis les temps les plus reculés jusqu'à nosjours*, Paris 1856.

«Journal de la Meunerie (Le)», n°613, febbraio 1935.

Jouvin de Rochefort A, *Le voyageur d'Europe où sont les voyages de France, d'Italie, de Malte*, Paris 1672 (2 voll.).

Kamenarovic I.(trad. di), *Printemps et automnes de Lü Buwei*, Cerf, Paris 1998.

Kawakatsu Y., *Sie Ling-yun et le Che-chouo sin-yu, in Mélanges de sinologie offerts à M. Paul Demiéville*, vol. II, Bibliothèque de l'Institut des Hautes Études Chinoises, Paris 1974, pp. 167-178.

Knechtges D.R, *A Literary Feast: Food in Early Chinese Literature*, in «Journal of American Oriental Studies», 106 (1986), 1, pp. 49-63.

Kosover M., *Food and Beverages. A Study in History of Culture and Linguistics*, Yivo Institute of Jewish Research, New York 1958 (in yiddish).

La Ceda F., *La pasta e la pizza*, Il Mulino, Bologna 1998.

Labat J.-B., *Voyage du Père Labat en Espagne et en Italie entre 1706 et 1716*, Paris 1730 (8 voll.).

Lalande J. de, *Voyage d'un français en Italie, fait dans les années 1765-1766*, Venezia-Paris 1769 (8 voll.).

Lancelot de Casteau, *Ouverture de cuisine, Liège* 1604, n. ed. a cura di H. Liebaers e L. Moulin, De Schutter, Anvers-Bruxelles 1983.

Lancellotti V., *Lo scalco Prattico*, Roma 1627.

Lando O., *Commentario delle più notabili & mostruose cose d'Italia & altri luoghi ... , Con un breve catalogo de gli inventori delle cose che si mangiano & bevono ...* , Venezia 1553, n. ed. a cura di G. e P. Salvatori, Edizioni Pendragon, Bologna 1994.

Larcher M., *L'évolution de la fabrication des pâtes alimentaires*, suppl. alla «Revue Mécanique», n°283 bis, 1939: *La technique des Industries alimentaires.*

Latini A., *Lo scaleo alla moderna*, Napoli 1692-1694 (2 voll.), rist. Biblioteca culinaria, Lodi 1993.

Laurioux B., *Des lasagnes romaines aux vermicelles arabes: quelques réflexions sur les pâtes alimentaires au Moyen Age*, Publications de la Sorbonne, Paris 1995, pp. 199-215.

Laurioux B., *Le règne de Taillevent*, Publications de la Sorbonne, Paris 1997.

del Delfino, Napoli 1977.

Franzini S., *Les écrits médicaux de Mawangdui*, in *Chine antique. Voyage de l'âme. Trésors archéologiques de la province du Hunan (XIIIe siècle av. J-C-IIe siècle ap. J.-C.)*, Abbaye de Daoulas-Musée Provincial du Hunan, Changsha 1992, pp. 108-115.

Frati L. (a cura di), *Libro di cucina del secolo XIV*, Livorno 1899, rist. Arnaldo Forni, Sala Bolognese 1970.

Frosini G., *Il cibo e i Signori. La mensa dei Priori di Firenze nel Quinto decennio del sec.* XIV, Accademia della Crusca, Firenze 1993.

Frugoli A., *Pratica e Scalcheria d'Antonio Frugoli luchese*, Roma 163 l.

Fusco R., *Pagine di storia viste dalla parte degli sconfitti: ovvero La pasta, evoluzione di una lotta*, Il sorriso di Erasmo-Edizioni Lubrensi, Massa Lubrense (Na) 1989.

Galanti M., *Della descrizione geografica e politica delle Sicilie*, Napoli 1793, n. ed. a cura di F. Assante e D. Demarco, Napoli 1969.

Galoppini L., *Le commerce des pâtes alimentaires dans les Aduanas Sardas*, in «Médiévales», 36 (1999), pp. 111-127.

Ganapini I.-Gonizzi G. (a cura di), *Barilla: Cento anni di pubblicità e comunicazione*, Silvana Editoriale, Parma 1994.

Gargiulo P.-Quintavalle L., *L'industria della pastificazione a Torre Annunziata e Gragnano*, in *Manifatture in Campania*, pp. 152-249.

Garzoni T., *Piazza, universale di tutte le professioni del mondo*, Venezia 1599.

Gernet J., *Les aspects économiques du bouddhisme en Chine*, École Française d'Extrême-Orient, Saïgon 1956.

Giacchero G., *Storia economica del Settecento genovese*, Casa Editrice Agraria, Genova 1951.

Gioia M., *Sul commercio dei commestibili e caro prezzo del vitto*, Pirotta e Maspero, Milano 180l.

Girardot N., *Myth & Meaning in Early Taoïsm: The Theme of Chaos (Hundun)*, University of California Press, Berkeley-Los Angeles-London 1988.

Giustiniani L., *Nuova collezione delle Prammatiche del Regno di Napoli*, Simoniana, Napoli 1803-1805 (12 voll.).

Giustiniani L., *Dizionario geografico ragionato del Regno di Napoli (1797-1805)*, Napoli 1802-1805(10 voll.).

Giustiniani V., *Discorsi sulle arti e sui mestieri*, a cura di A. Banti, Sansoni, Firenze 1981.

Godby J., *Italian scenery, Representing the Maners. Customs and amusements of the Different State of Italy*, London 1823.

Goethe W., *Viaggio in Italia*, Mondadori, Milano 1990.

Goia M., *Sul comercio dei comestibili*, Avignon 1830.

Gorani G., *Memorie segrete e critiche delle corti, dei governi e dei costumi dei principali Stati d'Italia*, 1793.

Gosetti F., *La grande cucina regionale italiana: I primi piatti*, Fabbri Editori, Milano 1989.

Gosetti F.-Della Salda A., *Le ricette regionali italiane*, Casa Editrice Solares, Milano 1997.

Graham AC., *Motzu*, in M. Loewe, *Early Chinese Texts*, pp. 336-341.

Granado M.D., *Libro de Cozina en el qual se contiene [...]*, Madrid 1599.

Grewe R (a cura di), Libre de Sent Sovi, Barcelona 1979.

Grewe R, *The arrival of the Tomato in Spain and Italy: Early Recipes*, in «The Journal of Gastronomy», vol. 3, n°2, estate 1987, pp. 67-82.

Grieco A, *Le paste alimentari in Italia tra '300 e '400, in La pasta fresca tra storia, cultura, tradizione*, Farpasta '93, Rimini 16-18 maggio 1993, Atti della tavola rotonda.

Grillot M.-F.-Mouzay S.A, Les Pâtes. *De l'Épi à l'Assiette*, Éditions Frison-Roche, Paris 1998.

Grimod de la Reynière A.B.L., L'Almanach des gourmands, Paris 1803-1810 (7 voll.).

Grimod de la Reynière A.B.L., Manuel des Amphitryons, rist. A.M. Métailié, Paris 1983.

Guerrini O. (a cura di), *Frammento di un libro di cucina del sec. XIV edito nelle nozze Carducci-Gnaccarini*, Bologna 1887.

Guillaumin, *Dictionnaire du commerce et des marchandises*, Guillaumin, Paris 1939.

Harper D. J. (trad. ed ediz. a cura di), *Early Chinese Medicai Literature. The Mawangdui*

Davis R, *The U.S. Pasta Industry Turns 150: A Look Back*, in «Pasta Journal html.», 1998.

De Bourcard F., *Usi e costumi a Napoli e contorni descritti e dipinti*, Longanesi, Milano 1955.

De Jorio A., *Indicazioni del più rimarcabile in Napoli e contorni*, Napoli 1835.

De La Porte J.-P.-A., *Hygiène de la table. Traité du choix des aliments dans leur rapport avec la santé*, Paris 1870.

De Lemente F., *Della discendenza e nobiltà de' Maccheroni*, Milano 1675.

De Rosa L., *Un secolo d'industria a Napoli (1860-1979)*, in *Lavoratori a Napoli dall'Unità d'Italia al secondo dopoguerra*, Napoli 1995.

Del Balzo C., *Napoli e i napoletani*, Treves, Milano 1885, rist. 1972.

Del Tufo G. B., *Ritratto o modello delle grandezze, delizie e meraviglie della nobilissima città di Napoli,* a cura di C. Tagliarini, La Zagara, Napoli 1959.

Del Turco G., *Epulario e segreti vari, Trattati di cucina toscana nella Firenze Seicentesca (1602-1623)*, a cura di A. Evangelista, Arnaldo Forni, Sala Bolognese 1992.

Della Verde M., manoscritto pubblicato in *Gola e Preghiera nella clausura dell'ultimo '500*, a cura di G. Casagrande, Edizioni dell'Arquata, Foligno 1988.

Delsante U., *Pastifici a Parma*, in I. Ganapini-G. Gonizzi (a cura di), *Barilla: Cento anni di pubblicità e comunicazione*, pp. 50-59.

Di Cieco P., *Le istiluzioni annonarie nel Regno di Napoli, in Archivi per la storia dell' alimentazione*, vol. I, pp. 524-550.

Diario della massaia (Il), Istituto Editoriale Italiano, Milano 1933 (2 voll.).

Dictionnaire de l'industrie manufacturière. commerciale et agricole. Paris 1833-1841.

Dictionnaire encyclopédique dujudaïsme, a cura di G. Wigoder, ed. fr. a cura di S.A. Goldberg, Cerf-Robert Laffont, Paris 1996.

Dictionnaire technologique ou nouveau dictionnaire universel des Arts et Métiers de l'économie industrielle et commerciale par une société de savants et d'artistes, Paris 1822-1835.

Drège J.-P., *La via della seta*, Touring Club Italiano, Milano 1986.

Drège J.-P., *Les bibliothèques en Chine au temps des manuscrits*, École Française d'Extrême-Orient, Paris 1991.

Dubois E., *Les produits végétaux alimentaires*, Paris 1892.

Dumas A., *Le Grand Dicionnaire de Cuisine*, rist. Alphonse Lemerre, Paris 1978.

Dumont A., *L'Epicier Moderne*, Paris 1910.

Duval R, *La littérature syriaque*, Librairie Victor Lecoffre, Paris 1907.

Ebrey P.B., *Confucianism and Family Rituals in Imperial China. A Social History of Writing about Rites*, Princeton University Press, Princeton 1991.

Encyclopédie méthodique. Arts et métiers mécaniques, Paris 1791.

Encyclopédie ou dictionnaire raisonné des sciences, des arts et des métiers, a cura di D. Diderot e J.-B. D'Alembert, Paris-Neufchâtel 1751-1777 (17 voll.).

Ennin, *Journal d'un voyageur en Chine du IXe siècle*, trascr. e trad. di R. Lévy, Albin Michel, Paris 1961.

Escoffier A., *Le guide culinaire*, Flammarion, Paris 1993 [I ed. 1921].

Estienne C.-Liébault J., *L'agriculture et la maison rustique*, Paris 1564.

Fabre-Vassas C., *L'azyme des Juifs et l'hostie des Chrétiens*, in D. Fournier-S. D'Onofrio, *Le ferment divin*, Éditions de la Maison des sciences de l'homme, Paris 1991, pp. 189-206.

Faccioli E. (a cura di), *L'arte della cucina in Italia*, Einaudi, Torino 1987.

Felici C., *Dell'insalata e piante che in qualunque modo vengono per cibo dell'homo,* a cura di G. Arbizzoni, Quattroventi, Urbino 1986.

Ferrante C.-Olla Repetto G., *L'alimentazione a Cagliari nel '400, in Archivi per la storia dell' alimentazione*, vol. III, pp. 1457-1528.

Flandrin J.-L.-Montanari M., Storia dell'alimentazione, Laterza, Roma-Bari 1997.

Flandrin J.-L., *Les pâtes dans la cuisine provençale*, in «Médiévales», n°16-17 (1989), pp. 65-75.

Forme of Cury (*The*), in *Antiquitates Culinariae*, a cura di R.R. Varner, London 1791, rist. Prospect Books, London s.d.

Francesconi C.J., *La cucina napoletana*, Edizioni

internazionale di storia economica «Francesco Datini», Prato, Le Monnier, Firenze 1997.

Cavalcanti I., *La cucina teorico-pratica*, Napoli 1847 (V ed.), rist. Tommaso Marotta, Napoli 1986.

Cervio V., *Il Trinciante, Ampliato et a perfezione ridotto dal Cavalier Reale Fusoritto da Nardi*, Roma 1593, rist. Arnaldo Forni, Sala Bolognese 1980.

Ceschina G., *Primo contributo allo studio dell' essiccazione delle paste alimentari*, Tipografia e Litografia degli Ingegneri, Milano 1907.

Chabrol, Gilbert de Volvic, *Statistica delle provincie di Savona, di Oneglia, di Acqui ... che formano il Dipartimento di Montenotte*, a cura di G. Assereto, Comune di Savona 1994 (2 voll.).

Chamberlain L., *The Food and Cooking of Russia*, Penguin Books, London 1982.

Chapusot F., *La cucina sana et elegante secondo le stagioni*, Torino 1846, rist. Arnaldo Forni, Sala Bolognese 1990.

Chauvet M., *Triticum L., in Inventaire des plantes alimentaires* (in corso di stampa).

Cheng A., *Histoire de la pensée chinoise*, Le Seuil, Paris 1997.

Chiapparino F., *Tra polverizzazione e concentrazione. L'industria alimentare dall'Unità al periodo tra le due guerre*, in Capatti *et al.*, *Storia d'Italia, Annali 13: L'alimentazione* cit., pp. 207-268.

Cirillo M., *Panorama dell'industria della pastificazione*, in «Mulini d'Italia», 4, 1956.

Cogliati Arano L. (a cura di), *Tacuinum sanitatis*, Electra, Milano 1979.

Como, Società storica comense, *Lascito Aliati*, ms. senza collocazione (in corso di edizione a cura di Lazzerini e Granata).

Coniglio G., *Annona e calmieri a Napoli durante la dominazione spagnuola*, in «Archivio Storico per le Province Napoletane», n.s., XXVI (1940), pp. 105-194.

Consiglio A., *Storia dei maccheroni*, Canesi, Roma 1963.

Corbier M., *La fava e la murena: gerarchie sociali dei cibi a Roma*, in J.-L. Flandrin-M. Montanari, *Storia dell'alimentazione*, pp. 161-177.

Corominas J. (a cura di), *Diccionario crítico etimológico de la lengua castellana*, Editorial Francke, Bern 1970 (1954), pp. 515-517.

Corrado V., *Il cuoco galante*, Napoli 1773, rist. Arnaldo Forni, Sala Bolognese 1990.

Corrado V., *Notiziario delle produzioni particolari del Regno di Napoli e delle cacce riservate al Real divertimento*, Napoli 1792.

Cortonesi A., *I cereali nell'Italia del tardo Medioevo, Note sugli aspetti qualitativi del consumo, in Alimentazione e nutrizione secc. XIII-XVIII*, a cura di S. Cavaciocchi, pp. 263-275.

Couscous, Boulgour et Cie. Atelier, mardi 9 et mercredi 10 mai 2000, Agropolis Museum, Montpellier 2000.

Covarrubias S., *Tesoro della lengua castellana o espanõla*, Barcelona 1987.

Crescenzi P., *De agricoltura volgare*, Venezia 1519.

Crisci G.B., *La lucerna de' corteggiani*, Napoli 1634.

Cucina lombarda (La vera), Milano 1890, rist. Arnaldo Forni, Sala Bolognese 1991.

Cuciniera bolognese (La), Bologna 1843, rist. Arnaldo Forni, Sala Bolognese 1990.

Cuciniera genovese facile ed economica (La vera), a cura di G.B. eG. Ratta, Genova 1863, rist. Arnaldo Forni, Sala Bolognese 1992.

Cuoco milanese e la cuciniera piemontese, lombarda, veneta (Il), Milano 1863, rist. Studio Editoriale Insubria, Milano 1979.

Cuoco piemontese perfezionato a Parigi (Il), Torino 1766, n. ed. a cura di S. Serventi, Slow Food Editore, Bra 1995.

Curye on Inglisch English Culinary Manuscripts of the Fourteenth Century, a cura di C.B. Hieatt e S. Butler, Oxford University Press, London-New York-Toronto 1985.

Dalbono C.T., *La Taverna*, in De Burcard, *Usi e costumi a Napoli e contorni*, pp. 671-691.

Darmesteter A.-Blondheim D.S., *Les gloses françaises dans les commentaires talmudiques de Raschi*, vol. 1, Librairie Ancienne Honoré Champion, Paris 1929.

Dati F., *Origini storiche di Torre Annunziata*, Editrice La fornitrice partenopea, Napoli 1959.

Benporat C., *Storia della gastronomia italiana*, Mursia, Milano 1990.
Benporat C., *La cucina italiana del Quattrocento*, Olschki, Firenze 1996.
Betocchi A., *Forze produttive della provincia di Napoli*, Napoli 1874.
Bevere R, *Ordigni ed utensili per l'esercizio di arti e industrie, mezzi di trasporto ed armi in uso nelle Province napoletane dal sec. XII al XVI secolo*, in «Archivio Storico per le Province Napoletane», XVII (1897), IV, pp. 703 sg.
Biblioteca di Campagna ò sia Raccolta di memorie, osservazioni ed esperienze agrarie, Milano 1805 (10 voll.).
Bitossi C., *L'alliiièntazione delle forze armate della Repubblica di Genova: sondaggi archivistici e problemi di ricerca*, in «Archivi per la Storia dell'alimentazione», vol. II, pp. 801-815.
Blanc N.-Nercessian A., *La cuisine romaine antique*, Glénat, Grenoble 1992.
Boccaccio G., *Il Decamerone*, Tumminelli Editore, Roma 1964 (2 voll.).
Bodde D., *Festivals in Classical China. New Year and other Annual Observances during the Han Dynasty, 206 B.C.-A.D. 220*, Princeton University Press, Princeton 1975.
Boström I. (a cura di), *Anonimo meridionale. Due libri di cucina*, Stockholm 1985.
Bottéro F., *Sémantisme et classification dans l'écriture chinoise*, Collège de France-Institut des Hautes Études Chinoises, Paris 1996.
Bottéro F., *Les trente premières années du déchiffrement des inscriptions oraculaires [1903-1933]*, in Yau Shun-chiu (a cura di), *Écritures archaïques. Systèmes et déchiffrement*, Éditions Langages Croisés, Paris 1995.
Bouvier R-Laffargue A., *La vie napolitaine au XVIIIe siècle*, Hachette, Paris 1956.
Branca G., *Le macchine*, Roma, 1629, n. ed. Utet, Torino 1977.
Bray F., *Agriculture*, parte II, in J. Needham (a cura di), *Science and Civilisation in China*, vol. VI/2, sez. 41, Cambridge University Press, Cambridge 1984.
Bruni L., *Ricette di sua Maestà il Raviolo*, Slow Food Editore, Bra 1993.
Buchinger B., *Kochbuch so für Geistliche als auch weltliche Haushaltung*, Porrentruy 1671.
Buell P.D.-Anderson E.N. (a cura di), *A Soup for the Qan: Chinese Dietary Medecine of the Mongol Era as Seen*, in «Hu Szu-hui's Yin-shan Cheng-yao», Kegan Paul International, London-New York 2000.
Buitoni B., *Pasta e cioccolato. Una storia imprenditoriale*, Intervista di G. Gallo, Protagon, Perugia 1992.
Buitoni G., *Storia di un imprenditore*, Longanesi, Milano 1972.
Bujard M., Le *'Traité des sacrifices' du Hanshu et la mise en place de la religion d'État des Han*, Conference on State and Ritual in East Asia, Paris, 28 giugno-1 luglio 1995.
Buonassisi V., *Il nuovo codice della pasta*, Rizzoli, Milano 1973.
Calabrese A. *et al.*, *Pianeta bianco*, Giovanni Pacifico Editore, Napoli 1998.
Canale M.G., *Storia dell'Esposizione fatta in Genova nel settembre 1846*, Ponthenier, Genova 1847.
Capatti A., *Le goût du nouveau*, Albin Michel, Paris 1989.
Capatti A.-De Bernardi A.-Varni A. (a cura di), *Storia d'Italia, Annali 13: L'alimentazione*, Einaudi, Torino 1998.
Capatti A.-Montanari M., *La cucina italiana: Storia di una cultura*, Laterza, Roma-Bari 1999.
Capra A., *La nuova architettura militare d'antica rinnovata da Alessandro Capra, Architetto e Cittadino Cremonese*, Bologna 1683.
Carême A., *Le pâtissier royal parisien*, Paris 1841, rist. Jeanne Laffitte, Marseille 1980 (2 voll.).
Carleton M. A., Macaroni Wheats, in «Bulletin n°3», Government Printing Office, Washington 1901.
Carr G.J., *International Trade in Macaroni Products*, in «Bulletin n°788», Government Printing Office, Washington 1932.
Casanova G., *Storia della mia vita*, Mondadori, Milano 1984.
Cateni C., *Cicalata di Cammillo Cateni in lode dei Maccheroni*, Firenze 1808.
Cavaciocchi S. (a cura di), *Alimentazione e nutrizione secco XIII-XVIII*, Atti delle settimane di studi e altri convegni, serie II, n°28, Istituto

［参考文献］

1. 洋書

Abbé Saint-Non, *Voyage pittoresque ou description de Naples et de Sicile*, Paris 1781.

Abenante A. *et al.*, *Disegno di legge: Ristrutturazione e riorganizzazione dell'industria molitoria e della pastificazione*, in «Atti Parlamentari», Senato della Repubblica, n°257, Legislatura V, Tipografia del Senato, Roma 1968.

Agnesi V., *Alcune notizie sugli spaghetti raccolte da V. A.*, dattiloscritto, s.l. 1975.

Agnesi V., *È tempo di pasta. Scritti 1960-1976*, Gangemi Editore, Roma 1992.

Agnoletti V., *Manuale del cuoco e del pasticciere*, Pesaro 1832, rist. Arnaldo Forni, Sala Bolognese 1983 (3 voll.).

Alberini M., *Maccheroni e spaghetti*, Piemme, Casale Monferrato 1994.

Alessio G., *Storia linguistica di un antico rituale: i maccheroni*, in «Atti dell'Accademia Pontaniana», n.s., VIII (1958), pp. 261-280.

Aliberti G., *L'industria molitoria meridionale nel sec.* XIX, in «Rivista storica italiana», LXXXI, fasc. IV, Napoli 1969, pp. 1-37.

Alifano E., *Il grano, il pane e la politica annonaria a Napoli nel Settecento*, Edizioni Scientifiche Italiane, Napoli 1996.

Alvino F., *Viaggio da Napoli a Castellammare con 42 disegni di Achille Gigante*, Associazione napoletana per i monumenti ed il paesaggio, Napoli 1965 [1845].

Amassari C.A., *Cenno storico sulle industrie delle paste alimentari*, in «Annuario della Federazione Industriali Pastai 1934», F.I.P., Roma 1934.

Amouretti M.-C., *La mouture des céréales: du mouvement alternatif au mouvement rotatif*, in M.-C. Amouretti-G. Comet, *La transmission des connaissances techniques*, Aix-en-Provence 1995, pp. 33-48.

Amouretti M.-C., *Città e campagne in Grecia*, in J.-L. Flandrin-M. Montanari (a cura di), *Storia dell'alimentazione*, Laterza, Roma-Bari 1999, pp. 97-111.

André J., *L'alimentation et la cuisine à Rome*, Les Belles Lettres, Paris 1981.

Annali di Statistica: Industria della macinazione dei cereali, fasc. XIX, Roma 1889.

Annali di Statistica: Notizie sulle condizioni industriali della Provincia di Napoli, fasc. XXXV, Roma 1891.

Annuaire des 100.000 adresses des négociants, fabricants et industriels français, Lecoq & Cie, Paris 1885.

Annuario generale delle aziende esercenti l'industria della macinazione e pastificazione, suppl. al n. 12 della rivista «Molini d'Italia», dicembre 1971.

Apicius, *De re coquinaria, L'Art culinaire, a cura* di J. André (contrad. fr.), Les Belles Lettres, Paris 1974.

Arberry A. J., *A Bagdad Cookery Book*, in «Islamic Culture», 1939, gennaio-aprile, pp. 21-14.

Archivi per la storia dell'alimentazione, Istituto Poligrafico e Zecca dello Stato, Roma 1995 (3 voll.).

Artusi P., *La scienza in cucina e l'arte di mangiar bene*, Firenze 1891, n. ed. Einaudi Tascabili, Torino 1995.

Artusi P., *Autobiografia*, a cura di A. Capatti, Slow Food Editore, Bra 2000.

Aymard D.M.-Bresc H., *Nourritures et consommation en Sicile entre XIVe et XVIIIe siècle*, «Mélanges de l'École Française de Rome, Moyen Âge-Temps Modernes», LXXXVII, Roma 1975, pp. 535-581.

Bachelard G., *La terre et les rêveries de la volonté. Essai sur l'imagination créatrice*, José Corti, Paris 1992 [1947].

Bahloul J., *Le culte de la Table Dressée. Rites et traditions de la table algérienne*, A.-M. Métailié, Paris 1983.

Basile G., *Il racconto dei racconti ovvero il trattenimento dei piccoli*, trad. di R. Guarini, a cura di A. Burani e R Guarini, Adelphi, Milano 1994.

Basile N.D., *Euro Tavola, La rivoluzione alimentare di fine millenio*, Il Sole 24 Ore, Milano 1999.

LA PASTA : Storia e Cultura di un Cibo Universale
by Silvano Serventi & Françoise Sabban

協力：マ・マーマカロニ株式会社

装丁：柴田淳デザイン室　　校正：株式会社ヴェリタ

著者

シルヴァーノ・セルヴェンティ *Silvano Serventi*

食品およびフランス・イタリア料理の風習および食べ物に関する歴史学者。著書に「*The Medieval Kitchen: Recipes from France and Italy*」（共著）などがある。

フランソワーズ・サバン *Françoise Sabban*

中国研究家。パリ社会科学高等研究院（*École des Hautes Études en Sciences Sociales*）正教授。日仏会館（*Maison franco-japonaise*）フランス学長を2003-2008年まで務める。研究分野は、主にアジアとヨーロッパにおける食の歴史と人類学。

監修

飯塚　茂雄　*Iitsuka Shigeo*

1954年生まれ。1978年鳥取大学大学院農学研究科を卒業後、同年マ・マーマカロニ株式会社へ入社。2006年に同社宇都宮工場長、2008年同社取締役就任、2009年より同社生産管理部長。1990年にはイタリアへ、イタリア料理の研究のため留学。

小矢島　聡　*Koyajima Satoru*

1968年生まれ。1992年神奈川大学工学部応用化学科を卒業後、マ・マーマカロニ株式会社に入社。現在、同社の本社生産管理部開発グループ・グループリーダー。パスタの新製品開発業務を主に担当している。主な執筆として日本食糧新聞社・食品産業事典第8版（パスタ）、食品化学新聞社・月刊フードケミファ（日本のパスタと世界のパスタ）がある。

訳者

清水　由貴子　*Shimizu Yukiko*

英語・イタリア語翻訳家。1968年東京生まれ。上智大学外国語学部卒。訳書に、B・シャーウィン『ICHIRO　メジャーを震撼させた男』（共訳、朝日新聞社）、S・ノーレン＝ホークセマ『なぜか考えすぎる女性のストレス脱出法』、B・キースリング『愛し方の本　ふたりの絆が永遠になる』（以上、ＰＨＰ）、D・ウェイクフィールド『早送りの人生　愛につつまれた最後の日々』（ソフトバンク　クリエイティブ）、J・アポダカ『翡翠の女神の甘い誘惑』（オーローラブックス）などがある。

パスタの歴史《れきし》

2012年2月24日　第1刷

著者　シルヴァーノ・セルヴェンティ
　　　フランソワーズ・サバン
監修　飯塚　茂雄
　　　小矢島　聡
訳者　清水　由貴子

発行者　成瀬　雅人
発行所　株式会社　原書房
〒160-0022 東京都新宿区新宿1-25-13
http://www.harashobo.co.jp
振替・00150-6-151594

印刷・製本　中央精版印刷株式会社

ISBN978-4-562-04753-6　Printed in Japan